예이츠, 스티븐스, 윌리엄스의

시와 불교

최희섭 지음

한빛문화

머리말

필자는 현대 영미시를 전공하였기 때문에 현대 영미 시인들 중에서 가장 위대한 시인으로 인정되는 엘리엇과 예이츠 그리고 스티븐스와 윌리엄스의 시를 조금 읽고 이들의 일부 작품에 대하여 연구 논문을 발표하였다. 주로 엘리엇과 예이츠에 관하여 글을 썼고 다른 시인들에 관해서는 조금씩 썼다. 또한 소설과 비평에 관해서도 몇 편의 논문을 발표하였다. 공식적인 교직생활이 거의 끝나가기에 그동안 발표한 논문들을 찾아보니 칠십 편 가까이 되었다. 시간상으로 삼십여 년에 이르고, 발표된 지면상으로 『고전·르네상스 영문학』, 『동서 비교문학저널』, 『동화와 번역』, 『문학과 종교』, 『번역학연구』, 『새한영어영문학』, 『신영어영문학』, 『영미문학교육』, 『영어권문화연구』, 『인문과학연구』, 『통번역연구』, 『통번역학연구』, 『피닉스』, 『한국예이츠 저널』, 『현대영미시연구』, 『D.H. 로렌스 연구』, 『T.S. 엘리엇연구』 등 다양한 학술지에 산재해 있다.

보다 쉽게 찾아볼 수 있도록 하기 위하여 정리할 필요를 느껴 얼마 전부터 조금씩 정리하여 책으로 만들고 있는 중이다. 엘리엇에 관한 논문은 이십여 편이 되기에 모두 모아 수정하고 일부 내용을 보완하여 단행본 두 권으로 묶어 발행하였다. 휘트먼에 관한 논문도 여러 편이 되기에 『나 자신의 노래』를 번역하고 논문들을 정리하여 한 권의 책으로 간행하였다. 그리고 예이츠에 관한 논문을 보니 십여 편이어서 하나로 묶어도 좋겠다는 생각이 들었다. 예이츠에 관한 논문 중에는 다섯 편이 영어로 되어 있어서 일부 독자들은 접근하기가 어려울 것으로 예상되어 일부 내용을 발췌하여 번역하며 수정 보완하였다.

또한 현대 미국시인인 스티븐스와 윌리엄스의 작품에 관한 논문도 있어서 이를 예이츠의 시에 관한 글과 함께 묶으면 좋을 것으로 판단하였다. 여기에 수록한 글의 원전을 간략히 밝히면 다음과 같다. 예이츠에 관한 글은 모두 1997년부터 2017년까지의 『한국예이츠 저널』에 발표된 논문을 가져왔다. 스티븐스에 관한 글은 2000년의 『현대영미시연구』, 윌리엄스에 관한 글은 2014년의 『현대영미시연구』에서 가져왔다. 이 논문들이 전체적으로 불교라는 하나의 주제로 통합되도록 수정보완하였다. 독자들의 이해를 돕기 위하여 작가 소개를 덧붙이고 논문에서 다루지 않은 중요한 작품 몇 편을 간략하게 정리하여 덧붙였다.

영미시의 연구에 매달려 살아온 짧지 않은 시간 동안 쓴 글을 책으로 엮어 여러분 앞에 내놓으니 한편으로 기쁘고 한편으로 부끄럽다. 대학에서 학생들을 가르치며 틈틈이 연구한 글을 책으로 엮어낼 수 있다는 점에서는 기쁘고, 수정하고 보완하였지만 다시 읽어보아도 여전히 부족하다는 느낌이 들기에 부끄러움을 느낀다.

우스갯소리로 삼대에 걸쳐 덕을 쌓아야 주말 부부로 지낸다고 하는데, 나는 전생에 덕을 많이 쌓았는가 보다. 어쩌다 보니 직장이 집에서 멀리 떨어져 있는 관계로 평생을 주말 부부로 지냈으니 말이다. 그동안 집에서 멀리 떨어진 직장에서 근무하며 학회활동을 한다는 핑계로 또 연구한다는 구실로 가정에 소홀한 것 같아 아내에게 미안한 마음이 크다. 젊은 시절엔 내 멋대로 사는 것이 좋아서 직장에서 이러 저러한 직책을 맡으라고 권유해도 사양하고 적극적으로 학회활동을 하며 그리 내세울 것도 없는 글을 많이 썼는데, 이제 나이 들어 뒤돌아보니 모두 부질없는 짓이 아니었나 하는 생각도 든다.

결혼 전에 알고 지내던 시절까지 포함하여 사십여 년 동안 때로는 말없이 지켜보고 때로는 이러 저러한 조언을 해준 아내가 없었더라면 마음대로 책을 읽고 글을 쓰는 편안한 삶을 살 수 없었을 것이라고 생각한다. 도윤, 태웅 두 아들이 사회의 훌륭한 일원으로 성장하도록 뒷받침하는 헌신적인 삶을 살아오며 평생 직장 생활을 한 아내 김성언에게 크게 감사를 표한다. 또한 이 책이 나오기까지 도움을 주신 선후배 학자 및 동료 그리고 학생 및 출판 관계자 등 모든 분들에게 머리 숙여 감사드린다.

2019년 5월
전주 시내의 화려한 불빛이 보이는 연구실에서
필자 최희섭

목차

예이츠
(1865-1939)

현대 영시의 가장 위대한 시인들 중의 한 사람으로 일컬어지는 예이츠(William Butler Yeats)는 1865년 6월 13일에 더블린 교외의 샌디마운트에서 태어났다. 그의 할아버지는 한 때 슬라이고에서 개신교인 아일랜드 교회의 유명한 교구목사였다. 그러나 예이츠 부자는 종교에 있어서 가문의 전통을 계승하지 않았다. 예이츠의 아버지 존 버틀러 예이츠(1839-92)는 헉슬리와 틴달의 영향을 받은 불가지론자였고 화가였으며, 시인 예이츠는 그와는 다른 자기 자신의 종교를 만들었다고 스스로 말한 바 있다. 그는 "나는 대단히 종교적이어서 헉슬리와 틴달에게 내 어릴 적의 순진한 종교를 빼앗기고는 한 새로운 종교, 시적인 전통을 가진 하나의 어김없는 교회라 할 수 있는 것을 만들었다"(*A* 115)고 말했다.

예이츠가 유년기를 주로 보낸 곳은 외가가 있는 슬라이고였다. 그가 후에 캐더린 티난이라는 여류시인에게 보낸 한 편지에서 "정말로 내 생애에서 가장 큰 영향을 준 곳은 슬라이고입니다"라고 말하고 있듯이, 그의 시에는 이니스프리를 비롯하여 벌벤 산에 이르기까지 슬라이고 근방의 호수와 산에 대한 향수와 추억이 깃들어 있다. 그러나 그의 어린 시절이 행복한 것만은 아니었다. 그는 몸이 허약하였으며, 거동이 어색하고 수줍음이 많아서 혼자 지내거나 몽상으로 시간을 보내는 경우가 많았다. 1874년에 가족이 모두 런던으로 이주한 후, 그는 2년 동안 아버지로부터 엄격한 교육을 받고, 11세 때에 정규 학교 교육을 받게 되었다. 그는 해머스미스에 있는 고돌핀 학교에 입학했는데 고독과 몽상에 빠지는 습관이 있는 관계로 학교생활에 제대로 적응하지 못했고, 교우관계도 원만하지 못했다.

1880년에 예이츠 가족은 다시 아일랜드로 돌아와 더블린 근교인 하우쓰에 살게 되었다. 예이츠는 더블린에 있는 에라스무스 스미쓰 고등학교에 들어갔는데 학교공부에 신경을 쓰지 않아서 선생님들의 골칫거리가 되었다. 그러나 아버지로부터 받은 문학적인 교육에 힘입어 그는 스스로 셰익스피어, 셸리, 로제티 등의 작품 중 정열적인 대목을 골라 읽었다. 그가 시를 쓰기 시작한 것은 이 무렵이다. 그는 고등학교를 졸업한 후 시를 부업으로 하고 화가로 살아가고자 결심하고 더블린의 메트로폴리탄 예술학교에 들어갔다. 1884년 봄부터 약 2년 동안 미술학교를 다녔지만, 그에게는 그림공부보다도 같은 학교의 학생이었던 조지 러셀(1867-1935)과의 교우관계가 더 중요하였다.

몽상에 잠기는 습관이 있던 예이츠는 신비주의자인 러셀을 만남으로써 "신비술"에 열중하기 시작하였다. 그들은 유럽의 신비철학과 동양의 밀교를 공부하며 마술에 관한 시극을 경쟁적으로 쓰곤 하였다. 1885년 여름에는 예이츠를 회장으로 하여 '더블린 연금술회'라는 밀교연구를 위한 모임이 발족되었다. 이렇게 시작된 예이츠의 신비주의 연구는 후에 런던에서 러시아의 신지론자인 블라바츠키 여사와의 접촉 및 밀교단체인 '황금빛 새벽'에의 참여를 거쳐 역사와 인생에 관한 독특한 이론의 저술인 『환상록』(초판 1925, 개정판 1937)에까지 계속된다. 신비주의는 그의 평생의 관심사였다. 그가 만든 새로운 종교는 시적인 전통을 가짐과 동시에 이러한 신비적인 색채를 띤 것이었다. 시와 신비주의는 예이츠가 신봉한 종교의 양면인 것이다. 그는 1886년에 미술공부를 포기했다.

예이츠는 이 무렵에 민속주의에 눈뜨게 된다. 아일랜드가 영국의 지배로부터 자치를 쟁취한 것이 1886년인데, 이를 전후하여 아일랜드의 민족주의는 더욱 열기를 띠어가고 있었다. 예이츠는 1885년에 창간된 『더블린 대학평론집』에 처음으로 시를 발표했다. 민족주의와 관련하여 그에게 가장 큰 영향을 준 사람은 영국에서 5년 동안 형을 치른 후 프랑스에서 10여 년의 망명생활을 청산하고 돌아온 민족주의자인 존 오리어리이다. 예이츠의 민족주의는 정치에 직접 참여하는 것이 아니라 자기 나라의 민족정신을 고취하는 것이었지만, 아일랜드 민족의 전설을 발굴하고, 시의 제재를 거기서 찾은 것은 오리어리의 의견에 자극받은 것이라고 할 수 있다.

1886년에 시작하여 1888년에 완성한 그의 장시 『아시인의 방랑』은 1889년에 출판할 때에도 오리어리의 도움을 받은 작품이다. 그 해에 예이츠는 오리어리의 소개로 모드 곤을 만났다. 그녀에 대한 예이츠의 오랜 사랑과 동지적 활동에도 불구하고 그들의 사랑이 결실을 맺지 못한 것은 주로 두 사람의 기질의 차이에서였다고 할 수 있다. 과격할 정도로 행동적인 민족주의자인 모드 곤의 눈에는 예이츠의 민족주의가 너무나 미온적인 것으로 비쳤을지도 모른다. 그러나 예이츠는 모드 곤을 따라 선동적인 연설에도 참여하여 상당한 활약을 하기도 하였다. 예이츠에게는 모드 곤이 이상적인 아름다움이었고, 그의 시 여러 편에서 그녀는 트로이의 "헬렌"이나 지혜의 여신 "팰러스"나 미의 여신 "아테네"로 그려져 있다.

1880년대 중반 무렵부터 1939년 1월에 세상을 떠나기 직전까지 50여년에 걸친 그의 오랜 시작(詩作)생활은 끊임없는 모색과 불굴의 투쟁의 도정이었다. 그러므로 예이츠의 시를 이야기하자면 우선 그의 시창작의 도정을 살펴보지 않을 수 없다. 거의 확연히 나누어지는 초기와 후기, 그리고 그 중간의 과도기를 일단 연대순으로 더듬어 보아야 그의 시를 개괄할 수 있다.

예이츠의 시를 전기와 후기로 양분하는 경우 1914년에 발간된 시집 『책임』을 경계로 하는 것이 보통이다. 그러나 시적 변모라는 것이 특정한 시기나 사건을 계기로 돌발적으로 발생하는 것이 아니므로 어느 시인이든 그의 전기시와 후기시가 어느 시점을 중심으로 확연하게 나누어질 수는 없다. 예이츠와 같이 오랜 세월에 걸쳐 지속적으로 시작을 한 시인의 경우에는 더욱 그렇다.

일반적으로 제파레스의 구분에 따라 예이츠의 초기시를 1883년부터 시집 『갈대밭의 바람』이 나온 1899년까지로 잡는다. 예이츠는 낭만주의가 쇠퇴해가는 분위기에서 에드먼드 스펜서, 윌리엄 블레이크, 퍼시 비시 셸리 및 라파엘 전파 시인들의 영향을 받으며 시를 쓰기 시작했다. 따라서 그의 초기시는 막연한 정서를 풍기는 언어로 아름다운 꿈의 세계를 그린 것이었다. 작품의 소재는 아일랜드의 전설이나 낭만적인 사랑 같은 것이었지만, 아일랜드의 전설을 다룬 경우에도 그는 겔트적인 것에 대한 보통 영국 사람의 낭만적인 태도를 보여주고 있을 뿐이다.

예이츠가 시인으로 인정받고 본격적인 활동을 시작한 장소는 런던이었다. 1887년에 예이츠 일가가 런던으로 다시 이주한 후, 그는 영국 잡지에 처음으로 시를 발표하고, 아일랜드의 전설 및 시가와 블레이크의 글을 편찬하고 어니스트 다우슨, 아써 시몬스, 라이오넬 존슨 등의 세기말 시인들과 교류하였다. 예이츠는 1891년에 이 시인들과 더불어 "시인클럽"을 만드는 한편 아일랜드 문학회를 설립하였다. 그는 아일랜드 문예부흥 또는 겔트의 부활이라고 일컬어지는 아일랜드 문예운동의 중심적인 인물이 되었다.

후에 그레고리 여사 및 존 밀링턴 씽 등과 함께 연극 운동을 하면서 그는 극을 쓰고 극장을 관리하며 기금 모금을 하는 등 아일랜드 문예부흥에 크게 공헌하였다. 이 무렵의 희곡을 수록한 『아일랜드 극장을 위한 희곡집』을 1913년에 발간하였다. 이 이외에도 1899년에 아일랜드 문예극장을 창립하여 상연한 첫 공연작품 『백작부인 캐슬린』, 『아시인의 방랑』등의 극을 썼다. 그리고 뒤이어 『시집』(1895)과 『갈대밭의 바람』(1899) 등의 시집이 출판되었다.

후에 예이츠 자신이 이 무렵의 시를 "옛 신화에서 따서 놓은 수로 뒤덮힌 코트"에 비유했듯이 그의 초기시는 대체로 아일랜드의 전설을 소재로 한 것과 꿈같은 사랑을 읊은 낭만적인 것으로 이루어져 있었다. 다시 말하여 비평가들로부터 "막연한, 꿈같은, 지친, 우울한" 등의 말로 평가되고 퍼시 비시 셸리, 윌리엄 블레이크 및 라파엘 전파의 시인들의 영향을 받은 작품이라고 지적받는 시였다. 기계적인 운율과 장식적인 아름다움과 모호한 상징은 참다운 시로서는 약점이 되는 것으로 예이츠 자신도 후에 초기시의 이러한 점을 반성하고 있다.

예이츠의 시적 이상은 "나 자신을 시에 담는 것", 즉 "정상적이고 정열적이요, 사리를 분간하는 자아, 하나의 전체로서의 인격"을 시 가운데 유지하는 것이었다. 예이츠에게 있어서는 인간으로서의 시인과 창조자로서의 시인 사이의 구별이 없다. 그는 시인을 자신의 경험에 형체를 부여하는 사람이라고 생각했다. 그리하여 그의 시는 차차 현실에 대한 반응을 보이기 시작하고 자서전적인 성격을 띠어갔다. 그가 초기 시풍에서 벗어나 이러한 새로운 경향을 보이기 시작한 것은 1903년에 출판된 시집 『일곱 숲에서』에서이다. 말투는 시적인 말투에서 일상적인 말투로 변해가고, 테마는 개인적, 현실적인 것으로 바뀌어 갔다. 이러한 경향은 그 다음 시집 『초록빛 투구 및 기타 시편』을 거쳐 『책임』(1914)에 이르러 확고하게 되었다.

예이츠의 시가 현실적인 색채를 띠게 된 것은 자신의 초기시에 대한 자기 비평과 더불어 그 자신이 처한 현실적 상황이 복잡해져 간 데 그 동기가 있다. 그가 그레고리 여사를 처음 만난 것은 1896년이었는데, 그 다음 해부터 여러 해 동안 여름철에는 쿨 파크에 있는 그레고리 여사의 저택에 머물며 창작활동을 했다. 정치 운동에 환멸을 느끼게 된 것도 이 무렵이다. 그는 극작에 몰두하면서, 1902년에 아일랜드 국민 극단을 만들어 단장이 되었고, 1904년에 애비 극장의 개관을 계기로 연극 사업에 전념하게 되었다. 그러나 1902년에 상연한 그의 작품 『캐슬린 니 훌리한』의 주역을 맡았던 모드 곤은 1903년에 존 맥브라이드라는 민족주의자와 결혼했다.

1903년 이후 수년 동안 예이츠는 거의 시를 쓰지 않았는데. 이 무렵에 아일랜드에서 예술과 관련된 두 가지 사건이 있었다. 그 하나는 1907년에 씽의 작품 『서쪽나라의 난봉꾼』 상연에 대한 반대 소동이었다. 씽의 작품이 아일랜드를 그릇되게 표현했다고 격분한 국수적인 속물근성에 대항하여 싸운 예이츠는 승리를 거두었다. 또 하나는 1909년에 그레고리 여사의 조카이며 예이츠의 친구였던 휴우 레인이 거액을 들여 수집한 프랑스 인상파 화가들의 작품을 더블린 시에 기증하려는 것에 대한 시민들의 비협조였다. 그 결과 예이츠는 아일랜드를 "눈 먼 쓰라린 고장"이고, 더블린을 "눈멀고 무지한 도시"라고 생각하게 되었다. 그럼에도 불구하고 그의 시는 이러한 현실에 대한 면밀한 관찰을 통하여 보다 견실해졌고, 그는 언어 구사에 관하여 더욱 자신감을 갖게 되었다.

위대한 시인으로서의 면모는 『쿠울 호의 백조』 (1919) 이후의 후기 시에 나타나 있다는 것이 정설로 되어 있다. 후기 시는 늦은 결혼과 더불어 시작되었다. 예이츠의 청혼을 뿌리치고 결혼했던 모드 곤은 얼마 안가서 이혼하고 그녀의 남편이었던 맥브라이드는 1916년 부활절에 발생한 아일랜드 독립을 위한 봉기와 관련되어 처형되었다. 그해 여름에 예이츠는 프랑스에 머물고 있던 모드 곤을 찾아가 다시 청혼했으나 거절당하고, 그녀의 양녀 이졸트에게도 청혼했다가 거절당했다. 그러자 수년 동안 사귀어오던 조지 하이드 리즈와 1917년 10월에 갑자기 결혼하였다. 모드 곤을 사랑하면서도 결혼에 이르지 못한 예이츠의 심정과 신비적인 것에 대한 관심을 알고 있었던 부인은 예이츠의 기분을 전환시키려는 마음에서 자신이 영매가 되어 자동 기술을 시작했다.

예이츠는 결혼 생활과 자동 기술을 통하여 오랫동안 갈구해오던 정신적 안정을 찾고 사상의 통일과 권위를 얻게 되었다. 자동 기술을 토대로 하고 밀교 및 역사철학에 대한 연구와 사색을 종합하여 이루어진 그의 철학을 집대성한 책이 『환상록』이다. 기하학적인 도표와 독특한 개념으로 인간의 기질과 영혼 및 역사의 변천에 관한 오묘한 이론을 서술한 이 저술은 후기시의 많은 비유와 사상의 발판이 된다. 그는 1919년부터 여름철에 쿠울 근방의 옛 저택 밸릴리 성에 거주하였고 1919년에 딸을, 1921년에 아들을 낳았다. 아일랜드 자치국이 탄생하자 그는 1922년에 상원 의원으로 추대되고 트리니티 대학에서 문학 박사 학위를 받았으며, 1923년에 노벨 문학상을 수상했다.

『쿠울 호의 백조』라는 시집에 실린 작품에서부터 그의 시는 철학적인 깊이를 더하면서 지적인 요소가 뚜렷해진다. 형대면에 있어서도 운율의 구사가 더욱 자유로워지고 다양한 시형식을 보이게 된다. 주제로서는 자기 자신의 늙음을 극화하고 죽음에 대한 상념을 되풀이하기 시작한다. 이 때부터는 형식에 얽매이지 않고 자신의 확고한 사상을 자유롭게 펼친다.

그 다음 시집 『마이클 로바티즈와 무용수』(1921)에서 특히 눈에 띄는 주제는 역사와 문명이다. 1916년의 부활절 봉기를 두고는 "무서운 아름다움이 태어났다"고 하고, 기독교 문명의 종말을 예견하는 「재림」에서는 간결한 언어의 사용을 통하여 놀라운 비전을 보여준다. 또한 귀족주의적인 사상에서의 중요한 관념인 의식과 관습을 고취한 작품인 「딸을 위한 기도」에서도 그는 문명의 파멸이 다가옴을 상상하고 있다.

예이츠의 후기시 가운데서 절정은 시집 『탑』(1928)과 『굽이도는 계단과 기타 시편』이다. 이 시집들은 풍부하고 강렬한 시풍과 되풀이되는 이미지와 주제, 그리고 그것을 다루는 힘찬 방식이 대가의 풍모를 뚜렷이 보여준다. 예이츠 자신의 과거의 삶과 현재의 삶을 총결산하는 작품으로 볼 수 있지만 상당한 모순도 있고 갈등도 내포되어 있다. 쇠잔해져가는 자기의 육신에 대한 애달픔과 자기의 영혼을 살찌게 하려는 욕망 사이에서 시인 자신이 분열되어 있다. 「비잔티움으로의 항해」에 나타난 동물적인 생명에의 고별이나 「비잔티움」에 묘사된 육신에 대한 멸시와 같이 육체적인 면을 무시하고 영혼의 영원한 삶을 추구하는 모습이 보이는 반면에 「육신과 영혼의 대화」와 같이 육신을 통쾌하게 긍정하며 끝나는 모습이 보이기도 한다. 그러나 이것은 예이츠가 대립의 긴장을 얻기 위하여 일부러 마련하는 모순이다. 그에게 있어서의 통일성은 양극단을 내포하면서 갈등을 자기 내면에서 화해하도록 하고 이를 시로 표현하는 데서 얻어지는 것이었다. 예이츠는 또한 플로티누스의 영향을 받아 초시간적인 실재를 추구하는 데서 이 모순을 해결하려고도 하였다.

1929년 이후 예이츠는 밸릴리 성을 사용하지 않고 1933년에는 더블린 교외에 집과 터를 사서 질병 때문에 해외로 가는 겨울철을 제외하고는 거기서 살았다. "초자연적인 노래들"이라고 부르는 철학적인 시편들을 포함하고 있는 시집 『3월의 만월』을 거쳐 『최후 시편』에 이르기까지 만년에도 그는 왕성하게 시를 창작했다. 『최후 시편』은 『신 시편』이라는 제목으로 1938년에 출판된 것들을 포함하여 사후인 1940년에 극작품과 함께 『최후 시편과 희곡들』로 출판된 것을 말한다.

이 마지막 시편들은 일견 초연하면서도 그 이면에는 불안과 비애와 분노를 숨기고 있으며, 심지어는 늙은 자기로 하여금 시를 쓰게 하는 것은 날뛰는 육욕과 광란이 있기 때문이라고 고백하고 있다. 예이츠 자신이 이 무렵의 자신의 최상의 작품이라고 말한 「청금석 부조」에는 비극을 초극하는 인간 정신의 환희가 그려져 있다. 그가 "인생을 비극이라고 생각했을 때 우리는 삶을 시작한다"고 말한 바 있듯이, 그 자신의 일생은 바로 하나의 비극 정신의 구현이었다고도 할 수 있다. 시에 있어서의 끊임없이 변모와 발전, 노후에도 안일을 추구하지 않는 예술에의 헌신이 이것을 말해준다. 리처드 엘만이 말하고 있듯이 "그의 생애는 계속적인 전투였다. 그리고 그는 쉬운 싸움을 택할 수 있었을 때에도 가장 어려운 싸움을 선택했다."

예이츠는 1937년에 호흡과 보행이 어렵게 되자 요양하기 위하여 프랑스 남부로 떠났다. 1938년 겨울 캡 마틴에 체류하는 동안 병세가 더욱 악화되어 1939년 1월 28일에 사망했다. 그의 유해는 로끄브륀에 있는 공동묘지에 임시로 매장되었다. 1938년 9월 4일에 탈고한 작품 「벌벤 산 아래」에서 시인 자신이 지정한 영면의 자리인 슬라이고로 군의장대의 영접을 받으며 돌아온 것은 1948년 9월이었다. 그의 무덤은 이 작품에서 그가 말한 대로 드럼클리프 교회 안에 간소하게 자리 잡고 있으며, 근방에서 채석한 아무 장식도 없는 석회석 묘비에는 그 자신이 쓴 묘비명이 사진에 보이는 바와 같이 새겨져 있다. 이를 우리 말로 번역하면 아래와 같다.

차가운 눈길을 던져라
삶에, 죽음에.
말탄 자여, 지나가거라.

「이니스프리 호수 섬」: 자연에 순응하는 삶

Ⅰ. 시작하기

이 작품의 소재인 이니스프리는 아일랜드의 서부에 있는 슬라이고 근방의 '기쁨의 호수'에 있는 작은 섬의 이름이다. 예이츠는 『자서전』에서 자신이 10대일 때 이니스프리에서 쏘로우1)처럼 살고자 하는 소망을 지니고 있었다고 말한 바 있다. 그는 향수에 젖어 플리트 가를 걸을 때 한 가게의 진열대에서 분수 위에 작은 공이 떠 있는 것을 보고 이니스프리의 호수 물소리를 기억하기 시작했으며, 그 갑작스러운 기억에서 이 작품이 나왔다고 말한 적이 있다.

이 작품은 예이츠의 초기 작품으로 시인이 사실이나 객관성 여부에 관심을 갖기 보다는 낭만적 암시성을 중시할 때 창작되었다. 첫 시집인 『교차로』(1889) 다음에 나온 두 번째 시집 『장미』에 수록되어 있는데, 세기말적인 나른한 리듬이 강하게 느껴지는 작품이다. 장모음이나 이중모음이 많이 사용되어 리듬이 길게 늘어지며, 행의 길이가 길고, 중간에 휴지가 있는 경우가 많아서 크게 소리내어 읽어보면 전체적인 분위기가 따스한 봄날 오후의 나른한 분위기를 풍긴다.

작품의 제목으로 사용된 이니스프리는 "히이쓰 섬"이라는 뜻으로 아일랜드 서부 슬라이고 근방 '기쁨의 호수'에 있는 작은 섬의 이름이다. 예이츠는 자신의 『자서전』에서 다음과 같이 쓰고 있다.

---

1) 헨리 데이비드 쏘로우는 미국의 초절주의자로 월든 호수에 작은 집을 짓고 살면서 자연을 관찰하고 사색하며 『월든』이라는 책을 썼다.

> 내가 십대에 슬라이고에 대하여 갖게 된 야망을 나는 여전히 갖고 있는데 그것은 쏘로우를 모방하여 이니스프리에서 살아가는 것이다. 내가 향수에 잠겨 플리트 가를 걸어가고 있을 때 나는 작은 물방울 소리를 들었고, 어느 가게의 진영장에서 분출구 위에 조그만 공이 균형 잡힌 상태로 놓여있는 샘을 보았고 호수의 물을 기억하기 시작했다. 이 갑작스러운 기억에서 「이니스프리」라는 시가 생겨났는데, 이 작품은 그 리듬 가운데 나 자신의 음악과 같은 요소를 지닌 최초의 서정시였다. 나는 수사학으로부터의 도피처로, 또 수사학이 가져오는 군중의 정서로부터의 도피처로 리듬을 느슨하게 하기 시작했다. 그러나 나는 특별한 목적을 위하여 당시 평범한 구문만 사용해야 한다는 것을 가끔, 막연히 이해했을 뿐이다. 한 2년 정도 지난 후에 썼더라면, 나는 첫 행의 "일어나서 가다"와 같은 관습적인 고풍의 구문을 사용하지 않았을 것이고, 마지막 연에서 도치도 하지 않았을 것이다.

이 말에서도 알 수 있듯이 예이츠는 이 작품을 쓸 당시에 상당히 낭만적이었고, 나름대로 노력은 하고 있었으나 관습적인 방법에서 크게 벗어날 수 없었다. 또한 리듬도 꽉 짜이게 사용하지 않고 다소 느슨하게 사용하여 낭만적인 꿈같은 분위기를 자아내게 하였다.

II. 전개하기

이 작품은 이니스프리로 가려고 하는 의지의 표현으로 시작된다.

> 나는 일어나 지금 갈거야, 이니스프리로 갈거야,
> 조그만 오두막을 지을거야, 진흙과 나뭇가지를 엮어서.
> 콩 아홉 이랑 심고, 꿀벌도 한 통 칠거야,
> 그리고 벌소리 잉잉대는 숲에서 홀로 살거야.

첫 연의 "나는 일어나 지금 갈거야" 라는 말은 『누가복음』 15장 18절 "내가 일어나 아버지께 가서"에서 인용한 구절이다. 그렇다고 해서 이 작품이 종교적인 색채를 크게 지니고 있는 것은 아니다. 단지 옛 구절을 인용하고 고어체를 모방함으로써 이 작품을 보다 낭만적으로 보이게 하고자 의도한 것으로 여겨진다.

제 2연에서는 이 섬에서의 하루 생활이 묘사된다.

> 나는 거기서 평화로울 거야, 왜냐면 평화는 천천히,
> 아침의 장막을 뚫고 귀뚜리 우는 곳으로 천천히 오니까.
> 거기 한 밤은 항상 빛나고, 정오는 자주빛으로 불타고,
> 저녁은 홍방울새 소리 가득하니까.

여기에서 화자는 평화로움을 느낄 수 있을 것이라고 말하며 시간을 밤과 낮과 저녁 셋으로 구분하여 이 섬의 모습을 설명한다. 밤에는 어둠이 온 누리에 내리듯이 평화가 온 누리에 젖어들고, 밤새도록 희미한 빛으로 빛나고 정오엔 자줏빛으로 불타오르고, 저녁에는 홍방울새의 나래 소리가 이곳을 가득 채운다. 여기에서 정오에 자줏빛으로 불타오르는 것의 실체가 무엇인지는 확실하지 않다. 예이츠 자신이 후에 이것에 대하여 아마 히이쓰를 뜻한 것같다고 하며 무슨 뜻으로 썼는지 잘 모르겠다고 말한 적이 있다. 히이쓰란 꽃은 빛을 받으면 전체적으로 붉은 빛을 띠게 되므로 섬 전체가 자주빛으로 비칠 수 있을 것이다.

제 3연에서 화자는 호수의 물소리가 밤낮으로 철썩거리는 소리가 들리는 그 섬으로 가고자 다시 염원한다.

> 나는 일어나 지금 갈거야, 왜냐면 항상 밤낮으로
> 호수물이 나지막이 찰싹이는 소리가 들리리니.
> 나는 차도 위나 회색 보도 위에 서 있는 동안에도
> 마음 속 깊은 곳에서 그 소리를 들으니.

마지막 두 행은 앞에서 이 작품을 쓰게 된 계기를 밝힌 설명을 돌이켜보면 의미가 분명히 드러난다. 도시 생활의 복잡한 환경에서 정신없이 생활하고 있을 때에도 예이츠는 가슴 깊은 곳에서 한가한 섬 생활을 동경하는 것이다.

Ⅲ. 끝내기

이 작품의 초고는 다음과 같이 되어 있었다.

나는 일어나 지금 갈거야 이니스프리 섬으로
그리고 버드나무 집에서, 버드나무로 짜여지고 나무로 만들어진 집에서
살거야.
나는 거기서 콩을 아홉 이랑 기를거야 벌들을 위한 노란 벌통도 하나,
그러면 이 오랜 걱정이 사라지겠지.

거기선 새벽부터 내 머리 위로 평화가 천천히 떨어지겠지,
아침의 장막으로부터 집안의 귀뚜리가 노래하는 곳으로 떨어지겠지,
그리고 정오엔 온통 희미하게 빛날거야, 한밤엔 자주빛으로 빛날 것이고,
그리고 저녁은 홍방울새 나래 소리가 가득할거야.

초고와 현재의 작품을 비교해 보면 내용상 크게 달라진 것은 없지만, 현재의 작품이 초고에 비하여 좀 더 간결해지고 압축되었다는 점이 드러난다.

작품의 내용을 살펴보면 첫 연에서 화자는 잠 깨어 자리에서 일어나 이니스프리 호수에 있는 작은 섬으로 가서 작은 오두막집을 짓고 소박한 생활을 하고자 하는 의도를 밝힌다. 실제로 이 섬은 너무나 작기 때문에 여기에는 집을 짓고 생활할 수 있는 공간이 없다고 한다. 그런데 예이츠는 이 섬으로 가서 나뭇가지를 엮어서 기둥을 세우고, 진흙을 발라서 작은 오두막집을 짓

겠다고 한다. 그는 오두막에 혼자 살면서 콩밭을 가꾸고, 꿀벌도 한 통 치는 자족적인 독립된 생활을 하겠다는 결의를 보인다. 콩밭 이랑의 수를 아홉 개라고 말하고 있는데 여기서 아홉이라는 숫자에 특별한 의미는 없는 것같고, 단지 예이츠가 아홉이라는 숫자를 좋아하기 때문에 사용한 것으로 짐작된다.

이는 예이츠가 『자서전』에서 밝히고 있듯이 헨리 데이비드 쏘로우의 삶을 모방하고자 한 것이다. 쏘로우(1817~1862)는 미국의 철학자, 시인, 수필가이다. 그는 초절주의자로 평범한 삶 고상한 사고를 추구하면서 매사추세츠 주 콩코드 근방의 월든 호수에 있는 섬에 들어가 2년 동안 홀로 자족적인 생활을 하였다. 그는 물욕과 인습에 젖은 사회와 국가에 항거해서 자연과 인생의 진실을 파악하고자 과감하고 성스러운 실험을 하였다. 멕시코 전쟁에 반대하였으며, 인두세 납부를 거부하여 투옥당하기도 하였고 후에는 노예 해방 운동에 헌신하였다. 이러한 그의 정신은 "시민 불복종" 운동으로 이어져 마하트마 간디의 인도독립 운동과 킹 목사의 시민권 운동 등에도 영향을 끼쳤다. 에머슨과 더불어 위대한 초월주의 철학자로 존경받으며 미국 르네상스의 원천이 되었다.

「쿠울 호의 백조」 : 늙음에 대한 상념

Ⅰ. 시작하기

제목에 사용된 쿠울 호는 그레고리 여사의 저택 근방에 있는 호수의 이름이고, 예이츠는 1896년 이후 거의 매년 그레고리 여사의 저택에서 여름을 보냈다. 이 작품은 1919년, 즉 예이츠가 54세 때 같은 이름으로 발표된 시집의 표제시인데, 1917년에 창작되었다. 시인은 매년 이 호수에 와서 그 곳에 떠 있는 백조를 보았고 처음 이곳에 온 이후 19년이라는 세월이 흘러 자신은 나이를 먹었는데, 백조는 그대로인 것처럼 여겨지는 감정을 여기에 표현하였다. 그렇지만 실제로 예이츠가 이곳에 처음 온 이후 19년이 흐른 것은 아니다. 이 작품의 창작연도는 처음 이곳에 온 이래 20년 이상이 흐른 후이다.

예이츠는 쿠울 호수에 떠 있는 아름다운 백조를 보고, 매년 보는 그 백조는 늙지 않고 언제나 힘차고 패기 있는 듯이 보이는데 자신은 늙어가며 힘과 정열이 줄어드는 것을 의식하고 있다. 또한 늙어가는 자신의 인생을 늙지 않는 새와 대비시킴으로써 영원한 젊음의 세계에 대한 동경을 이 작품에서 표현하고 있다. 시인이 19년 동안 그 백조를 보아왔는데 그 백조들은 여전히 피로를 모르고 언제나 아름답게 보인다고 말한다. 사실상 예이츠가 지금 보는 백조는 옛날의 백조가 아니겠지만, 예이츠는 그러한 사실적인 차원에서 보는 것이 아니라 상징적인 차원에서 백조를 피로도 모르고 늙지 않는 어떤 원형이나 이미지로 생각하는 것이다. 백조는 그러한 원형, 이미지로서 예전이나 지금이나 젊음을 그대로 유지하고 있다. 반면 시인 자신은 19년

전의 젊음과 아름다움을 상실하고 이제는 늙고 추하게 변해가고 있음을 인식하고 늙고 죽음이 없는 영원한 젊음의 세계를 동경하고 있다.

이 작품에서 늙은 시인 자신과 대조되는 백조의 아름답고 정열적이고 힘찬 세계가 거기에 부합되는 여러 가지 구체적인 이미지로 잘 표현되어 있다. 백조라는 새의 흰색에서 암시되는, 더러움이나 늙음과는 상관없는, 깨끗하고 영원하고 아름답고 신비스러운 이미지가 시 전체의 분위기를 지배한다. 새의 동작이나 상태를 표현하는 말들이 모두 그 백조가 늙지 않고 변함없이 항상 힘차고 정열적인 세계에 있음을 암시한다.

각 행의 길이는 짧게는 6음절에서 길게는 11음절까지 변하며 일정한 규칙이 없다. 첫 행과 셋째 행은 각운을 이루지 않고 둘째 행과 넷째 행이 각운을 이루고, 다섯째 행과 여섯째 행이 각운을 이루는 6행연 5개가 모여 전체를 이룬다. 이 작품의 제 1연에서는 시간과 장소의 배경이 묘사되어 있다. 늙어서 죽음을 앞둔 시인의 세계와 젊고 아름다운 백조의 세계의 대조는 백조가 떠 있는 호수 주변의 풍경 묘사와 계절과 시간의 배경으로 인하여 더욱 뚜렷하게 부각된다. 가을이 되어 알록달록 단풍이 든 숲과 10월의 황혼의 풍경이 푸른 물 위에 떠 있는 백조의 모습과 대비되어 있다. 백조의 아름다움은 한 폭의 풍경화와도 같이 작품 전체의 의미를 보여준다. 숲 사이에 나 있는 오솔길이 메말라 있는 것이나 시간적 배경이 가을인 것, 또 가을날 중에서도 황혼빛이 물드는 저녁 때로 되어 있는 것 등은 모두 노년에 접어드는 시인의 상태와 잘 부합된다.

Ⅱ. 전개하기

시인은 인생의 가을과 황혼에 이르러 있는 상태에서 눈 앞의 푸른 물 위에 떠 있는 순백색의 백조를 보고 있다.

나무들은 가을의 아름다운 빛깔로 물들고,

숲 사이 오솔길은 메말라 있다,
시월의 황혼 아래 호수가
고요한 하늘을 비춘다.
바위 사이 넘치는 물결 위엔
쉰아홉 마리 백조.

백조의 숫자가 59마리인데 이는 실제 백조의 숫자라기보다는 예이츠가 특히 9라는 숫자를 좋아하여 그렇게 말한 것으로 생각된다. 예이츠의 작품에는 "9"라는 숫자가 많이 쓰이고 있는데, 이는 그가 이 숫자의 소리를 좋아하거나 해서 그런 것으로 생각된다. 다음에 나오는 "19"도 역시 이와 마찬가지이다.

내가 맨 처음 백조를 헤아린 이래
열아홉 번째 가을이 왔구나,
나는 보았다, 헤아림이 끝나기도 전에,
모두들 별안간
요란하게 나래치며 커다란
부서진 원을 그리며 선회하며 날아가 흩어지는 것을.

제 2연에서는 시인이 이 호수에 처음 온 것이 19년 전이었음을 말하며 그 옛날을 회상한다. 그가 19년 전에 그 호수에 처음 왔을 때도 백조들은 있었다. 시인이 그 숫자를 헤아리려 하면 그 백조들은 "요란하게 나래치며" "별안간 날아올라" 시야에서 벗어나곤 하였는데, 요란한 날갯소리 등과 같은 말은 그 백조들이 늙지 않고, 힘차고 정열적인 세계에 살고 있음을 나타낸다. 그 백조들은 너무도 활달하여 시인이 그 숫자를 헤아릴 새 없이 힘차게 날개 소리를 내며 날아오르곤 한다는 말이다.

제 3연에서는 백조의 활기찬 움직임과 시인 자신의 예전의 활기찬 발걸음이 병치되어 시인 자신도 예전에는 백조만큼이나 힘차고 정열적이었음을 암시한다.

> 이 빛나는 새들을 바라보는
> 지금 내 가슴은 쓰리다.
> 모든 것이 변했다, 내가, 황혼녘에
> 맨 처음 이 호숫가를
> 머리 위로 나는 백조들의 요란한 나래소리를 들으며
> 한결 가벼운 걸음으로 걸었던 이래.

19년 전에는 머리 위로 날아오르는 백조들의 날갯소리를 들으며 시인 자신도 가벼운 발걸음으로 걸었다. 그런데 이제는 몸도 예전처럼 가볍지 않고 마음도 그때는 느끼지 못하던 서글픔을 느낄 정도로 무거워졌음이 암시된다. 예이츠는 자신의 모든 것이 19년 전에 비하여 크게 변한 데 대하여 가슴 아파한다.

제 4연에서는 시인이 다시 현재로 돌아와 호수 위에 떠 있는 백조들을 본다.

> 아직도 지칠 줄 모르고, 사랑하는 짝끼리,
> 백조들은 다정히 물결 속을
> 헤엄치거나 공중을 난다,
> 그들의 마음은 늙지 않았다,
> 정열과 정복심은, 그들이 어딜 헤매든,
> 항상 그들을 따른다.

19년 전에 요란한 날개 소리를 내며 힘차게 하늘로 날아올라 빙빙 돌던 그 백조들이 지금도 변함없이 물 위에서 힘차게 헤엄치거나 공중으로 날아오른다. 백조들의 마음은 늙지 않고 정열이 왕성하다. "연인끼리"라는 말에서 볼 수 있듯이 백조들의 세계에는 정열과 낭만, 사랑이 넘쳐흐른다. 반면에 이와 대조적으로 시인의 세계는 정열도 낭만도 사랑도 모두 식어가고 있음이 암시된다.

마지막 연에서 백조는 시인의 눈에 신비스럽게 보인다.

> 그런데 지금 백조들은 고요히 물 위에 떠돌고 있다.
> 신비로이, 아름답게,
> 어느 물풀 사이에 집을 짓고
> 어느 호숫가 아니면 연못가에서
> 사람들의 눈을 기쁘게 할까? 내가 언젠가 잠깨어
> 그들이 날아가 버린 것을 알게 될 때.

그가 지금까지 보아 온 백조는 수명이 한정되어 있어 수명이 다하면 죽는 동물이 아니다. 백조는 한정된 수명을 다 하고 늙어 죽는 인간과 대조되는 영원불멸의 신비로운 세계의 원형이나 이미지이다. 그러므로 그들은 예전이나 지금이나 변함없이 아름다웠고, 아름다우며, 미래에도 영원히 아름다움을 간직하고 있을 것이다. 인간은 결국 죽지만 그들은 죽는 법 없이 영원히 살아가며 인간에게 항상 아름다운 모습을 보여주고 인간의 동경의 대상이 될 것이다. "내가 어느 날 잠깨어 그들이 날아가 버린 것을 알게 될 때"라는 말은 그가 잠을 자다가 깨어나는 것이 아니라 자신이 이 세상에서의 삶을 그치고 죽은 후를 뜻한다. 예이츠는 자신이 죽은 후 어느 날 갑자기 죽음에서 깨어나서 그들이 날아간 것을 알게 될 때, 그때에도 그 백조들은 어느 곳에 살며 집을 짓고 사람들의 기쁨과 희망의 대상이 될 것이라고 말한다.

III. 끝내기

시편 전체에 걸쳐 비유적인 표현을 거의 사용하지 않고 직접적인 묘사를 통하여 감정을 표현하고 있는 것이 이 작품의 특징이다. 자칫하면 영탄조로 흐르기 쉬운 주제이지만 시인이 자신의 마음속의 말을 장황하게 늘어놓지 않고 객관적인 사물의 묘사로 그 감정을 표현함으로써 이 작품이 시적 응집력을 갖게 되었다. 객관적인 사물인 백조의 세계가 아름답고 힘차게 그려짐으로 인하여 그와 대조되는 인간의 늙어가는 세계가 상대적으로 더욱 선명하게 드러난다. 또한 객관적 사물의 묘사가 매우 구체적이고 치밀하기 때문에 보다 훌륭한 작품이 되었다. 엘리엇이 주장하고 실행한 객관적 상관물 이론을 잘 적용한 작품이라고 할 수 있다.

「레다와 백조」: 문명의 순환

I. 시작하기

이 작품은 그리스 신화를 이용하여 새로운 문명의 탄생을 이야기하면서 지혜가 부족하기 때문에 전쟁이 일어난다고 한다. 그리스 신화에 따르면 최고의 신인 제우스가 백조의 모습으로 아에톨리아의 왕 테스티우스의 딸이며 스파르타의 왕 틴다레오스의 아내인 레다를 방문했다. 제우스와 사랑을 나눈 결과 레다는 두 개의 알을 낳았는데 하나에서는 카스토르와 폴룩스가, 다른 하나에서는 헬렌과 클리템네스트라가 나왔다.

헬렌은 미넬라우스 왕의 부인이 되었으나 파리스와 함께 트로이로 도주하여 트로이 전쟁의 원인이 되었다. 클리템네스트라는 그리스의 왕인 아가멤논과 결혼하였으나 아가멤논이 트로이 전쟁을 끝내고 돌아왔을 때 그를 살해했다. 예이츠는 제우스가 레다를 방문한 것을 그리스 문명의 시작을 나타내는 수태고지로 여겼다.

약강 5보격의 정형적인 리듬으로 된 소네트인 이 작품은 형식상 비교적 전통적인 시이지만, 이미지가 충만한 간결한 용어, 급속한 진전, 극적 긴장감 등 현대시의 특질을 상당히 많이 지니고 있다. 이태리식 소네트(페트라르크식 소네트) 형식을 따라 4행연 두 개와 3행연 두 개로 되어 있다. 그러나 각운형식에 있어서는 정통 이태리식을 따르고 있지 않다. 6행연 부분이 3행연과 4행연으로 되어 있는 듯이 보이지만, 제 3행을 두 행으로 나누어 써놓은 기교상의 실험일 뿐으로 실제로는 한 행으로 보는 것이 타당하다.

이 작품을 이해하기 위해서는 배경이 되어 있는 그리스 신화를 알아둘 필요가 있다. 그리스 신화에 따르면 아에톨리아 왕국의 공주였던 레다가 어느 날 에우로타스 강에서 목욕을 하고 있었다. 이 때 하늘에서 제우스 신이 그녀를 발견하고는 백조의 모습으로 변신하여 하강해서 그녀를 겁탈한다. 신과 인간의 결합에서 레다는 아들 두 명과 딸 두 명을 낳았다. 카스토르와 폴룩스라는 두 아들은 별이 되어 쌍둥이 별자리에 있다.

딸 두 명은 트로이 전쟁과 관련되어 있다. 헬렌은 예이츠의 「둘째 트로이는 없다」에도 나오는 여인으로 그리스 전쟁의 원인이 된 여자였다. 트로이는 난공불락의 요새였으나 트로이의 목마 작전에 희생되어 불에 타 없어지고 말았다. 헬렌이 없었다면 트로이 전쟁도 없었을 것이다. 클리템네스트라는 트로이 전쟁 때 그리스군의 총사령관이었던 아가멤논의 아내가 되었다. 아가멤논이 7년간 지속된 트로이 전쟁에서 승리하고 돌아왔을 때 그녀는 내연남인 아이기스토스와 음모를 꾸며 남편을 독살하였다. 클리템네스트라와 아가멤논 사이에서는 딸 엘렉트라와 아들 오레스테스가 태어났다. 클리템네스트라는 자기 아들의 손에 죽고, 엘렉트라는 엘렉트라 콤플렉스라는 말의 기원이 되었다.

Ⅱ. 전개하기

이 작품은 "급습"이라고 백조의 모습으로 변신한 제우스 신이 하늘에서 별안간 강하게 휘몰아쳐 내려와 인간인 레다를 덮치는 장면으로 시작되어 우리를 숨막히게 한다.

> 급습, 커다란 날개들이 비틀거리는 소녀 위에서
> 아직도 퍼덕거리고, 그녀의 허벅지는 검은 물갈퀴에
> 애무당하고, 목덜미는 부리에 잡혀 있는데,
> 그는 꼼짝 못하는 그녀 가슴을 자기 가슴에 끌어안는다.

백조의 커다란 날개가 아직도 퍼덕이고 있으며 연약한 여인의 몸인 레다는 이미 백조의 밑에 깔려서 꼼짝 못하고 있다. 여기서 "아직"이라는 말은 이 장면에 생생한 현장감을 부여한다. 백조는 그녀의 허벅지를 물갈퀴로 애무하고 목덜미를 부리로 물고 꼼짝 못하는 그녀를 가슴에 꼭 끌어안는다. 8행연의 전반부에서 백조가 레다를 급습하는 광경이 눈 앞에 펼쳐지는 듯이 현장감 있게 그려진다. 이는 여기에 사용된 단어들이 구체적인 이미지와 관련된 말들이기 때문이다.

겁에 질린 레다는 "모호한 손가락"으로 백조의 포옹을 밀어낼 수 없다.

> 겁에 질린 모호한 손가락들이 어떻게 밀어낼 수 있으랴
> 그녀의 느슨해지는 허벅지에서 깃털의 영광을?
> 그리고 어떻게, 하얀 물풀에 쓰러진 몸이,
> 그녀의 품에서 낯선 심장의 고동을 느끼지 않을 수 있었으랴?

여기서 "모호한"이라는 형용사의 의미가 정말 모호한데, 아마도 "힘없는"이라는 의미이겠지만, 다른 한편으로는 제우스의 영광스러운 포옹을 어찌해야할지 모르는 모호한 상태를 암시하기도 한다. 왜냐하면 신 중의 신인 제우스에게 안기는 것은 영광스러운 일이고, 신비스러운 행위이기 때문이다. "애무", "허벅지", "목", "가슴", "허리" 등의 단어들은 성적인 이미지를 불러일으키는 말로 욕정에 사로잡혀 있는 장면을 매우 효과적으로 암시한다.

8행연의 후반부에서는 겁에 질린 레다가 자의반, 타의반으로 백조의 급습을 받아들이는 장면이 보인나. "느슨해지는 허벅지"는 앞에서 설명한 "모호한 손가락"보다 더욱 사실적으로 성적 교섭의 장면을 암시한다. 그녀도 이미 성적 희열의 상태에 들어가 있으므로 백조라는 깃털의 영광을 밀쳐낼 수 없는 것이다. "깃털의 영광"은 백조의 영광을 말하는 것이지만, 백조는 제우스 신이므로 신의 영광을 말한다. 따라서 이 말은 레다가 신의 품에 안기는 영광을 뿌리칠 수 없다는 뜻이다.

성적인 연상을 환기시키는 신체 부분을 나타내는 용어나 행동을 나타내는 구절들은 백조와 레다의 결합을 음탕하게 보이도록 할 수 있는 가능성이 있다. 이러한 가능성을 "하얀 물풀"과 "깃털의 영광"이라는 말이 완전히 차단한다. 이 말들은 또한 신과 인간의 결합을 성스러운 장면으로 만든다. "낯선 심장의 고동"은 자신의 심장의 고동이 아니기 때문에 낯설기도 하겠지만, 신의 심장의 고동이기 때문에 낯설기도 하다. 따라서 이 구절은 신과 인간이 결합되는 순간의 신비감을 더욱 분명히 드러나게 한다.

이 결합의 결과로 허리에 전율이 일어나고 레다는 클리템네스트라와 헬렌을 낳는다.

> 옆구리의 전율이 거기에 낳는다
> 부너진 성벽, 불타는 지붕과 탑을,
> 그리고 죽은 아가멤논을.

헬렌으로 인하여 트로이 전쟁이 일어나고, 그 때문에 트로이의 성벽이 무너지고 트로이 성 안에 있는 집들의 지붕과 탑이 불에 타버린다. 아가멤논은 클리템네스트라의 남편으로 트로이 원정에 그리스 군의 총사령관으로 출전하여 신의 도움을 받아 트로이 전쟁을 승리로 이끌고 귀국하지만, 그 동안 바람을 피운 클리템네스트라는 애인과 함께 계략을 세워 아가멤논을 살해한다. 그러므로 여기서 "무너진 성벽, 불타는 지붕과 탑, 그리고 죽은 아가멤논"을 낳는다는 말은 헬렌과 클리템네스트라를 낳는다는 말이다. 이들은 모두 트로이 전쟁이라는 잔인한 전쟁과 관련되어 있는 인물들이다.

잔인한 전쟁의 역사는 트로이 전쟁에 국한되는 것이 아니라 오늘날에도 계속되고 있다.

> 하늘의 야수적인 피에
> 이처럼 붙잡히고, 이처럼 정복되었을 때,
> 그녀는 그의 힘과 함께 그의 지식도 전해 받았을까?

무심해진 부리가 그녀를 떨어뜨리기 전에?

예이츠는 레다가 "하늘의 야수적인 피"인 백조에 의해 붙잡히고 정복당하여 그 후손들을 생산할 때, 즉 제우스 신과 인간인 레다가 성적 교섭을 할 때, 인간이 신에게서 감정적이고 동물적인 면만 전달 받은 것인지, 아니면 이와 대조되는 이지적이며 정신적인 면도 받아들인 것인지 반문하고 있다. 시인은 인간에게는 감정적인 면과 이지적인 면이라는 상반되는 양면이 있는데, 인간은 이 양자 사이의 갈등을 영원히 겪는다고 생각하고 있다.

시인이 마지막 연에서 인간이 신의 감정적인 면만 전해 받고 이지적인 면, 즉 지식이나 지혜는 전해 받지 못한 것이 아닌가 생각하는 것은 인간의 현실, 특히 그가 문명의 종말기로 생각한 현대의 상황에 지성적인 면이 그다지 보이지 않는다고 생각하기 때문이다. 또 인간이 영원한 미지의 아름다운 세계를 찾으려고 노력하지 않고 오직 감정과 힘만으로 움직이고 있다고 생각했기 때문이다.

성적 교섭 후에 무관심해진 제우스 신의 부리가 레다를 놓아주기 전에 인간이 신의 지혜를 전해 받았을까? "하늘의 야수적인 피"는 제우스 신이 백조로 변신하여 레다를 급습할 때 가졌던 동물적 욕정을 말하므로, 그녀가 감정적인 면을 전해 받은 것은 분명하다. 트로이 전쟁이 발발하고, 아가멤논이 살해된 것은 그러한 감정적인 면에서 나온 잘못된 사랑 때문이다. 그렇지만 오늘날의 인간의 행동을 볼 때, 특히 제 1차 세계대전의 참혹상을 생각해볼 때 레다가 제우스 신의 이지적인 면, 즉 지혜는 전해 받지 않은 것 같다고 예이츠는 생각하고 있다.

Ⅲ. 끝내기

이 작품을 충분히 이해하기 위해서는 예이츠의 가이어 이론을 알아야 한다. 예이츠에 따르면 인간의 문명은 2000년을 주기로 하여 순환한다고 한다. 이것이 가이어 이론인데, 그리스 문명이 2000년 후에 기독교 문명으로 바뀌었듯이 기독교 문명도 또한 다른 문명으로 바뀔 것이라고 한다. 예이츠의 가이어 이론은 그의 다른 작품 「재림」을 보면 좀 더 자세히 알 수 있다. 그리스 문명이 시작된 것은 제우스 신과 인간인 레다와의 결합의 순간으로 이는 그리스도의 수태고지와 맞먹는 중대한 역사적 순간이다. 예이츠는 이 극적인 순간에 대한 비전을 상상력으로 포착하여 이 작품에 표현하고 있다. 작품의 전개가 서론, 본론, 결론의 순서로 전개되지 않고 극적인 순간인 본론으로 직접 시작되는 것이 눈에 두드러진다.

「재림」: 새로운 문명의 도래

Ⅰ. 시작하기

이 작품의 제목은 『마태복음』 24장에 나온 예수의 재림과 『요한 1서』 2장 18절에 나온 묵시록의 짐승, 적 그리스도의 출현을 합한 것이다. 『마태복음』 24장에 있는 예루살렘의 멸망에 대한 예언 중에 30절에 "그 때에 인자의 징조가 하늘에서 보이겠고, 그때에 땅의 모든 족속들이 통곡하며 그들이 인자가 구름을 타고 능력과 큰 영광으로 오는 것을 보리라"라는 말이 나온다. 또 33절과 44절에 각각 "이와 같이 너희도 이 모든 일을 보거든 인자가 가까이 곧 문 앞에 이른 줄 알라", "그러므로 너희도 예비하고 있으라 생각하지 않은 때에 인자가 오리라"라는 말이 있다. 『요한 1서』 2장 18절에는 적 그리스도의 출현이 "아이들아 이것이 마지막 때라, 적 그리스도가 이르겠다 함을 너희가 들은 것과 같이 지금도 많은 적 그리스도가 일어났으니 이러므로 우리가 마지막 때인줄 아노라"라는 말이 있다. 작품의 제목은 『마태복음』에서 예수의 재림을 말하는 것과 요한이 적 그리스도, 계시록에 나온 짐승이 다가오는 환상을 본 것을 결합시킨 것이다.

예이츠는 제 1차 세계 대전과 같은 전쟁을 경험했으면서도 선생에 관하여 시를 쓰지 않았다. 그는 자신이 파시즘의 등장에 무관심했다는 비난에 대하여 그렇지 않다고 하며 1938년에 쓴 한 편지에서 자신이 그 당시 유럽에서 발흥하고 있는 파시즘에 무감각하거나 무관심하지 않다는 증거로 이 작품을 인용했다. 그는 "모든 신경이 유럽에서 현재 발생하고 있는 일에 대한 공포 때문에 떨린다. 순결의 의식이 익사한다"고 썼다. 이 작품은 또한 아일랜드 공화군을 진압하기 위하여 영국 예비병 부대가 아일랜드에 파견되었을 때의 블랙 앤 탠 전쟁에 대한 예이츠의 태도를 반영하기도 한다. 블랙 앤 탠은 1920년 6월에 아일랜드 반란을 진압하기 위해 파견된 경비병 부대의 이름이다.

Ⅱ. 전개하기

이 작품에서 시인은 매가 점점 크게 원을 그리며 돌다가 결국 매 사냥꾼의 통제를 완전히 벗어나는 것으로 생각하고 이것을 현재의 문명의 소용돌이가 끝나는 상징으로 사용한다.

> 나선형으로 점점 넓어지는 원으로 빙빙 도는
> 매는 매부리의 소리를 들을 수 없다.
> 만물이 무너져 내린다; 중심은 지탱할 수 없다.
> 무질서만이 세상에 풀려버렸으며
> 피로 얼룩진 조수가 흐르고, 도처에서
> 순결한 의식은 익사한다.
> 선한 자는 모든 신념을 잃고, 반면 악한 자는
> 정열적인 강렬함이 충만하다.

첫 행에 매가 주인의 손에서 벗어나 점점 크게 원을 그리며 선회하는 모습이 그려져 있다. 원래 예이츠가 가이어 이론을 설명할 때에는 두 개의 원뿔이 중첩된 모양으로 설명하고 있으나 여기서는 단지 점점 커지는 원뿔만 제시된다. 점점 커지는 원뿔의 끝 부분은 통제력이 상실된 지점이 되므로 그 때에 새로운 문명이 생겨난다. 매가 점점 더 크게 원을 그리며 선회하다가 결국은 매부리(매 사냥꾼)의 통제에서 벗어나므로 만물이 떨어져 나가는 것이고 중심이 지탱할 수 없는 것이다. 그렇게 되어 이 세상은 완전히 무질서한 상태가 된다.

인간의 잔인성은 극도에 달하여 이 세상의 강물이란 강물은 모두 피로 물들고, 순결함은 모두 사라져버린다. 순결함이 사라지고 모든 인류가 악하게 되는 것을 예이츠는 "순결한 의식이 익사한다"고 표현한다. 세상이 무정부 상태에 돌입하고 인류가 잔인해졌으므로 순진한 삶을 꾸려가는 사람은 여기에 적응할 수 없다. 선한 자는 이 세상이 장래에 좋아질 것이라는 아무런 신념도 가질 수 없고, 악한 자는 보다 더 큰 악을 행하고자 정열적이고 강렬해진다. 이와 같은 종말적 상황은 한 문명이 끝나기 직전의 최악의 상태를 보여준다.

그렇기 때문에 예이츠는 어떤 계시가 가까이 다가왔음이 분명하다고 생각한다.

> 분명히 어떤 계시가 다가왔다,
> 분명히 재림이 다가왔다,
> 재림! 이 말이 입밖에 나오자마자
> 세계정신에서 나온 거대한 형상이
> 내 눈을 어지럽힌다, 사막 어디에선가
> 사자의 몸과 인간의 머리를 한 형체가,
> 멍청하게 그리고 태양처럼 무자비하게 응시하며,
> 느린 허벅지를 움직이고 있다, 한편 그 주위엔 온통
> 분노한 사막의 새들 그림자가 맴돈다.
> 암흑이 다시 드리워진다. 그러나 나는 이제 알겠다
> 바위처럼 잠들어 있던 20세기가
> 요람이 흔들려 악몽에 시달렸다는 것을,
> 어떤 거친 야수가, 마침내 제 때가 다 되어,
> 태어나기 위해 베들레헴을 향해 웅크리고 나아가는가?

예이츠는 재림이 다가왔다고 말한다. 여기에서는 재림이 예수 그리스도

의 재림이라기보다는 다른 문명의 태동을 알리는 어떤 실체의 탄생이라고 보는 것이 바람직하다. 왜냐하면 뒤이어 나오는 이미지들을 예수 그리스도의 이미지로 생각하기에 적절하지 못하기 때문이다.

재림이라는 말이 입에서 떨어지자마자 "세계 정신"에서 어떤 거대한 형상이 나온다. 세계 정신은 일종의 신성한 영을 나타내기 위하여 사용하는 용어로 시인이 창조하는 것이 아니라 받는 이미지들의 저장고와 같은 것이다. 이는 다른 말로 대기억이라고 한다. 이 세계 정신은 사막에서 나타나는 사자의 몸과 인간의 머리를 가진 형체, 즉 이집트의 스핑크스와 같은 형체이다. 강렬하면서도 멍청하고 무자비한 시선으로 응시하며 그의 느린 허벅지를 움직이는 것과 그 주변에 사막의 새들의 그림자가 맴도는 것은 새로운 작은 가이어의 시작을 암시한다. 보다 큰 가이어가 이제 종말에 다다랐으므로 여기서 새로운 문명의 가이어가 시작된다. 그리하여 지금까지 발전과 진보를 치달았던 문명이 그치고 새로운 문명이 제대로 정착하기까지는 암흑기가 있게 된다. 또한 "어둠"은 새로운 문명이 그다지 희망적인 문명이 아님을 암시하기도 한다.

"바위처럼 잠들어 있던 20세기" 라는 말은 문명이 2000년을 주기로 변한다는 것을 나타낸다. 이제 기독교 문명이 2000년에 가까워졌으므로 새로운 문명으로 바뀌기 위하여 악몽을 꾸는 것과 같은 심한 고난을 겪는다. 그리고 드디어 때가 가까워졌으므로 또 다른 문명이 탄생하기 위하여 예수 그리스도가 태어났던 장소인 베들레헴으로 장소를 옮기고 있는 것이다. 여기서 요람은 그리스도의 요람이고 베들레헴은 그리스도가 태어난 장소이지만 새로운 탄생은 그리스도의 탄생이 아니라 아이러닉하게도 적 그리스도의 탄생을 나타낸다.

예이츠는 낭만적 서정을 보여주는 초기 시에서부터 철학적 예지를 보여주는 후기의 회화체 시까지 변모를 거듭하며 평생 시 창작을 하였다. 『아신의 방랑』에 이미 아일랜드의 전설과 구전문학에 대한 관심이 엿보이며, 신비롭고 몽상에 잠긴 듯한 초기 시의 특색이 잘 나타나 있다. 『켈트의 황혼』, 『시집』, 『갈대밭의 바람』 등에 실린 작품에는 우수가 깃들고 몽상가의 고

독한 슬픔이 배어 있다. 『녹색 투구 및 기타 시편』, 『책임』에서는 초기의 낭만적 기질을 탈피하여 현실에 직접 부딪치는 새로운 리얼리즘의 경향이 보인다. 이 시기에 그는 시의 대상을 직접적으로 취급하고 주제를 자유롭게 선택하며 말을 절약하고 집중함으로써 새로운 경지를 보여준다. 1917년에 결혼할 무렵부터 그는 새로운 신화에 몰두하여 새로운 철학적 체계와 비유를 사용하기 시작한다. 그의 후기시는 산문작품 『환상록』에 표현된 철학적 개념에 토대를 두고 있다.

Ⅲ. 끝내기

이 작품은 그 당시의 문명의 해체에 관한 예이츠의 생각을 표현한다. 역사의 한 주기가 끝나고 새로운 역사의 주기가 시작되는 주기를 그는 "가이어"라고 부른다. 역사의 한 주기를 그는 2000년으로 생각한다. 어떤 문명이 탄생하여 점점 발전하다가 2000년이 지나면 중심의 통제에서 벗어나게 된다. 문명이 중심의 통제에서 벗어나게 되면 그 문명은 해체되는데 이 때 새로운 문명이 나타나 또 다시 점점 확장하며 발전한다. 문명의 발전과 해체가 2000년을 주기로 계속 반복된다.

시인은 그리스도의 탄생이 그리스와 로마 문명의 종말을 가져왔듯이 새로운 탄생이 새로운 문명의 시작을 가져올 것이라고 생각한다. 또한 기독교 문명이 2000년이 되었으므로 기독교 문명이 종말을 고하고 새로운 문명이 시작될 것이라고 한다. 두 개의 원뿔을 중첩시켜 놓은 것처럼 한 문명이 점차 성장하여 정점에 닿을 때 그와는 반대되는 문명이 생겨난다는 것이 가이

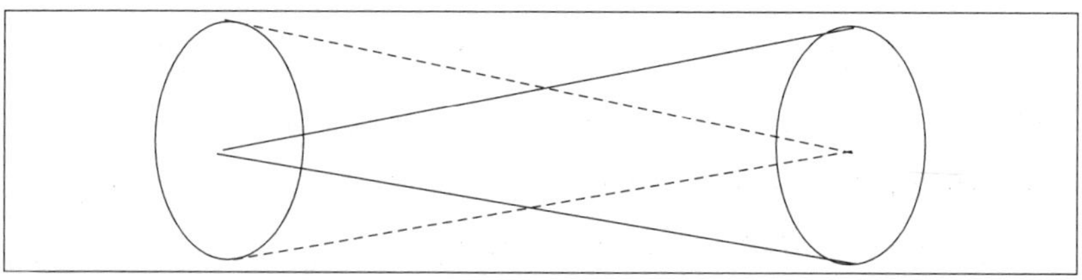

어 이론이다. 이 이론을 도표로 그려보면 앞과 같다.

한 문명이 원뿔의 정점에서 시작하여 밑면까지 서서히 성장하는 데 2000년이 걸리고 그때가 되면 전혀 다른 새로운 문명이 태동한다.

모드 곤 : 예이츠의 미의 여신

Ⅰ. 시작하기

예이츠는 1906년에 자신의 초기작품들을 회고하면서 자신이 시적 이상을 잘못 파악하고 있었다고 다음과 같이 말하고 있다.

> 나는 몰개성적인 아름다움만을 좋아하게 되었다. 나는 나 자신을 시에 집어넣는다는 생각을 하며 삶을 시작했고 이것이 내 자신의 비전을 나타내고 본질적이지 않은 것으로부터 단절하는 시도라고 이해했었다. 그러나 나 자신 밖의 비전을 상상할 때 내 상상력은 장식적인 풍경과 정적인 삶으로 충만하게 되었다. …… 그러던 어느 날 나는 아주 갑자기 내가 변하지 않고 혼합되어 있지 않으며 항상 내 자신 밖에 있는 무엇, 다시 말하여 항상 손에 잡히지 않는 시금석이나 만병통치약을 추구하고 있으며 내 자신이 손을 뻗치고 있는 덧없는 존재라는 사실을 알게 되었다. (재인용 Daiches 156)

이 말은 예이츠가 자신의 시적 이상을 밝히는 말이지만 자신이 지금까지 추구해온 바가 잘못된 것임을 인정하는 말이기도 하다. 개인적인 삶에 대한 통렬한 인식에서 나온 이 말은 그의 시에 표현된 것들을 다시 생각하도록 하는 계기를 마련해준다. 또한 이 말은 예이츠가 이상적인 아름다움의 화신으로 여기는 모드 곤에 대한 생각이 현실을 도외시한 이상을 추구한 것이라는 사실을 보여준다.

예이츠가 모드 곤을 처음 만난 것은 1889년 1월 30일인데 이때부터 그녀는 그에게, 헬렌이나 펠라스같은, 아름다운 여성, 미의 여신의 표준이 되었다. 예이츠는 그녀를 처음 만났을 때 "그녀의 안색은 그 사이로 빛이 쏟아져 들어오는 사과 꽃의 색깔처럼 빛났고, 나는 그녀가 바로 그 첫 날 커다란 그런 꽃 더미 옆, 창문에 서 있던 것을 기억한다"고 말했으며, 그 만남이 있은 지 4일 후에 엘렌 오리어리에게 보낸 한 편지에서 그녀가 자신을 정복했다고 다음과 같이 말하고 있다.

> 내가 당신에게 미스 곤을 얼마나 숭배하는지를 말했나요? 그녀는 많은 사람들을 그녀의 정치적 믿음으로 개종하도록 만들 겁니다. 만일 그녀가 세상이 평평하다거나 달이 하늘에 던져진 모자라고 말한다 하더라도, 나는 기꺼이 그녀의 편에 설 겁니다. (재인용 Unterecker 27)

여기서 예이츠는 모드 곤이 하는 말이라면 모두가 알고 있는 사실이나 진리를 부정하는 말이라 하더라도 그것을 믿겠다고 말하고 있다. 이는 그가 그녀의 외모의 아름다움에 매혹되어 그녀의 모든 것을 긍정적으로 받아들이고 있음을 보여준다. 그렇기 때문에 사색적인 그였지만 그녀를 따라 아일랜드의 독립운동에 함께 적극적으로 참여하기도 했다고 생각된다. 그녀가 예이츠의 실제의 삶에 이처럼 커다란 영향을 끼쳤으므로 작품에도 많은 영향을 끼쳤을 것은 당연하다.

예이츠의 끈질긴 구혼을 거절하면서 모드 곤은 "당신은 당신이 불행이라고 부르는 것으로부터 아름다운 시를 쓰고 거기에서 행복을 느끼니까 행복한 것이지요.... 세상 사람들은 제가 당신과 결혼하지 않은 것을 감사해야 할 것"이라고 말하며 예이츠의 시를 두 사람의 아이들이라고 생각했다(재인용 윤정묵 14). 실제의 삶에서 결합될 수 없었던 두 사람은 예이츠의 시를 통해서 결합되었고, 작품에 묘사된 모드 곤의 아름다움은 예이츠의 시가 독자들에게 읽히는 한 영원한 삶을 유지할 수 있게 되었다.

예이츠는 조지 하이드 리즈와 결혼한 후 총각의 고독과 괴벽에서 벗어나 평화롭고 조화로운 생활을 영위하고 마음의 평정을 이루었다(Ellmann 224). 결혼이 예이츠에게 "정서적 충만감"(Press 13)을 주었지만 결혼 후에도 모드 곤은 변함없이 아름다운 여인으로 남아 있었다. 결혼 이후의 작품인 「딸을 위한 기도」나 「학생들 사이에서」에서도 모드 곤이 이상적인 아름다움을 지닌 여인으로 그려지고 있는 것을 보면 예이츠에게 그녀는 영원한 미의 상징이었다는 것을 알 수 있다. 이는 조지 본스타인이 말하듯이 그가 모드 곤이라는 사랑하는 여인의 어떤 면을 이상화했기 때문이다. 그렇기 때문에 예이츠는 셸리의 규범에 따라 그녀를 사랑하고 그녀에게 시를 썼으며, 계속되는 실연에도 불구하고 끝까지 그녀에 대한 사랑을 간직할 수 있었다(Bornstein 73).

모드 곤이 1903년에 민족주의자인 존 맥브라이드와 갑자기 결혼하자, 강연 중에 그 소식을 전해들은 예이츠는 그 강연의 내용을 기억하지 못할 정도였다고 한다. 이를 볼 때, 예이츠가 그녀를 무척 사랑했다는 것을 알 수 있다. 존 맥브라이드가 1916년 부활절 봉기에 가담한 죄로 처형당하여 모드 곤이 미망인이 되자 예이츠는 그녀에게 다시 청혼한다. 그 청혼마저 거절당하자 그녀의 양녀인 이졸트에게 청혼하기까지 한다. 예이츠가 이처럼 끈질기게 구애한 모드 곤의 모습이 그의 작품에 그려진 면모를 살펴봄으로써 예이츠가 그녀를 어느 정도로 이상화하고 있는가를 살펴보는 것이 의미가 있을 것이다. 물론 예이츠와 모드 곤의 관계에 대해서는 많은 연구가 있었고, 상당히 많은 부분이 알려져 있다. 그러나 작품에 표현된 모드 곤의 모습이 체계적, 구체적으로 연구된 것은 윤정묵의 「예이츠와 모드 곤」 이외에는 거의 없는 것 같다. 윤정묵의 연구는 예이츠와 모드 곤의 인간적인 애증관계를 주로 다루었다. 필자는 여기에서 이상적인 아름다움의 화신인 모드 곤이 작품에 어떻게 그려지고 있는가에 초점을 맞추고자 한다. 모드 곤이 그려진 모든 작품을 살펴볼 수는 없지만 초기에서부터 후기의 작품까지 대표적인 몇 작품을 시대적으로 살펴봄으로써 예이츠가 생각하는 모드 곤의 이미지가 이상적인 아름다운 모습으로 변함없이 그려지고 있음이 밝혀질 것이다.

Ⅱ. 전개하기

예이츠가 켈트 신비회에 들어간 목적 중의 하나는 모드 곤의 사랑을 얻기 위한 것이라고 짐작할 수 있다(Jeffares 23). 왜냐하면 그 당시에 모드 곤은 켈트 신비회에 속해 있었기 때문이다. 그는 조지 러셀에게 1898년 1월에 보낸 편지에서 다음과 같이 쓰고 있다.

> 나는 '켈트 신비주의'에 깊이 몰입해 있습니다. 모두가 정교한 비전을 형성하고 있습니다. 모드 곤과 나는 아마도 한 두 주 동안 아일랜드의 어떤 시골 지역으로 가서 당신이 그랬던 것처럼 신과 정령의 형체들을 파악하고 초혼(招魂)을 위한 어떤 신성한 땅을 찾을 것입니다. 어쩌면 우리는 당신이 있는 어떤 곳으로 갈 예정을 할 수도 있습니다. 그렇게 하면 우리 모두가 함께 일할 수 있을 것입니다. 모드 곤은 영웅들의 작은 사원의 환상을 보았습니다. (*L* 295, 재인용 Jeffares 23)

신비주의에 몰두한 것이 꼭 모드 곤 때문이라고 할 수 없지만, 사색적인 예이츠가 행동가인 모드 곤을 따라 정치 활동에 참여한 것이 모드 곤 때문이라는 것은 정설로 굳어져 있다. 모드 곤이 참여를 요청하지는 않았지만, 예이츠는 그녀의 모든 활동에 동참하는 것으로 자신이 그녀를 사랑하고 있다는 사실을 표현하고자 했던 것으로 생각된다. 그럼에도 불구하고 모드 곤은 예이츠의 사랑을 일부만 받아들인다.

1908년 말에 예이츠에게 보낸 그녀의 편지는 예이츠와 그녀와의 관계를 명확히 보여준다. 모드 곤은 떨어져 있는 것이 몹시 외롭고 예이츠와 함께 있기를 고대하지만, 자신이 제안하는 영적 사랑을 수용할 만큼 강하고 고귀한 예이츠의 깊은 사랑에 기쁨과 긍지를 느낀다고 말하며, 자신의 사랑에서 지상적 욕망들이 제거되기를 바라는 만큼 그에게서도 육체적 욕망이 없어지기를 기도해왔고 앞으로도 기도할 것이라고 썼다. 그녀는 또한 두 사람의 사랑이 항상 고결하고 순수했기 때문에 예이츠가 그녀를 위해 쓴 시들은 영원할 것이라고 말하며 예이츠의 시를 그들의 아이들이라고 부른다(재인용 이정원 62).

> 우리의 아이들은 당신의 시입니다. 내가 그들을 가능하게 한 불안과 폭풍을 뿌린 아버지이고, 당신은 고통과 최고의 아름다움 가운데 그들을 낳은 어머니입니다. 우리 아이들은 날개를 가졌어요. (*L* 252, 재인용 이정원 63)

이 말은 비록 모드 곤과 예이츠가 육체적인 결혼관계를 이루지는 않았지만, 정신적으로는 결혼한 것과 다름없는 상태임을 보여준다. 모드 곤은 예이츠의 현실적인 사랑을 받아들이지 않고, 정신적인 사랑과 우정만 받아들임으로써 예이츠의 감정을 동요시켰고, 그로 인하여 시가 생겨났으니 자신이 아버지이고, 시를 창작한 예이츠는 어머니이며 예이츠의 시는 그들의 결합으로 생겨난 아이들이라고 한다.

예이츠와 모드 곤의 아이들인 예이츠의 시 중에서 모드 곤을 노골적으로 묘사한 작품이 50여 편에 이른다. 이는 예이츠와 모드 곤의 전기적인 사실에서 볼 수 있는 바와 마찬가지로 두 사람의 교류 관계가 평생에 걸쳐 이루어져 있음을 확인해준다. 모드 곤을 그린 작품은 초기 작품인 『장미』에서부터 후기의 작품인 「학생들 사이에서」에까지 시기적으로 길게 이어져 있다. 초기에는 보다 상징적, 암시적으로 묘사되어 있고 후기에는 보다 직접적으로 묘사되어 있는 점이 차이점이기는 하지만, 모드 곤이 지상 최고의 아름다움 또는 그 아름다움을 지닌 사람이나 여신으로 그려지고 있는 것은 시종 일관된다.

예이츠의 초기 시집 『장미』에서 장미는 하나의 상징으로 다양한 의미를 내포하고 있지만, 모드 곤을 상징하기도 한다(윤정묵 15). 1892년에 처음 발표된 「세상의 장미」에서 예이츠는 모드 곤을 트로이의 헬렌과 아일랜드 전설의 데어드르와 동일시하며 그녀의 아름다움을 찬양한다(Jeffares 27).

아름다움이 꿈처럼 사라진다고 누가 꿈꾸었던가?
그 모든 슬픈 오만과 더불어,
어떤 새로운 경이도 생기지 않을 정도로 슬픈, 이 붉은 입술 때문에,
트로이는 높이 타오르는 장례식 불길 속에 사라졌고
우스나의 아이들은 죽었다. (41)

여기에서 트로이는 헬렌의 납치에서 비롯된 싸움에서 그리스군에 의해 파괴된 도시의 이름이다. 여기에서 모드 곤의 이름을 직접 언급하지는 않지만, 예이츠가 다른 작품에서 모드 곤을 트로이의 헬렌이나 데어드르와 동일시하고 있는 것으로 보아 붉은 입술은 모드 곤의 입술을 암시한다고 볼 수 있다.

모드 곤은 예이츠의 육체적 욕망의 대상으로 특정 시공에 존재하는 현실적 여인이 아니라, 관념적인 장미와 같은 존재였다. 또한 그녀는 단순한 관념적 존재에만 머물지 않고, 시인이 쫓는 관념 세계의 초월적 존재들이나 전통적 가치와 뒤섞인 여러 가지 의미의 상징이었다. 그래서 예이츠가 장미를 노래할 때, 장미는 이상적인 미와 사랑의 상징이고 조국인 아일랜드에 대한 관념적 사랑이기도 하며, 여러 신비술의 상징이기도 한 동시에 모드 곤의 상징이기도 하다(이세순 1995 8). 예를 들어 예이츠가 「시간의 십자가에 핀 장미에게」에서 "붉은 장미, 오만한 장미, 내 생애의 슬픈 장미여"라고 부를 때 장미는 모드 곤을 암시한다.

사랑하는 여인을 영원한 아름다움이나 여신으로 생각하고 표현하는 것은 이상적이고 낭만적인 젊은 시인에게 자연스러운 일이다. 정신적이고 초월적인 세계에 존재하는 이상적인 숭배의 대상인 여인을 동경하면서도 예이츠는 육체를 소유한 성적 욕망의 대상으로 그녀를 갈망하기 때문에 내면적 갈등을 겪는다(윤정묵 17). 이상적인 숭배의 대상인 여인은 성적 욕망을 억제하는 동경과 헌신을 필요로 하고, 성적 욕망의 충족은 숭배의 대상을 현실로 끌어내려 꿈과 이상을 망가지게 하기 때문에 이 두 가지를 모두 원하는 예이츠는 마음의 갈등을 겪을 수밖에 없다. 유미적인 시각으로 현실을 봄으로써, 현실과 이상간의 괴리와 불일치에서 오는 그의 정신적 갈등은 깊

어만 갔다(이세순 1995 4).

그 갈등에서 예이츠는 모드 곤이 현실적인 육체적 사랑을 반대하기 때문에 어쩔 수 없이 이상을 선택하게 되었다. 모드 곤은 현실 속의 인물이지만, 예이츠는 그녀를 관념적인 대상으로 삼아 이상화했다. 예이츠가 모드 곤을 사랑하면서도 현실적으로 결합할 수 없었기 때문에 그녀가 신격화될 수 있었다고 할 수 있다. 예이츠의 거듭되는 구애에도 불구하고 모드 곤이 정신적인 사랑만을 강조하여 현실적인 애정 관계를 가질 수 없었기 때문에 그녀를 신격화할 수밖에 없었던 것이다.

물론 현실적인 사랑을 얻을 수 없는 고통 속에서 예이츠는 「사랑의 연민」이나 「사랑의 슬픔」에서 자신의 사랑을 거절하는 모드 곤에서 비롯된 슬픔을 노래하고 심지어는 「죽음의 꿈」과 같은 작품에서는 죽음을 염원하기도 한다. 그러나 「그대가 늙었을 때」에서 모드 곤을 평생 사랑하리라고 다짐하는 것과 같이 그녀에 대한 사랑을 죽을 때까지 간직하고 있었다.

그대가 늙어 흰머리가 되고 잠이 많아지고,
난롯가에서 졸 때 이 책을 꺼내어,
천천히 읽으며, 그대의 눈이 예전에 지녔던
부드러운 표정과 그 깊은 그늘을 꿈꾸시게,

얼마나 많은 사람들이 그대의 우아한 순간을 사랑했던가,
진실된 혹은 거짓된 사랑으로 그대의 아름다움을 사랑했던가를,
오직 한 사람이 그대 내면의 순례하는 영혼을 사랑했고,
그대의 변화하는 얼굴의 모습을 사랑했음을.

빛나는 창살 옆에 굽은 허리로 앉아
다소 슬프게 읊조리시게, 사랑이 어떻게 달아나
머리 위의 산 너머로 걸어갔고
별들의 무리 속에 그의 얼굴을 숨겼는가를.(46)

모드 곤이 자신의 청혼을 거절하는 것은 예이츠로 하여금 만물은 변하고 인간은 늙어 죽음을 면치 못할 존재라는 사실을 자각하게 한다. 그는 그녀도 결국은 늙어갈 것이지만 그래도 그녀를 계속 사랑하리라고 다짐한다. 왜냐하면 세월은 모드 곤을 늙어가도록 하겠지만, 「위안받는 것의 어리석음」에서 보이듯이 모드 곤은 늙어가더라도 그녀는 "위대한 고귀함"(86)을 지니고 있기에 새로운 아름다움을 가질 것이기 때문이다. 모드 곤이 현실 속의 한 인간으로 육체적인 쇠퇴를 피할 수는 없지만, "그대 내면의 순례하는 영혼을 사랑했고, 그대의 변화하는 얼굴의 모습을 사랑"했다는 구절에 보이듯이 예이츠는 그녀의 육체뿐만 아니라 그녀의 영혼까지 사랑했다. 예이츠는 그녀가 자기 이외의 다른 누구에게서도 그와 같은 사랑을 받지 못했음을 "오직 한 사람"이 그녀를 사랑했다고 말한다.

『녹색투구와 다른 시편들』에 수록되어 있는 「둘째 트로이는 없다」는 이름을 밝히고 있지는 않으나 모드 곤의 실제의 삶과 그녀의 아름다움을 이야기하고 있다.

> 왜 내가 그녀를 책망해야 하나 그녀가 내 생애를
> 고통으로 채운 것을, 또는 그녀가 최근에
> 무지한 사람들에게 매우 폭력적인 방법을 가르친 것을,
> 또는 작은 거리들을 큰 거리로 내던진 것을,
> 만일 그들이 욕망에 상응하는 용기를 가졌다면?
> 무엇이 그녀를 평화롭게 할 수 있었을까,
> 고상함이 불처럼 단순케 한 마음과,
> 이런 시대에는 자연스럽지 못한 종류인,
> 팽팽히 당겨진 활같은 아름다움을 지닌 그녀를,
> 만일 그녀가 높고 외롭고 매우 엄격했다면?
> 아니, 그녀가 오늘날의 그녀였다면 무엇을 그녀가 할 수 있었을까?
> 그녀가 불태워버릴 또 하나의 트로이가 있었단 말인가? (101)

이 작품은 『녹색투구와 다른 시편들』에 수록된 것으로 실제로 이름을 말하고 있지는 않으나 예이츠가 사랑하여 청혼까지 했던 여인 모드 곤을 묘사하고 있다. 열렬한 아일랜드 민족주의자였던 그녀를 묘사하는 이 작품은 정치 선동가적인 그녀에게 적합하게 말이 격렬하고 팽팽하다. 여기서 그녀는 트로이의 헬렌에 비유되고 있다. 이 작품은 수사적인 질문 네 개로 구성되어 있는데 초기의 꿈같고 낭만적인 시풍과는 판이하게 다른 현실적이며 격렬한 어조로 되어 있다. 예이츠의 젊은 시절은 그녀에 대한 이루지 못한 사랑으로 채워져 있으며 그녀 때문에 아일랜드 독립운동에 보다 더 열심히 참여했다고 해도 과언이 아니다. 예이츠가 이처럼 좋아한 그녀가 정열을 다하여 독립운동에 헌신하고 있으니 불태워버릴 트로이와 같은 어떤 도시가 있는가 물으며 트로이와 같은 도시는 또 다시 있을 수 없다고 그녀의 주의를 환기시킨다.

첫 질문은 예이츠 자신이 화자가 되어 그 자신이 모드 곤을 책망할 이유가 없음을 수사적으로 표현한다. 그러면서 그녀를 계속 묘사하는데 그 중 첫 번째는 그녀가 시인 자신의 젊은 시절을 비참하게 했다는 것이다. 그녀는 그의 청혼을 뿌리치고 1903년에 갑자기 존 맥브라이드라는 격렬한 아일랜드 민족주의자와 결혼하였다. 1916년 부활절 봉기에서 존 맥브라이드가 체포되어 처형된 후에 예이츠는 그녀에게 다시 청혼했으나 그녀는 또 거절했다. 이처럼 이십여 년 동안 시인의 가슴을 아프게 했던 여인이건만 그는 그녀를 책망하지 않는다.

그녀는 최근에 민중을 선동하여 거리로 내모는 선동가가 되었는데 그렇다고 해서 그녀가 책망받을 것도 아니다. 그녀는 최근에 우매한 민중들을 선동하여 폭력적인 무장 봉기까지 획책하도록 하였다. 그녀는 또한 작은 거리의 뒷골목에서 소극적인 방법으로 아일랜드의 독립을 위해 노력하던 사람들을 보다 적극적으로 독립 운동에 참여하도록 하였다. "작은 거리를 큰 거리로 내던지"는 것은 비유적인 표현으로 숨어서 은밀하게 독립 운동을 하던 사람들이 대로에 나아가 내놓고 적극적으로 활동하도록 촉구한 것을 의미한다. 그녀가 이처럼 선동가의 역할을 했지만 이는 "그들"의 마음속에 숨어있던 욕망과 용기에 불을 붙인 것일 뿐 그녀가 잘못을 범한 것은 아니다. 여기서 "그들"은 일반 대중을 가리키며, "욕망과 용기"는 일반 대중들의 욕망과 용기뿐만 아니라 모드 곤 자신의 욕망과 용기를 포함하기도 한다.

그 다음 질문은 모드 곤의 정신과 육체의 아름다움을 묘사한다. 그녀의 고상함은 갑자기 피어오르는 불길과 같이 단순하게 되었고, 그녀의 아름다움은 팽팽하게 잡아당겨 언제라도 터질 것 같은 활에 비유된다. 그녀의 성격은 고고하고 외롭고, 무척 엄격하다. 그녀는 현실에는 어울리지 않는다. 왜냐하면 그녀의 독립운동의 수단이 지나치게 격렬하고, 그녀는 독립되지 못한 아일랜드의 현실에 불만을 품고 있으므로 이런 시대에는 어울리지 않고 독립을 쟁취한 후의 아일랜드에 어울리는 사람이다. 그녀가 독립되지 않은 상태인 현대의 아일랜드에서 할 수 있는 일은 아무 것도 없다.

비록 그녀가 트로이의 헬렌 만큼이나 아름답지만 그녀에게는 불태워 버릴 또 하나의 트로이가 없다. 여기서 그녀는 트로이를 불태운 헬렌에 직접적으로 비유된다. 그녀의 아름다움과 명민함이 트로이를 불태운 헬렌에게 비유되고 있기는 하지만 그녀가 할 수 있는 일은 과거에도 없었고 지금도 없다. 그녀는 다만 아일랜드의 독립을 쟁취하기 위한 운동에 적극적으로 참여하고 일반 대중을 선동하는 일 밖에 할 수 없는 것이다. 그녀가 불태워 버릴 또 하나의 트로이가 있는가 하고 묻는 수사적인 질문은 예이츠가 모드 곤의 격렬한 민족주의운동을 비판하는 것이기도 하다. 그럼에도 불구하고 예이츠는 그녀가 정신적인 힘과 육체적인 아름다움을 지니고 있다는 것을 강조한다.

1914년에 발간된 『책임』에도 「몰락한 권위」, 「친구들」, 「추운 하늘」, 「밤이 오도록」 같은 모드 곤의 아름다움을 노래한 작품이 수록되어 있다. 이 시집은 주로 정치적, 사회적 주제를 다루고 있는데 모드 곤을 노래한 작품도 정치나 사회와 무관하지 않다. 왜냐하면 그녀가 아일랜드 독립운동에 적극적으로 참여하면서 그녀의 삶이 「폭풍과 투쟁 속에」 있었기 때문이다.

1919년에 나온 『쿨호의 야생 백조』에도 「그녀의 칭찬」, 「민중」, 「그의 불사조」, 「깨어진 꿈」과 같은 모드 곤의 아름다움을 노래한 시편이 수록되어 있다. 그녀가 "지나갈 때 젊은이들이 숨을 멈추는" 아름다움을 더 이상 지니고 있지 않으며, 머리는 희게 변했지만 "내 젊은 시절에 나는 불사조를 알았다"는 후렴구가 붙어 있는 「그의 불사조」에서 그녀는 " 흠없는 몸매"를 지닌 "명랑한 소녀"로 그려진다. 비록 세월이 흐름에 따라 나이가 들은 그녀가 예전의 아름다움을 간직하고 있지는 못하지만, 예이츠에게는 여전히 명랑한 소녀와 같은 아름다운 모습의 불사조로 남아 있는 것이다.

1921년에 나온 『마이클 로바티즈와 무용수』에 실린 "무시무시한 아름다움이 태어났다"라는 후렴구가 있는 「1916년 부활절」에서도 모드 곤이 아름답게 그려지고 있다.

> 그 여인의 낮들은 보내졌다
> 무지한 선의 가운데,
> 그녀의 밤들은 토론 가운데 보내졌다
> 그녀의 목소리가 날카로워질 때까지.
> 젊고 아름다운 그녀가
> 말타고 사냥개를 쫓을 때,
> 어떤 목소리가 그녀의 목소리 보다 감미로웠는가? (203)

비록 모드 곤이 낮에는 무지몽매한 민중들을 선동하고, 밤에는 정치 토론을 하면서 목이 쉬고 지쳐갔지만, 시인에게 그녀의 목소리는 여전히 감미롭게 들린다. 그녀가 낮에 민중을 선동한 일은 선의에서 나온 행동이었고, 밤에 정치 토론을 한 일은 애국심에서 한 행동이었다. 이제 기억 속에서만 존재하는 아름다움이지만, 예이츠에게는 그 아름다움이 변함없이 존재하고 있다. 젊은 시절의 활동적인 모습은 말을 타고 사냥을 하던 모습으로 기억되고 있다. 지금은 비록 목소리가 날카로워졌지만 젊은 시절의 그녀의 목소리는 어느 누구의 목소리보다 더욱 감미로웠다.

「딸을 위한 기도」는 예이츠가 자신의 첫 딸을 낳고 당시의 뒤숭숭한 유럽의 정세와 연관지어 그녀가 평온한 삶을 영위하기를 기원하는 내용으로 되어 있다. 이 작품에는 시인의 귀족주의적인 사상이 짙게 배어 있으므로 현실과 유리된 모습을 보여주는 것으로 생각되기 쉽다. 그렇지만 예증이 되는 신화와 자전적인 사실주의가 신비롭게 결합되어 있으므로 현실과 유리되어 있지 않다. 이 작품은 심사숙고하여 착상된 체계에 의하여 현실을 양식화하고 있다(Daiches 163).

이 작품은 사실적인 묘사를 통하여 현실에 대한 감각을 보여주기 때문에 여기에 묘사된 예이츠가 바라는 자신의 딸의 미래의 모습을 이상적인 여인의 모습으로 보아도 무방할 것이다. 왜냐하면 시인은 그것이 무엇이든, 양심의 가책이든, 잃어버린 사랑이든, 아니면 단지 외로움이든, 항상 자신의 개인적인 삶에 대하여 쓰기 때문이다(Martin and Furbank ed. 325). 퍼킨스는 예이츠가 "개성"이라 부르는 것을 시로 표현하였으며, 그의 시는 실제의 경험에 활기차게 반응하는 사람의 이야기로 읽혀져야 한다고 말하고 있다(Perkins 580).

예이츠는 52세라는 늦은 나이에 결혼한 부인 조지 하이드 리즈와의 사이에서 태어난 딸이 모드 곤을 모범으로 삼아 아름답게 성장하기를 기원한다. 여기서 모드 곤은 아름답기 때문에 비극적인 삶을 산 여인으로 묘사되어 있다. 시인은 외모가 지나치게 아름다운 여인을 이상적인 미의 구현으로 생각하고 있지 않음을 보여준다. 외모만의 아름다움은 그 아름다움을 간직한 여인을 파멸로 이끌 수 있으며 그것은 바람직하지 않다. 그렇기 때문에 시인은 자신의 딸의 외모가 지나치게 아름답지 않기를 바란다.

그녀에게 아름다움이 허용되기를 그러나
낯선 사람의 눈이나 거울 앞에 선 자신의 눈을
혼란케 할 아름다움은 아니기를, 왜냐면 그것은,
지나치게 아름답게 되어,
미가 충분한 목적이라고 생각하고,
타고난 친절과 아마도

옳은 것을 선택하는 마음을 드러내는 친교를 잃고
친구를 결코 발견하지 못할 것이기에. (212)

여기에 분명히 밝혀져 있듯이 시인은 외모의 아름다움은 그 아름다움을 지닌 사람으로 하여금 자만심에 빠지게 하거나 타인을 현혹하여 어려운 삶으로 이끌 수 있다고 생각하고 있다. 이는 모드 곤의 태도를 비판한 말이기도 하며, 외모가 아름다운 사람은 자신의 외모에 지나치게 자만하는 나머지 다른 사람들을 무시하거나 타인과의 교제의 단절로 인한 소외 상태에 빠질 수 있다는 일반적인 진술이기도 하다.

예이츠는 자신의 딸이 아름답기를 바란다. 그러나 지나치게 아름다워 남자들을 현혹하거나 자신의 아름다움에 도취되어 내면의 아름다움에 무관심하게 되기는 바라지 않는다. 외모의 아름다움에 자만하면 내면의 아름다움에 무관심해지는 것이 일반적인 경향이므로, 시인은 자신의 딸의 외모가 지나치게 아름답지는 않기를 원한다. 외모의 아름다움보다는 타고난 친절을 지니고 있으며, 마음을 터놓고 친교할 수 있는 사람이기를 바란다. 예이츠는 모드 곤이 "타고난 친절과 아마도 / 옳은 것을 선택하는 마음을 드러내는 친교를 잃고 / 친구를 결코 발견하지 못"했다고 생각하고 있다. 이는 모드 곤이 아일랜드를 위해 많은 노력을 기울였으나 아일랜드 민중으로부터 소외당한 것을 암시하기도 한다.

시인은 외모의 지나친 아름다움 때문에 배우자를 잘못 선택하고 그로 인하여 비참한 삶을 산 여인으로 헬렌과 아프로디테를 예로 든다.

선택받은 헬렌은 삶이 단조롭고 무료함을 발견했고
후에 한 멍청이 때문에 많은 고통을 겪었다,
물보라에서 태어난 그 위대한 여왕은,
아버지가 없었기에 마음대로 할 수 있었는데
안짱다리 대장장이를 남편으로 골랐다.
멋진 여인이 그들의 고기와 함께

미치게 하는 샐러드를 먹는 것이 틀림없다
그로 인하여 풍요의 뿔은 망쳐진다.

그리스 로마 신화에 나오는 헬렌은 백조로 변한 제우스 신과 아에톨리아의 공주인 인간 레다 사이에서 태어난 여인이다. 예이츠는 「레다와 백조」에서 그녀의 출생에 대하여 말한 바 있다. 그녀로 인하여 트로이 전쟁이 일어나고 트로이가 불타게 되었다. 그러므로 그녀는 선택받은 여인이라 할 수 있지만 미넬라우스 왕의 부인이 되었다가 트로이의 파리스와의 잘못된 사랑 때문에 편안한 삶을 살지 못했다. 여기에서 "멍청이"는 헬렌의 남편인 미넬라우스왕을 가리킨다(Ellmann and O'Clair 132).

물보라에서 태어난 위대한 여왕은 사랑과 미와 풍요의 그리스 여신인 아프로디테를 가리킨다. 그녀는 바다에서 태어났다고 전해지기 때문에 아버지가 없다고 하는 것이며, 불의 신인 헤파스터스와 결혼했는데 그는 절름발이였다(Jeffares 206). 그러므로 그녀도 행복한 삶을 살았다고는 할 수 없다.

예이츠는 여기서 외모의 지나친 아름다움 때문에 두 남자 사이에서 불행을 겪은 여인과 불구의 남편을 얻은 불행한 여신을 예로 들어 외모의 아름다움이 행복한 삶을 보장해주는 요소가 아님을 말한다. 그것을 시인은 "멋진 여인이 고기와 더불어 미치게 하는 샐러드를 먹는 것이 틀림없다"고 단언한다. 이 말은 외모가 아름다운 여인은 그 외모를 계속 아름다운 상태로 유지하기 위하여 노력하지만 정신적으로는 타락하여 올바른 삶을 살아갈 자세를 잃게 된다는 뜻으로 해석될 수 있다. 그렇기 때문에 풍요의 뿔이 망쳐지는 것이다.

풍요의 뿔은 제우스 신이 아말테스에게서 얻은 것으로 거기에서 신의 음료와 음식이 나온다(Jeffares 206). 그러므로 이것은 그 소유자가 마법의 대상으로부터 자신이 원하는 무엇이든 얻을 수 있는 물건을 의미한다. 예이츠는 외모가 아름다운 여인들은 자신의 외모에 자만하는 나머지 자신의 정신을 황폐화시키고 나아가 자신이 편안하게 얻을 수 있는 것들을 모두 상실하게 되는 잘못을 범하게 된다는 사실을 풍요의 뿔로 보여준다.

헬렌이 모드 곤을 암시하는 것은 앞에서 여러 번 나왔으므로 더 이상 이야기할 필요가 없을 것이다. 또한 미의 여신인 아프로디테도 모드 곤을 암시한다. 예이츠가 모드 곤을 전설적인 아름다움을 지닌 헬렌이나 미의 여신 아프로디테에 비유하는 것은 젊은 시절이나 나이든 지금이나 변함이 없다. 그러나 관점은 다소 바뀌었다. 젊은 시절에 쓴 초기 시에서는 모드 곤의 부정적인 면이 거의 그려지지 않았지만 중기 이후 후기 시에서는 부정적인 면도 상당히 그려지고 있다.

예이츠의 관점이 이렇게 바뀐 것은 모드 곤의 아름다움이 덜하다고 생각했기 때문이라기보다는 삶을 좀 더 폭넓게 보는 안목을 길렀기 때문이라고 여겨진다. 그녀가 아일랜드의 민중을 위해 평생 노력했지만, 민중들이 그녀에게 등을 돌린 것이라든지, 그녀의 행복하지 못한 결혼 생활을 보고 예이츠는 그녀를 안타까워하는 마음에서 그녀가 갖추었으면 하는 요소를 열거하는 것이다. 여기서 예이츠가 비판하고 있는 것은 그녀의 망쳐진 삶과 그 원인이지 그녀 자체는 아니다. 가시가 있기 때문에 장미가 더욱 아름답듯이, 이러한 인간적인 결함이 있기에 그녀를 더욱 아름답게 신격화하였다고 생각된다.

헬렌과 아프로디테가 모드 곤을 상징한다면 그녀들의 남편인 미넬라우스 왕과 헤파스터스는 존 맥브라이드를 상징한다. 그녀는 예이츠가 「1916년 부활절」에서 "술주정뱅이 허영심에 들뜬 촌놈"(203)이라고 부른 존 맥브라이드와 결혼했다. 그 결혼은 행복하지 못했기 때문에 모드 곤은 결혼 후 얼마 안 되어 이혼을 원했다. 맥브라이드는 술주정뱅이였다. 맥브라이드가 이혼하지 않으려 하고 아일랜드 국민 대다수의 종교인 가톨릭에서는 이혼을 금지하고 있었으므로 이혼 소송을 진행하는 와중에 그녀는 아일랜드 민중들의 비난을 많이 받았고 불행을 겪었다(이정원 59-61). 이들의 결혼 생활은 결국 맥브라이드가 1916년 부활절 봉기에 가담한 죄로 처형된 후에 끝났다.

예이츠가 외모의 아름다움보다는 마음씨의 아름다움을 더 높이 평가하는 것에 대하여 언터레커는 다음과 같이 말하고 있다.

> 그녀가[딸이] 모드 곤을 닮기보다는 그녀의 어머니를 닮기를, 그녀에게 "아름다움이 주어지지만 낯선 사람의 눈을 혼란케 할 아름다움은 아니기를", 그녀가 친절하여 권태로움을 느끼거나 바보에 의해 괴로움을 받은 헬렌을 닮기보다는 친밀한 교류를 할 수 있기를, 그녀가 모드 곤을 투옥당한 선전자로 변하게 한 종류의 "지적인 증오"에서 벗어나기를 기도하면서, 예이츠는 자신의 작품을 두 이미지에 초점을 맞춘다. 즉 그가 예절, 귀족, 그리고 의식과 관련시킨 풍요의 뿔이 그 하나이고, 소중하고 영원한 한 장소에 뿌리박고 있으면서 관습을 통하여 영혼을 위한 근본적인 순수함을 제공할 수 있는 숨은 월계수가 또 하나이다. 만일 관습을 통하여 그 순수함이 회복될 수 있다면 그의 딸은 "바람 부는 모든 지역이 외치거나 풀무가 모두 폭발" 하더라도 그녀를 둘러싸고 있는 세상에도 불구하고 행복할 수 있는 기회를 갖게 된다. (167)

언터레커가 말하고 있듯이 시인은 딸이 모드 곤보다는 어머니인 조지 하이드 리즈를 닮기를 바란다. 지나친 아름다움과 오만 때문에 잘못 선택하여 자신의 인생을 망치는 것보다는 평범한 아름다움을 지니더라도 고운 마음씨를 갖기를 예이츠는 기원한다. 시인이 조지 하이드 리즈와 결혼한 것은 모드 곤이 결혼을 거절했기 때문이라고 하지만 그것보다는 외모보다 마음씨를 더 높이 평가하였기 때문이라고 생각된다. 조지 하이드 리즈는 예이츠가 모드 곤을 그리 오랫동안 사랑하고 사모하고 작품에서 미의 여신으로 묘사하고 있다는 것을 알고 있음에도 불구하고 예이츠를 사랑하고 결혼하였다. 결혼 후에는 자신이 영매가 되어 예이츠를 도와주었다. 이러한 마음씨를 예이츠는 외모의 아름다움보다 더욱 높이 평가하였다고 짐작된다.

총명하고 아름다운 모드 곤이 커다란 인간적인 따스함을 지닌 사랑스럽고 너그러운 여인이었으면 하는 바람을 담고 있는 것은 아닐까 싶다. 시인은 친교를 가능하게 하는 이러한 마음씨를 높이 평가하고 있다. 그 착한 마음은 아름다운 외모와는 달리 타고나는 것이 아니라 부단한 노력에 의하여 획득되는 것이라고 시인은 다음과 같이 말한다.

> 예절에 있어서는 그녀가 주로 배웠으면 한다,
> 마음은 선물로 주어지는 것이 아니라
> 전적으로 아름답지 만은 않은 사람들이 수고해 얻는 것이라는 것을.
> 그러나 아름다움 자체를 위해 바보짓을 한
> 많은 사람들을 매력이 현명하게 했다,
> 헤매고 사랑하고 자신이 사랑받는다고
> 생각한 많은 불쌍한 사람들은
> 즐거운 친절에서 자신의 눈길을 돌릴 수 없다. (212)

여기서 "불쌍한 사람"은 시인 자신을 일컫고, "즐거운 친절"은 자신의 결혼에 대한 언급이다(Jeffares 207). 예이츠는 1917년 10월 20일 결혼한 직후에 그레고리 여사에게 보낸 편지에 다음과 같이 썼다.

> 제 처는 완전한 부인입니다. 친절하고, 현명하고, 이기적이지 않습니다. 저는 당신이 예전에 그러한 어린 소녀였을 것이라고 생각합니다. 그녀는 제 삶을 고요하고, 질서가 충만하게 만들었습니다. (Jeffares 206-7)

이 말은 그레고리 여사에 대한 찬양의 말이기도 하지만 자기 부인이 그녀와 같은 훌륭한 여인이라는 사실을 드러낸다. 자기 부인이 친절하고, 현명하고, 이기적이지 않다는 말은 외모의 지나친 아름다움 때문에 스스로 파멸의 길로 들어간 모드 곤과 비교하여 볼 때 매우 깊은 의미를 지니고 있다. 그의 부인이 예이츠의 노년의 삶을 평온하고 질서 있게 하였으며 그로 인하여 시인은 보다 훌륭한 작품을 쓰게 되었음은 일반적으로 인정되고 있는 사실이다.

시인은 조지 하이드 리즈와 결혼한 후 부인을 깊이 사랑하게 되었으며 타인과의 비교적 복잡하지 않은 관계에서 오는 행복을 생전 처음 알았다. 그가 총각의 고독과 괴벽에서 벗어나 평화롭고 조화로운 결혼 생활을 영위해 감에 따라 마음의 평정을 이룰 수 있었고 안정적인 상태에서 시 창작에 전념할 수 있었다. 그의 부인은 친절하고 희생적이었다. 그녀는 자신이 영매가 되어 옛 시인들과 대화하고 자동 기술로 그들의 말을 받아 적음으로써 예이츠의 사상 체계를 완성하는데 도움을 주었다. 그녀는 또한 예이츠의 태도에 거만함과 소심함이 이상하게 뒤섞여 있음을 이해했고, 그가 낯선 사람 앞에서 취하는 태도의 이면에 있는 진정 인간적인 면모를 발견했다. 예이츠에게 있어서 결혼은 조화롭게 하고 정상화하는 경험이었지만 평범한 경험은 전혀 아니었다(Wilman 224). 예이츠 자신이 결혼하여 행복하게 살고 있음이 여기에 암시되어 있다. 또한 모드 곤이 타고난 아름다움 자체 때문에 바보짓을 했지만 그녀가 아름다운 마음씨를 후천적으로 길렀더라면 하는 바람도 여기에 암시되어 있다. 예이츠는 자신이 신격화한 모드 곤이 인간적인 면을 지녔으면 더 좋았을 것이라고 생각하고 있음이 여기에서 드러난다.

1928년에 나온 『탑』에 실린 「학생들 사이에서」는 1926년 6월 14일에 창작되고 1928년 8월 『다이얼』에 처음 발표되었다. 예이츠는 1926년 2월에 워터포드에 있는, 몬테소리 원칙에 따라 운영되는 성 오트란 학교를 방문했다(Jeffares 251). 이 때의 경험을 기록한 것이 이 작품이다. 이 작품에서 예이츠는 자기 마음의 활동을 명상하면서 자신을 개인으로보다는 원형으로 제시하고 있다(Bornstein 32).

「학생들 사이에서」는 아일랜드의 국회의원인 예이츠가 교장인 수녀원장의 안내로 수업중인 교실을 시찰하는 것으로 시작된다. 교실은 인간으로서의 자신의 한계를 암시하는 시인의 육체적 영역을 의미한다(유배균 1998 139). 교실이라는 장소는 물질적이고 육체적이며 한정적이라는 포괄적 의미를 갖는다. 한정된 공간에 있는 학생들을 보면서 예이츠는 제 2연에서 모드 곤을 제우스의 사랑을 받은 레다로 상상한다.

> 나는 꿈꾼다 꺼져가는 불 위에 웅크린
> 레다의 육체를, 그녀가 말한
> 어떤 어린 시절을 비극으로 변하게 한
> 거친 책망이나, 사소한 사건의 이야기를—

들었지, 그러자 우리의 두 본성은 섞이는 듯했다
젊은이 특유의 공감 때문에 한 구체로,
아니, 플라톤의 비유를 바꾸어 말하자면,
한 껍질 속의 노른자와 흰자로. (243)

모드 곤은 이제 늙어서 난롯불 위에 허리를 구부리고 있지만, 그녀는 여전히 신의 사랑을 받을 만큼 아름다운 존재인 "레다의 육체"를 지니고 있다. 레다는 알의 이야기를 연상시키는데, 이것은 『향연』에서 나온 이미지이다(Jeffares 251).

플라톤은 『향연』에서 사랑의 기원에 대하여 설명한 바 있다. 플라톤에 따르면 사랑은 제우스 신이 인간을 삶은 달걀처럼 둘로 나누었을 때 잃어버린 반쪽을 찾아 통합을 추구하는 것이다. 예이츠는 이 비유를 약간 바꾸어 모드 곤과 자신이 달걀의 노른자와 흰자라고 함으로써 둘의 결합의 당위성을 말한다. 그러나 잘 알려져 있다시피 그들의 결합이 이루어지지 않았으므로 여기에는 이에 대한 아쉬움이 담겨 있다.

예이츠는 레다의 어린 시절의 모습을 상상한다.

그리고 슬픔이나 분노의 그 발작을 생각하며
나는 거기 있는 이 아이 저 아이를 바라보고
궁금해한다 그녀도 그 나이에 저랬을까 하고—
왜냐면 백조의 딸들이라도 모든 물새들의 유산을
조금은 공유할 수 있을 것이기에—
그리고 뺨이나 머리에 저 색깔을 지녔었을까 하고,
그러자 내 마음은 미칠 듯했다.
그녀가 내 앞에 서 있다 살아 있는 아이로. (243)

예이츠는 모드 곤이 어린 시절의 사소한 사건을 자기에게 말했을 때의 젊은 레다와 같은 이미지를 꿈꾼다. 이 회상과 어린 학생들의 존재가 그녀의 어린 시절의 모습을 창조하도록 그의 상상력을 자극한다. 여기서 백조의 딸이라고 하는 것은 제우스가 백조의 모습으로 하늘에서 내려와 레다와 결합한 것을 의미하므로 결국 제 2연에서 말한 레다의 족속이라는 것과 같은 뜻이다. 시인은 여기서 현실적인 아닌 이상화된 여인이라 할지라도 모든 인간이 갖는 실제 인간으로서의 타고난 점이 있을 것이라고 말함으로써 이상이 현실은 아니면서도 현실과 전혀 별개의 것은 아니라는 깊은 철학적 의미로 이끈다.

예이츠는 어린 학생들을 보면서 모드 곤이 실제 살아 있는 아이로 자기 앞에 나타나는 것을 상상한다. 어린 아이들의 모습을 보면서 레다를 생각하는 것은 현상이 변하더라도 본질은 변화하지 않음을 보여준다. 또한 나와 남이라는 구별이 현실적으로 존재하지만, 아름다운 깃털을 가졌다는 것은 공통의 요소가 있음을 보여준다. 이상적인 아름다움의 이미지인 그녀도 어렸을 때에는 보통 아이들과 같은 모습을 지니고 있었을 것이라고 상상함으로써 예이츠는 모드 곤을 현실 속의 인간으로 생각한다.

"자신이 늙어간다는 통렬한 인식"(Dyson 91)을 예이츠는 모드 곤의 현재의 모습으로 표현한다.

> 그녀의 현재의 영상이 마음 속에 떠오른다—
> 십오세기의 손가락들이 그것을 만들었나
> 마치 바람을 마시고 고기 대신
> 한 접시의 그림자를 먹은 듯 뺨이 홀쭉하게?
> 그리고 나는 결코 레다의 종류는 아니지만
> 한 때 예쁜 깃털을 가졌었다—그것이면 충분하다,
> 미소짓는 모든 이에게 미소짓고, 보여주는 게 나으리라
> 편안한 종류의 늙은 허수아비가 있음을. (243)

현재의 모드 곤의 모습은 다빈치, 라파엘, 미켈란젤로 같은 15세기의 화가가 빚어낸 조각만큼이나 이즈러져 있기에 마치 바람을 마시고 음식 대신

그림자를 먹은 듯이 뺨이 홀쭉해진 늙은이의 형상이다. 모드 곤의 현재의 모습이 젊은 시절의 모습과는 달리 얼굴에 살이 빠져 있음을 묘사한다. 얼굴이 마른 것은 물질적으로 풍요로운 삶을 살지 못한 것이 아닌가 하는 의구심도 자아내지만 그것보다는 기품 있는 좌절의 공허함을 환기시킨다. "바람"은 예이츠의 충족되지 못한 욕망을 나타내기도 한다(Cullingford 192-3). 예이츠는 그녀와의 육체적인 사랑을 갈망했으나 그녀는 예이츠의 육체적인 욕망에 대해 부정적인 태도를 유지했다. 1908년에 예이츠에게 보낸 편지에서 모드 곤은 다음과 같이 쓰고 있다.

> 저는 당신에 대한 저의 사랑이 모든 세속적인 욕망으로부터 벗어나기를 아주 열심히 빌었어요. 그리고 제가 당신을 사랑하는 것과 마찬가지로 당신에게서 저에 대한 육체적인 욕망이 사라지기를 빌었고 지금도 빌고 있어요. 저는 육체적인 욕망이 사라지고 나서 정신적인 사랑을 지속한다는 것이 매우 힘들고 흔치 않은 일이라는 것을 잘 알아요. 제가 이러한 기도를 하는 것도 얼마나 힘이 드는지 몰라요. (재인용 윤정묵 39)

육체적 욕망을 거부하고 정신적인 사랑만을 강조한 모드 곤도 늙어서 허수아비와 같은 모습이 되었다. 예이츠가 젊은 시절부터 마음 속에 지니고 있던 모드 곤의 이상적인 이미지는 변화하는 삶을 살아온 그녀의 실제 모습과는 너무도 달라졌다. 실제로는 늙고 연약한 모습이 되었으나 예이츠가 생각하는 이상적인 모습은 여전히 미의 여신과 같은 아름다운 모습이다.

이후에도 「미친 제인」 시리즈에서처럼 남녀 간의 사랑에서 육체의 중요성을 강조하거나 「청동 두상」처럼 그녀의 과거의 모습을 새삼스럽게 회상하는 작품들이 있다. 그러나 이들 작품에서는 이전의 작품에서처럼 모드 곤이 신격화되거나 이상적인 아름다움을 지닌 여인으로 묘사되지 않는다.

III. 끝내기

모드 곤을 예찬하는 작품을 주로 살펴보았지만 모드 곤에 대한 묘사가 찬양으로 일관된 것은 아니다. 예이츠는 그녀의 과격한 정치활동에 불만을 표시하기도 했고, "술주정뱅이 허풍선이 촌놈"과 결혼하여 불행을 자초한 것을 애달파하기도 했다. 또한 타고난 아름다움에 더하여 마음이 좀 더 너그러웠으면 하고 바라기도 했으며 아일랜드 민중들에게 배척당하는 것은 안타까워하기도 했다. 그러나 「그대가 늙었을 때」에서 밝히고 있듯이 예이츠는 모드 곤의 "내면의 순례하는 영혼"을 늙어서도 사랑했다.

예이츠가 불만을 표시하고, 안타까워하고, 애달파한 것은 모드 곤의 현실적인 면, 인간적인 면에서의 부족한 부분이었다. 그러한 면이 있었기 때문에 예이츠는 그녀를 지고지순한 장미나 헬렌이나 아프로디테로 이상화한 것으로 생각된다. 모드 곤이 예이츠에게 정신적인 사랑을 강조함으로써 그는 그녀를 거의 신격화하는 작품을 쓸 수 있었고, 그 작품을 통하여 모드 곤은 영원한 아름다움을 간직할 수 있게 되었다. 그녀가 인간적인 결함을 지니고 있고, 그로 인하여 많은 불행을 겪었지만, 그녀의 아름다움이 감소하지는 않았고, 그녀를 신적인 존재로 생각하는 예이츠의 마음이 변하지도 않았다.

전쟁시

1. 시작하기

통상 전쟁시인이라고 하면 전쟁에 참여한 자신의 경험을 시로 쓴 시인을 일컫는다. 또한 전쟁시는 통상 본인이 참여한 전쟁을 주제로 하거나 소재로 한 시를 가리킨다. 이러한 관점에서 본다면 예이츠는 전쟁시인이 아니라고 할 수 있다. 그는 전쟁에 직접 참여한 경험이 없다.

그렇지만 예이츠가 살아가는 동안에 주변에서 전쟁이 진행되었고, 그러한 전쟁의 경험을 시로 표현한 경우는 있다. 그러한 시를 전쟁시라고 해도 크게 잘못된 일은 아니라고 생각된다. 그렇기 때문에 여기에서는 전쟁시의 정의를 넓게 확장하여 시인이 살던 시대에 시인의 삶에 직접적인 영향을 끼친 전쟁을 언급하거나 연상시키는 시, 다시 말하여 전쟁과 관련된 내용을 다룬 시를 전쟁시의 범주에 넣고 논의를 진행한다.

제 1차 세계 대전은 1914년 7월 28일부터 1918년 11월 11일까지 진행되었고 유럽이 주된 전쟁터였다. 또한 제 2차 세계 대전은 1939년 9월 1일부터 1945년 9월 2일까지 유럽과 아시아를 주된 싸움터로 하여 치러진 인류 역사상 가장 많은 인명과 재산의 피해를 가져온 전쟁이었다. 아일랜드 독립전쟁은 아일랜드를 지배하고 있던 영국 정부에 대항해 1918년 구성된 아일랜드 공화국군이 일으킨 게릴라전으로, 영국에서는 영국-아일랜드 전쟁이라고 한다. 이 전쟁은 1919년 1월 21일부터 2년 반 동안 계속되었고, 1921년 7월 11일 휴전이 맺어졌다. 아일랜드 내전은 1922년 6월 28일부터 1923년 5월 24일까지 계속된 전쟁으로 아일랜드가 자유국가를 수립하여 영국으로부터 독립하려는 전쟁이었다.

예이츠는 1865년 6월 13일 더블린 교외의 샌디마운트에서 태어나 1939년 1월 28일 프랑스 남부 캡 마틴에서 사망했다. 예이츠는 제1차 세계대전과 아일랜드 독립전쟁, 아일랜드 내전을 경험하였다. 제2차 세계대전이 발발하기 전에 사망하였지만, 사망할 당시에 유럽에 전운이 감돌고 있었다. 예이츠는 자신의 생전에 주변에서 발생한 세 차례의 전쟁에 직접 참여하지는 않았지만 전쟁이 진행되는 사회에서 살고 있었으므로 전쟁의 영향을 받을 수밖에 없었다. 여기에서는 그의 작품 중에서 전쟁의 경험이 투영되어 있는 작품이나 구절을 중심으로 전쟁에 대한 그의 생각이 어떻게 표현되어 있는지를 살펴보도록 한다.

II. 전개하기

예이츠는 제1차 세계 대전에 관한 정치시를 쓰라는 헨리 제임스의 요청을 받고 1915년 2월 6일에 「전쟁시를 요청받고」라는 작품을 썼다. 이 작품은 처음에 「중립국가 선언서에 서명하라고 요청하는 친구에게」라는 제목으로 되어 있었으나 에디스 워튼이 1916년에 발행한 『노숙자의 책』에 「침묵하는 이유」라는 제목으로 발표되었다(Jeffares 160). 예이츠는 이 작품을 1915년 8월 20일에 헨리 제임스에게 보내며 "이 작품이 내가 전쟁에 관해 지금까지 쓰고, 앞으로 쓸 유일한 작품이기에 부적합해 보이지 않기를 바란다"(Jeffares 161)고 쓴 편지를 동봉했다.

이 작품은 다음과 같은 6행 연의 짧은 시이다.

나는 지금과 같은 시대에
시인의 입은 조용해야 한다고 생각한다, 왜냐하면 사실
우리는 정치가를 올바르게 할 재주가 없기 때문이다.
청춘의 나태에 빠진 젊은 처녀나

겨울 밤에 노인을 기쁘게 할 수 있는
그는 간섭할 일이 충분히 많다. (175)

짐 호헤이는 이 작품이 전쟁의 정치학과 관련해서는 “장난스러운 얼버무림”(162)과 같은 성격을 지니고 있다고 말한다. 피터 맥도널드는 이 작품의 제목이 계속 바뀐 것은 전쟁이 시작될 때부터 끝날 때까지의 예이츠의 정치적 입장이 변화하는 모습을 반영한다고 말한다(179). 이러한 평가가 나오는 이유는 이 작품이 「전쟁시를 요청받고」라는 제목으로 『쿨 호수의 야생 백조』에 수록된 것이 제1차 세계대전이 끝난 후인 1919년이기 때문이다.

제임스 론젠바흐에 따르면 작품의 제목이 크게 바뀌었으나 내용은 처음 창작한 것에서 바뀐 것이 거의 없이 그대로 유지되었다고 한다(119). 첫 두 행에서 예이츠는 지금처럼 위태로운 시기에는 시인이 전쟁이나 정치에 관해 말하지 않는 것이 낫다고 한다. 정치는 정치가에게 맡겨 두어야 하고, 전쟁은 군인에게 맡겨 두어야 하며 시인은 젊은이들의 사랑 이야기나 노인의 지혜와 같은 것들을 말해야 한다고 한다. 시인은 전통적으로 서정적인 주제에 관하여 시를 써야 한다는 것이다(Longenbach 119). 팀 켄달도 예이츠가 전쟁이라는 주제에 대한 대안으로 전통적인 주제를 택했으며 이것이 예이츠에게는 보다 적합한 소재라고 말한다 (288).

앞에 인용한 헨리 제임스에게 보낸 편지에서도 밝히고 있듯이 예이츠 자신이 전쟁에 관하여 썼거나 쓸 유일한 작품이 이 작품이라고 말하는 것으로 보아 시인 자신이 전쟁시라고 생각하는 작품은 이것뿐이라고 할 수 있다. 또한 위에 인용한 시에서 밝혀지고 있듯이 시인은 정치에 관심을 기울이는 것이 아니라 청춘 남녀의 사랑이나 노인의 지혜를 그려야 한다. 그러므로 전쟁에 관심을 기울일 시간적, 정신적 여유가 없다. 그렇지만 예이츠의 작품 중에서 부활절 봉기와 관련된 작품은 차치하고라도 그리스 로마 신화를 제재로 삼아 전쟁을 명백히 암시하고 있는 작품과 제1차 세계 대전 중에 사망한 로버트 그레고리 소령에 대한 만가 등은 전쟁에 대해 직접적이거나 간접적으로 언급하고 있으므로 이 작품들도 전쟁시의 범주에 포함될 수 있을 것이다.

전쟁의 경험이 반영된 시집으로는 앞에서 말한 『쿨 호수의 야생 백조』와 그 다음 시집 『마이클 로바티즈와 무용수』를 들을 수 있다. 이 시집에서 특히 눈에 띄는 주제는 역사와 문명에 관한 것이다. 1916년의 부활절 봉기를 두고는 "무서운 아름다움이 태어났다"(「1916년 부활절」 203)[2]고 하고, 기독교 문명의 종말을 예견하는 「재림」에서는 간결한 언어를 사용하여 놀라운 비전을 보여주고 있다.

예이츠는 인간의 문명이 2000년을 주기로 흥망성쇠를 반복한다는 가이어 이론을 주장하면서 그리스 로마 문명이 2000년 지속된 후에 기독교 문명이 탄생하였듯이 기독교 문명도 2000년이 지속된 이후에는 새로운 문명으로 바뀐다고 한다. 「레다와 백조」가 그리스 로마 문명의 종말을 노래하는 작품이라면 「재림」은 기독교 문명이 끝난 후 새로운 문명의 탄생을 노래하는 작품이다.

「레다와 백조」에는 트로이 전쟁에 대한 암시가 있다.

> 옆구리의 전율이 그곳에 낳는다
> 부서진 성벽, 불타는 지붕과 탑을
> 그리고 죽은 아가멤논을. (241)

그리스 신화에 따르면 제우스 신이 인간 레다에게 헬렌과 클리템네스트라를 잉태시킨다. 헬렌은 트로이 전쟁의 원인이 되었고, 클리템네스트라는 트로이 성을 공격하는 그리스 연합군의 총사령관인 아가멤논의 아내가 되었다. 위의 인용문은 레다가 낳은 딸들이 트로이 전쟁을 가져왔고, 아가멤논의 죽음을 가져왔다는 것이다. 예이츠는 제우스 신과 인간 레다의 사랑의 결과로 생겨난 전쟁이 그리스 문명의 시작을 알리는 일종의 수태고지로 보

---

2) 「1916년 부활절」은 1916년 4월 24일 부활절에 발생한 민중봉기에 관해 시인이 느끼는 정서를 묘사한다. 부활절 봉기는 실패하였고, 아일랜드 공화군 지도자들 대부분이 반역죄로 처형되었다. 이 작품은 1916년 5월부터 9월 사이에 창작되었으나 1921년 『마이클 로바티즈와 무용수』에 처음 발표되었다.

고 있다. 여기에서 뚜렷하게 드러나듯이 예이츠는 전쟁을 하나의 문명이 종말에 달할 때 생기는 혼돈을 나타내는 도구로 사용하고 있다.

이와 마찬가지로 「재림」에는 현재의 기독교 문명이 종말에 달하고 새로운 문명이 탄생하는 수태고지가 그려져 있다.

> 나선형으로 점점 넓어지는 원으로 빙빙 도는
> 매는 매부리의 소리를 들을 수 없다.
> 만물이 무너져 내린다; 중심은 지탱할 수 없다.
> 무질서만이 세상에 풀려버렸으며
> 피로 얼룩진 조수가 흐르고, 도처에서
> 순결의 의식은 익사한다.
> ....
> 암흑이 다시 드리워진다. 그러나 나는 이제 알겠다
> 바위처럼 잠들어 있던 20세기가
> 요람이 흔들려 악몽에 시달렸다는 것을,
> 어떤 거친 야수가, 마침내 제 때가 다 되어,
> 태어나기 위해 베들레헴을 향해 웅크리고 나아가는가? (210-211)

2000년 동안 지속되어온 기독교 문명이 점점 확장되는 가이어로 거의 해체 상태에 이르렀음이 매의 상징으로 드러난다. 이어서 무질서한 정부 상태와 피로 얼룩진 조수로 아일랜드 공화군을 진압하기 위하여 영국 예비병 부대가 아일랜드에 파견되었을 때의 블랙 앤 탠 전쟁이 암시된다. 결국 바위처럼 잠들어 있던 새로운 문명이 탄생하기 위하여 그리스도가 탄생했던 장소인 베들레헴으로 나아간다는 말로 새로운 문명의 수태고지를 한다.

이와 같이 위의 두 작품에서 전쟁에 대한 암시는 해체 상태에 이른 두 문명의 종말적인 상황을 각각 나타낸다. 김재봉은 "예이츠는 서로 맞물려 순환하는 이중의 회전원추로 이천 년 주기로 반복되는 문명의 부침을 보여준다"(251)고 하면서 「재림」을 기독교 문명의 완결을 예고하는 것으로 본다.

존 스톨워씨는 이 두 작품을 다음과 같이 간명하게 설명한다.

> 예이츠는 역사를 반복되는 순환의 양식으로 보았다. 그에게는 레다와 제우스인 백조가 한 순환을 시작했고, 성처녀와 성령인 비둘기가 다른 순환을 시작했다. . . . 육식동물인 매가 세 번째 순환을 시작할 것이다. (21)

레다와 제우스의 결합으로 그리스 로마 문명이 시작되었다. 성모마리아가 성령의 비둘기를 맞이하여 그리스도를 낳음으로서 기독교 문명이 시작되었다. 2000년을 지탱해온 그리스 로마 문명이 기독교 문명으로 바뀌었듯이 기독교 문명도 또한 매가 상징하는 다른 문명으로 바뀔 것이다. 존 해리슨은 이를 가리켜 "되풀이되는 역사에 대한 예이츠의 개념은 개인적인 것과 세계 역사적인 것의 융합"(384)이라고 한다.[3)]

이처럼 개인적인 경험과 역사적인 순환을 결합시킨 데에서 위대한 시인으로서의 예이츠의 면모가 엿보인다. 현대의 전쟁을 문명의 순환 과정과 연결하여 이해하려는 것이 전쟁에 대한 예이츠의 기본적인 생각이라고 할 수 있다. 전쟁은 하나의 문명이 종말적인 상황에 도달했음을 보여주는 하나의 예시인 것이다. 이러한 점에서 예이츠는 과거의 전쟁이든, 현대의 전쟁이든 모든 전쟁은 동일한 것으로 보고 있다.

문명의 순환과정과 직접적으로 관련되지는 않지만 과거의 전쟁과 현재의 전쟁을 동일시하는 전쟁시도 있는데 「청금석 부조」가 바로 그것이다. 첫 연의 일부를 살펴본다.

> 만일 근본적인 조치가 취해지지 않으면
> 비행기와 비행선이 나와서,

---

3) 예이츠의 가이어 이론과 역사를 「레다와 백조」에 대입하여 연구한 자료로 허현숙의 「역사적 변화와 폭력: 예이츠의 「레다와 백조」에 대한 이해」가 있다. 또한 「재림」에 대입하여 연구한 자료로는 김주성의 「예이츠의 우주 및 역사 순환관에 따라 고찰한 태어나려는 거친 야수」를 들을 수 있다.

빌리 왕처럼 폭탄을 떨어뜨려
도시가 납작하게 두드려 맞을 것이기에. (338)

예이츠가 이 작품을 쓴 것은 1936년 7월로 제 2차 세계 대전이 시작되지는 않았지만 전쟁의 전운이 짙게 드리워진 시기이다. 독일군은 1936년에 라인랜드를 다시 점령했고, 이탈리아군은 1935년에 아비시이나를 침략했다(Jeffares 363). 예이츠는 여기에서 제1차 세계 대전 때 독일군의 런던 공습을 예전의 전쟁과 연결시키고 있다. 1690년에 오렌지의 '빌리 왕'이 '보인' 전투에서 폭탄을 던졌을 때 만큼이나 해롭고, 그것보다 더 파괴적인 '빌리 왕'이라는 이름의 비행기와 비행선이 제1차 세계 대전 때 영국을 공습했다. 오렌지 공은 윌리엄 3세로 제임스 2세의 군대를 격퇴했는데, 이 때 윌리엄 3세의 군대의 폭격은 거리를 모두 잿더미로 만들어버렸다. 윌리엄의 독일식 이름이 빌헬름이므로 같은 이름의 비행기라고 하는 것이다(Jeffares 363). 현대의 독일군의 빌헬름 폭격기도 런던 거리를 잿더미로 만들었다. 윌리엄과 빌헬름 폭격기를 '빌리'라고 읽을 수 있기 때문에 여기서 '빌리 왕'이라고 하는 것이다.

「내전기의 사색」과 「1919년」도 「청금석 부조」와 같은 범주에 속하는 전쟁시이다. 「내전기의 사색」은 1922년부터 23년까지 진행된 아일랜드 내전 동안 밸릴리 성에서 쓴 일곱 편의 시이다. 이 전쟁은 아일랜드 국회가 비준한 영국과 아일랜드 조약 때문에 촉발된 아일랜드 자치공화국과 이몬 드 발레라가 이끄는 공화군 사이의 전쟁이다(Jeffares 223). 「1919년」은 아일랜드 공화군과 영국군 및 왕립 아일랜드 경찰대 사이에 일어난 전투 중 골웨이에서 행해진 잔학한 행위를 계기로 창작된 작품이다(Jeffares 229).

「내전기의 사색」은 예이츠 자신이 주석에서 다음과 같이 설명하고 있다.

이 시편들은 밸릴리 성에서 내란 중인 1922년에 썼다. 공화군이 우리의 '옛 다리'를 내란이 끝나기 전 어느 날 밤에 폭파했다. 그들은 우리가 집에서 나오지 못하도록 했지만 공손했고, 심지어는 마치 우리가 그들에게

> 다리를 주기라도 한 것처럼 "안녕, 고마워요"라고 말하기 까지 했다. (Yeats 534, 재인용 Jeffares 223)

여기에서 알 수 있듯이 예이츠는 아일랜드의 내전을 직접 경험했다. 시인 자신의 눈에 비친 병사들의 모습은 아래와 같다.

> 상냥한 비정규병,
> 육중한 몸의 폴스타프 같은 사람이
> 농담으로 내란을 이야기하며 온다
> 마치 총에 맞아 죽는 것이
> 이 세상에서 가장 멋진 연극인 듯이.
>
> 얼굴이 탄 장교와 병사들이,
> 제복을 반쯤 입은 채
> 문간에 서 있다, 나는 불평한다
> 더러운 날씨, 우박과 비,
> 폭풍우에 부러진 배나무에 대해. (229-230)

여기에는 내란에 임하는 병사들의 모습이 우스꽝스럽게 그려져 있다. 병사들은 자신의 목숨을 걸고 전투에 임하고 있지만, 그것을 하찮은 연극 정도로 생각하고 있다. 진지한 슬픔이라든지 전쟁의 참혹함 등과는 거리가 멀다. 참혹한 전쟁에 참여한 병사들이 이렇게 묘사되는 것은 이들이 문명의 해체 과정에 참여하는 인물들이기 때문이다. 개인적인 죽음과 고통은 참혹할지라도 2000년을 주기로 새롭게 반복되는 역사의 순환 과정에서 보면 슬퍼하거나 할 이유가 없다.

병사들의 이와 같은 모습은 「1919년」에서도 마찬가지이다.

> 지금은 하루하루가 용을 탄 형국, 악몽이 잠을 타고 질주하네.

술 취한 병사가, 집에서 살해당한 어머니가
피투성이로 나뒹구는 것을 보고도 못 본 체,
그러고도 처벌을 모면할 수 있다네.
우리가 우리의 생각을 주워 모아 철학으로 연결하고,
세상을 법칙 아래 두려 계획했던 때 이전처럼
밤은 예전처럼 두려움에 사로잡혀 땀 흘릴 수 있다,
우리는 그저 구멍 속에서 싸우는 족제비에 불과하다. (233)

현대의 전투에 참여한 병사들이 신화의 세계에 등장하는 병사들과 동일시된다. 용의 출현은 현실의 전쟁을 신화 속의 전쟁으로 승화시킨다. 병사는 술에 취해 있으며 어머니가 살해되는 것에 주의를 기울이지 않는다. 이 병사는 어머니를 떠나 전쟁터로 가는 것으로 보이는데, 술에 취해 있기 때문에 전투에 제대로 임할 수 있을지 의심스럽다.

"우리의 생각을 주워 모아 철학으로 연결하고, 세상을 법칙 아래 두려 계획했던" 과거와 마찬가지로 현재에도 "밤은 예전처럼 두려움에 사로잡혀 땀 흘릴 수 있다"는 말에서 옛날과 현재의 시간적 차이가 무시된다. 현재의 사건이 과거의 사건과 동일시되는 것이다. 이와 같이 거시적인 관점에서 볼 때 전쟁에 참여한 병사들은 "그저 구멍 속에서 싸우는 족제비"처럼 무의미한 동물적인 삶과 다름없는 삶을 영위한다고 할 수 있다.

예이츠는 이 작품에 붙인 주석에서 다음과 같이 말하고 있다.

> 시골사람들이 어떤 때에는 '타락한 천사', 어떤 때는 '시골의 옛 주민'이라고 이름짓는 어떤 유령을 가끔 본다. 그리고 '말의 머리에 꽃을 꽂은 모습으로' 가끔 말을 타고 가는 것으로 묘사한다. 나는 여섯 번 째 시편에서 시대가 악화되었기 때문에 이 기수들이 더 악화된다고 생각했다. 나의 마지막 상징인 로버트 아티슨은 14세기 초에 킬케니에서 많이 추격당한 악령이었다. 플라톤 시대에 소용돌이치는 티끌 가운데서 여행하는 사람들이 그렇지 않은가? (재인용 Jeffares 235)

위와 같이 예이츠는 이 작품에서 지금의 전쟁이 예전의 전쟁과 다름이 없다는 견해를 지니고 있다. 지금 전쟁에 참여하는 병사들의 모습이 마치 유령과 같다거나 예전의 시골 주민과 같다는 것은 실체가 없는 헛된 싸움을 한다는 말과 다르지 않다.

「내전기의 사색」에서 병사의 모습을 문학 작품에 등장하는 등장인물의 모습으로 묘사하고, 그의 죽음을 연극이 끝나는 것처럼 묘사한 것이나 「1919년」에서 병사들의 모습을 유령의 모습으로 묘사한 것은 전쟁이 모두 헛된 놀이에 불과하다는 예이츠의 인식을 보여준다. 예이츠의 전쟁시는 이와 같이 거시적인 역사의 관점에서 전쟁을 묘사하고 있다. 이는 문명의 순환과 연관되어 전쟁은 하나의 문명이 종말적인 상황에 다가왔음을 보여주는 하나의 장치로 사용되기 때문이다.

거시적인 역사의 관점에서 전쟁을 묘사하는 이와 같은 작품들과는 궤를 약간 달리하는 전쟁시가 세 편 있다. 이 작품들은 그레고리 여사의 아들 로버트 그레고리의 죽음을 다룬 작품으로 일종의 애가라고 할 수 있다. 로버트 그레고리는 제1차 세계 대전 때 비행사로 자원입대하여 1918년 1월 23일에 이탈리아에서 전투 중 사망하였다(Jeffares 133). 그는 장교로 복무하였으며 사망 당시의 계급은 소령이었다. 예이츠는 그레고리 여사의 슬픔을 덜어주기 위하여 그의 죽음을 애도하는 작품을 네 편 썼으나 한 편은 출판되지 않았다.[4] 발표된 세 편은 「로버트 그레고리 소령을 추도하며」와 「아일랜드 비행사가 자신의 죽음을 예견하다」 및 「양치기와 염소지기」이다.

언터레커는 그레고리 소령의 죽음을 다룬 작품에 표현된 예이츠의 개인적인 감정이 진지한 감정이라고 하면서 주제를 로버트 그레고리의 죽음에서 젊은 영웅의 죽음으로 확장시킨다고 한다(Unterecker 133). 「로버트 그레고리 소령을 추도하며」에서 그레고리 소령은 "군인이며, 학자이고, 기수"로 묘사된다. 8행연 12개로 구성된 이 작품에서 시인은 함께 식사를 할

---

4) 「보복」이라는 작품은 그레고리 여사의 부탁으로 출판되지 않았다(Cullingford 108). 조정명은 이 작품에서 그레고리 소령이 영국을 위해 싸우다가 죽은 것을 예이츠는 마치 사기당한 것처럼 안타깝게 느끼고 있다고 평한다(189).

수 없는 친구들의 이름을 부르겠다고 하면서 라이오넬 존슨, 존 밀링턴 씽, 조지 폴렉스펜의 이름을 부르고 그들의 장점을 이야기한다. 존슨은 추상적인 사고를 연구한 학자이고, 씽은 생생한 현실을 직시한 극작가이고, 폴렉스펜은 훌륭한 기수였다. 그레고리는 이들 세 사람의 장점을 모두 지닌 인물로 묘사된다.

덧문을 흔드는 그 바람이 얼마나 추운지 보면서
마음에 떠올렸다고 생각했다
어른이 시험했거나 어린이가 사랑했거나
소년다운 지성이 인정한 사람들을 모두,
그리고 각자에게 적절히 논평을 했다.
마침내 상상력이 한층 더 반가움을 가져왔다.
하지만 최근의 저 죽음에 대한 생각이
내 마음을 송두리째 앗아가 말문을 막히게 한다. (151-152)

이 연은 이 작품의 마지막 연이다. 여기에서 시인은 씽과 폴렉스펜과 존슨을 각각 어른이 시험한 사람, 어린이가 사랑한 사람, 유치한 지성이 인정한 사람이라고 하면서 그레고리의 죽음을 애도하고 있다. "최근의 죽음"은 그레고리의 죽음을 가리키는데 그의 죽음 때문에 자신이 이 시를 쓴다는 마지막 연에서 우리는 시인의 개인적인 슬픔을 느낄 수 있다. 시인이 자신의 개인적인 정서를 있는 그대로 드러내는 이 작품은 앞에서 논의한 전쟁시와는 확연히 다른 부류에 속하는 일종의 애가라고 할 수 있다.

「아일랜드 비행사가 자신의 죽음을 예견하다」에서 예이츠는 그레고리를 완벽한 영웅으로 묘사한다.

나는 구름 위 어딘가에서
내가 내 운명을 맞으리란 것을 안다.
싸우는 적들을 나는 증오하지 않는다,

> 지키는 사람들을 나는 사랑하지 않는다.
> . . . .
> 나는 균형을 잘 잡았고, 모두를 생각했다.
> 오는 세월은 호흡의 낭비로 보였고,
> 지난 세월도 호흡의 낭비로 보였다
> 이 삶, 이 죽음과 견주어 볼 때. (152)

여기에서 화자는 그레고리 자신으로 나온다. 그레고리는 격렬한 삶을 살다 격렬하게 죽었다. 비행사로서 그레고리 소령은 하늘에서의 전투에 참여했다. 그는 자신의 운명을 예견한 듯이 첫 행에서부터 운명을 이야기한다. 자신이 예견한 운명대로 그는 결국 죽음을 맞이했다.

그는 자신이 맞서 싸우는 적인 독일군을 증오하기 때문에 전쟁에 참여한 것이 아니고, 자신이 보호하는 사람들인 영국인을 사랑하기 때문에 전쟁에 참여한 것도 아니다. 그저 하늘을 나는 것이 운명이라고 생각했고, 하늘을 나는 것이 즐거웠기 때문이었다. 현재의 삶에 충실하고 싶어서 그는 전쟁에 참여했고, 현재의 삶에 비하여 미래의 삶이나 과거의 삶은 무의미해 보였다. 그레고리 소령은 그저 생존에 불과한 삶을 영위하기 보다는 영웅적인 삶을 살다 죽는 영웅적인 삶을 선택한 것이다.

「양치기와 염소지기」는 그레고리 소령의 죽음을 애도하는 전통적인 목가적 애가이다. 언터레커는 이 작품에 대하여 다음과 같이 말하고 있다.

> "그레고리 소령"이라는 재료를 공식적으로 재가공한 이 작품은 전통적인 이미저리인 "산과 계곡"을 통하여 통합하려는 노력의 일환이고 그리하여 로버트 그레고리의 죽음을 애도하는 염소지기와 양치기 (노인과 젊은이, 늙은 영혼과 젊은 영혼, 젊은이로서의 예이츠와 노인으로서의 예이츠) 뿐만 아니라 로버트가 언급한 자연 모두 (그가 피리를 불었을 때 "그의 손가락 아래에서 울었던" 언덕들 자신의 바로 그 돌)를 드러낸다. (137)

여기에서 알 수 있듯이 예이츠는 전사한 로버트 그레고리를 애도하면서 개인의 죽음에 그치지 않고 그를 영웅으로 승화시키고, 자연의 일부로 동화시킨다.

이 작품은 양치기와 염소지기의 대화 형식으로 된 목가적 애가이다. 예이츠 자신이 버질과 스펜서의 작품을 모델로 삼았다고 밝히고 있다(Jeffares 146). 목가적 애가에는 시신(詩神)에게의 기원, 양치기나 시인의 슬픔의 표현, 죽은 자의 찬양, 죽음이 자연에 끼치는 영향, 죽음의 수용, 불멸이나 윤회에 대한 기원 등이 포함되는 것이 일반적이다. 이 작품에서 시신에의 기원은 뻐꾸기의 울음으로 대체되고, 양치기와 염소지기가 대화하면서 죽음이 자연에 미치는 영향과 개인적인 슬픔을 표현하고 그레고리의 삶을 찬양하며, 그가 다시 태어나는 모습이 그려져 있어 목가적 애가의 전통을 잇는다. 양치기는 그레고리의 죽음을 슬퍼하고, 염소지기는 그가 재생한다고 말한다.

작품의 첫 부분에서 뻐꾸기 울음소리가 들린 이후 양치기가 그레고리의 죽음을 다음과 같이 이야기한다.

> 양치기 : 시골의 모든 운동과 모든 기교에 능했고,
> 　　　느릿한 노인들과 성마른 젊은이들에게
> 　　　가장 예의 발랐던 그가
> 　　　죽었어.
> 염소지기 : 구운 과자를 가져오던 소년이
> 　　　그 소식을 사실대로 전해주었어.
> 양치기 : 그가 지팡이를 내던지고는
> 　　　바다 건너 큰 전쟁에서 전사했지. (160)

그레고리는 운동을 잘하고 말도 잘 탔으며 사격에도 능했다. 그렇기 때문에 「로버트 그레고리 소령을 추도하며」에서 "군인이며, 학자이고, 기수"라고 묘사한 것이 과장이 아니며 여기에서 시골의 운동과 기교에 능했다고 하

는 것도 과장이 아니다.

애가에서는 죽은 사람을 찬양하는 것이 일반적이다. 이 작품에서 그레고리 소령은 과장되지 않고 사실대로 묘사되지만 그대로 찬양하는 내용이 된다. 그가 시골에서 양치기의 생활을 하지 않고 전쟁에 나갔다는 사실은 지팡이를 내던진 것으로 표현되었다. 그가 실제로 양치기 생활을 한 것은 아니지만, 시골의 여유 있는 삶을 즐기지 않고 스스로 전쟁에 참여하였음이 강조된다. 양치기는 그가 죽었다고 계속 이야기하지만, 염소지기는 그가 재생한다고 노래한다.

> '그는 매 순간 젊어진다
> 그의 생일날은 언제나
> 너무 엄숙해 보이기는 했어.
> . . . .
> 난폭한 전쟁은 사라질거야.
> 구부러진 오랜 산사나무 뿌리에서
> 그는 양치기의 피리를 불거야,
> 아니면 짧게 깎은 풀밭에서
> 양치기 아가씨에게 청혼하거나,
> 아니면 게임에 몰두하겠지
> 낮에 까지 말이야, 노는 시간도 똑같아 보여.' (162-3)

그가 다시 젊어진다는 것이 이 작품의 주제라고 할 수 있다. 그레고리 소령의 육체는 전쟁에 나가 해외에서 죽었지만, 그의 영혼은 점점 젊어져서 자신의 삶을 다시 살 것이다. 예이츠는 아일랜드 서부 지역의 시골 사람들이 이와 유사한 개념을 갖고 있었음을 이야기한 바 있다(Jeffares 148). 윌슨은 예이츠가 이러한 개념을 갖게 된 원천을 플라톤까지 거슬러 올라가 찾고 있으며 예이츠가 플라톤의 신화를 알고 있었다는 사실을 논증하기도 하였다. 예이츠가 이러한 생각을 갖게 된 원천은 여기에서 중요하지 않다. 예이츠는 죽은 사람이 재생한다는 개념을 지니고 있었으며, 그러한 생각을 이 작품에 표현하였다는 사실이 더욱 중요하다.

언터레커는 예이츠의 양치기의 노래가 "다시 꿈꾸기" 라고 부르는 과정과 관련되어 있다고 하면서 죽음은 실꾸리를 다시 풀어내는 것이며, 삶의 가이어의 정점인 죽음에서 나선형으로 돌아내려오는 것이라고 설명한다(138). 이렇게 본다면 예이츠는 그레고리의 죽음에 대한 애가에서 개인적인 슬픔을 표현하면서 그의 죽음을 영웅의 죽음으로 보고, 이를 역사의 순환인 가이어에 속하는 것으로 생각하고 있음이 분명해진다.

Ⅲ. 끝내기

예이츠는 세계 대전과 같은 전쟁을 새로운 가이어가 시작되는 전조로 여겼다. 그는 문명이 2000년을 주기로 순환한다고 보았기 때문에 전쟁을 한 문명의 종말에 나타나는 혼란으로 인식했다(Unterecker 27). 그렇기 때문에 어느 전쟁이든 본질적으로 동일한 것으로 보았으며, 전쟁이 발생한 시대적인 차이에 큰 의미를 두지 않았다. 한 문명의 종말에 나타나는 혼란한 현상으로서의 전쟁은 시대가 어떠하든 간에 큰 슬픔을 가져오지 않는 것으로 확인되었으며, 그것이 가져오는 피해나 사회적인 영향은 예이츠의 큰 관심을 끌지 못했다. 「레다와 백조」에서 그리스 로마 문명의 시작이 언급되고 「재림」에서는 새로운 문명의 도래가 이야기된다. 여기에 폭력성과 전쟁이 공통된다는 점에서 예이츠는 전쟁을 필요악이라고 받아들이고 있음이 드러난다.

전쟁시 중에서 특이한 점은 자신의 후원자였던 그레고리 여사의 외동아들이 전투 중에 사망하자 그를 기리는 애도시를 썼다는 점이다. 이는 사회적인 관심에서 쓴 것이라기보다는 한 개인의 슬픔을 위로하기 위한 행동이라고 할 수 있다. 세 편의 작품에서 예이츠는 개인적인 정서를 아낌없이 드러내 로버트 그레고리소령의 죽음을 애도하고 있다. 또한 개인의 죽음을 영웅의 죽음으로 일반화하고 있다. 그러면서도 그의 죽음을 역사의 순환 과정의 일부로 보고 있다. 이러한 점에서 볼 때 여기에서도 예이츠는 전쟁을 새로운 문명의 전조로 보고 있는 것이다.

「딸을 위한 기도」: 이상적인 여인상

Ⅰ. 시작하기

예이츠가 모드 곤을 아름다운 여인으로 생각하고 있었음은 익히 알려져 있다. 그녀를 미의 여신으로 비유하기도 하고, 트로이의 헬렌이나 클레오파트라에 비유하기도 했다. 또한 그녀를 거의 30년 동안이나 좋아했으며, 그녀가 미망인이 된 후에 까지도 청혼했다. 이러한 점에 지나치게 집착하면 그녀를 예이츠가 생각하는 이상적인 여인의 모습이라고 착각하게 된다. 예이츠는 많은 시에서 그녀를 아름다운 여인의 표상이나 여신으로 그리고 있다. 아름다운 여인으로 그려지고 있으며 결혼하고자 하였으나 실제로는 조지 하이드 리즈와 결혼했으므로 예이츠가 생각하는 아름다운 여인과 이상적인 여인은 다르다고 할 수 있다.

예이츠는 모드 곤을 아름다운 여인으로 생각하고, 젊은 시절 내내 그녀와 결혼하기를 염원했다. 1889년 1월 30일 예이츠가 모드 곤을 처음 본 이후 예이츠의 작품에서 그녀가 헬렌이나 펠라스 또는 아름다움의 여신으로 그려지고 있음은 익히 잘 알려져 있다. 24세 때 처음 본 이후 수차례 청혼하였지만 모드 곤은 그 때마다 거절하고 예이츠는 52세가 될 때까지 결혼하지 않았다. 예이츠가 리즈와 결혼한 것은 1917년 늦가을이다.

조지 하이드 리즈와의 결혼은 그에게 "정서적 충만감"(Press 13)을 가져다주었다. 모드 곤을 주제나 소재로 삼아 훌륭한 시가 많이 창작되었지만 리즈와의 결혼 생활과 그녀의 자동 기술이 있었기 때문에 『환상록』이 나왔다고 해도 과언이 아니다. 『환상록』이 많은 후기 시의 철학적, 상징적 배경이 되었음은 누구도 부인하기 힘들다. 정서적 안정을 되찾은 말년에는 예이츠가 생각하는 이상적인 여인의 모습이 젊은 시절에 생각했던 외모의 아름다움에서 한 걸음 더 나아가 좀 더 포용적으로 되었다고 생각된다. 여기에서는 예이츠가 생각하는 이상적인 여인의 모습을 살펴본다.

Ⅱ. 전개하기

「딸을 위한 기도」는 아일랜드와 유럽의 당시 상황을 묘사하는 것으로 시작된다.

> 폭풍은 한 번 더 울부짖고, 이 요람 덮개와
> 침대보 아래 반쯤 덮여
> 우리 아기는 계속 잔다. 장애물이 없다
> 그레고리의 숲과 헐벗은 언덕 이외엔
> 그것만이 대서양에서 발원한
> 건초더미와 지붕을 휩쓰는 바람을
> 막을 수 있다.
> 한 시간 동안 나는 걸으며 기도했다
> 내 마음 속의 커다란 어둠 때문에. (211)

여기에서의 폭풍은 실제의 폭풍이라기보다는 상징적인 의미의 폭풍이다. 이 작품이 창작된 것은 예이츠의 딸 앤이 태어난 지 얼마 되지 않은 때인 1919년 7월이다. 제 1차 세계 대전이 1918년 말에 종식되었고 아일랜드 독립 전쟁은 1919년 1월에 시작되었으므로 이 작품은 제 1차 세계 대전의 혼란이 가시지 않고 아일랜드의 독립 전쟁이 격화되는 시기에 창작되었다. 그렇기 때문에 대서양에서 발원한 폭풍이 계속 요란하게 불어오고 있고, 이 폭풍을 막아줄 가림막은 숲과 언덕밖에 없다고 한다. 이러한 상황에서 예이츠의 딸은 요람에서 잠을 자고 있다. 아버지로서의 예이츠는 딸이 주변의 이러한 혼란에서 벗어난 삶을 살았으면 하지만 그것을 막아줄 물질적인 장애물은 거의 없기에 불안하다. 그 불안을 예이츠는 마음속의 어둠이라고 표현한다. 몰려드는 이 어둠을 잠재우기 위해 예이츠가 할 수 있는 일이라곤 기도뿐이기에 예이츠는 한 시간을 걸으며 기도한다.

이 기도는 2연에서도 계속된다.

나는 한 시간을 걸으며 이 어린 아기를 위해 기도하며
들었다, 바다 바람이 탑 위에서,
그리고 다리 아치 아래서 외치는 소리를, 그리고
범람한 강 위 느릅나무 숲에서 외치는 소리를.
흥분한 환상 가운데
미래가 이미 왔다고 상상하며,
바다의 잔인한 순수에서 나와
광분한 북소리에 맞추어 춤추며. (212)

한 시간 동안 걸으며 아기를 위해 기도했다고 앞 연에서 한 말이 여기에서도 반복된다. 예이츠는 마음속의 불안을 그만큼 강렬하게 느끼고 있음을 이 반복을 통하여 보여준다. 앞 연에서 그레고리 숲과 헐벗은 언덕만이 막아주었던 바람이 여기에서는 탑 위와 다리 아래, 느릅나무 숲에서 휘몰아치고 있다. 유럽에서 불어오는 전쟁의 공포가 아일랜드 내륙 깊숙이 휩쓸고 있는 것이다. 현재에 몸담고 있지만 미래가 이미 시작된 듯이 느껴진다. 모든 것을 포용하는 바다가 순수함을 간직하고 있지만 그 순수함은 잔인하고, 북소리가 들려오지만 그 북소리는 광분의 북소리이고, 미래의 환상을 보지만 그 환상은 흥분한 환상이다. 이처럼 모든 것이 전도되고 도치되어 있는 현실에서 예이츠는 자기 딸이 아름답게 성장하기를 염원한다.

그렇지만 너무 아름답지는 않기를 염원한다.

그녀에게 아름다움이 허용되기를 그러나
낯선 사람의 눈이나 거울 앞에 선 자신의 눈을
혼란케 할 아름다움은 아니기를, 왜냐면 그것은,
지나치게 아름답게 되어,
미가 충분한 목적이라고 생각하고,
타고난 친절과 아마도
옳은 것을 선택하는 마음을 드러내는 친교를 잃고
친구를 결코 발견하지 못할 것이기에. (212)

이 연과 다음 연에서는 모드 곤에 대한 암시가 있다. 자기 딸이 아름답기를 바라지만 지나치게 아름답지는 않기를 염원한다. 왜냐하면 지나치게 아름다우면 그 아름다움에 스스로 도취하여 진정한 친교를 할 수 없기 때문이다. 시인은 인간이 본래 선한 존재임을 긍정하고 "타고난 친절"이라고 말한다. 외모의 아름다움 때문에 교만해져서 타인과 교류하지 못하고, 진정한 친구를 사귀지 못하게 되는 것은 소외 의식을 표현한 것으로도 볼 수 있으나, 그 보다는 올바른 마음씨를 갖지 못함을 뜻하는 것으로 보는 것이 타당하다.

지나친 아름다움으로 인하여 잘못된 삶을 살은 예가 4연에 보인다.

선택받은 헬렌은 삶이 단조롭고 무료함을 발견했고
후에 한 멍청이 때문에 많은 고통을 겪었다,
물보라에서 태어난 그 위대한 여왕은,
아버지가 없었기에 마음대로 할 수 있었는데
안짱다리 대장장이를 남편으로 골랐다.
멋진 여인이 그들의 고기와 함께
미치게 하는 샐러드를 먹는 것은 확실하다
그로 인하여 풍요의 뿔은 망쳐진다. (212)

예이츠는 헬렌과 아프로디테를 지나치게 아름답기 때문에 불행한 삶을 산 여인의 예로 든다. 여기서 헬렌과 아프로디테는 모드 곤을 가리키기도 한다. 모드 곤도 잘못 선택하여 불행한 삶을 살았지만 헬렌도 선택을 잘못하여 트로이 전쟁을 유발하였고, 아프로디테도 불구자를 결혼 상대자로 선택하였다. 시인은 이들이 외모의 지나친 아름다움으로 인하여 잘못된 삶을 살았다고 말한다. 예이츠는 자기 딸이 이처럼 지나치기 아름답지는 않기를 바란다.

예이츠는 외모의 아름다움보다는 마음씨의 아름다움을 더 높이 평가하고 있다. 외모의 지나친 아름다움 때문에 타인과의 교류를 할 수 없게 되는 것을 경고하는 구절에서 마음씨의 아름다움을 보다 강조하는 것이 느껴진다. 시인은 모드 곤을 30년 가까이 기다렸으나 결국 조지 하이드 리즈와 결혼했다. 이 결혼은 모드 곤의 결혼 거절에서 촉발되었지만 외모보다는 마음씨를 더 높이 평가했기 때문이라고 짐작된다.

타고난 친절과 옳은 마음을 지닌 사람으로 예이츠가 알고 있던 사람 중에는 올리비아 셰익스피어가 있다. 그녀는 예이츠의 시나 산문에 별로 언급되지는 않았으나 그와 밀접한 관계를 맺고 있던 사람이다. 예이츠는 그녀를 1894년 봄에 처음 만났고 그 후 문학과 사상을 논하며 편안하게 마주할 수 있는 사람이 되었다. 모드 곤의 화려한 총명함과는 대조적으로 올리비아 셰익스피어는 인간적인 따스함을 지닌 사랑스럽고 너그러운 여인이었다. 그렇기 때문에 그녀는 모드 곤이 결코 줄 수 없었던 애정과 공감과 동료애로 예이츠가 자신의 개성을 완성하도록 도와주었다. 그녀가 죽었다는 소식을 듣고 도로씨 웰슬리에게 보낸 편지의 다음 구절은 그녀가 그의 삶에 끼친 영향이 어느 정도였나를 보여준나.

> 어제 아침에 나는 비극적인 소식을 들었어요. 올리비아 셰익스피어가 갑자기 죽었어요. 40년 이상 그녀는 런던에서 내 삶의 중심에 있어 왔어요. 그 동안 내내 우리는 싸운 적이 없었어요. 우리는 때로는 슬픔을 같이 했으나 결코 다름은 없었어요. 내가 그녀를 처음 만났을 때 그녀는 20대 후

> 반이었지만 보기엔 사랑스런 어린 소녀였어요. 그녀가 죽었을 때 그녀는 사랑스런 노부인이었어요. 당신도 아마 그녀를 호의적으로 판단했을 거예요. (재인용 Unterecker ed. 28)

여기에서 알 수 있듯이 올리비아 셰익스피어는 예이츠에게 평생의 동료이자 애정의 대상으로 남아 있었다. 그것은 그들이 친밀한 친구 관계였다는 것뿐만 아니라 그들 사이에는 쉽게 설명될 수 없는 인간애가 있었다는 것을 의미한다. 앞에 인용한 "타고난 친절과 아마도 / 옳은 것을 선택하는 마음을 드러내는 친교를 잃고 / 친구를 결코 발견하지 못할 것이기에" 라는 구절은 그녀를 염두에 두고 쓴 것이 아닌가 싶다. 그녀는 시인의 삶의 중심에 자리 잡고 있었으며, 다투거나 서로의 차이점을 발견할 수 없을 정도로 친밀한 관계를 형성하고 있었다. 그렇게 된 이유는 그녀가 천부적인 친절한 마음씨를 지니고 있었기에 가능했다고 짐작된다.

풍요의 뿔은 제우스 신이 아말테아[5]에게서 받은 풍요의 뿔을 가리키는데 이 뿔에서 신들이 마시는 음료와 음식이 나오는 것으로 알려져 있다. 이 뿔을 소유한 사람은 자신이 원하는 모든 것을 얻을 수 있다. 그런데 외모의 지나친 아름다움은 그 소유자가 스스로 미쳐버리기 때문에 풍요의 뿔을 망쳐버린다.

5연에서 시인은 딸이 가졌으면 하는 마음씨를 상세하게 설명한다.

> 예절에 있어서는 그녀가 주로 배웠으면 한다,
> 마음은 선물로 주어지는 것이 아니라
> 전적으로 아름답지만은 않은 사람들이 수고해 얻는 것이라는 것을.
> 그러나 아름다움 자체를 위해 바보짓을 한
> 많은 사람들을 매력이 현명하게 했다,
> 헤매고 사랑하고 자신이 사랑받는다고

---

5) 그리스 로마 신화에서 아말테아는 어린아기인 제우스신을 염소 젖으로 키운 요정이다.

생각한 많은 불쌍한 사람들은
즐거운 친절에서 자신의 눈길을 돌릴 수 없다. (212)

예이츠는 자기 딸이 배웠으면 하는 친절한 마음씨가 자연적으로 주어지는 것이 아니라고 말한다. 너무 지나치게 아름답지 않은 보통 사람들이 친절한 마음씨를 수고해서 갖게 된다는 말은 자기 딸이 노력해서 그러한 친절한 마음씨를 갖기를 바란다는 말이다. 아름다움 자체를 위해 바보짓을 한 모드 곤과 같은 사람이 되지 않았으면 하는 마음을 담고 있다. 남을 사랑하고 사랑받으며 서로 진정한 친교를 나누는 것은 자신을 굽히는 친절한 마음씨를 갖고 있어야 가능하다. 친절한 마음씨는 누구에게나 선천적으로 주어지는 것이 아니라 부단한 노력에 의하여 얻어지는 것이다. 그러한 친절한 마음씨를 지닌 사람은 외모의 아름다움을 지닌 사람보다 더 매력적이고 그렇기 때문에 사람들과 친교를 할 수 있게 된다.

예이츠가 자기 부인에게서 발견한 것은 친절한 마음씨에서 나온 매력이었다. 노먼 제파레스는 여기의 "즐거운 친절"이 예이츠의 결혼에 대한 언급이라고 말한다(207). 예이츠는 결혼 직후인 1917년 10월 20일에 그레고리 여사에게 편지를 써서 자기 부인이 "완전한 부인으로 친절하고, 현명하며, 이기적이지 않다"고 말하며 그레고리 여사가 예전에 자기 부인과 같은 소녀였으리라고 말한다. 또한 자기 부인이 자신의 삶을 평온하고 질서 있게 만들었다고 밝히고 있다(Jeffares 207).

또한 그는 올리비아 셰익스피어에게서도 친절한 마음씨를 발견하고 평생토록 친교를 유지할 수 있었다. 시인은 그러한 마음씨가 우리를 평화롭게 하고, 평온한 삶을 살 수 있도록 해준다고 믿고 자기 딸이 그와 같은 삶을 영위할 수 있도록 기도하고 있다. 따라서 우리는 시인이 친절한 마음씨를 외모의 아름다움보다 높이 평가하고 있다고 말할 수 있다.

예이츠는 나이가 들어감에 따라 보다 완고한 귀족주의자가 되었다. 이 작품에 그의 귀족주의적인 태도가 표현되어 있다. 시인은 자기 딸이 귀족주의적인 정신을 지니고 살아가기를 바라고 있다. 시인은 그녀가 귀족주의적인 정신을 지닌다고 해서 보통 사람들과 격리된 삶을 사는 것이 아니라 보통 사람들과 교류하면서, 나름대로 품위를 지키기를 바라고 있다.

그녀의 모든 생각이 홍방울새처럼 되도록
그녀가 꽃피는 숨은 나무가 되기를,
그 소리의 관대함을 나누어주는 것 외에는
다른 일은 하지 않기를,
즐기기 위해서가 아니면 추격을 시작하지 않기를,
즐기기 위해서가 아니면 싸움을 시작하지 않기를.
오 그녀가 한 소중하고 영원한 장소에 뿌리박은
어떤 푸른 월계수처럼 살기를. (213)

여기서 생각이 홍방울새처럼 된다는 것을 홍방울새처럼 밝고 맑은 정신을 갖는다는 것으로 해석해도 무리가 없을 것이다. 또한 한 곳에 자리 잡고 있는 나무처럼 드러내는 것이 중요한 것이 아니라 언제 어느 곳에 있더라도 번창하며 굳건히 자리 잡고 있는 것이 중요하다. 시인은 자기 딸이 남에게 과시하기보다는 언제나 밝고 맑은 정신을 지니고 자신의 충실에 최선을 다하기를 바라고 있다. 그녀가 자신에게 충실할 때 꽃피울 수 있고, 자신의 너그러움을 두루 펼쳐 남에게 도움을 줄 수 있다. 그녀가 세상일에 얽매여 여러 가지 잡다한 일을 하더라도 그것은 필요에 의해서가 아니라 즐기기 위해서 할 수 있기를 바라는 마음은 귀족다운 삶을 영위하기를 원하는 마음이다.

그와 같은 삶은 물질적 풍요만으로 이루어지는 것이 아니라 귀족적인 품성과 정신을 지니고 있어야 가능하다. 그렇기 때문에 시인은 여기서 자기 딸이 그와 같은 정신을 지니기를 바란다.

내가 사랑했던 사람들과,
내가 인정했던 그런 아름다움이

거의 성공하지 못했기에, 마음이 최근 메말라버렸지만,
나는 안다, 증오로 숨이 막히는 것은
모든 나쁜 위험 중 당연히 최고라는 것을.
마음 속에 증오가 없으면
바람의 공격과 포격도
홍방울새를 잎사귀에서 떼어놓을 수 없다는 것을. (213)

귀족적인 품성 중에서 가장 중요한 것은 마음이다. 외모의 아름다움 때문에 마음이 메말라서는 안되고 또 마음에 증오를 품어서도 안된다. 마음이 메말라 증오를 품게 되면 대륙에서 불어오는 바람에 견딜 수 없다. 그렇지만 증오를 품지 않으면 마치 홍방울새가 아늑한 보금자리인 나무 잎사귀에 자리 잡고 있듯이 편안한 삶을 영위할 수 있다.

시인은 이어서 증오 중에서 지적인 증오가 가장 나쁘다고 다음과 같이 이야기한다.

지적인 증오가 가장 나쁘다,
그러니 그녀가 소신은 저주라고 생각하게 하라.
가장 사랑스러운 여인이 풍요의 뿔
입에서 태어났으나 독단적이 마음 때문에
그 뿔과 모든 선함을
이해되는 조용한 성격에 의해
분노한 바람만 가득한 낡은 풀무로 바꾸는 것을
내가 두 눈으로 보지 않았던가? (213)

예이츠는 여기서 모드 곤이 변한 모습을 직접 묘사한다. 그녀는 외모가 아름다울 뿐만 아니라 지성도 겸비하고 있었다. 그녀는 아일랜드의 독립에 대한 소신을 갖고 독립 운동에 열정적으로 참여하였다. 이렇게 된 것은 지적인 증오 때문이고 그 결과 모드 곤은 풍요의 뿔을 망쳐버리고 남들과 친교를 맺지 못하여 공허하게 된다. 예이츠는 자신이 모드 곤이 불행의 나락으로 떨어지는 것을 직접 보았다고 말한다.

예이츠는 여인들이 자신의 삶에서 가장 중요한 일이 자신을 주는 것이었기 때문에 여인들은 마치 어떤 편견이 돌로 만든 인형이기라도 한 듯이 그 편견에 자신을 주어버린다고 하면서 여인들은 어린 시절에 인형을 갖고 노는 일을 그만두었어야 한다고 말한다. 왜냐하면 그들이 또 다시 어떤 사상을 갖고 놀면 그것은 증오와 악의에서 그렇게 하기 때문이라고 한다 (Jeffares 207). 그런데 모드 곤은 나이가 들은 후에도 계속 사상에 매여 자신의 삶을 그르쳤다. 그것을 생각하고 예이츠는 자기 딸이 그러한 증오를 갖지 않고 순수하게 살기를 바란다.

> 그것을 생각하면, 증오는 모두 이 때문에 나온다,
> 영혼은 근본적인 순수를 회복하고
> 마침내 그것이 자기 기쁨임을,
> 자기 만족임을, 자기 혐오임을,
> 그 자신의 상냥한 의지가 하늘의 의지임을 배운다.
> 모두가 얼굴을 찌푸리고
> 바람 부는 지역이 모두 울부짖거나
> 풀무가 모두 터져도, 그녀는 여전히 행복할 수 있다. (213-4)

둘째 행에 나오는 "근본적인 순수"는 제 2연 마지막 행에 나온 "잔인한 순수"와 대비된다. 순수함에도 이념과 사상에 치우친 잔인한 면이 있고 자족할 줄 아는 근본적인 면이 있다. 예이츠는 자기 딸이 근본적인 순수를 회복하여 스스로 자족하는 삶을 영위하고 운명대로 살아가기를 바란다. 그러면 세상이 어떻게 변하든 어떠한 난관이 닥쳐오든 상관없이 행복한 삶을 살아갈 수 있기 때문이다. 이는 귀족적인 삶에 대한 염원으로 볼 수 있다.

예이츠에게 귀족으로서의 품위와 예절을 알려준 사람은 그레고리 여사이다. 그녀는 예이츠에게 가문이 좋지만 겸손할 수 있고, 말에 있어서는 확신에 차 있지만 단순하고도 직접적인 귀족주의적인 예절의 이미지였다. 제1차 세계 대전 때 그녀의 아들 로버트 그레고리 소령이 죽은 후 시인은 자신을 그녀의 자식으로 생각했을 정도였다. 그녀에 대해 시인이 한 다음과 같은 말은 그녀가 그의 삶에 얼마나 깊은 영향을 끼쳤는가를 보여준다.

> 그녀는 나에게 어머니이며, 친구이고, 누나였고 형이었다. 나는 그녀가 없는 세상을 생각할 수도 없다. 그녀는 내 흔들리는 생각에 굳건한 고상함을 주었다. . . .그녀의 문학 스타일은 여인에 의해 쓰여진 최상의 것으로 내 귀에 들려왔다. 나는 그녀의 굳건함과 돌봄이 없었다면 내 삶을 그처럼 많이 살아올 수 있었을까 의심스럽다. (Unterecker 29)

그레고리 여사가 지니고 있다고 시인이 생각한 덕목들은 위에 설명한 홍방울새와 월계수, 나아가 추격과 싸움 등에 필요한 것들이다. 그녀는 항상 굳건히 자리 잡고 있으며 세상일에 관심을 갖고 참여하기는 하지만 그것은 자신이 즐기기 위해서였지 어떤 필요 때문에 한 것이 아니다. 시인 자신이 그녀의 돌봄을 받았다고 말하는 것은 그녀가 숨은 나무처럼 꽃피운 관대함과 홍방울새처럼 맑은 정신을 가질 수 있도록 도와주었음을 암시한다. 그녀는 시인에게 친구이며 보호자로서 그가 고상한 정신을 지니고 살아갈 수 있도록 도움을 주었다.

시인은 그레고리 여사가 지닌 것과 같은 고상함과 예절, 나아가 귀족적인 품위와 정신을 딸이 지니기를 바라고 있다. 이와 같은 바람은 마지막 연에서도 계속된다.

> 그녀의 신랑이 그녀를 집에 데려가기를
> 그곳에선 모든 것이 익숙해져 있고, 의식적인 그런 집을,
> 왜냐면 거만과 증오는 대로에서
> 사고 파는 물건들이니.
> 관습과 의식에서가 아니면

어떻게 순진과 아름다움이 태어나는가?
의식은 풍요의 뿔의 이름이고,
관습은 널리 퍼지는 월계수의 이름이다.(214)

여기에서 딸의 신랑이 딸을 데려가는 집은 그레고리 여사의 집을 염두에 둔 것으로 보인다. 이 집은 단지 물질적으로 풍요롭고, 전통이 서려 있는 집을 일컫는 것은 아니다. 자신의 딸이 그곳에 있는 모든 것에 익숙해져 있는, 즉 그녀의 귀족적인 취향에 맞는 가문에 출가하기를 염원하는 이 구절은 시인의 귀족주의 정신만을 나타내지는 않는다. 그녀가 고상한 정신을 지니고, 그에 걸맞은 생활을 영위하기를 염원하는 것이다. 모든 것이 의식적인 집은 속물적인 요소가 없는 세계이다.

시인은 바로 다음 행에서 속물적인 세계를 제시함으로써 그것을 명확히 한다. "거만과 증오"가 대로에서 사고 파는 물건이라는 말에서 우리는 시인이 더블린 시민들의 속물근성을 지적하고 있음을 안다. 시인은 더블린 시민의 속물근성과 의식적인 집을 대비시키면서 자신의 딸이 그러한 속물적인 정신에 물들지 않기를 바란다.

오직 관습과 의식에서만 순진과 아름다움이 생긴다고 한다. 여기에서 시인은 귀족주의적인 태도와 생활방식, 정신만이 순진한 것이고 아름다운 것이라고 인식하고 있다. 다시 말하여 외모의 아름다움이 문제가 아니라 정신이 문제임을 밝힌다. 순진하다는 것이 단지 아무것도 모르기 때문에 어리석다는 뜻은 아니다. 그것은 모든 것을 알고 있어도 고결한 마음씨로 모든 것을 포용하며, 정화시킬 수 있음을 뜻한다. 또한 아름다움은 이러한 마음씨와 정신이 합쳐진 것이기 때문에 여기에서 우리는 시인이 외모보다 마음씨와 정신을 아름다움의 기준으로 삼고 있음을 알게 된다.

시인은 마지막 두 행에서 의식과 관습을 설명한다. 의식이란 모든 것이 풍족하고 넉넉한 상태로써 자신이 원하기만 하면 무엇이든 얻을 수 있는 상태를 말하고 관습이란 한 순간에 창조되는 것이 아니라 한 곳에 오랫동안 뿌리박고 있음으로써 자신의 역량을 두루 펼칠 수 있는 상태를 말한다. 시인은 이것을 풍요의 뿔과 월계수로 표현하고 있다.

III. 끝내기

예이츠는 이 작품을 「재림」이라는 작품 바로 뒤에 실었다. 이는 혼란스러운 세상에서 자신의 딸 앤이 격렬한 시대가 끝난 후에 편안한 삶을 영위하기를 바랐기 때문일 것이다. 언터레커는 그 이유를 다음과 같이 말하고 있다.

> 예이츠가 「재림」 바로 뒤에 울부짖는 폭풍우 속에서 순진하게 잠자는 아이의 이미지로 시작되는 「딸을 위한 기도」를 위치시킨 것은 당연하다. 왜냐하면 어떻게 순진한 사람들이, 그 속에는 그가 「재림」을 쓴 후 꼭 한 달 만인 1919년 2월 24일에 출생한 그의 딸 앤 버틀러 예이츠도 들어 있는데, 다가오는 시대의 분노를 피할 수 있는가? (166-7)

예이츠는 자신의 마음속에 자리 잡고 있는 시대의 불안을 떨쳐 버릴 수가 없었다. 자신의 딸이 순진하게 태어났지만 세상이 그녀를 순진한 상태 그대로 놓아둘 것인지에 대한 불안한 마음을 달래는 방법은 그녀로 하여금 보다 편안한 삶을 살도록 기도하는 것뿐이었다. 그렇기 때문에 시인은 자신의 과거를 뒤돌아보며 자신이 알고 있던 사람들의 장점을 모두 그녀의 딸이 지니고 있었으면 하고 바라게 되었다. 시인은 모드 곤의 외모가 아름답기는 하지만 성격적인 결함이 있었기에 올리비아 셰익스피어와 같은 포근함, 자신의 부인인 조지 하이드 리즈의 너그러움과 그레고리 여사의 풍요로움과 관대함을 합쳐 이상적인 여인의 상을 만들어 내었다.

비잔티움 시편 : 현실과 이상

Ⅰ. 시작하기

예이츠는 1926년에 「비잔티움으로의 항해」를 쓰고 4년 뒤인 1930년에 「비잔티움」을 썼다. 이 두 편은 흔히 비잔티움 시편이라고 불린다. 예이츠는 비잔티움이라는 역사적 도시에 지대한 관심을 가지고 있었다. 비잔티움에 각별한 관심이 있었기 때문에 그는 이 도시에 관한 책을 두루 섭렵하였다. 그의 서재에 비잔티움에 관한 책이 여러 권 비치되어 있었다(우철환 29).

비잔티움 시편의 제목에 사용되어 있는 비잔티움은 동로마 제국의 옛 도시 이름으로, 오늘날 터키의 이스탄불 지방을 가리키는 지명이다. 예이츠는 이 작품에서 비잔티움을 현세의 인간들이 살고 있는 모순, 갈등, 생성, 변화를 겪는 자연 세계와 대조되는 질서와 조화의 영원한 세계, 예술의 세계의 상징으로 사용하고 있다. 예이츠가 무수히 많은 옛 도시 중에서 비잔티움을 이상적인 아름다움과 예술의 세계로 생각하게 된 것은 달튼이 저술한 『비잔티움 예술과 고고학』과 홈즈가 쓴 『유스티니아 시대와 데오도라 시대』와 같이 비잔티움을 이상적으로 묘사한 책을 읽었기 때문이라고 한다(Jeffares 211-2).

고든과 플레처에 따르면 예이츠가 처음으로 비잔틴 예술과 접하게 된 것은 1907년 라벤나에서의 일이었다. 이 때 예이츠는 문예부흥기의 이탈리아 그림에 관심이 많았는데, 라이나크의 『아폴로』를 안내서로 사용하였다. 1907년에 발행된 이 안내서는 비잔틴 시대의 예술이라는 주제에는 주의를 거의 기울이지 않았다. 고든과 플레처에 따르면 1918년에 예이츠는 역사연구에 관심이 많았다.

> 버키트의 『초기 동양의 기독교』(1904), 황제들의 황금왕좌가 묘사되어 있는 홈즈의 『유스티니아 시대와 데오도라 시대』(1905/1907), 아써 스트롱의 『숭배와 내세』(1915), 스트르지고프스키의 『기독교 교회 예술의 기원』(1923) 등과 같은 책을 예이츠는 읽고 있었다. 예이츠는 "우리가 보는 바와 같이 역사적 원뿔의 소용돌이치는 가이어의 표시를 찾으며 이 연구를 통하여 미래를 보다 깊이 들여다 볼 수 있기를 바라며" 이 책들을 읽었다. 이 연구는 『환상록』(1925)에 기록되어 있다. 그의 숭배자들을 너무도 괴롭힌 이 책은 역사, 심리학, 종말론을 혼합한 혼합물로 여기서 비잔티움은 역사적 실체로 그려지고 예술적 실체로 중요한 역할을 한다. (132-3)

19세기 후반에 영국과 유럽의 여러 나라에서 비잔티움에 관한 책이 많이 출판되었다. 영국에서는 베리의 『후기 로마 제국사』가 1889년에 출판되었고 달튼의 『비잔티움 제국의 예술』이 1911년에 출판되었다. 고든과 플레처에 따르면 예이츠는 후에 이 책을 한 권 샀다(133). 제파레스에 따르면 예이츠는 기본의 『로마제국 흥망사』, 『켐브리지 중세사』, 『브리태니커 백과사전』 등도 참고했다(201-3).

고든과 플레처는 예이츠가 초기에 영어 서적에서 발견하고 읽은 것이 무엇이든지 그것은 단편적이고 사소한 것이라고 주장한다. 고든과 플레처는 달튼의 책에서 다음 구절을 인용한다.

> 그 형태는 정말로 생명감을 환기시키고 촉진하지만 그것은 선택된 영적인 삶이고 인간존재의 소란스러운 흐름이 아니다. 그들은 즐기거나 고통받는 유기체의 견고함 없이 존재한다. 그들은 태양을 필요로 하지 않는 듯이 보이고 그림자도 드리우지 않는 듯이 보인다. 그들 자신의 어떤 빛

> 에서 신비롭게 나타나는 듯하다 . . . . 그것이 솔직하게 자연을 포기할 때 그것은 가장 위대한 그 자체가 된다. 그것의 가장 높은 수준은 아마도 가장 좋은 모자이크에서처럼 도식적으로 중대하게 취급되는 곳에서, 그리고 점점 멀어지는 먼 거리의 어떠한 환상이나 해체되는 어떠한 선입관이 상징의 중심적인 신비로부터 시선을 벗어나지 않는 곳에서 달성된다. 이 벽(모자이크 벽)들을 가능하게 하는 인물들은 종종 이 땅에서 분리되어 있는 것처럼 보인다. 그 인물들이 웅장하게 보이는 주된 이유는 초탈에 기인한다. 단지 그들이 살아 있는 것과 추상화된 것 사이의 경계선 바로 그 위에 서 있기 때문에 그들은 강제적이고 거의 마법적인 힘을 행사한다. (재인용- Gordon and Fletcher 135)

예이츠는 자신의 사상과 철학을 집대성하여 후년에 자동기술로 쓴 책인 『환상록』에서 종교와 예술과 실생활이 완전한 조화를 이룬 도시인 비잔티움의 문화에 매혹된 기분을 다음과 같이 쓰고 있다.

> 만일 나에게 고대의 1개월이 허용되어 내가 선택하는 곳에 가서 살 수 있다면 나는 유스티니아누스가 성소피아 사원을 열고 플라톤의 아카데미를 폐쇄하기 직전의 비잔티움에서 그 1개월을 보내고 싶다. . . . 내 생각에는, 역사상 전무후무한 일이겠지만 초기 비잔티움에서는 종교생활, 예술생활, 실생활이 하나였고 건축가와 예술가가. . . 대중이나 소수의 사람을 막론하고 대화할 수 있었다. 화가, 모자이크 조각가, 금세공사, 은세공사 그리고 성경에 나오는 모든 장식가들이 개인적인 목적이 거의 없는 몰개성 상태에서, 자신들의 주제와 인간 전체의 비전에 몰두했었다. 그들은 성서로부터 교과서만큼이나 신성한 그림을 베껴내어 자신들의 디자인에 짜 넣었다. 그리하여 그들의 작품은 건물이든, 그림이든, 금속 공예 작품이든, 등불이든, 모든 것들이 한 사람의 일, 하나의 이미지처럼 보였다. (『환상록』 279-80)

윗글에서 우리는 예이츠가 「비잔티움에로의 항해」나 「비잔티움」을 쓸 당시에 그의 머리 속에 들어 있던 생각, 비전을 짐작할 수 있다. 예이츠는 비잔티움을 일종의 영혼의 도시, 특히 예술가의 영혼의 도시로 보고 있다(Ellmann & O'Clair 134).

이와 같은 비잔티움에서는 예술이 지니는 최고의 아름다움은 현실에서 그 아름다움을 달성하는데 필요한 노고나 희생이 없이 스스로 생겨난 것이다. 그렇기 때문에 스스로를 즐겁게 하는 시간과 이성과 지성을 초월한, 영원한 이상 세계의 아름다움이다. 영혼과 육체, 삶과 죽음의 구별이 없는 예술 세계에서의 아름다움인 것이다. 이는 생성, 변화하고 모순된 현실 세계의 복잡하고, 정화되지 않은 이미지들을 파괴하는 무도장의 대리석이나 그런 이미지들을 멸시하는 황금새로 나타난다. 대리석이나 황금새는 너무나 고정되고, 정적이며 무기력하다.

「비잔티움으로의 항해」는 예이츠가 60세가 넘은 말년에 쓴 작품이다. 따라서 그는 자신의 육체가 점차 노쇠해가는 것을 통렬히 의식하고 있었으며 더 이상 의존하거나 믿을 수 없는 육체적인 세계에 환멸을 느끼고, 경멸스럽게 생각하고 있었다. 그러한 그에게 비잔티움이라는 영원한 예술의 세계, 정신의 세계는 가장 이상적인 도시로 생각되었고, 그는 그 세계를 강렬히 동경하게 되었던 것이다. 영원한 젊음과 이상의 도시에 대한 동경이 이 작품과 「비잔티움」에 그려져 있다. 비잔티움에 그려진 영원한 젊음과 이상이 현실 세계의 그것과 어떻게 다른 지를 살펴본다.

II. 전개하기

「비잔티움으로의 항해」는 서두에서부터 비잔티움으로 향하고 있는 시인을 보여준다. 이 작품에서 시인의 출발점은 삶의 종식을 기본으로 하는 생노병사가 있는 자연 그대로의 세계이다. 시인은 이러한 불완전한 세계에서 낭만주의자들의 시의 주제가 되었던 영원불멸의 세계에 대한 동경을 가지고 비잔티움을 향해 항해를 시작한다(한기웅 100). 그는 자신이 현재 살고 있는 일상적인 자연 세계를 멀리 내다보며, 마음속으로 영원한 이상적인 나라를 향해 나아가고 있다.

> 저 곳은 늙은이들을 위한 나라가 아니다. 서로 서로의
> 팔에 안긴 젊은이들, 노래에 취해 나무 사이에 있는
> 새들 —그 죽어가는 세대들 —,
> 연어-폭포, 고등어-우글대는 바다,
> 물고기, 짐승, 그리고 새들이 여름 내내 찬미한다
> 잉태되고, 낳고, 죽는 모든 것들을.
> 그 관능적인 음악에 사로 잡혀 모두가 소홀히 한다
> 늙지 않는 지성의 기념비들을. (217)

첫 행에서 시인은 현실 세계를 "저 곳"이라고 말하여 자신이 이미 현실 세계에서 떠나 있음을 말한다. 저 곳인 현실 세계는 늙은이들이 살만한 장소가 아니다. 그 곳은 젊은이들의 세계, 즉 육체와 관능의 세계로 시인과 같이 노령에 접어든 사람에게 적합한 곳이 아니다. 여기서 우리는 시인이 이미 현실의 육체와 관능의 세계를 떠나 정신과 이지의 세계로 나아가고 있음을 명확히 알 수 있다. "저 곳"은 아일랜드라는 세계로 볼 수도 있지만, 젊은이들이 관능적인 향락을 추구하는 세계로 보는 것이 타당하다. 이어지는 구절에서 젊은이들이 서로 껴안고 즐거워하며, 새들은 나무 위에서 관능을 노래하기 때문이다. 이들은 모두 영원한 생명을 갖지 못한 죽어가는 세대들이다.

이 세계는 늙은이들이 살 수 없는 현실 세계, 젊은이들은 자기들이 젊음을 영원히 유지할 것처럼 관능과 향락을 추구하는 세계이지만, 결국 조만간 죽을 운명의 생명체들만이 우글대는 장소이다. 젊은이들이 서로 껴안고 노래하며 향락을 추구하는 모습은 물고기, 새, 짐승들의 모습에서도 그대로 나타난다. 연어는 산란기가 되면 폭포를 거슬러 올라가 자신이 태어난 곳으로 회귀하는 물고기이다. 그래서 "연어-폭포"라는 말이 나온다. 또한 고등

어도 떼를 지어 모여들기 때문에 바다는 고등어가 우글대는 바다이다. 이러한 물고기나 기타 짐승이나 새들은 관능적인 생활을 향락하며, 그 세계를 찬미하고, 그 음악에 도취된다. 이들이 향유하고 찬미하는 것은 탄생하여 성장하고 죽는 세계, 즉 생성, 변화하여 소멸하는 허무한 자연세계이다. 이들은 "늙지 않는", 즉 영원히 생명이 다 하는 일 없고, 탄생과 성장의 변화를 겪지 않는 이지의 세계는 무시한다.

이들은 "온 여름 내내 찬미"하는데 이들이 찬미하는 대상은 현실 세계이고, 이들이 활동하는 시간은 "온 여름" 동안, 즉, 생명의 활동력이 가장 왕성한 시기, 관능적으로 가장 왕성한 청춘 시기 전체이다. 이들은 관능적인 향락의 추구에 몰두하여 "지성의 기념비"를 소홀히 하는데, 여기서 지성의 기념비는 영원히 썩지 않고, 영원히 존속하는 영원한 가치를 말한다. 예이츠는 이러한 추상적인 가치를 추상적인 용어로 표현하지 않고 구체적인 사물을 제시하여 표현하며 지성의 산물로 나오는 불멸의 예술 작품같은 구체적인 대상물을 암시한다.

화자인 노인의 논리에 따르면 육체의 세계는 죽음으로 갈 수밖에 없는 운명을 깨닫지 못하고, 늙지 않는 지성의 기념비, 다시 말하여 영혼의 세계를 무시한다. 그렇지만 이와 반대로 육체의 관점에서 보면, 차가운 영혼의 세계를 동경하는 노인은 성적으로 무기력하고 외로운 존재로 젊은이들에 의해 거부되는 존재이다. 노인 스스로 이 세계를 거부하기도 하지만 젊은이들도 노인을 거부한다.

하여튼 현실 세계의 젊은이들은 관능적인 향락의 추구에 몰두하여 영원한 가치가 있는 이지의 산물인 예술과 같은 것은 도외시한다. 여기서 시인이 영혼의 세계, 미지의 세계, 예술의 세계로 가겠다고 공언하고 있음에도 불구하고 동물적인 생명에 대한 묘사가 생생하고 매우 활기차게 되어 있는 것으로 보아 그가 육체적인 생명의 세계에 대한 미련을 완전히 버리지는 못했음을 알 수 있다.

제 2연에서 예이츠는 노인의 육체를 허수아비에 비유하고 있다.

나이든 사람은 다만 하찮은 것,
막대기에 얹어 놓은 해어진 코트에 불과하다, 만일
영혼이 손뼉치며 노래하지 않는다면, 보다 큰 소리로
그것의 필멸의 옷의 모든 조각을 위해 노래하지 않는다면,
또한 그것 자체의 장엄한 기념비들을
배우기 위해서가 아닌 노래학교는 없다.
그래서 나는 바다를 항해해 왔다
비잔티움이라는 성스러운 도시로.

노인이 영혼의 세계의 가치를 모르고 육체의 쇠퇴만 슬퍼한다면 그 노인은 허수아비에 불과하다. 육체는 영혼을 감싸는 옷과 같은 것이기에 육체가 쇠잔하여 낡은 옷처럼 갈기갈기 찢어지는 것을 영혼은 오히려 좋아하며 손뼉치고 소리 높여 노래 불러야 한다. 그러지 않는다면 노인은 허수아비에 불과하다. 자신의 존재 이유를 확보하기 위하여 육신의 노래보다 더 큰 목소리로 영혼의 노래를 불러야 하는 것이다. 프랭크 렌트리키아의 말처럼 육체와 영혼의 차이는 질적인 차원의 것이다(104). 그렇기 때문에 육체와 영혼이 양적으로 경쟁하는 것은 불가능하다.

화자가 비잔티움으로 항해하겠다는 것은 자신의 자발적인 의지에 의해서라기보다는 그러한 선택을 강요당한 것과 같은 느낌을 준다. 육체가 낡아서 못쓰게 되는 것이 육체로부터 영혼의 해방을 가져오는 것이므로 영혼의 세계를 추구하는 노인은 그것을 기뻐해야 한다. 영원히 소멸되지 않는 영혼의 영원성을 깨닫지 못한다면 인생은 무의미하다. 언터레커가 말하듯이 "시간의 폭정"(174)에 의해 희생되는 존재에 불과하다.

낡아빠진 찢어진 코트를 막대기에 걸쳐놓은 것은 허수아비의 모습을 나타내는 것으로 예이츠가 노인의 비유로 잘 사용하는 이미지이다. 이것은 뼈만 남은 골격에 누더기 가죽 옷을 걸쳐놓은 것처럼 흐느적거리는 노인의 모습과 잘 어울린다. 제 2행의 코트와 제 4행의 옷이 서로 연관되기 때문에 이미지의 일관성이 보인다. 육체가 존재하는 이유는 영혼을 찬양하는 노래를

부르기 위함이다. 그러므로 우리의 육체가 영혼의 노래를 부르지 않는다면 그것은 들판에 세워져 있는 허수아비와 마찬가지로 아무 의미가 없는 것이다.

시인은 인생이라는 학교에서 영혼의 위대함과 장엄함을 배우지 않는다면 그것은 아무 쓸모가 없다고 말한다. 비잔티움에는 영혼의 장려한 기념비를 공부하는 노래 학교만 있다고 한다. 이는 제 1연의 마지막 행에서 사용된 "기념비"와 연관지어 생각해보면 비잔티움이라는 도시에는 육체의 중요성이나, 젊음의 관능, 향락을 배우는 것이 아닌 오직 영혼을 쏟아부어 만들어낸 예술을 공부하며, 영혼을 찬양하는 학교만이 있다는 의미이다. 비잔티움이 아닌 현실 세계의 도시는 이와 상반된다는 의미가 내포되어 있다. 이 말을 좁은 의미로 생각해보면, 예술은 영혼의 장엄함을 공부하는 수단이므로 그렇지 않은 예술은 있을 수 없다. 영혼이 이룩한 업적인 예술 작품을 통하지 않고서는 영혼의 위대함을 배울 수 없다는 뜻이다. 시인은 영혼의 위대한 업적을 배우기 위해 현실 세계를 떠나 육체라는 바다를 건너 영혼의 세계, 성스러운 도시인 비잔티움으로 왔다.

제 3연은 예이츠가 육체의 세계를 완전히 벗어나 성스러운 영혼의 도시인 비잔티움에 도착해 있는 모습을 보여준다.

> 오 벽의 황금 모자이크에 있는 것처럼
> 신의 성스런 불 속에 서 있는 성자들이여,
> 성스런 불로부터 나와, 원을 그리며 빙빙 돌며 내려와,
> 내 영혼의 노래 스승이 되어 주시오.
> 내 심장을 태워버리시오. 욕망으로 병들고
> 죽어가는 동물에 단단히 매여 있어서
> 그건 제가 무언지도 모른다오. 그리고 나를
> 영원한 예술품 속에 거두어 주시오.

예이츠는 이미 성자들의 세계, 신의 세계에 들어와 있다. 거기서 그는 자

신에게도 영혼을 불어 넣어 자신을 하나의 예술품으로 만들어 달라고 성자들에게 기원한다. 불과 모자이크는 너무도 굳게 결합되어 있어서 묘사되는 사물과 은유를 구별하는 것이 불가능하다(Ellmann & O'Clair 135). 이 불은 신의 성스러운 불이기 때문에 바람에 꺼지지 않지만 영적이지 않은 것은 모두 태워 없앨 수 있다. 그 세계에는 바람이 불어도 꺼지지 않고, 옷깃을 태우려 해도 타지 않는 성스러운 불이 있는데, 그 성스러운 불에 현세적인 모든 것들은 완전히 불타서 소멸되어 버린다.

화자가 지금 비전으로 보고 있는 성자들은 영원한 천국의 추상적인 인간인 동시에 비잔티움의 최고의 예술인 모자이크 조각 작품에 새겨져 있는 구체적인 이미지이기도 하다. 예이츠는 1924년에 시실리를 방문하여 그곳에서 몽레알의 비잔틴 모자이크와 팔레르모에 있는 카펠라 팔라티나를 보았다고 한다. 이 방문은 1907년에 라벤나에 있는 성 아폴리네르 누오보 교회를 방문하여 성 처녀와 순교자들의 부조를 보았던 기억을 상기시켰다(Jeffares 213).

예이츠는 또 부인과 함께 1925년에 로마를 방문하여 초기 기독교 예술의 멋진 작품들을 보았다고 한다. 6주간의 여행을 마친 후 그는 팔레르모에 있는 모자이크와 같은 기념물들의 사진을 가지고 왔다고 한다. 이 사진 중에는 공작들 사이에 있는 야자수 두 그루의 사진이 있는데, 불멸의 상징인 새들이 열매를 맺는 가지에 앉아 있는 나무들이 옆에 있었다(Gordon and Fletcher 133). 그러므로 예이츠는 자기가 실제로 보았던 모습을 영적으로 승화시켜 여기에서 표현하고 있는 것이다. 화자가 이 작품에서 말하는 영혼의 천국은 예술의 세계이기 때문에 신의 성스러운 불 가운데 서 있는 성자의 이미지는 벽면에 새겨진 황금 모자이크 속의 인물이기도 한 것이다.

고든과 플레처는 모자이크를 다음과 같이 묘사한다.

> 비잔티움 시대 모자이크의 관습적인 형태는 그 형태가 나온 자연을 부정하는 것처럼 보인다. 사실상 그 이미지들은 신적인 것, 초자연적인 것, 그리고 시간과 자연의 흐름에 반대되는 초월적인 영역을 표현하도록 디

> 자인되었다. 그 상징을 개인적으로 적용하는 것은 예이츠가 노령, 변화, 부패와 죽음에 집착함으로써 그리고 이것들 보다 더 오래 지속되는 지혜에 집착함으로써 더 강화되었다. 그리하여 상징은 완성된 예술 작품 가운데 예술가의 영원함으로 표현된다. 그러나 그 상징은 이것보다 더욱 많은 것을 포함한다. 왜냐하면 정점에 달했을 때의 비잔티움이 예이츠에게는 모든 형태의 사상과 예술과 삶이 긴밀하게 서로 관통하고 있는 문명을 대표했기 때문이고 그곳에서 예술가들은 일반대중과 소수에게 똑같이 말했기 때문이다. (136)

예이츠는 여기서 이미지들을 천국의 상징으로 사용한다. 화자는 성스러운 불길에 싸여 있는 성자들에게 시간을 초월한 배경으로부터 자신이 있는 시간 안의 지점으로 빙빙 돌며 내려와 자기 심장을 불태워 없애달라고 요청한다(Ellmann & O'Clair 135). 그는 또한 성자들에게 자신의 선생님이 되어 자기 영혼을 가르쳐달라고 요청한다. 커티스 브래드포드가 말하듯이 그는 지금 자신보다 앞서 영원의 세계로 들어간 모든 시대와 모든 문화의 현자들에게 기도한다. 아니면 자신의 영혼을 노래하는 노래 선생님이 되어달라고 기도한다. 화자는 성자들에게 그들의 영원한 황홀경을 상징하는 성스러운 불길을 순간적으로 떠나 자기에게 와서 자신의 육체적인 욕망을 꺼주고 황금 가지 위에 앉아서 노래하는 황금새가 되어 달라고 간청한다(Bradford 112).

화자는 그 성스러운 불의 한 가운데에 있는 성자들에게 말을 건다. 화자는 그 성자들에게 성스러운 불로부터 빙빙 돌며 밖으로 나와서 자신의 영혼에게 노래를 가르치는 스승이 되어달라고 간청한다. 이 노래는 영혼의 장엄함을 찬미하는 노래로 제 2연에 나온 "노래"와 연관되어 이 작품의 각 부분의 구성이 긴밀함을 보여준다.

"원을 그리며 빙빙 돌며 내려"온다는 말에서 우리는 "가이어"라는 말에 접하게 되는데, 이는 예이츠가 2000년을 주기로 문명이 변화한다고 생각하고 표현한 가이어 이론과는 약간 다른 것으로 단지 소용돌이 모양만을 가리킨다. 가이어 이론에서는 문명이 소용돌이 모양으로 빙빙 돌며 점차 확대되고 축소되는 것을 말하지만, 여기서는 문명의 변천에 대한 개념은 전혀 암시되지 않고, 소용돌이 모양으로 회전하는 것만 암시된다. 성자들이 성스러운 불에서 나와 원을 그리며 선회하는 것은 커티스 브래드포드가 말하는 바와 같이 시인이 자신의 육체를 벗어버리고 새로운 몸으로 영원의 경지에 들어설 수 있는 가능성을 보여주는 것이다(112).

예이츠는 영원한 생명획득에 대한 굳은 의지를 보이며 예술을 통한 영원한 생명획득의 가능성을 제시한다. 그는 니체처럼 예술을 통해 영원한 생명을 획득할 수 있는 가능성을 보았다. 영원한 생명을 얻기 위해서는 유한한 존재로 머물 수밖에 없는 동물적 속성을 지닌 세속적인 인간의 모습을 벗어던져야 한다고 말한다(한기옹 107).

화자는 인간적인 욕망의 병이 들고, 생명이 한정되어 있는 동물의 세계에 얽매여서 자기 자신이 무엇인지도 모르는 자신의 심장을 소멸시켜 달라고 호소한다. 여기서 "심장"은 지성적인 생활을 나타내는 두뇌와 대조되는 것으로 감정에 얽매인 육체를 말한다. 그러므로 심장의 소멸을 호소하는 것은 결국은 없어지는 육체에서 벗어나, 순전히 정신만 남아서 그 성자들의 이미지에 동화되기를 간청하는 것이다.

비록 그가 영적으로 지금 비잔티움에 들어와 있지만, 육체가 있는 한 그 영원한 나라의 시민이 될 수는 없다. 그렇기 때문에 그는 그 육체를 소멸시키고 "영원한 예술품"에 뭉쳐지고자 하는 것이다. 여기서 "영원한 예술품"은 예술가가 그리는 이미지의 세계, 즉 예술의 영원 세계를 말한다. 시인은 그 속으로 들어가기를 염원한다. 그 속에 "들어가는" 것을 시인은 "뭉쳐진다"는 말로 표현했는데, 이 말은 다른 것에 동화된다는 뜻이다. 화자가 성자에게 "불멸의 예술품"으로 승화시켜 주기를 기원하면 할수록 예술 세계와 일상적인 현실 세계의 갈등으로 인하여 더욱 더 큰 고통을 겪는다.

제 4연에서는 제 3연에서 말한 예술의 영원한 세계에 자신이 동화되고 싶다는 시인의 호소가 더욱 자세하게 설명된다.

일단 자연을 벗어나면 내 다시는 취하지 않으리라
어떤 자연물로부터도 내 육신의 형체를,
그리스의 황금세공사들이
조는 황제를 깨어 있게 하려고
단련한 금과 황금 유약으로 만들거나,
비잔티움의 귀족들과 귀부인들에게
지난 것이나, 지나가는 것이나, 올 것을 노래하도록
황금 가지에 앉혀 놓은 그런 형체를 제외하고는.

화자는 일단 육체를 버리고 자연에서 벗어나면 다시는 유한한 생명을 지닌 자연물의 육체를 지니고 태어나지 않고 황금으로 만든 "형체"와 같이 영원히 썩지 않고 살 수 있는 존재로 다시 태어나겠다고 말한다. 이 작품에 붙인 주석에서 예이츠는 황제의 잠을 깨우는 황금으로 만든 "형체"에 대하여 "나는 비잔티움 황제의 궁전에는 금과 은으로 만든 나무가 있고, 노래하는 인공 새가 있다는 것을 어딘가에서 읽은 적이 있다"(Ellmann & O'Clair 135)고 말하고 있다. 이 새는 프랭크 커모드가 다음과 같이 말하고 있듯이 예술 작품이다.

> 그 새는 절대적으로 예술품이어야 한다. 예이츠에게 있어서 그 시의 전체적 힘은 이것에 의존했다. 그렇지 않았더라면, 그는 무어의 특징적이면서도 또한 총명하기도 한 비판에 거의 고민하지 않았을 것이다. (103)

예이츠는 금세공사가 망치로 두드리고, 에나멜을 칠해서 만든 황금새가 황금으로 만든 나뭇가지 위에서 비잔티움의 황제의 잠을 깨우고, 그곳의 귀족과 귀부인들에게 과거와 현재와 미래, 즉 영원을 노래해주던 것으로 상상한다. 그는 자기 자신도 이 새와 같은 영원불멸의 몸으로 환생하기를 바란다. 한기웅은 "황금 가지"를 제임스 프레이저의 『황금 가지』와 관련하여 다음과 같이 설명한다.

> 황금 가지가 불멸을 상징하게 된 데에는 자연을 숭배하는 자연 민족들의 의식과 관계 있다. 그들은 식물과 인간 사이에는 생명의 교류가 있다고 믿었다. 프레이저에 의하면 자연 민족들은 인간이 식물로부터 비롯되었다고 믿었다. 소위 식물의 정령이나 곡물의 정령의 관념이 이의 구체적인 예이며, 그들은 인간의 씨가 이미 어떤 식물에게서 잉태되었다가 그것이 다시 인체에서 재생하는 것이라고 생각하였다. 그래서 자연 민족들은 그들의 신생아가 식물에서 유래했고 식물은 인간의 생명을 끊임없이 창조한다고 믿었다. 이러한 신앙에서 중요한 점은 식물을 노쇠하지 않는 생명의 원천으로 보고 인간과 식물 사이에는 생명의 부단한 교류가 있다고 보는 개념이다. 재생은 동물이 아니라 식물에게 나타나는 현상이기 때문이다. 결국 생명에 대한 자연 민족의 이러한 개념은 순환적 개념을 바탕으로 하는 그들의 우주관이자 역사관이었다고 할 수 있다. 그러므로 "황금 가지"는 재생, 즉 영원한 생명의 획득을 의미하는 것이다. (108-9)

황금 가지와 마찬가지로 황금새는 영원히 죽지 않을 뿐만 아니라, 욕망의 노예가 되는 일도 없고, 모순이나 갈등 같은 헛된 현세적인 복잡함을 피하여 조화와 질서의 영원한 행복을 누린다.

이 작품에서 시인은 "잉태되고, 낳고, 죽는" 자연 세계의 노래로부터 출발하여 신의 성스러운 불에 모든 육체적, 현세적 요소를 태워버리고, 결국은 과거와 현재와 미래의 영원을 노래하는 영혼 세계에 존재하는 황금새로 되어 융화와 해결의 경지에 이른다. 우리는 이 작품을 비잔티움이라는 비전 속의 세계로 항해하여 현실을 도피하고자 하는 시인의 낭만적 충동을 표현한 것으로 볼 것이 아니라, 육체와 정신의 이원적 갈등에 처한 인간이 그 엄연한 현실 앞에서 고민하는 태도를 표현한 것으로 보아야 한다.

화자가 표면적으로는 비잔티움으로 항해하고 있지만, 내면적으로는 육체의 세계에 집착하고 있다. 화자가 비잔티움에 도착한 이후 최종적으로 항해할 목적지는 다시 현실 세계가 된다. 이는 마지막 연의 "과거와 현재와 미래"가 첫 연의 "생기고, 나서, 죽는 모든 것"과 연결되어 있는 것과 마찬가지이다.

이와 같이 「비잔티움으로의 항해」는 자연 세계와 영혼 세계의 대조에 초점을 두고 있는데 반하여 「비잔티움」은 영혼 세계인 비잔티움의 이미지를 주로 포착하고 있다. 이 작품은 자연 세계를 상징하는 낮이 물러가고 영혼의 영원한 세계를 상징하는 밤이 다가오는 장면으로 시작된다. 낮은 밝기 때문에 복잡한 일체의 현상이 드러나므로 현실의 자연 세계를 상징하고, 밤은 어둡기 때문에 외관을 드러내는 자연물들이 보이지 않게 되므로 눈에 보이지 않는 추상의 세계인 정신 세계를 상징한다.

예이츠는 비잔티움이라는 세계 자체를 밤의 세계로 생각하지만, 거기에 입체감을 더욱 더 부여하기 위하여 비잔티움의 황제의 궁전에 밤이 드는 것으로 표현하고 있다.

> 낮의 정화되지 않은 상들이 물러난다.
> 황제의 술취한 병사들은 잠자리에 들었다.
> 밤의 메아리도, 밤-보행자의 노래도
> 대 성당의 큰 종이 울린 후에는 물러난다.
> 별빛이나 달빛 비친 둥근 지붕은 경멸한다
> 인간인 모든 것을,
> 다만 복잡하기만 한 모든 것을,
> 인간 혈관의 격노와 오욕을.

낮의 정화되지 않은 영상들이란 자연 세계의 조잡한 영상들인 온갖 잡다한 것들, 다시 말하여 인간의 혈관의 격분과 진창들을 가리킨다. 생성과 소멸의 법칙의 지배를 받는 자연 세계의 온갖 잡다한 것들이 사라지고 비잔티움의 황제의 근위병들도 술에 취해 잠자리에 들고, 바라 소리가 울리며 비잔티움이라고 하는 하나의 거대한 사원의 성문이 닫히자 밤의 메아리 소리, 밤거리를 걷는 사람들의 노래 소리도 사라지고 비잔티움은 이제 완전히 밤의 나라가 된다. 시인의 상상 세계 속에 비잔티움이라는 성스러운 도시가 건립되어 자연 세계의 모든 이미지가 정화되고 배제되어 버린 것이다. 하나의 거대한 돔에 비유된 이 아름다운 밤 세계에 비치는 별빛과 달빛은 온갖 인간적인 것, 다시 말하면 조화를 이루지 못하고 헛되이 복잡하기만 한 것들, 인간의 혈관 속에 지금 숨어 있는 격분과 진창 등과 같은 것들을 경멸한다.

영혼과 육체의 갈등에서 영혼을 따르는 것은 육체적 삶을 포기하는 것, 다시 말하여 죽음을 의미한다. 그러한 죽음을 상징하는 밤은 비잔티움의 둥근 지붕으로 나타난다. 한 밤중의 별빛과 달빛이 비치는 둥근 지붕 아래에서 시인은 인간적인 모든 것, 복잡하기만 한 것, 인간의 혈관에서 유래한 모든 격정과 더러운 것들을 멸시한다. 따라서 시인은 삶의 정열과 변화의 영향을 받지 않는다. 그는 아일랜드에 있지만, 비잔티움에 있는 것과 마찬가지이다.

제 2연에서는 정화된 영혼의 이미지들이 나타나는데, 시인은 지금 전개되고 있는 영혼의 세계의 비실제적인 인물들이 자신의 비전 속에 계속 나타나는 것을 본다. 이 인물들은 순수한 이미지이기 때문에 인간 같은 형체를 갖추었다 하더라도 실체가 없으니 유령 같기도 하고, 유령이라기보다는 어떤 이미지라고 하는 것이 더 좋은 추상물들이다.

> 내 앞에 상이 떠다닌다, 인간인지 허깨비인지,
> 인간이라기보다는 허깨비이고, 허깨비라기보다는 상인.
> 왜냐면 미이라의 옷에 감긴 하계의 실꾸리가
> 구불구불한 길을 풀어 놓을 지도 모르니,
> 습기도 없고 호흡도 없는 입을
> 호흡없는 입들이 소환할지도 모르니,
> 나는 환영한다 그 초인을,
> 나는 그것을 삶-속의-죽음과 죽음-속의-삶이라 부른다.

여기서는 동일한 음이 계속 되풀이되는 음악적 구성으로 인하여 눈 앞에 나타났다가 사라지고, 사라졌다가 또 나타나는 이미지들의 끊임없는 내습상이 잘 나타난다. 인간에서 허깨비로, 허깨비에서 상으로 전이되는 것은 표면적으로는 영혼의 세계에 들어온 죽은 자들이 순수한 영혼의 상태로 전이되어 가는 과정이다. 다른 측면에서 생각해보면 이는 현실 세계의 불완전한 이미지로부터 비잔티움이 상징하는 불멸의 이미지로 전이되는 것으로 볼 수 있다.

이러한 이미지들이 나타나는 것은 마치 실타래에서 실이 풀려지듯 구불구불한 길이 풀려지는 것과 같다. 그것은 삶 가운데서 죽음의 세계가 풀려나오는 것이고 육체 속에서 영혼의 세계가 풀려나오는 것이다. "하계의 실패"는 영혼의 세계이고, 그것을 감아서 둘러싸고 있는, 미이라를 감싸는 삼베는 육체의 세계이다. 지금 예이츠는 죽은 미이라와 다를 바 없다.

왜냐하면 그는 영혼의 세계에서만 살고 있기 때문이다. 영혼이 꼬불꼬불 감겨져 있는 현세적인 경험과 기억들을 풀면 거기에 죽음의 나라, 곧 영혼의 세계가 전개된다. 그 세계 속에서 인간은 육체를 초월하고 시간과 변화의 세계에서 해방된다. 화자는 죽음의 세계의 이미지를 침이 없고, 숨도 쉬지 않는 입이라고 표현하고 있다. 삶과 죽음을 초월한 이 이미지는 시인의 강렬한 상상력이 불러낸 것들이다. 리처드 엘만은 "불사의, 생명 없는 이미지"가 바로 초인이라고 한다(220). "호흡 없는 입들"이란 곧 창작의 순간과 같이 강렬하게 긴장되어 일체를 초월한 순간에 예술가들이 보는 이미지이기도 하다. 시인은 이 초인을 환영한다. 그것은 인간이며 이미지이고 이미지인 동시에 인간이다. 즉 살아 있는 인간이 보는 죽음의 이미지이고, 죽음과 같이 강렬한 창조적 순간에 보는 살아 있는 이미지이다.

화자는 초월적 이미지를 "초인"이라고 칭하며 찬미한다. 이는 삶 속의 죽음이고, 또 죽음 속의 삶이다. 삶 속의 죽음이니 죽음 속의 삶이니 하는 역설적인 말은 화자가 완전하게 정화되지 않은 상태에 있기 때문이다. 앞에서 나온 습기도 없고 호흡도 없는 입은 불멸의 존재를 가리키지만, 이 불멸의 존재는 아직 죽음의 세계에 완전히 동화되지는 못한 상태에 있다. 그렇기 때문에 여기에서 화자가 초인이라고 부르는 초월적 존재는 경험적인 관점에서 보면 죽음이지만, 종교적인 관점에서 보면 영생을 뜻한다.

제 3연에서 시인은 비잔티움 황제의 궁전에서 황금으로 만든 나뭇가지 위에 올라앉은 황금새를 비전으로 포착한다. 썩지 않고 영원히 사는 그 새는 시인이 그런 이야기를 어디에서인가 읽은 기억을 바탕으로 하고 있다 (Jeffares 215).

> 기적이, 새나 황금 세공품이,
> 새나 수공품이라기보다는 기적이,
> 별빛 비친 황금 가지에 얹혀서,
> 하계의 수탉처럼 울 수 있거나,
> 달빛에 격분하여 큰 소리로 경멸할 수 있는 것은
> 변하지 않는 금속을 찬양하여
> 보통의 새나 꽃잎을
> 그리고 오욕과 피의 모든 복잡한 것들을.

지금 시인이 살아 있기는 하지만 육체를 초월한 황홀 속에서 보고 있는 이 새가 틀림없이 살아 있는 새로 생각되기는 하지만 비실제적인 추상적 이미지이다. 그것은 현상적으로 말하면 기적이다. 그것이 새이기는 하지만 현실 속의 새가 아닌 비잔티움 황제의 궁전에 있는 황금으로 된 세공품인 죽지 않는 새이다. 아니, 그것이라고 할 수도 없는 순수한 이미지일 뿐이다. 황금새는 예술의 궁극적 이미지이므로 예술적 추구는 현실과 불가분의 관련성을 갖고 있다.

그런 새가 황금 가지에 앉아 하계의 수탉처럼 운다. 하계는 시인이 지금 마음속으로 보고 있는 세계로, 영혼의 세계, 즉음의 세계이기 때문에 그곳의 닭과 비잔티움의 황금새는 동일한 새이다. 그 새가 달에 원한을 품는 것은 달이 변화의 상징이기 때문이다. 영원히 변하지 않는 황금의 영광에 싸인 새로서는 변화에 대하여 원한을 품는 것이 당연하다. 그 새가 우는 소리는 자연 세계의 한정된 생명을 가진 새나 꽃잎, 그리고 인간의 피나 격분, 진창으로 이루어지는 무가치한 복잡함을 비웃는 소리이다. 황금새가 달을 보고 격분하여 큰 소리로 우는데 달은 예이츠에게 있어서 생성, 변화의 상징이므로 황금새는 생성, 변화하는 현실과 불가분의 관련을 맺고 있음을 알 수 있다.

제 4연에서는 배경이 소란스럽던 비잔티움으로부터 돌연히 고요한 불길이 타오르는 한밤중의 비잔티움으로 변한다.

> 한밤에 황제의 포도 위에는 날아다닌다
> 나무도 공급하지 않고, 부싯돌도 붙이지 않고,
> 폭풍우도 방해하지 않는 불꽃들이, 불꽃에서 나온 불꽃들이,
> 거기로 피에서 나온 영혼들이 오고
> 격노의 모든 복잡한 것들이 떠난다,
> 춤 속으로
> 황홀한 고뇌 속으로
> 소매도 그을릴 수 없는 불꽃의 고통 속으로 죽어간다.

지금 예이츠가 있는 장소인 비잔티움이 밤의 나라이기는 하지만 여기에서야 비로소 밤이 완전히 깊어진 느낌이 든다. "한밤"이라는 말이 특히 그러한 느낌을 준다. 이곳 황제의 궁중의 보도 위에서 번쩍거리며 날아다니는 불꽃은 자연 세계의 불과 같이 장작을 지피거나 쇠붙이로 붙여서 일으키는 불이 아니고, 바람이 불면 꺼지는 불도 아니며, 스스로 불꽃 속에서 생겨난 불꽃이다. 그것은 어디까지나 구체성이 없는 추상적인 상상 속의 불이라는 의미와 함께 영혼 세계의 모든 것은 죽지 않는 황금새와 마찬가지로 영원하고 자족적인 생명을 지니고 있음을 의미한다.

춤은 영원한 예술의 세계인 비잔티움의 황제의 보도 위에 날아다니는 불꽃과 결합된다. 자연 세계의 정령들은 죽음을 인식하는 데에서 오는 고통과 재생의 필연에서 해방되어 춤추는 불꽃 속에서 황홀한 조화의 세계로 들어

간다. 인간의 존재와 복잡함과 혈관의 격정과 오욕을 정화시키는 춤추는 불꽃은 현실 세계의 혼돈을 정화하여 형태와 질서를 부여하려는 예술 작품의 창조 과정과 유사하다.

"피에서 나온 영혼들"이란 말은 시인이 지금 마음속의 비전으로 보고 있는 정령들은 추상적이고 비육체적인 것이기는 하지만 육체를 가진 인간에게서 생겨난 것이라는 의미이다. 다시 말하여 삶 속의 죽음, 죽음 속의 삶이라는 패러독스의 계속이다. 그 정령들은 삶으로부터 생겨나서 삶의 세계의 분노의 복잡함을 멀리 떠나 황홀한 조화의 세계, 춤의 세계 속으로 추상화되어 들어간다. 그 영혼의 천국의 황홀경은 소매 하나도 태우지 못하는 추상적인 불꽃의 극치 상태이다.

불이 활활 타오르는 상태는 시인이 지금 비전의 황홀경에 도취되어 있는 상태에 대한 비유이다. 시인은 그 정령들과 더불어 황홀한 영의 세계, 즉 영원과 조화의 세계에 동화되어 삶 속의 죽음의 경지에 가 있다. 다시 말하여 그는 "오욕과 피의 모든 복잡한 것들," 즉 인간의 욕정과 변화무쌍한 현실 속에 있으면서 동시에 그것을 경멸하며 예술의 경지, 신의 세계에 대한 황홀한 경험을 하고 있는 것이다.

제 5연에서 그런 삶 속의 죽음의 입장에 다시 놓인 시인이 눈 앞에 전개되는 이미지를 포착한다.

> 돌고래의 오욕과 피에 걸터앉아 영혼이
> 줄지어 온다. 용광로들이 홍수를 부순다,
> 황제의 황금 용광로들이!
> 무도장 바닥의 대리석들이
> 복잡한 것의 격렬한 격분을 부순다,
> 여전히 새로운 상들을 낳는
> 그 상들을,
> 그 돌고래에 찢긴, 그 큰 종의 괴롭힘을 받은 바다를.

첫 행에 나온 "돌고래"는 시인이 아써 스트롱 여사의 『성화』에서 빌려온 것으로, 한 상태에서 다른 상태로 옮겨지는 영혼을 상징한다(Jeffares 298). 다시 말하여 이 작품에서 돌고래는 한 동물이면서 동시에 신비스러운 존재로 취급되어 현실의 자연 세계와 영혼의 신비 세계 사이에 놓여 있는 존재이다. 따라서 그것은 지금 삶 속의 죽음의 경지에 있는 시인 자신을 상징하기도 한다. 그는 그 짐승의 등에 걸터 앉아 있으므로 몸은 진창과 피의 자연 세계에 속해 있지만, 정신으로는 계속하여 영적 세계의 정령들이 눈 앞에 있는 것을 본다.

비잔티움 황제의 대장간은 금으로 되어 있다. 영원히 썩지 않는 그 대장간에서는 자연 세계의 정화되지 않은 영상들이 세련되고 정화되어 황금새와 같은 영원한 예술품으로 변조된다. 시인은 지금 돌고래의 등에 올라타고 있는 상태이므로 육체는 현세의 오욕의 물결을 완전히 벗어나지 못한 상태에 있다. 현세적인 더러운 물결은 비잔티움의 황금 대장간에서 계속 제련되어 정화되는데, 그가 육체를 지니고 있는 한 그 과정은 계속된다.

비전의 순간에는 그 조화의 세계에 동화되어 황홀감을 느낀다. 그리고 현세의 물결은 계속 그에게 밀려들어 영혼의 대장간에서 부서진다. 예술이란 실로 이러한 과정의 산물로, 육체를 지닌 인간이 육체를 초월하여 영원의 조화를 이룩하고자 하는 역설적인 노력의 결정체이다. 자연 세계에 육체를 갖고 있지 않다면 예술은 존재하지 않고, 또한 그 자연 세계의 무질서를 영원 세계의 차디찬 이지의 대리석 위에서 깨뜨려 정화하여 조화의 세계로 동화시키지 않는다면 예술이 아니다. 이렇게 볼 때 예이츠의 비잔티움 시편들은 단순한 비전의 문학이 아니라, 한 예술가의 창작 심리를 극화한 것이라고 볼 수 있다.

마지막 3행도 그러한 역설적인 비전의 세계를 보여준다. "새로운 상"은 앞에서 나온 정령이나 망령들과 같은 영혼의 세계의 이미지들이다. 그것이 비록 현실의 세계와는 멀리 떨어져 있는 것이지만 역설적으로 말하여 현실 세계에서 생겨난 것이다. 돌고래에 찢긴 바다와 바라 소리에 찢긴 바다도 역시 육체와 정신의 모순되는 이원 세계에 찢긴 인간의 생활이다. 돌고래는 인간을 진창과 피의 모순된 세계에서 성스러운 조화의 세계로 데려가려 하고, 비잔티움이라는 커다란 사원의 종소리 역시 인간을 현실에서 영원의 세계로 유인하는 소리이다. 이러한 현실과 이상, 육체와 정신의 갈등 속에서 살고 있는 것이 우리의 현실이다.

Ⅲ. 끝내기

지금까지 살펴보았듯이 비잔티움 시편은 사후의 영혼의 진전과 관계 있다. 즉 사후에 영혼이 정화되는 과정이 여러 단계로 재현되는데 영혼은 궁극적으로 고뇌의 불길 속에서 춤을 추어 정화된다고 할 수 있다. 「비잔티움으로의 항해」에서 노년의 예이츠는 젊은 사람들이 서로 껴안고 동물들처럼 관능의 음악에 사로잡혀 늙지 않는 기념비를 무시하는 현세적 삶에 대해 혐오감을 느낀다. 그렇기 때문에 그는 이러한 현세적인 현실을 떠나 영원의 현실, "영원한 예술품"이 살아 숨쉬는 비잔티움이라는 또 다른 가상의 현실을 갈망하고 이곳에서 영원의 예술품으로 거듭나기를 갈망한다. 덧없는 현실 공간과 영원한 예술품으로 상징되는 이상적 삶의 공간이 상반되는 관계를 형성한다(우철환 34).

반면 「비잔티움」에서는 이상적인 현실 세계가 그려진다. 아일랜드의 현실을 암시하는 낮의 세계는 사라진다. 밤의 세계는 낮의 세계와 관련 있는 모든 요소들이 사라진 세계가 된다. 밤의 세계는 비잔티움이라는 이상적인 현실 세계인 것이다. 영원한 예술 세계를 추구한다고 하더라도 감각적인 것에 얽매인 시인은 현실 세계에서 벗어날 수 없다. "죽음 속의 삶"으로 표현되는 불후의 예술 작품인 황금새로 다시 태어난다 하더라도 두 세계 사이의 갈등이 해소될 수 없다. 왜냐하면 이는 필연적으로 "삶 속의 죽음"이라는 무기력한 상태를 동반할 수밖에 없기 때문이다. 현실과 이상은 동전의 양면과 같이 공존할 수밖에 없는 것이고, 인간의 삶은 어느 한 쪽에만 두 발을 딛고 살아갈 수 없는 것이다.

예이츠가 『환상록』에서 다음과 같이 설명하듯이 삶과 죽음은 공존하는 것이다.

> 각각의 세대는 전 세대가 감아놓은 실을 풀어낸다. 그리고 피디아스와 그의 서쪽으로 이동하는 예술 이전에 페르시아가 멸망했다는 것, 그리고 다시 보름달이 되어 동쪽으로 움직이는 생각 가운데, 비잔틴의 영광을 가져올 때 로마가 멸망했다는 것, 그리고, 우리의 서쪽으로 움직이는 문예부흥이 시작될 때 비잔티움이 멸망했다는 것을 생각하는 것은 즐겁다. 모든 것들은 서로의 삶을 죽고, 서로의 죽음을 산다. (270-271)

예이츠 자신이 위와 같이 말하고 있듯이 현실 세계와 영혼 세계가 서로 공존한다. 삶과 죽음은 어느 한 쪽만 존재할 수 없다. 현실과 이상도 역시 마찬가지로 어느 한 쪽만 존재할 수 없다. 예이츠는 이 두 작품에서 육체를 지닌 인간이라는 현실에서 벗어나 영혼의 영원한 삶을 열망하는 모습을 보여준다. 현실 세계에서 탄생과 죽음을 경험하는 존재들은 젊음이 영원할 것으로 믿고 있지만 예이츠는 그것이 잘못된 인식임을 깨닫고 현실과 이상이 하나로 합치된 이상 세계인 비잔티움에서의 영원한 예술 작품이 되기를 염원한다. 그렇지만, 그 자신이 육체를 지닌 인간이라는 현실을 벗어날 수 없었기에 이상을 염원하는 상태에 그치고 있다.

예이츠는 「비잔티움으로의 항해」를 잉태되어 태어나고 죽는 것들이 젊은 삶을 영위하는 자연 세계를 찬양하는 노래로 시작한다. 화자는 성스러운 불길에 육체적이며 영적이지 않은 모든 것을 불태워버림으로써 갈등과 투쟁이 모두 화해되고 해결되는 상태에 도달한다. 화자는 황금새가 되기를 갈망하여 성스러운 불길 속에 있는 성자들에게 기도한다. 어떤 비평가들은 이 작품을 시인이 현실로부터 도피하여 비잔티움이라는 환상적인 세계로 항해하고자 하는 낭만적 충동을 표현한 것으로 본다. 그러나 이렇게 생각하기보다는 영혼과 육체의 이원적인 갈등을 표현한 것으로 보는 것이 바람직하다.

이 작품은 영혼과 육체의 이중성 때문에 고통을 겪는 인간의 관점에서 읽어야 한다. 그러면서도 우리는 시인이 도달하는 장소가 이상적인 세계일지도 모른다는 사실과 그가 그리스의 황금세공사가 만든 형체와 같은 황금새가 되고자 한다는 사실에 주의를 기울여야 한다. 그는 자신의 육체적인 형태가 어떠한 자연물에서 생기지 않으리라고, 또한 그 형체가 만일 어떠한 형체를 취한다면 순수한 영적인 존재도 될 수 없고 자연 세계에서 벗어날 수 없다고 단언한다. 그는 "자신이 항해를 출발한 자연세계에 상징적으로 등을 돌림으로써"(Doggory 72) 끝난다.

화자가 비잔티움으로 항해하는 것은 분명하지만 현상계에 집착하고 있는 것도 분명하다. 비잔티움에 도착한 후에도 그는 자연물을 닮은 예술품으로 다시 태어나기를 갈망한다. 그러므로 우리는 그가 삶을 현상계에서의 삶을 계속 영위하고자 하는 강한 열망을 지니고 있다고 결론지을 수 있다. 마지막 행의 "과거 현재 미래"는 첫 행의 "잉태되고 태어나고 죽는" 것과 밀접하게 연관되어 있다. 예이츠는 이상적이고 영적인 세계를 향하여 나아가고 그 세계에 받아들여지기를 갈망하지만 현상계와 실재를 결코 떠나지 않을 것이며 젊은이들의 나라를 바라보고 있다고 생각하지 않을 수 없다.

「학생들 사이에서」: 불교적 고찰

Ⅰ. 시작하기

「학생들 사이에서」는 1926년 6월 14일에 창작되었지만 이년 여의 세월이 지난 다음인 1928년 8월 『다이얼』지에 처음 발표되었다. 예이츠는 1926년 3월 14일에 쓴 초고에서 이 작품의 주제를 "학생들과 삶이 그들을 낭비시킬 것이라는 생각, 가능한 어떠한 삶도 우리의 꿈이나 그들의 선생님들의 희망을 충족시킬 수 없다는 생각. 삶은 결코 발생하지 않는 것에 대해 준비하는 것이라는 옛 생각이 든다"고 쓰고 있다. 1909년 9월 6일의 일기에서 예이츠는 내 삶은 "결코 발생하지 않는 무언가를 위한 끊임없는 준비"라고 썼는데 이러한 생각이 이 작품을 쓸 때 그의 마음 속에 계속 자리 잡고 있었을 것이다(Jeffares 251).

이는 예이츠가 이 작품에서 자신의 삶이 결코 달성할 수 없는 이상향을 추구하고 있음을 천명한 것이라고 할 수 있다. 이렇게 본다면 현실과 이상을 구분하여 현실에서는 아무리 노력해도 결코 이상향에 도달할 수 없음을 한탄하는 모습이 이 작품에 그려져 있다고 보아야 한다. 그러나 이 작품은 과거를 회상하며, 아쉬워하기는 하지만, 그에 대해 좌절하거나 낙담하지는 않는다. 오히려 현실과 이상을 조화시켜 현실의 긍정을 작품의 결론으로 삼는다.

예이츠는 워터포드에 있는, 몬테소리 원칙에 따라 운영되는 성 오트란 학교를 1926년 2월에 방문했다(Jeffares 251). 이 때의 경험을 기록한 것이 이 작품이다. 이 작품에서 예이츠는 자신의 마음의 활동을 명상하는데, 그 자신이 개인으로 보다는 원형으로 제시되고 있다(Bornstein 32). 이 작품은 이와 같은 자서전적인 배경뿐만 아니라 보다 위대한 낭만적 서정시에서의 비전을 향한 중요한 단계들을 제시한다. 그리고 비전의 결과보다는 과정 자체의 제시가 이 작품의 실현된 목표이다(Bornstein 24). 따라서 우리는 이미지를 분석할 때 그 이미지를 창조하고 유지시키는 정신적 행동에 초점을 맞추어야 한다.

이 작품에서의 정신적 행동은 조심하여 관찰할 필요가 있다. 화자는 초등학교 교실의 관습적인 묘사로 시작한다. 풍경의 묘사가 아니라 교실의 묘사이고, 인간이 자연물을 대신하여 비전을 자극한다(Bornstein 69). 그 다음에 이어지는 세 연은 지극히 정상적인 정신적 행동을 표현한다. 시인은 모드 곤이 어린 시절의 사소한 사건을 그에게 말했을 때의 젊은 레다와 같은 이미지를 꿈꾼다. 이 회상과 어린 학생들의 존재가 그녀의 어린 시절의 모습을 창조하도록 그를 자극한다. 예이츠가 창조한 이미지는 기억에서 오는 것이 아니라 순수한 상상력의 소산이다. 왜냐하면 그는 그 때의 그녀를 몰랐기 때문이다. 이러한 강렬한 창조의 순간 이후에 예이츠는 좀 더 수동적인 상태에 빠져들어 그녀의 현재의 모습을 마음 속에 떠올린다.

모드 곤의 현재의 늙은 모습을 생각하며 예이츠는 노령에 대한 상상적인 명상을 시작한다. 우선 어린아이들이 현재의 시인과 같은 나이가 되는 것을 상상하면 만족하지 못할 젊은 어머니의 모습이 제시되고, 이어서 자연을 영원한 형태에 종속시키는 플라톤의 이데아론, 아리스토텔레스의 자연주의, 예술적 음계에 관한 피타고라스의 신비적 이론 등이 제시된다. 철학자와 이론을 포함한 이 모든 것들은 허수아비로 되어버린다. 그러나 모든 것들이 실체가 없이 허망하다는 허수아비의 제시로 작품이 끝나는 것은 아니다. 어머니의 애정을 불러일으키는 어린아이의 동적인 이미지, 수녀의 경건한 신앙의 대상인 성자나 신의 정적인 이미지 그리고 사랑하는 연인들의 상대방에 대한 이미지 등은 그것을 숭배하는 어머니와 수녀와 연인의 가슴을 아프게 한다는 점에서 공통점이 있다. 연인들의 정열, 수녀들의 경건, 어머니들의 애정으로 형성된 이미지들은 우리의 앞에 갈망으로 존재하지만, 스스로 태어난 존재로 실체가 없다.

마지막 연은 이 작품의 정신적 행동의 클라이맥스를 보여준다(Bornstein 70). 여기에서 시인은 육체와 영혼, 지혜와 수고의 관계를 명상하며 밤나무는 어느 한 부분이 밤나무가 아니라 전체의 합이 밤나무이며, 무용수와 무용을 구분할 수 없다는 사실을 수사적 질문으로 표현한다. 전체적으로 이원론적인 태도를 보이고 있지만, 결론 부분에서 이원론적인 사고방식의 한계를 체득하고 일원론적인 입장을 보임으로써 현실을 긍정한다.

이 작품에서 우리는 네 종류의 정신적 활동을 보게 된다. 모방적 묘사, 기억, 새로운 이미지의 창조, 그리고 은유적 철학화 등이 그것이다. 예이츠는 교실 광경의 모방적 묘사에서 시작하여, 자신이 들은 모드 곤의 어린 시절에 대한 기억에서, 새로운 이미지를 창조해내고, 그것을 은유적으로 철학화하여, 현실과 이상, 육체와 영혼의 관계를 설명한다. 모방적 묘사와 기억의 단계에서는 육체를 긍정하고 갈망하며, 새로운 이미지를 창조하는 과정에서는 관념적인 사랑의 단계로 나아가고 철학화의 단계에서는 육체와 영혼, 실재와 관념의 구별을 뚜렷하게 인식한 후, 이 둘이 결합될 경우에만, 의미가 있음을 강조한다.

이상과 현실 중 어느 한 측면을 강조할 경우 다른 측면은 상대적으로 무시되기 쉽다. 이 작품은 육체와 관능적인 욕구를 갈망하기도 하고, 플라톤, 아리스토텔레스, 피타고라스의 철학을 사용하여, 감각적인 아름다움의 허무한 미래를 예시하기도 한다(이한묵 38-39). 예이츠가 초기의 현실을 무시하고 이상에 치우친 일원론적 사고방식을 보여주었지만 중기에는 이원론적 사고방식을 보여주고, 후기에 들어서는 이원론과 일원론을 모두 수용하는 듯한 태도를 보인다. 후기의 작품들에서 영혼과 육체의 관계를 묘사한 작품을 보면, 육체를 긍정하는 작품과 영혼을 긍정하는 작품으로 양분된다. 예이츠는 「비잔티움」이나 「비잔티움으로의 항해」에서 육체를 무시하고 영혼의 세계로 나아가는 모습을 보인다. 반면에 「미친 제인」 시편에서는 육신을 긍정하고 영적인 면에는 관심을 두지 않는다.

예이츠는 이처럼 육체와 영혼, 현실과 이상의 이원론적인 세계에서 갈등하는 모습을 보이는 경우도 있으나, 이 작품에서는 이 둘을 조화시키고 있다. 육체와 영혼, 현실과 이상이 독립적으로 존재하며, 어느 하나가 다른 것보다 우위를 점하는 것이 아니라 양자의 공존과 협력에 의하여 서로가 승리를 거둔다는 생각이 이 작품에 담겨 있다. 다시 말하여 이 작품에서 예이츠는 일원론적으로 사고하며, 그 결과를 보여주고 있다.

이러한 일원론적인 사고 방식은 일반적으로 서양철학적인 사고방식이 아니라는 점에서 관심을 끈다. 예이츠는 젊은 시절부터 아일랜드의 신화 및 민담, 신비주의, 밀교, 연금술, 동양 사상 등에 관심을 갖고 상당히 연구한 바 있으며, 결혼 후에는 부인의 자동 기술의 도움을 받아 『환상록』을 쓰기도 했다. 서양철학적인 사고방식이 아니라는 것이 반드시 동양적인 사고방식을 의미하는 것은 아니지만, 동양적인 시각에서 이 작품을 살펴보면 이 작품에 포함된 예이츠의 생각이 보다 명확하게 드러난다.

Ⅱ. 종교 탐색

예이츠의 기본적인 심성은 아버지 쪽보다는 어머니 쪽을 더 많이 물려받았다. 그는 소년 시절 이후 초자연적 세계에 대한 신비감에 사로잡히곤 했다(김철수 110). 예이츠가 미술학교의 동창인 조지 러셀을 처음 만났을 때 러셀은 동양 철학을 알고 있었다. 그러므로 예이츠는 그를 통하여 『동방의 성전』, 『불교경전』, 『바가바드 기타』, 『우파니샤드』 등을 읽을 기회를 가졌으리라는 추측이 가능하다(Shin 45). 그가 1880년대 중반에 시넷의 『심원한 불교』를 읽었다는 증거도 있다(이영석 1999 84). 예이츠가 슈리 푸로힛 스와미와 함께 『열 개의 중요한 우파니샤드』를 1937년에 번역한 것을 보면 동양 사상에 대한 관심이 일시적인 것이 아니라 지속적인 것이었음을 알 수 있다. 실제로 예이츠는 "나는 우파니샤드의 철학을 평생토록 먹고살았다"(재인용 Shin 58)고 말한 바 있다.

예이츠는 또한 러시아계 신지학자 블라바츠키 여사를 알았고, 1888년에 그녀의 집에서 열리는 밀교모임에 가담했다. 그녀는 『베일 벗은 아이시스』와 『은밀한 교의』를 썼다. 예이츠는 그녀를 만나기 전후에 이 책들을 읽었을 것으로 짐작된다(Shin 59). 이 책에 설명되어 있는 재생의 기본 개념은 전통적인 인도 철학의 재생의 개념과 동일하다. 인도 철학의 재생의 개념은 개인은 궁극적으로 재생의 순환에서 벗어나 열반(니르바나)에 들어갈 때까지 무수한 삶을 반복한다는 것이다. 인도 철학은 사람들에게 자신의 욕망을 스스로 끊도록 권고하고 윤회의 법칙을 가르친다.

예이츠가 블라바츠키 여사의 책을 통해서 배운 개념들은 삶과 우주에 관해 예이츠 나름대로의 생각을 갖도록 했고, 그는 평생 동안 이 생각을 견지한 것으로 보인다. 예이츠가 그녀의 책을 통해 배운 개념 중 중요한 하나는 외관상 상반되는 것들을 통합시키는 것에 관한 이론이다. 블라바츠키 여사는 "아주 현명하게 지상에서 천국으로 올라가고, 다시 지상으로 내려오고, 열등한 사물들과 우수한 사물들의 힘을 함께 결합시켜라, 그러면 당신은 전 세계의 빛을 소유할 것이고 모든 어둠이 당신에게서 사라질 것이다"(재인용 Shin 60)라고 말한다. 블라바츠키 여사의 말은 불교적으로 말하면 열반에 도달하는 방법으로 거듭되는 윤회를 거쳐야 함을 암시하기도 하고, 현실과 이상의 조화로운 결합을 암시하기도 한다. 예이츠는 이 두 가지를 모두 받아들인 것으로 보인다.

블라바츠키 여사는 모든 옛 종교들의 유사성을 강조함으로써 동양과 서양의 종교, 철학, 과학 전통을 통합하려고 시도한다. 이것이 "예이츠를 포괄적인 우주론에 처음 접하게 한 것"(Ellmann (1) 60)이다. 예이츠는 블라바츠키 여사의 두 상반물의 통합이라는 개념을 좋아한 것으로 여겨진다. 예이츠는 블라바츠키 여사의 개념을 재생에 관한 자신의 관심과 관련시켜 다음과 같이 말하고 있다.

> 우리가 교회 안에서나 밖에서 동양을 향할 때, 우리는 고대 서양이나 북방으로도 마찬가지로 향한다. 전해져 온 이교 아일랜드 철학의 한 단편인 "아머진의 노래"는 아시아적인 것처럼 보인다. 『베다』와 『우파니샤

> 드』의 사상 체계와 같은 사상 체계가 비록 덜 완벽하기는 하지만, 한 때 전 세계에 퍼졌던 것으로 보인다. (재인용 Shin 60-61)

예이츠는 아일랜드 철학과 고대 인도 사상의 유사성을 간파하고 고대 인도 사상이 전 세계에 널리 퍼져 있었기 때문에 아일랜드 철학이 동양 사상적인 것으로 보인다고 주장한다. 비록 여기서 예이츠가 불교에 대하여 이야기하고 있지는 않지만, 불교 사상의 원류가 고대 인도 사상이라는 것을 생각하면 예이츠는 의식적이든 무의식적이든 아일랜드의 철학과 불교의 사상적 유사성을 파악하고 있었다고 짐작할 수 있다.

인도의 주된 고대 사상을 수용하고 있는 불교에서는 무자성, 공, 연기/윤회, 중도, 열반 등과 같은 것들이 중요한 개념이다. 2세기의 불교사상가 용수에 따르면 이러한 여러 개념들은 독립적인 의미를 지니지 않고 서로 연관되어 사용된다. 용수의 『중론』은 불교의 연기설을 잘 설명한다. 이 책의 서두는 이 책의 요지를 요약하여 보여준다.

> [우주에서는] 어떤 것도 소멸하지 않고, 어떤 것도 새롭게 생기지 않고, 어떤 것도 종말이 없고, 어떤 것도 항상이지 않고, 어떤 것도 그 자신과 동일하지 않고, 어떤 것도 그 자신으로부터 나누어진 별다른 것이지 않고, 어떤 것도 [우리들을 향해] 오지 않고, [우리들로부터] 가지 않고, 희론(형이상학적 논의)의 소멸이라는 훌륭한 연기의 도리를 설하신 부처님을, 모든 설법자 중에서도 가장 뛰어난 분으로서 경례한다. (중촌원 218)

연기의 도리를 설하신 부처님을 경배하는 것으로 『중론』의 머리말을 삼은 용수는 연기의 도리는 현상계의 사물이 나고 죽고, 없어지거나 항상 존재하거나 같거나 다르지 않고 오고 감도 없다고 설명함으로써 현상계의 사물들이 서로 의존하는 관계를 형성하고 있음을 보여준다.

『중론』의 시구에 상의성/상호의존이라는 말은 나오지 않지만, 전체적인 내용에서 명확해진다. 예를 들어 행위와 행위 주체를 고찰하는 제 8장에서 행위와 행위 주체가 서로 떨어져 독립적으로 존재하는 것이 불가능하다는 것을 증명한 뒤에, "행위에 의해 행위 주체가 있다. 또 그 행위 주체에 의해 행위가 작용한다. 그 외에 성립의 원인을 우리들은 알지 못한다"(중촌원 233)고 끝맺는다. 행위와 행위 주체는 서로 의존해서 성립하고 있는 것으로 상의성 이외에 양자가 성립할 수 이유는 생각할 수 없다.

다시 말하여 관계성/상의성이 중요한 것이지 각각의 객체가 지니고 있는 어떤 특질이나 독립성이 중요한 것이 아니다. 현상적으로 존재하는 객체는 인연에 의해 생겨난 것으로 본질적인 자성을 지니고 있지 않다. 그 자체는 공한 것이다. 현상으로서만 존재하고 있을 뿐이다. 왜냐하면 인연에 의해 생기는 것은 공이기 때문이다. 중론파에 따르면 연기설은 일시적이고 연속적 관계의 원리들을 뜻하는 것이 아니고 각각 다른 사물들에 있어서 그 사물들의 본질적인 의존성의 원리를 의미한다. 다른 말로 표현하면 그것은 상대성의 원리이다(싱 57)[6]. 예이츠가 말하는 어머니와 어린아이의 관계, 수녀와 성자 및 신과의 관계, 연인들의 상대방에 대한 관계는 관계성/상의성을 보여주는 것으로 이러한 관계성/상의성과 다르지 않다. 중론파는 연기설의 학설이 모든 다르마들과 요소들은 상대적이며 그들 고유의 분리된 실체를 지니고 있지 않다고 선언하는 것이라고 주장한다. 연기설, 즉 간의존성은 상대성을 의미하며 상대성은 분리된 요소들의 비실재성을 내포하고 있다(싱 58).

용수의 『중론』에 나오는 "연기"라는 말을 쿠마라지바는 "인연", "중인연생법", "여러 인연", "인연법"이라고 번역하고, "연기하지 않는"이라는 말

6) 박경일 교수는 연기가 문자 그대로 "상호의존적인 발생", "관계적인 발생", "조건지워진 발생"을 의미한다는 슈마허와 워너의 해석(276-77)을 받아들이며, 무아의 교의와 함께 모든 불교학파의 핵심적인 가르침이라고 한다. 이 교의는 개개의 존재를 구성하는 모든 심리적 물리적 현상들이 상호의존적이며, 상호적으로 서로를 조건 지운다. 또 하나의 존재가 성립되기 위해서는 많은 인연, 또는 상호관계들이 관련되며, 인연의 소산인 일체 현상은 불변자성을 갖지 못한다고 한다(박경일 1998 59). 이는 사물들의 상관적/관계적인 존재를 말하며, 각 사물들이 독자적으로는 존재성을 갖지 못함을 뜻한다.

을 "인연에 따라 생기지 않고, 연에 따라서도 생기지 않고"로, "무엇이든지 연으로 존재하는 것"을 "만일 법이 연으로부터 생기면", "만일 법이 중연으로부터 생기면"이라고 번역한다. 서양에서는 보통 "의존적 발생", "원인에 의한 산출", "발생을 의존하는 것", "의존적이며 조건적인 인과 관계" 등으로 번역한다(중촌원 121).

연기설과 중도 사상은 상대성/관계성을 중심으로 하고 있다. 왜냐하면 어떠한 사물도 그 나름대로의 자성/자존성을 갖지 않는다는 생각에 토대를 두고 있기 때문이다. 이는 또한 반야경전의 공사상과도 연결된다. 불교의 공관은 "일체제법이 공이며, 각각의 사물이 고정적인 실체를 가지고 있지 않다고 보는 사상"(중촌원 40)이므로 현상계의 모든 사물들의 존재는 상호간에 구성되어 있는 상관성/관계성에 의해서 실체를 갖게 된다. 일체제법은 다른 법에 조건 지워져서 성립하고 있는 것이기 때문에 고정적이고 실체적인 본성을 지니고 있지 않다. 여기서 법이라는 것은 "현상계에 존재하는 사물"이라는 의미이다. 또한 본체를 지니고 있지 않는 무자성이므로 공이다(중촌원 40). 그러므로 비록 용어가 달라서 혼동을 불러일으키기도 하지만, 연기와 무자성과 공이라는 세 개념이 의미하는 바는 결국 동일하다(중촌원 164). 실체적인 본성, 자성을 지니고 있지 않은데, 현상계에서는 사물들이 존재하고 있으므로 이 사물들의 존재를 설명하기 위해서 사용되는 용어들은 상호의존 내지는 상호한정의 의미를 지니지 않을 수 없게 된다(중촌원 163). 일체의 법은 서로 의존해서 성립하고 있다. 다시 말하여 일체의 현상은 연기하고 있다. 공과 연기는 같은 뜻이므로, 여기에서 비로소 일체개공(모든 것이 공하다)이라는 주장이 성립된다. 그러므로 모든 것은 공을 특질로 하고 있고, 공은 모든 것의 공통된 특질이라고도 말할 수 있다(중촌원 160).

불교에서는 현상의 배후에 어떤 실체가 있는 것이 아니라 현상과 실체가 동일하며, 그것이 공하다고 설명한다. 현상의 모든 사물들은 서로가 갖고 있는 상대적인 위치에 의해서 존재하고, 존재성을 갖기 때문이다. 용수의 『중론』뿐만 아니라 일반적으로 공관을 설하는 서적은 연기를 다루고 있다.

여기서 "연기"란 상의하고 있는 것이라는 의미이며 "공"과 같은 뜻이다(중촌원 110).

색불이공 공불이색 색즉시공 공즉시색 (물질이 허공과 다르지 않고 허공이 물질과 다르지 않으므로 물질이 바로 허공이며 허공이 바로 물질이다)이라는 말은 불교의 공사상을 가장 잘 설명하고 있는 경전인 『반야심경』에 나오는 구절이다. 여기서 색이란 말은 물질이란 뜻이고 공은 아무 것도 없는 허공, 진공이라는 뜻이다(최희섭 2000 200). 색은 외계의 사물과 일체 현상을 존유하는 것으로 믿고 분별하는 객관, 관념이다(박희선 59). 색은 형상이 있는 모든 것, 개별적이며 차별적인 존재를 가리킨다. 이 세계가 부분들의 총화로 이루어져 있다는 것은 이 세계는 색의 세계이며, 그 세계는 개별적이고 차별적인 부분들의 총화로 이루어져 있다는 것이다.

이것이 진리이지만, 공이라는 특수한 원리에 집착하여 공을 실체시해서는 안된다. 공을 다시 공으로 하는 경지에 중도가 나타난다. 연기에 의해 잠정적으로 설정된 것이기 때문에 공이고, 그것이 중도인 것이다(중촌원 171). 그렇기 때문에 공, 중도, 가명은 모두 연기의 동의어이다(중촌원 174). 용수의 『회쟁론』의 마지막 구절은 공과 연기와 중도가 같은 것임을 명확히 밝힌다. 『회쟁론』은 "공과 연기와 중도가 의미가 같은 것이라고 설하신 유례없는 부처님께 예배한다"(동봉 73)라는 시구로 끝난다. 용수는 『중론』 24장 18절에서 "어떤 연기라도 이를 우리는 공이라고 설한다. 그것은 임시로 설정된 것으로 중도이다"라고 설명하여 공과 연기와 중도를 동일한 것으로 보고 있다(중촌원 258).

이는 용수가 모든 사물이 그 "자체로서 존립된 독립적 존재성을 갖고 있지 않아 다른 것과 상대적으로만 존재할 뿐이고, 따라서 모든 사물은 본체를 갖지 않는 공"(동봉 23)이라고 본 것과 다르지 않다. 그리고 기존의 이상적 질서와 새로운 요소들 간의 관계는 전적으로 상호의존적이고, 따라서 그 어느 편도 독점지배적인 중심적 위치를 차지하지 않는다.

상의적 관계를 형성하는 옛 것과 새 것과의 순응은 또한 중도의 개념을 내포하고 있다. 왜냐하면 옛 것이 새 것을 지배하거나 새 것이 옛 것을 지배하는 것이 아니라 상호 간의 균형 잡힌 질서를 형성하기 때문이다. 새 것은 그 나름의 독창적인 요소를 가지지만, 그것이 과거의 것을 바탕으로 하고 있으며, 극단을 추구하지 않는다는 점에서 중도를 추구하는 것이기 때문이다. 불교의 중도는 존재 또는 비존재와 관련된 "모든 고정된 공식들"을 포함하여, 모든 "패턴들"로부터 자유로워짐으로써 성취되는 "해방의 길"이며, 불교의 중도 추종자들은 변화하는 형식들과 공 사이의 관계에 집중한다고 엘라이사 냅 헤이는 주장한다(173).

Ⅲ. 작품분석

이 작품은 예이츠가 상원의원으로 있던 1926년, 그의 나이 61세 때 수도원에서 경영하는 한 초등학교를 시찰한 후에 창작되었다. 시인은 공부하고 있는 어린 학생들의 모습을 보면서, 모드 곤의 어린 시절의 모습을 상상하고, 그 때의 어린 모습과 현재의 늙은 모습을 연결 짓고 생성 변화의 세계를 생각한다. 그 생성 변화의 세계는 자연이나 육체의 세계인데, 그 세계와 대립되는 정신 세계 혹은 영원 절대의 세계와의 관계는 어떠한가, 어느 쪽이 실제의 세계인가 등의 명상을 극화한 것이 이 작품이다. 시인 자신은 1926년 3월 14일 학교를 방문한 경험을 노트에 다음과 같이 적어 놓고 있다.

> 시의 주제는, 학생들과 삶이 그들을 황폐하게 하여 어떠한 삶도 우리의 꿈, 심지어는 그들의 선생님들의 희망을 충족시킬 가능성이 없다는 생각이다. 또 그것은 삶이 전에는 결코 일어나지 않았던 것에 대한 준비를 하는 것이라는 옛 생각을 하게 한다. (재인용 Jeffares 251)

여기에서 알 수 있듯이 시인이 이 작품을 쓰게 된 계기는 어린 아이들을 바라보면서 그들의 삶을 생각해보고, 또 자신의 애인이었던 모드 곤의 어린 시절을 생각해보는 것이다.

약강 5보격 8행연 8개로 구성된 이 작품의 각운은 대체로 abababcc를 기본으로 하고 있으나 이 규칙이 엄격하게 지켜지지는 않는다. 이 작품은 1~6연까지의 내용의 전개 속도와 7,8연에서의 전개 속도가 상당히 다르기 때문에 구성이 치밀하지 못한 결점을 갖고 있다.

첫 연은 국회의원인 예이츠가 교장인 수녀원장의 안내로 수업중인 교실을 시찰하는 것으로 시작된다.

나는 질문하며 긴 교실을 걸어간다.
흰 두건을 쓴 친절한 노 수녀가 대답한다.
아이들은 배웁니다 셈하기와 노래하기,
독본과 역사를 공부하기,
재단하기와 재봉하기를, 모든 면에서
가장 현대적인 방식으로 잘하기를 —아이들의 눈이
순간적으로 놀라서 응시한다
예순 살의 미소 짓는 공직자를.

시인 자신인 화자가 교장 수녀의 안내를 받아 초등학교 학생들이 공부하고 있는 교실을 순찰한다. 행동이 매우 구체적으로 묘사되고 있는데 자세히 살펴보면, 아이들이 공부하고 있는 교실을 시인이 순찰하고, 그 뒤에 흰 후드를 쓴 노수녀 교사—아마도 교장 선생님일 것으로 짐작된다—가 따라가며 질문에 대답하는 광경이 묘사된다.

이이들은 현대 생활에 잘 적응할 수 있도록 현대 생활에 필요한 것들을 배운다. 교실에 자기들의 선생님이 아닌 예순 살의 미소 띈 사람이 들어와 있는 것을 아이들은 의아한 듯이 바라보고, 시인은 그 아이들에게 미소로 답한다. 여기서 아이들의 일제히 쏠리는 눈과 미소 짓는 노인의 눈이 한 곳으로 합쳐지는 매우 극적인 장면이 나타난다. "공직자"는 예이츠가 그 당시에 상원 의원이었던 것을 나타내고 "예순 살"은 그의 실제의 나이를 나타낸다.

아무도 육체 없이 살아갈 수 없고, 육체는 영혼 없이 살아서 존재할 수 없다. 영혼이 없는 육체는 육체라고 하지 않고 시체라고 한다. 육체와 영혼을 살아 있는 상태로 유지하기 위해서 인간은 먹고 마시고 숨 쉬어야 한다. 학생들은 현상계를 살아가는 데 필요한 각종 기술을 배운다. 불교에서 현상계는 공한 것으로 생각된다. 「마하반야바라밀다심경」에 "색불이공 공불이색 색즉시공 공즉시색"이라는 구절이 있다. 그렇지만 아이들이 현상계가 공하다는 진리를 알지 못하기 때문에 그들은 현상계를 살아가는 기술을 배울 수밖에 없다. 그러한 기술을 배우는 것보다 진리를 배우는 것이 훨씬 더 중요함에도 불구하고 그들은 현상계의 삶을 영위하기 위한 수단인 기술을 배우는 것이다.

교실은 인간으로서의 한계를 암시하는 시인의 육체적 영역을 의미한다(유배균 1998 139). 교실이라는 장소는 물질성, 육체성 그리고 한정이라는 포괄적 의미를 갖는다. 이 장소의 물질성과 육체성은 부패될 수밖에 없는 인체의 육체적인 영역과 물질적인 영역의 상징적 표현이다. 이에 더하여 네 벽에 둘러싸인 장소는 인간의 심리적 정신적 유한성을 암시한다. 불교적인 표현을 빌면 현상계의 모습이다. 현상계는 그 자체가 공한 것이지만, 우리가 그것을 존유하는 것으로 믿고 분별하기 때문에 존재하는 것으로 드러난다. 그러나 예이츠는 여기서 이러한 구별을 하지 않는다. 그는 이러한 현상계의 드러난 모습이 실체가 없는 것이라는 사실을 인식하지 못하고, 학생들이 결코 이룰 수 없는 이상을 추구하고 있음을 파악하고 있을 뿐이다.

유한한 인간의 물질적 삶과 그들이 추구하는 영원한 이상 사이의 갈등이 암시된다. 어린 학생들과 늙은 교장 선생님 그리고 늙은 시인과의 대조는 젊음과 늙음의 대조를 보여줄 뿐만 아니라 인간이 성장하는 과정을 암시하기도 한다. 이는 또한 인간이 운명의 수레바퀴에 매여 있는 상태를 의미하기도 한다. 비록 우리가 운명의 수레바퀴에 매여 있다는 사실을 인식하지 못하더라도 운명의 수레바퀴는 쉬임 없이 돌아가고 인간과 모든 생명체를 죽음과 재생의 순환으로 몰아가고 있다. 운명의 수레바퀴는 영혼의 재생과 윤회를 암시한다.

인간이 운명의 수레바퀴에 매여 있는 존재라는 사실은 제 2연에서 보다 명확해진다.

나는 꿈꾼다 꺼져가는 불 위에 웅크린
레다의 육체를, 그녀가 말한
어떤 어린 시절을 비극으로 변하게 한
거친 책망이나, 사소한 사건의 이야기를 —
들었지, 그러자 우리의 두 본성은 섞이는 듯했다
젊은이 특유의 공감 때문에 한 구체로,
아니, 플라톤의 비유를 바꾸어 말하자면,
한 껍질 속의 노른자와 흰자로. (243)

시인은 이러한 현실에서 벗어나 상상의 나래를 타고 기억 속으로 들어간다. 공부하고 있는 여학생들을 바라보면서 시인은 자신이 매우 사랑하였지만, 결혼이라는 결실을 맺지 못한 애인 모드 곤을 상기하고 그렇게 아름다웠던 그녀도 한 때는 이와 같은 어린아이였을 것이라고 생각한다.

레다는 아름다운 여인을 뜻한다. 「레다와 백조」에서 레다는 제우스 신이 그 육체를 탐낼 정도로 아름다운 여인이었다. 여기서 모드 곤이 그 정도로 아름다운 육체를 지니고 있다고 암시된다. 그러한 이상적인 아름다움을 지닌 여인도 이러한 어린 시절이 있었을 것이라고 시인은 생각한다. 지금은 그녀도 늙어서 "꺼져가는 불" 위에 몸을 웅크리고 앉아 옛날에 꾸지람 들던 이야기, 자신을 슬프게 했던 일 등을 이야기할 뿐이다. 여기서 "꺼져가는 불"은 실제의 난롯불을 가리키기도 하지만 이제는 늙어서 삶의 불길이 꺼져가는 상태임을 암시한다. 예이츠와 모드 곤은 꺼져가는 난롯불을 사이에 두고 마주 앉아 어릴 때의 일들을 이야기한 적이 있는 것으로 보인다.

시인은 그 때의 일을 회상한다. 모드 곤을 "레다의 육체"를 지닌 여인이라고 하는 것은 그녀가 현실 속의 인간일 뿐만 아니라 그 이상의 이상적인 그리고 영원한 세계의 여인임을 뜻한다. 시인이 지금 교실에서 회상하고 있는 여인이 바로 이런 레다와 같은, 현실에 속해 있지 않은 인간인, 이상화된 하나의 이미지인 점에서 그 이미지와 그 여인의 현실상인, 두 뺨이 움푹 파인 모습이 대조되어 이 작품의 주제와 결부되고 있다.

시인은 모드 곤을 회상하면서 동시에 그 여인이 이야기한 어릴 때의 사건들을 생각한다. 화자는 어릴 때의 사건들의 이야기를 듣고서 그 때 두 사람의 마음은 젊은 사람끼리 통하는 공감대를 형성하여 하나의 구체로 뭉쳐졌다고 말한다. 예이츠의 철학에서 구체는 모순, 상극이 없는 조화의 상징으로 사용된다. 그 조화의 상태는 달리 말하면 계란 속에 노른자와 흰자가 조화되어 있는 것과 같다. 이 비유는 플라톤의 우화를 뒤집어서 말한 것이다. 플라톤은 그의 유명한 저서 『향연』에서 사랑의 기원에 대해 이야기하고 있다. 사람은 본래 남녀가 하나로 합쳐져 있는 이중체였던 것을 제우스 신이 "머리카락으로 달걀을 가르듯이" 갈라놓았기 때문에 그 이후 반쪽의 인간은 나머지 반쪽을 찾아 온전한 결합을 이루고자 애태운다고 이야기하고 있다.

여기에서는 모드 곤이 제우스의 사랑을 받은 레다로 변하여 나타난다. 레다는 알을 낳았기 때문에 레다의 이야기는 알과 연관되며, 이것은 또 다시 『향연』에서 나온 플라톤적인 이미지와 연관된다(Jeffares 251). 아테네의 희극 작가인 아리스토파네스는 사랑이란 제우스가 인간을 삶은 달걀처럼 둘로 나누어 놓은 반쪽을 찾는 것, 즉 잃어버린 통합을 추구하는 것이라고 썼다(Jeffares 251). 이는 불교의 연기설을 연상시킨다. 연인은 혼자 있어서는 연인이 될 수 없다. 반드시 상대방이 있어야 연인 관계가 성립된다. 연인은 서로가 상관적/관계적인 존재이기 때문에, 서로 관계를 맺고 상호 의존해야하는 상대방을 찾는 것이다.

이러한 상관성을 예이츠는 모드 곤과 자신의 관계에 비추어 생각한다. 예이츠가 모드 곤을 처음 만난 것은 그녀가 젊었을 때이므로 그녀의 어린 시절에 관해서 그녀가 이야기해준 것에 의존하여 어린 시절의 모드 곤을 창조해낸다. 여기서 예이츠는 젊은 시절의 자신과 모드 곤을 제시함으로써 인간이 생노병사의 과정을 겪는다는 사실을 명확히 한다. 다시 말하여 윤회의 수레바퀴에 매여 있는 인간인 것이다. 예이츠는 모드 곤을 현재의 모드 곤이라는 이름으로 부르는 대신에 "레다의 육체"라고 말하여, 그녀의 현재의 존재가 과거에서 재생한, 아니면 과거에서부터 계속되어온 존재임을 말한다. 그러나 그리스 로마 시대부터 지금까지 육체적 생명을 계속 유지하고 있는 인간은 없으므로, 과거에서 환생한 존재, 재생한 존재라고 보는 것이 보다 타당하다.

일반적으로 불교의 연기론/윤회설은 육체를 지닌 한 생명이 끝나고 육체를 지닌 다른 존재로 태어나는 것을 말한다. 여기서 예이츠는 이러한 의미를 부여하지는 않지만, 현재의 모드 곤이 과거의 인물임은 분명히 한다. 예이츠는 불교의 윤회와 재생의 개념을 자기 나름대로 변용하여 현실에서의 수많은 삶이 반복되는 것을 윤회, 또는 재생의 개념으로 사용하고 있다. 어린 시절의 모습이 젊은 시절의 모습으로 바뀌고, 또 늙은 시절의 모습으로 바뀌는 것을 일종의 재생, 윤회라고 보는 것이다.

제 3연에서 시인의 의식은 다시 현실로 돌아와, 젊은 시절에 모드 곤과 이야기하며 느꼈던 설움과 분노를 생각하고, 이 아이 저 아이의 얼굴을 바라보며 레다와 같은 여인인 모드 곤이 어렸을 때의 모습을 생각한다.

그리고 슬픔이나 분노의 그 발작을 생각하며
나는 거기 있는 이 아이 저 아이를 바라보고
궁금해한다 그녀도 그 나이에 저랬을까 하고 —
왜냐면 백조의 딸들이라도 모든 물새들의 유산을
조금은 공유할 수 있을 것이기에 —
그리고 뺨이나 머리에 저 색깔을 지녔었을까 하고,
그러자 내 마음은 미칠 듯했다.
그녀가 내 앞에 서 있다 실물과 같은 아이로.

이상적인 아름다움을 지닌 그녀도 어렸을 때에는 보통 아이들과 같은 모습을 지니고 있었을 것이다. 여기서 백조의 딸이라고 하는 것은 제우스 신이 백조의 모습으로 하늘에서 내려와 레다와 결합한 것이니 결국 제 1연에서 말한 레다의 족속이라는 뜻이다. 시인은 현실적이지 않은 이상화된 여인이라 할지라도 모든 인간이 갖는 실제 인간으로서의 타고난 점이 있을 것이라고 말함으로써 이상이 현실은 아니면서도 현실과 전혀 별개의 것은 아니라는 깊은 철학적 의미로 독자들을 이끌고 간다. 백조의 딸들이 레다와 같은 족속이라면 "물새의 유산"은 보통 사람들의 특질을 이야기하는 것이다. 예이츠는 아이들을 보면서 레다의 어린 시절의 모습을 상상하려 애쓴다. 그러자 그녀가 실제로 살아 있는 아이가 되어 그의 앞에 상상적으로 나타나게 된다.

학생들을 보면서 모드 곤을 생각한 예이츠는 이제 신화의 세계로 깊숙이 침잠하여 자신도 한 때는 아름다움을 간직하고 있었다고 말한다. 자신이 늙어간다는 통렬한 인식(Dyson 91)을 예이츠는 모드 곤의 현재의 모습으로 표현한다. 예이츠는 인간이 태어나 자라고 나이 먹어 죽어가는 과정을 일종의 윤회라고 보고 있다. 예이츠가 불교의 윤회 개념을 받아들이기는 하였지만 그것을 자기 목적에 맞도록 수정하고 있는 것이다. 불교에서 윤회는 영혼의 재생을 의미하는데, 예이츠는 육체의 변화를 일종의 윤회로 생각하고 있다.

예이츠는 학생들의 모습을 보면서 모드 곤의 현재의 모습을 상상한다.

> 그녀의 현재의 영상이 마음 속에 떠오른다—
> 십오세기의 손가락들이 그것을 만들었나
> 마치 바람을 마시고 고기 대신
> 한 접시의 그림자를 먹은 듯 뺨이 홀쭉하게?
> 그리고 나는 결코 레다의 종류는 아니지만
> 한 때 예쁜 깃털을 가졌었다—그것이면 충분하다,
> 미소짓는 모든 이에게 미소짓고, 보여주는 게 나으리라
> 편안한 종류의 늙은 허수아비가 있음을.

어린아이들의 모습을 보면서 레다를 생각하는 것은 현상이 변하더라도 본질은 변화하지 않음을 보여준다. 또한 나와 남이라는 구별이 현실적으로 존재하지만, 아름다운 깃털을 가졌다는 것은 공통의 요소가 있음을 보여준다. 모드 곤의 현재 모습은 레오나르도 다빈치, 라파엘, 미켈란젤로 같은 "15세기 화가"가 빚어낸 조각 작품처럼 이즈러진 모습이어서 마치 "마치 바람을 마시고 고기 대신 한 접시의 그림자를 먹은 듯 빰이 홀쭉"한 늙은 모습이다(유석형 1999 265). "홀쭉한 뺨"은 기품 있는 좌절의 공허함을 환기시킨다. "바람"은 예이츠의 충족되지 못한 욕망을 나타내기도 한다(Cullingford 192-3).

예이츠는 이 작품의 처음에서부터 계속 현상과 실재를 구별하여 현상의 배후에 실재가 있다는 이원론적인 입장을 보이고 있다. 이 과정에서 그는 과거의 업에 의하여 현재가 결정된다는 윤회론/연기설적인 입장을 보여주고 있다. 모드 곤이 백조의 딸이고, 자신은 그렇지 않다는 것은 과거의 업이 현재에까지 계속 이어지고 있음을 암시한다. 다시 말하여 모드 곤과 예이츠 자신 모두가 운명의 수레바퀴에 매여 있는 것이다.

그녀가 예전에는 젊음과 사랑을 지니고 있어서 시인이 이상적인 아름다움의 구현으로 생각하고 여러 편의 시에서 노래하기도 했지만, 이제는 노파가 되어 두 뺨은 움푹 파였다. 그 뺨은 어떤 실체가 있는 음식을 먹은 것이 아니라 마치 바람이나 그림자와 같은 실체가 없는 음식을 먹은 듯이 홀쭉하다. 그렇게 변한 것이 비단 모드 곤만은 아니다. 시인 자신도 비록 레다의 족속은 아닐지라도 예전에 젊었을 때에는 아름다운 청년이었다. "예쁜 깃털"을 가졌었다고 하는 것은 레다에서 연상되는 백조와 관련시킨 것이다. 한때 아름다웠던 몸이 늙어서 허수아비 같은 꼴이 되는 것이 생성, 변화하는 인간의 현실이니, 애인에 대한 생각을 이상화한 이미지는 다만 이미지일 뿐 결코 현실은 아니다. 그것은 가슴 아픈 일이다. 그래서 시인은 그런 생각은 그만두자고 말한다. 다만, 자기를 보고 웃는 사람에게는 웃어주고, 현실 그대로 마음 편한 허수아비와 같은 자신의 모습을 보여주겠다고 한다.

학생들의 모습에서 연상된 모드 곤과 자신의 현재의 모습과 과거의 모습을 신화적인 차원에서 일반화시킨 예이츠는 5연에서 개인적인 차별성을 떠나 보편적인 인간의 모습을 묘사한다.

> 어떤 젊은 어머니가, 생식의 꿀이 드러내어,
> 회상이나 그 약이 결정하는 바에 따라
> 잠자고, 고함치고 도망치려고 노력해야만 하는
> 형체를 무릎 위에 앉혀 놓고,
> 자신의 아들을, 만일 그녀가 그 머리 위에
> 육십이나 그 이상의 겨울을 얹은 그 형체를 보기만 한다면,
> 그의 출산의 고통이나 그를 세상에 내보낼 때의
> 불확실에 대한 보상이라고 생각할까?

여기에서 윤회의 개념이 보다 분명히 드러난다. 화자는 포피리의 이론을 들어 출생 과정을 설명하고 있는데, 이는 현재의 생명이 하나의 돌연한 존재가 아니라 예전부터 있어온 삶의 연장임을 드러낸다. 젊은 어머니는 아이를 낳는 과정에 있다. 그녀는 마취되어 있지만, 출생은 적어도 간헐적으로 의식적이기 때문에, 그녀는 의식과 회상 사이에 분리되어 있다. 이것은 그녀에게 시련이기 때문에 그녀는 할 수 있으면 도피할 것이다. 바로 생식의 꿀, 잉태의 즐거운 행동이 그녀를 이 고통에 빠지도록 한 것이고, 그것이 그녀를 배반했다(Wain 197). 또한 배반당하는 것이 어린 아이라고 할지라도 상황은 마찬가지이다.

"생식의 꿀"은 성적 교섭의 쾌락을 이야기하는 것으로 예이츠 자신의 주석에 따르면 포피리의 『요정의 동굴』에 관한 논문에서 인용한 것이라고 한다. 예이츠는 그 약에 의하여 인간이 태어나면 그 약의 효과에 따라 전생의 자유로웠던 기억을 잊고 편히 잠든다. 그렇지만 약의 효과가 없어지면 전생의 기억이 되살아나서 비명을 지르고 현세의 삶으로부터 도망치려고 몸부림친다고 한다.

포피리는 223년에 태어나 304년에 죽은 것으로 짐작되는 신플라톤 학파

의 철학자로 영원의 축복받는 상태로부터 시간이라는 감옥 속으로의 영혼의 통행을 설명하려고 노력한 사람이다. 예이츠 자신도 포피리에게서 "생식의 꿀"이 전생의 자유에 관한 회상을 파괴하는 약이라는 명확한 증거를 찾지는 못했다고 고백하고 있다. 그러나 여기서 아이가 비명을 지르거나 도망치려고 애쓰는 것은 그러한 약의 효과를 가리키는 것임에 틀림없다.

포피리의 작품은 호머의 『오디세이』의 상징주의에 관해 요정에게 바친 논평이다. 호머가 『오디세이』의 13장에서 묘사한 요정의 동굴에는 부지런한 벌들이 감미로운 꿀을 모아놓은 신성한 장인들의 작품과 사발이 있다. 포피리는 꿀의 정화 작용과 보존 기능 및 새턴(농업의 신)을 취하게 하는 효과에 관해 설명하고 물의 요정들과 연결시키고 있다. (꿀의 감미로움은 신학자들에게는 그것에 의해 새턴이 덫에 걸려 거세된, 생식에서 발생하는 쾌락과 동일한 것을 의미한다.)

윌슨은 플라톤의 전통에서 영혼은 축복받은 자들의 섬에서 삶으로 여행하고, 죽으면 시간을 거꾸로 살아서 출발점으로 되돌아온다고 설명한다. 오디세우스의 방랑은 삶을 상징한다. 그는 파에시아라는 성스러운 도시에서 지적인 삶으로 전향한 다음에 축복받은 자들의 섬인 이타카로 돌아온다. 그는 꿀이 생식에서 발생하는 쾌락이고 요정들과 꿀벌들이 이 세상으로 태어나는 두 종류의 영혼을 상징하는 동굴을 통해서 되돌아와야 한다고 말한다(Jeffares 252).

재생을 경험하는 영혼은 다양하게 "잠자고 소리치고, 도망치려고 애쓴다" (Diggory 204). 생식의 꿀에게 어머니가 배반당하여 생명을 탄생시키는데, 이를 다른 측면에서 보면 어떤 불멸의 존재가 생식의 유혹에게 배반당하여 삶으로 다시 태어나는 것이라고 생각할 수 있다(Dyson 92). 어머니가 자기 아들의 늙은 모습을 상상할 수 있기는 하지만 아들이 늙어가서 결국에는 무로 변화하리라고 생각하지 않는다. 또한 자기 자신도 그렇게 늙어 죽음의 세계로 들어갈 것이라고 생각하지 않는다. 현상계가 영원히 변하지 않고 있을 것이며 이 세상이 실체가 있다고 생각한다.

어린아이는 탄생하는 과정에서 출생 이전의 의식이 돌아오는 회상의 순간을 갖는다. 그러면 그는 자궁에서 도망치려고 노력한다. 어머니가 자기 아들이 60살이 된 것을 상상하면, 그녀는 자신의 출산의 고통뿐만 아니라 아들을 예전의 행복한 존재에서 불러내어 불만족스러운 영혼과 육체의 관계로 들어오도록 한 사실도 후회할 것이다(Wain 199). 이는 윤회하는 삶, 운명의 수레바퀴에 매여 있는 삶으로부터 도피하고자 하는 영혼의 몸부림을 보여준다. 그러나 사람들은 자신의 전생을 기억하지 못하고 내세를 믿지 못하기 때문에 동일한 잘못을 반복하여 계속 범한다.

예이츠는 제 6연에서 예전의 위대한 서양 철학자들을 등장시켜 그들의 삶이 공허함을 상기시킨다.

> 플라톤은 자연이 사물들의 희미한 모형 위에
> 떠도는 거품일 뿐이라고 생각했다.
> 보다 견실한 아리스토텔레스는 매질을 했다
> 왕 중 왕의 궁둥이 위에.
> 세계적으로 유명한 황금-허벅지의 피타고라스는
> 바이올린 활대나 줄을 손가락으로 연주했다
> 별이 노래하고 무심한 시신들이 들은 것을.
> 새를 쫓아버리는 낡은 막대기 위의 낡은 옷들일 뿐이다.

꿈과 이미지와 이상은 모두 현실이 아니다. 그 꿈에 실체가 부여되지 않고서는 현실이 될 수 없다. 그러면 우리가 꿈이라고 할 수 있는 이상과 현실과의 관계는 어떠한가? 예이츠는 희랍의 3대 철학가인 플라톤과 아리스토텔레스 그리고 피타고라스가 각각 그 문제를 어떻게 생각하였는가를 그들의 구체적인 행동을 예로 들어 보여준다.

예이츠는 세 명의 위대한 서양 철학자들이 주장한 현상과 실재에 관한 이원론적 이론을 이야기하는데, 그 목적은 철학자 자신이 노쇠와 죽음을 피할 수 없다는 것을 증명하기 위해서이다(Ellmann (1) 229). 연기설을 인식하지 못하고 있는 사람들에게는 현상이 전부인 것처럼 보이지만, 현상은 그 원천인 사물의 궁극적 실체, 즉 이 세상의 존재 원리의 반영일 뿐이다. 다시 말하여 현상은 실체가 없는 허상이다. 앞에서 설명한 색즉시공 공즉시색이라는 공관의 표현이다.

플라톤은 물질 세계인 자연을 이상 세계 위에 어른거리는 그림자 같은 것 또는 물거품처럼 변하기 쉬운 무가치한 것으로 생각했다. 그가 생각한 이데아의 세계가 만물의 원형이기는 하지만, 그것은 사실상 현실 세계에는 있을 수 없는 유령 같은 것이다. 그런 면에서 플라톤 보다 자연 만물을 한층 실질적으로 생각한 아리스토텔레스는 자신의 제자인 알렉산더 대왕, 다시 말하여 보통의 왕보다도 월등히 훌륭한 왕인 알렉산더 대왕, 즉 왕 중의 왕의 엉덩이에 매질을 가하여 자신이 이상적으로 생각하는 대로 현실을 개조하려고 노력하였다.

한편 피타고라스는 우주가 음악과 같은 조화로운 상태로 이루어졌다고 생각하고, 천체의 움직임이 천국의 음악을 연주한다고 생각하여, 그 직관을 자신의 바이올린으로 켰다. 그는 영원의 세계를 직관할 수 있는 철학가이기 때문에 제자들이 그의 허벅다리가 황금으로 되어 있다고 그를 신격화하기는 했지만, 그도 늙어서는 허수아비로 변하고 말았다.

각각의 철학가들이 자신의 이상을 어떻게 규정하였든지, 그들의 육체가 결국 막대기에 옷가지를 걸치고 새를 쫓는 허수아비와 같이 늙어가는 것은 틀림없고, 그것이 현실이다. 예이츠가 막대기에 낡은 옷가지를 걸쳐놓은 허수아비의 이미지로 노인을 나타내는 것은 다른 작품에서도 많이 사용하는 수법이다. 이 작품의 제 4연에서도 자신을 늙은 허수아비라고 말하고 여기서도 허수아비의 이미지를 제시하여 노인을 표현하고 있다.

아리스토텔레스나 피타고라스, 그리고 플라톤은 현상의 배후에 궁극적 진리가 있다고 주장한 사람들이다. 피타고라스는 6세기의 그리스 철학자로 영혼의 이주에 관한 원칙을 발전시켰고, 우주와 음계에 수학적 기초를 부여했다(Jeffares 254). 아리스토텔레스는 논리학을 발명한 사람이고, 플라톤은 원형적 형체의 존재라는 이데아론을 제시했다(Wain 200). 그들 모두 허수아비에 불과하며 그들이 이룬 업적조차 아무것도 아니다(Ellmann (2) 258).

허수아비는 겉껍질만 있을 뿐 실체는 없다. 이는 모두가 자성이 없이 공하기 때문이다. 그들도 시인 자신과 마찬가지로 자성이 없기 때문에 허수아비에 불과하다. “감각적 아름다움의 미래”(이한묵 62)가 무의미할 뿐만 아니라 자성이 없으므로 그 현재도 공허하다. 예이츠는 이러한 서양의 이원론적 갈등을 극복하는 방법을 동양의 불교에서 찾는다(서혜숙 1998 20).

예이츠는 갈등의 극복방법을 찾기에 앞서서 불교적인 관점에서 그 갈등의 원인을 고찰한다.

> 수녀들과 어머니들은 상들을 숭배한다,
> 촛불들이 밝히는 것들은
> 어머니의 환상을 활기차게 하는 것들과 같지 않다,
> 그러나 대리석이나 청동의 평온을 유지한다.
> 그러나 그것들도 가슴을 찢는다—오
> 정열, 경건, 아니면 애정이 알고
> 천상의 모든 영광을 상징하는 존재들이여—
> 오 인간의 일을 조롱하는 스스로 태어난 자여.

이와 같이 우리가 영원하다고 생각하는 이미지들은 각자가 다르게 자신의 마음 속에 그리는 이미지일 뿐 현실은 아니다. 수녀는 성모마리아의 상을, 어머니들은 자기의 자녀들을 이상적인 상으로 숭배한다. 촛불로 밝히는 성모마리아의 상은 대부분 대리석이나 청동으로 만들어졌기 때문에 세월이 흘러도 변화를 보이지 않는 안정된 상으로 여겨진다. 어머니의 환상에 활기를 주는 아기들 같이 세월이 흐름에 따라 급격하게 늙어가지는 않지만 오랜 세월 동안 서서히 변화한다. 그렇기 때문에 여전히 현실이 아닌 것은 틀림없는 사실이다. 이상적인 이미지가 현실이 아니기 때문에 환멸의 비애를 느끼는 것은 수녀도 어머니와 마찬가지이다. 애인은 열정을 통하여, 어머니는 애정을 통하여 각자 자신의 마음 속에 이상적인 영원한 어떤 상을 그린다. 그러면 그 “존재”는 무엇인가?

그 이미지들은 영원하고 절대적이며 영광스러운 천국의 상징이다. "열정, 경신, 애정"이 알고 있는 그 이미지들은 현실과 동떨어진 존재가 아니라, 현실 그 자체에서 생겨난 것이며, 그러면서도 현실은 아닌, 현실보다는 우위에 속하는 존재이다. 여기서 "열정, 경신, 애정"이라는 세 가지로 분류된 이미지는 각각 애인의 이미지, 종교적인 이미지, 어머니의 자식에 대한 이미지를 가리킨다. 현실이 변화하고 쇠퇴하는 허수아비 같은 것이므로, 영원하고 완전한 이상적인 존재는 현실을 경멸한다.

수녀와 어머니와 연인들이 숭배하는 이미지는 실재 그 자체보다는 실제의 비전을 제시한다(Unterecker 192). 여기서 삶의 긍정 자체가 가슴을 아프게 한다. 화자는 아이들과, 자신의 기억 속의 사랑과, 수녀와, 무엇보다도 출산의 고통을 겪는 어머니들과 감정이입을 한다(Rosenthal 150). 어머니는 자기 아들의 이미지를 숭배한다. 수녀가 신의 이미지를 숭배하는 것과 마찬가지이다. 수녀의 경건함은 대리석이나 청동 조상의 정적에서 영원과 성스러움을 본다. 종교적 진리의 실현이 수녀들에게는 원칙적으로 이미지의 문제이다.

수녀는 어머니가 아들에게 실망하는 것과 같은 방식으로 이 이미지들에 실망하지 않는다. 그러나 수녀는 헌신적인 삶의 어려움을 경험할 수 있다. 그렇기 때문에 수녀가 숭배하는 형상들도 그 나름대로의 방식으로 그녀의 마음을 쪼갤 수 있다(Wain 203). 어머니나 연인이나 수녀나 모두 애정이나 정열 또는 경건함에 의해 눈이 멀었기 때문에 그들은 삶이나 사실에 의존하지 않는 이미지들을 본다(Ellmann (1) 229). 그들은 관찰에 의지하지 않고 부패와 필멸이 사실인 감각의 증거를 무시하기 때문에, 스스로 태어난 것이다. 완전하고 나이를 먹지 않기 때문에 그들은 인간의 일을 조롱한다. 이들은 천상의 영광의 상징이다(Ellmann (2) 258).

어머니와 갓난아이의 관계, 수녀와 성자나 신에 대한 관계 및 연인의 상대방에 대한 관계는 상대적이다. 어느 하나도 독립된 자성을 지니고 있지 못하기 때문에 서로의 관계성/상의성을 떠나서는 존재할 수 없다. 아이가 없는 어머니는 있을 수 없으며, 어머니 없는 아이도 있을 수 없다. 또한 수녀가 이미지로 숭배하는 신도 마찬가지이다. 수녀가 신이라는 이미지를 상정하고 그것을 숭배하기 때문에 신이 되는 것이며, 신을 숭배하지 않는 수녀도 있을 수 없다. 연인 사이의 관계도 마찬가지로 상대방의 존재가 없으면 이루어질 수 없다. 그렇기 때문에 이들은 서로의 관계에서 존재하는 것이다.

예이츠는 이러한 관계성을 인식하고 영탄조로 "오 존재들이여"라고 이들을 부른다. "오 존재들이여"라는 구절에서 우리는 모드 곤에 대한 예이츠의 사랑, 종교의 황홀, 모성의 완수를 상상한다(Dyson 95). "정열, 경건 또는 애정"은 아이러니가 없는 말들이다. 즉 모든 천상의 영광을 상징하는 존재들은 플라톤적인 추상이 아니라 그것이 없으면 시가 없고 예이츠도 없는 존재이다. 기억과 상상력이 이미지에 이런 방식으로 작용할 때, 그들은 그 자체의 존재의 순서로 그 이미지를 복합적인 것으로 변형시킨다. "존재들"은 세 종류의 연인들에게 알려진 사랑의 복합적인 이미지들이다. 이러한 색의 세계는 그 실체가 없는 현상일 뿐이기 때문에 스스로 태어난 존재인 허상일 뿐이다.

마지막 연에서 예이츠는 지금까지의 이원론적인 사고방식을 버리고 일원론적으로 사고한다.

> 노동은 육체가 영혼을 즐겁게 하려고
> 상처입지 않는 곳에서 꽃피거나 춤춘다,
> 아름다움은 그 자체의 절망에서 생기지 않고,
> 흐린 눈의 지혜는 한밤의 기름에서 생기지 않는다.
> 오 밤나무여, 크게 뿌리박은 꽃피우는 자여,
> 그대는 잎인가, 꽃인가, 아니면 줄기인가?
> 오 음악에 맞춰 흔들리는 육체여, 오 반짝이는 시선이여,
> 어떻게 우리는 무용수와 무용을 구별할 수 있겠는가?

현실에서는 윤회를 계속하는 영적 존재와 현상으로 나타나는 모습의 구

분이 되지 않는다. 밤나무는 현상으로 드러난 잎과 줄기뿐만 아니라 눈으로 보이지 않지만 밤나무가 존재하게 하는 뿌리 즉 생명의 원천인 "영"과 분리될 수 없다. "천상의 모든 영광을 상징하는"(Bornstein 69) 무용수도 역시 존재의 통합의 이미지이다(Bornstein 64).

예이츠와 그의 애인이 예전의 그 어느 날 통합되는 듯이 보였듯이 육체와 영혼이 여기서 결합된다. 이 주제를 성공적으로 달성하면서, 그는 지금까지의 선언적인 묘사로부터 돈호법을 이용한 천상의 영광의 완전한 상징의 세속적 숭배로 나아간다(Ellmann (2) 258). 세속적인 삶에서는 육체가 영혼을 즐겁게 하기 위해 망쳐지고, 아름다움은 단지 그것이 부족하다는 절망에서 오고, 지혜는 그것을 얻기 위해 치른 노동에 의해 얼룩진다.

노동이라는 말은 출산의 고통의 수고, 예술의 노동, 종교의 수고, 짝사랑의 고통, 그리고 결코 발생하지 않는 무언가를 준비하는 삶의 고통을 포함한다(Dyson 96). 이러한 노동을 위해, 다시 말하여 영혼을 위해 육체를 혹사하지 않고, 지혜를 얻기 위해 밤을 지새우지 않고, 아름다움을 위해 절망하지 않는 삶의 자세가 필요하다. 이러한 경우에만 조화로운 영혼과 육체, 지혜와 아름다움이 얻어질 수 있다. 아무도 장님만큼 시력을 숭배하지 않고, 불완전한 자만이 그 반대의 상태에 대하여 감사할 수 있다(Ellmann (1) 230). 이상을 위하여 현실을 희생하지 않는 상태에서만이 노동은 꽃피고 춤춘다. 현실과 이상이 통합될 때에만, 그 나름의 현실적 가치가 있다.

이러한 현실 긍정의 자세는 불교의 일원론적 사상을 예이츠가 나름대로 수정하여 받아들인 것으로 생각된다. 원래 불교는 염세주의적인 종교가 아니라 오히려 현실을 긍정하는 종교로 현실과 이상을 구별하지 않는다. 그러나 현상계를 관계론적으로 설명하고, 현상계의 모든 존재들이 스스로 존재할 수 있는 독자적인 본성이 없기 때문에 공하다는 개념을 사람들이 잘못 이해하는 나머지 불교가 염세주의적이라고 잘못 이해되고 있다. 색즉시공 공즉시색이라는 말은 색과 공이 다르지 않고, 그것의 본성이 공함을 말하는 것이므로 오히려 현상계로 드러난 색의 세계를 그것 나름대로 긍정한다. 예이츠는 이러한 불교의 공사상을 한 편으로 수용하면서 또 한 편으로는 수정하여, 영혼과 육체, 이상과 현실이 통합될 때 존재 의의가 있다고 한다. 예이츠는 마지막 연에서 현실과 이상, 즉 육체와 영혼의 이원론적 상태를 구체적인 이미지로 제시한다.

"고행"이라는 말은 영혼과 육체가 함께 결합되어 움직이는 것을 말한다. 그렇게 영혼과 육체가 함께 결합되어 활동하는 데서 육체는 영혼을 즐겁게 하기 위하여 손상되는 일이 없고, 아름다움을 숭배하지만, 그 아름다움이 담겨져 있는 물체에 실망을 느끼는 일이 없다. 밤을 새워가며 공부하여 눈이 흐려지고 육체가 못쓰게 될 때 무슨 지혜가 생겨나겠는가? 아무 지혜도 생겨나지 않는다.

예이츠는 영혼과 육체가 완전히 조화를 이룬 모습을 "꽃핀다," "춤춘다"라는 말로 비유하였다. 영혼과 육체는 마치 땅에 깊이 뿌리를 박고 꽃을 피우는 밤나무와 같아서, 뿌리와 잎과 꽃과 줄기를 따로따로 구별할 수 없는 일체화된 존재이다. 꽃이나 뿌리 또는 줄기 등 어느 한 부분만이 밤나무를 이루는 것이 아니다. 모든 부분이 서로 의존하여 조화롭게 존재할 때 밤나무가 된다. 음악에 맞추어 몸을 흔들어대는 빛나는 눈길의 무용수의 춤과 같이 현실적인 인간이 없으면 아름다운 춤은 없는 것이다. 춤과 무용수를 분리할 수 없는 것처럼 이상과 현실, 정신과 육체는 분리할 수 없는 것이다.

"오 밤나무여"에서 시인의 열광은 경이와 더불어 살아 움직인다. 존재의 신비는 이 육화된 영광만큼이나 사실적이고 화려하다(Dyson 96). 밤나무는 그것을 이루고 있는 어떤 한 부분이 아니라 전체가 조화를 이룰 때 밤나무로서의 의의가 있다. 이것이 현실에 뿌리를 두고 있는 예이츠가 내린 결론이다. "무용수와 무용을 어떻게 구별할 수 있는가"도 역시 마찬가지로 역시 그 순간에 실재가 있음을 말한다. 이 무용은 강력한 순간의 삶을 나타낸다(Dyson 202). 무용수의 이미지는 "신과 인간 사이의 신비적인 결혼"(유배균 1998 140)에 토대를 두고 있다.

가장 세속적인 상황에서 구축되고, 모드 곤의 기억을 통해서 추구되고, 형이상학적 염세주의를 겪고, 개인적인 고통과 노화와 연결되어 "무용"의 용해될 수 없는 신비가 "무용" 속에 사로잡히는 무시간의 순간에 나타나도록 통합시키는 것이다(Dyson 97). "무용"은 이질적인 다양한 것이 회전하는 소용돌이 속에서 소멸된 순간적인 비전의 이미지로서 조화와 합일에서 오는 황홀의 극치이다. "무용"을 통해서 그는 열정과 무절제를 결합시키고, 정지를 황홀, 절제, 연단과 결합시킨다. "무용"은 운동과 정지, 행동과 명상, 육체와 영혼의 합일을 나타내는 이미지이다(정해성 178-9).

예이츠가 이 작품에서 지향하는 최고의 목표는 육체와 정신의 통합이었다. 보통 육체와 영혼은 적대적으로 나타나지만, 이와 같은 비전의 순간에는 육체가 영혼과 결합하여 가시적으로 된다(Diggory 190). "무용" 가운데서 개성과 추상적인 이미지가 융합되는 것이다(Ellmann (1) 168). 시인은 추상적인 사상을 구체적인 이미지로 구상화하여 통합을 보여준다(정해성 179). 그는 육체라는 현실을 솔직히 인정함으로써 오히려 육체와 정신, 현세와 천국이라는 이분법적 대립논리에서 벗어난다(서현주 259). 그는 육체와 정신이 상호의존적이고 관계성을 바탕으로 존재한다는 사실을 인식하고 있었다.

예이츠의 실재는 바로 영과 육, 이상과 현실, 그리고 시간과 영원이 조화를 이루는 상태인 "존재의 통일"이다. 그는 진공 상태의 영원성이 아니라 현실적 영원성 또는 완전성을 추구하고 있다고 볼 수 있다. 그의 완전성과 영원성은 현실의 희생을 통해서가 아니라 현실의 인정을 통하여 얻어질 수 있다. 예이츠의 실재는 현실과 영원의 결합이며 조화이다. 이처럼 그의 내적 자아는 현실을 완전히 수용하고 그 현실에서 자신의 완전성을 모색할 만큼 성장하고 강화되었다(조동열 113). 영과 육, 이상과 현실이 조화를 이룬 "존재의 통일"은 불교적으로 말하면 현실 가운데서 순간적으로 달성되는 열반의 세계라 할 수 있다. 예이츠는 이상과 현실의 갈등을 궁극적인 열반의 세계에 도달함으로써 해결하지는 못하였지만, "존재의 통일"이 순간적으로 가능하다고 결론지음으로써 순간적인 열반의 세계를 경험한 것으로 보인다.

IV. 끝내기

이 작품은 예순 살 먹은 미소 짓는 공직자와, 나이 든 예전의 연인과 미래의 철학자를 밤나무 같은 유기적인 전체로, 무용수의 움직임처럼 일관된 전체로 통합하려는 시도를 보여준다. 화자도 단편적인 예이츠가 아니라 단편적인 모습들이 모두 통합된 전체적인 인간으로서의 예이츠가 된다(Unterecker 191). 여기서 예이츠는 현실의 삶, 현실의 존재가 궁극적인 세상의 존재 원리와 분리되어 존재할 수 없음을 보여준다. 불교의 붓다는 현실과 동떨어진 존재가 아니라 세상의 존재 원리이며 그것을 인식하지 못하고 있는 사람들에게 법신으로서는 인식되지 못하기 때문에 화신으로 나타난 모습이 석가모니 부처(고타마 싯달타)이다.

재생에 대한 예이츠의 믿음은 엘리엇이 말했듯이 "마법으로 천국을 얻으려는"(*UPUC* 140) 비정상적인 시도의 결과가 아니다. 또한 예이츠는 스티븐 스펜더가 주장하듯이 "비밀스러운 엄숙한 분위기를 만들어내기 위하여 이상한 일들을"(127) 믿는 체하지도 않았다. 그가 에세이에서 말하듯이, 그는 경험으로 인하여 이상한 일들을 믿게 되었다(*E&I* 51). 불교를 모르는 예이츠 시대 사람들에게는 이상하고 비전통적인 것으로 생각되었지만, 재생의 개념은 그를 만족시켰다. 예이츠는 불교의 재생의 개념을 수정하여 바로 여기에서 지금 가능한 한 많은 삶을 사는 기회를 재생으로 보았다(Shin 4).

예이츠는 인간을 불완전한 존재로 보았으며, 이러한 불완전한 상태를 극복하여 자신의 완성과 영원을 성취하기 위해 부단히 노력한 시인이다(조동열 93). 그가 추구하는 완성은 초월적이고 기독교적인 완성이 아니라 인간적이고 세속적인 완성이다. 이는 그의 실재가 외부 세계에 존재하는 것이 아니라 그의 내면에 있기 때문이다(조동열 96). 해롤드 블룸은 예이츠의 특징을 경험의 내면화라고 지적하고 있다(4). 그는 자신의 삶과 경험을 통하여 완전한 상태를 지향했으며 "존재의 통합"이 바로 그가 도달한 완전한 상태이다. "존재의 통합"은 현실을 인정하고 수용하는 것을 전제로 한다(조동열 112).

예이츠의 존재의 통합의 개념은 통합의 기대나, 가정이 아니라 그것을 향한 끊임없는 투쟁이다. 예이츠는 경험의 세계에 많은 삶이 있다고 믿었기 때문에 고정된 것은 생명이 없는 것으로 생각했다(Shin 142). 예이츠는 존재의 통합의 개념을 그것을 향하여 끊임없이 노력하는 것으로 설정했고, 그 안에서 반복하여 범하는 잘못 때문에 후회하기도 하지만, 축복의 상태에 순간적으로 도달할 수 있다고 보았다(Shin 156).

불교에서는 재생의 순환 고리를 끊는 것을 열반으로 보았으나 예이츠는 존재의 통합을 일종의 열반으로 보고 있다. 재생의 순환 고리를 끊는 것이 아니라 다시 새로운 삶으로 태어나는 것으로 보았다는 점에서 불교의 영향을 받았으나, 현실적으로 주어진 한 번의 생에서 많은 삶을 사는 것을 재생으로 본 것은 그 나름대로의 창안이다.

예이츠는 「싱의 죽음」이라는 에세이에서 가면을 쓰는 것을 재생으로 보고 있다.

> 나는 모든 행복이 어떤 다른 자아의 가면을 쓰는 에너지에 달려 있다고 생각한다. 즐겁거나 창조적인 모든 삶은 자신이 아닌 다른 무언가의 재생이다, 기억도 없고 한순간에 창조되어 영속적으로 새로워지는 무엇. 우리 자신을 심판의 두려움으로부터 숨기기 위해 우리는 괴상하거나 엄숙하게 색칠된 얼굴을 쓰고, 사람들이 실재를 잊는 가상의 잔치를 창안한다. 이는 어린 아이의 잔치와 같은 게임이다. 여기서 사람들은 자기 인식이라는 무한한 고통을 상실한다. 어쩌면 이 세상의 모든 죄와 에너지는 무한히 눈멀게 하는 빛으로부터의 도피일 뿐이다. (*A* 503-4)

우리는 삶을 부분으로서가 아니라 전체로 보아야 한다. 육체와 영혼이 통합된 삶으로 보아야 한다. 예이츠는 밤나무와 무용수의 이미지로 하나됨의 상태를 제시한다(유배균 1998 144). 프랭크 커모드는 이 무용수가 예이츠의 위대한, 화해시키는 이미지로 죽음 속에 삶을, 삶 속에 죽음을, 움직임과 정지를, 행동과 명상을, 육체와 영혼을 포함한다고 말하여 그 특징을 요약한다(48). 예이츠는 인간 세계의 갈등은 필연적이라는 사실을 인식하게 되었고, 현실에 깃든 갈등과 인간 자체의 내재적인 이원성, 그리고 현실과 이상 세계 사이에 항상 존재하는 이원적 질서를 새로운 시각에서 본 것이다(이세순 1995 21).

예이츠는 갈등을 일으키는 시인의 자아와 피안의 세계 어느 것에도 우위를 두지 않고(유석형 1999 273) 이들이 조화로운 통합체로 존재할 때 순간적인 열반의 경험을 갖는다. 고행하는 스님들의 육체에 대한 혹사는 영혼의 완성을 위한 몸부림이다. 예이츠는 육체도 영혼만큼이나 중요하므로 영혼을 위해 육체를 희생하지 않고 육체를 지닌 상태로 영혼의 즐거움을 찾아야 한다고 생각한다.

예이츠는 『자서전』에서 자신의 종교적 감수성이 나아갈 방향을 아래와 같이 쓴 바 있다.

> 나는 매우 종교적이다. 그리고 혐오하는 헉슬리와 틴달에 의해 어린 시절의 순진한 종교를 빼앗긴 후에 나는 새로운 종교를 만들었다. 철학자와 신학자들에게서 다소 도움을 받아 시인들과 화가들에 의해 세대에서 세대로 전해지는, 그들의 첫 표현과 분리할 수 없는 시적 전통의, 이야기 다발의, 인물들의, 그리고 정서들의 거의 전혀 오류가 없는 교회를 나는 만들었다. 나는 이 전통을 영원히 발견할 수 있는 한 세계를 발견하기를 소망했다. 그림이나 시에서만이 아니라 벽난로 선반 속에서와 초고를 배제하는 족자에서도 한 세계를 발견하기를 소망했다. (*A* 115-6)

예이츠는 자신만의 교회를 만드는데 있어서 아일랜드의 민속신앙, 접신술, 강신론, 신플라톤주의, 스웨덴보리의 신비사상, 블레이크를 비롯한 낭만주의 시인들을 연구하여 자신의 생각과 감성을 조직화하였다(김철수 111). 이 과정에서 인도의 고대사상의 정수를 그대로 수용한 불교 사상이 그의 일원론적 사고방식의 형성에 큰 역할을 했다. 이 작품을 통하여 살펴본 바와 같이 예이츠는 "존재의 통합"이라는 나름대로의 종교 세계를 창안하였는데, 이는 고금의 철학 사상을 포용하고 있을 뿐만 아니라 불교의 연기설을 바탕으로 하고 있다.

「청금석 부조」: "비극적 환희"와 불교

I. 시작하기

예이츠가 동양 사상, 특히 불교에 관심을 가진 전기적 사실을 간략히 살펴봄으로써 "비극적 환희"와 불교와의 연관성을 살펴보기로 한다.[1] 예이츠와 미술 학교에서 처음 만나 평생지기가 된 조지 러셀은 예이츠와 만날 당시인 1884년에 이미 동양 철학을 알고 있었다(*MM* 33). 예이츠는 그를 통하여『동방의 성전』,『불교 경전』,『바가바드 기타』및『우파니샤드』를 읽을 기회를 가졌을 가능성이 많다(Shin 45).

1885년 부활절 직후에 예이츠는 에드워드 도우덴에게서 시넷이 쓴『심원한 불교』에 관해 들었다. 예이츠는 삶과 영혼의 발전을 우주적으로 설명하는 이 책에 대단히 심취하였다. 그가 이 책에 심취했다는 사실은 존스턴에게 이 책을 소개한 바 있는 것으로 확인된다(*MM* 63).

예이츠는 블라바츠키 여사를 만날 무렵인 1888년에 그녀가 쓴『베일 벗은 아이시스』와『은밀한 교의』를 읽었을 것으로 짐작된다. 블라바츠키 여사는 모든 옛 종교들의 유사성을 강조함으로써 동양과 서양의 종교, 철학, 과학 전통을 통합하려고 시도한 신지론자이다. 리처드 엘만은 블라바츠키

---

1) 예이츠의 작품에서 동양 사상적 요소가 많이 발견되는데, 이것이 동양 사상 연구에서 비롯된 것인지 아니면 아일랜드의 신화와 전설의 연구에서 비롯된 것인지는 확인할 수 없다. 예이츠는 동서양의 사상 체계가 한 때 동일했다고 다음과 같이 말한다. "우리가 교회 안에서나 밖에서 동양을 향할 때, 우리는 고대 서양이나 북방으로도 마찬가지로 향한다. 전해져온 이교 아일랜드 철학의 한 단편인「아머진의 노래」는 아시아적인 것처럼 보인다.『베다』와 우파니샤드의 사상체계와 같은 사상체계가 비록 덜 완벽하기는 하지만, 한때 전 세계에 퍼졌던 것으로 보인다." (재인용 Shin 60-61)

여사의 책이 “예이츠로 하여금 포괄적인 우주론을 처음 접하게 한 것”(*IY* 60)이라고 한다. 예이츠의 신비주의에 대한 관심은 그를 동양 철학의 연구로 이끌었다.

그 결과 1930년대 정치적으로 혼란한 시기에 예이츠는 동양 철학 연구에 몰두하였으며 인도 철학에 관한 글과 인도 성자들에 대한 책에 서문을 많이 썼다. 1931년에 8세기 중국의 선사상에 관한 책인 『황금 꽃의 비밀』을 읽었으며 그 다음 해인 1932년에 『인도 승려』를 발표하고 이어서 「성스러운 산」(1934), 『만두카 우파니샤드』(1935), 「『10개의 중요한 우파니샤드』에 대한 서문」(1936), 「『요가의 경구』 서문」(1938) 등을 발표했다.

이 당시 그는 또한 『초자연적인 시가들』(1934)을 썼으며 인도의 승려 스리 푸로힛과 함께 『우파니샤드』(1936)를 번역하기도 했다. 1931년에 처음 만난 스리 푸로힛과 깊이 교제하면서 1935년에 마조르카에서 다섯 달을 함께 보내기도 하였고 『우파니샤드』를 함께 번역했다. 1937년에는 『우파니샤드 철학의 발전적 개관』을 읽었다(유배균 1997 133).

예이츠의 동양 사상 형성에 큰 영향을 끼친 것으로 생각되는 또 한 명의 동양인은 모히니 채터지이다. 벵갈의 바라문인 채터지를 그는 1885년에 만났다. 예이츠가 그에게 기도해야하는가 하고 물었을 때 채터지는 자신이 많은 삶을 살았고 노예의 삶을 살기도 했으며 왕자의 삶을 살기도 했다고 말하며 예전에 있었던 모든 것들이 다시 있을 것이라고 말한 바 있다(*IY* 44). 이와 같이 기도와 윤회 등에 관해 많은 대화를 한 채터지에게 1935년에 보낸 편지에서 예이츠는 “집사람은 내가 당신을 종종 인용한다고 말해요”(재인용 Shin 59)라고 쓴 바 있다. 이는 예이츠 자신이 받은 동양 사상의 영향을 토로하는 것으로 보아도 큰 무리가 없을 것이다.

이러한 많은 증거로 볼 때 예이츠의 동양 사상에 대한 관심은 젊은 시절 한 때의 취미가 아니라 평생에 걸친 것이었고, 예이츠의 정신에 깊이, 큰 영향을 끼쳤음을 짐작할 수 있다. 비록 예이츠가 자기 부정이나 순수한 강신술 같은 인도 철학의 어떤 특징을 버렸지만, 대부분의 것은 버리기보다는 자기 나름대로 사용할 수 있도록 유지했다. 예를 들어 채터지에게서 배운

명상법을 예이츠는 상상력이나 비전과 유사한 것으로 변형시켰다.

이와 같이 예이츠가 동양 사상에 관심을 가진 것은 초기에서부터 후기에 이르기까지 평생의 일이었다. 특히 후기 작품으로 갈수록 사상적 경향이 짙어지면서 동양 사상이 보다 명시적, 암시적으로 사용되고 있다. 후기 작품에서 직접 사용되기도 하는 용어인 "비극적 환희"도 역시 불교와 직접 관련이 있는 것으로 해석될 수 있다. 여기에서는 후기의 작품인 「청금석 부조」를 중심으로 하여 "비극적 환희"가 불교적인 의미로 해석될 수 있음을 살펴본다.2)

II. 전개하기

예이츠는 사원과 나무 및 오솔길을 통하여 은둔자와 그의 제자가 산을 올라가는 모습 등이 조각된 청금석 부조를 해리 클리프튼에게서 선물로 받았다. 도로씨 웰슬리에게 보낸 한 편지에서 예이츠는 중국인 조각가가 조각한 이 구슬과 관련하여 "고행자, 그의 제자, 딱딱한 돌 등은 관능적인 동양의 영원한 주제이다. 절망 가운데 영웅적인 부르짖음이 있다. 아니, 내가 틀렸다, 동양은 항상 그 해결책을 갖고 있다. 그러므로 비극에 관하여는 전혀 모른다. 동양이 아니라 우리가 영웅적인 부르짖음을 크게 외쳐야 한다"(Unterecker 261)고 말했다. 예이츠가 이 편지에서 암시하듯이 동양적인 내용이 이 작품의 주제이며, 서양의 영웅적인 부르짖음과 연관되어 있다. 동양에 그 부르짖음의 해결책이 있음을 긍정함으로써 예이츠는 자신이 궁극적으로 추구하는 목표가 동양적인 해결, 또는 동서양의 통합적인 관점에서의 해결임을 암시한다고 보아도 무리가 없을 것이다.

「청금석 부조」를 제목으로 사용한 이 작품의 주제는 예술가의 비극적 환희, 계속하여 반복되는 문명의 흥망성쇠, 현재의 우리 문명의 종말적 상황

---

2) 엘만은 예이츠의 인간관과 인간의 심리에 관한 생각이 블레이크와 니체의 견해와 유사하다고 주장한다(IY 92-3).

에로의 접근, 단순한 사건들의 비극에 대한 예술과 철학의 승리 등이다. 그 중에서 가장 큰 주제는 "비극적 환희"라고 할 수 있다. 왜냐하면 문명의 흥망성쇠와 현재의 문명이 종말에 다다르고 있다는 사실도 보다 큰 주제인 "비극적 환희"에 포함되기 때문이다. 또한 비극적 환희가 예술과 철학과 관련되어 고찰되고 있으므로 예술과 철학의 승리도 "비극적 환희"라는 주제에 종속된다.

제 2차 세계대전을 앞두고 창작된 이 작품은 전쟁에 대한 암시로 시작된다.

> 나는 들었다 병적으로 흥분한 여인들이 말하는 것을
> 자기들은 팔레트와 바이올린 활과,
> 항상 명랑한 시인들에 넌더리가 난다고,
> 왜냐면 모든 이들은 알거나 알아야 하리라고
> 만일 근본적인 조치가 취해지지 않으면
> 비행기와 비행선이 나와서,
> 빌리 왕처럼 폭탄을 떨어뜨려
> 도시를 납작하게 만들 것임을.

이 연은 현대에 초점이 맞추어져 있다. 병적으로 흥분한 현대의 여인들이 팔레트로 대변되는 미술, 바이올린 활로 대변되는 음악, 명랑한 시인으로 대변되는 시와 같은 예술을 싫어하는데, 화자는 이를 비행기와 비행선 및 빌리 왕으로 대변되는 전쟁의 파괴적인 힘 보다 더 나쁜 것으로 본다 (Unterecker 258). 이 작품이 창작된 것이 1936년 7월이다. 지금 유럽은 제 2차 세계대전을 맞이하여 전쟁을 치르고 있으며, 영국은 독일의 비행기와 비행선에서 쏟아지는 폭탄 세례를 받고 있다. 비행선과 폭격기가 등장함으로써 죽음이 임박했음이 암시된다.[3] 여인들은 무언가 극적인 조치가 있어

3) 1936년에 제플린을 폭격하는 것으로 사용한 것은 시대착오적이지만 예이츠는 제플린이 1914년부터 18년 사이에 런던에 폭격을 가한 사실을 기억하고 있다. 전쟁은 시대를 막론

야한다고 주장한다.

여인들은 자신의 영혼을 고양시키는 예술을 등한시하고 행동적인 것들을 좋아한다. 이 여인들은 모드 곤이나 콘 마키에비츠와 같은 여인들로 거리에서 대중을 선동하는 연설을 하느라 자신의 아름다움과 목소리를 상실한 사람들이다. 이들은 정신의 수양이나 영혼의 고양과 같은 정적인 활동보다 동적인 활동을 중시하고 좋아하는 여인들이다. 이 작품의 나머지는 이들이 거부하는 예술에 대한 옹호라고 할 수 있는데, 예술은 예술가로 하여금 즐겁고 빛나는 눈으로 죽음을 직면하도록 한다.

예술가가 창조한 등장인물들은 죽음이 다가온다 하더라도 예술을 거부하는 여인들처럼 정치적인 활동을 하거나 자신의 신세를 한탄하지 않고 주어진 역할을 나름대로 충실히 수행한다.

모두가 자신의 비극을 연출한다.

> 저기 햄릿이 활보하고, 리어가 있고,
> 저건 오필리아, 저건 코델리아,
> 그러나 그들은, 만일 마지막 장면이 되어,
> 커다란 무대 장막이 내려지려 하더라도,
> 극 중의 그들의 뚜렷한 역할이 가치가 있다면,
> 우느라고 대사를 중단하지 않는다.
> 그들은 알고 있다 햄릿과 리어가 명랑하고,
> 명랑함이 두렵게 하는 모든 것을 변형시킨다는 것을.
> 모든 이들이 목표했고, 발견했고 그리고 잃었다.
> 무대 소등. 머리 속으로 빛내며 들어오는 천국,
> 최대한도로 진행된 비극.

하고 동일한 것이 라는 생각이 여기에 암시되어 있다. 또한 예이츠는 윌리엄 왕을 빌리 왕이라고 부른다. 이 이름은 아일랜드의 기억과 정치적 연상을 보다 많이 불러 일으킨다. 윌리엄은 또한 1888년부터 1918년까지 독일의 황제였던 빌헬름 2세를 암시하기도 한다 (Jeffares 363-4).

비록 햄릿이 천천히 거닐고 리어가 분노해도,
수십만 개의 무대 위에서
모든 무대 장막이 동시에 내려진다 해도,
그것은 한 인치도, 한 온스도 자랄 수 없다.

이 연은 예술가의 등장인물들이 비극과 죽음을 맞이하는 방식을 탐구한다(Unterecker 259). 예이츠의 비극적 영웅들은 자신의 옛 이론에 따라 행동한다. 그들은 이미 결정되어 있는 비극적 역할을 수행한다. 또한 그들이 실제로 죽는 순간은 그들의 무대가 성공하는 순간이다. 왜냐하면 죽음이 그들을 그들 자신의 선택된 이미지로 융합시키기 때문이다(*IY* 186). 햄릿과 같은 인물, 리어와 같은 인물, 오필리어나 코델리어와 같은 인물 등 모든 사람들이 비극적인 인물이 되어 그들 나름대로의 역할을 한다. 오필리어와 코델리어는 앞 연에서 나온 병적으로 흥분한 여인들과 대조되는 인물들이다(Jeffares 364).

자신의 배역을 맡아 연출하는 배우, 즉 자신의 삶을 살고 있는 모든 사람들은 대단원의 막이 내린다 할지라도 울고불고하며 극을 망치지 않는다. 그들은 모두 쾌활하고, 현재의 삶을 의연하게 살고 있다. 바로 이것이 인간정신의 의연하고 고귀한 점으로 비극적 환희를 가져오는 요소이다. 예이츠는 이 비극적 환희를 모든 사람들이 목표하고 발견했다가 잃어버리고, 그 뒤에는 암흑이 오는, 두려움을 변형시키는 기쁨이라고 말한다.

여기서 배우들이 담당하고 있는 배역은 이들의 실제의 삶이 아니라 꾸며낸 삶이다. 이를 불교적으로 말한다면 사람들이 실체가 없는 현상계의 삶을 영위하는 것과 마찬가지이다. 불교에서는 배우들이 무대에서 행하는 배역이 아니라 인간의 삶 자체가 실체가 없는 것이라고 말한다. 여기서 배우들이 등장인물들의 역할을 하는 것은 실제로 무대에서만 존재하는 삶이기 때문에 일반적인 관점에서 보면 그들의 실제의 삶과 달리 공(空)하다. 불교적인 관점에서 보면 배우들의 삶 자체도 공한 것이지만, 이들이 맡은 배역으로서의 삶은 배우들의 입장에서 보아도 공한 것이다.

불교에서는 현상계의 삶이 공허하다는 것을 알기 쉽게 비유적으로 말하여 삶 자체가 꿈 또는 뜬구름과 같다고 한다. 우리가 꿈을 꿀 때에는 꿈속에 나타나는 모든 행동과 무대가 실체가 있는 것으로 느끼지만, 꿈에서 깨고 나면 그것이 아무 실체가 없는 것이라는 사실을 깨닫게 된다. 그렇기 때문에 불교에서는 현상계가 헛되다는 것을 꿈속의 삶으로 비유하기도 한다. 대승불교의 경전인 『금강경』 32품에 인생은 환영이며 꿈에 불과하다는 말이 나온다. "일체유위법 여몽환포영 여로역여전 응작여시관"(一切有爲法 如夢幻泡影 如露亦如電 應作如是觀). 이 구절은 이 세상의 모든 현상은 꿈과 같고 환영과 같고 거품과 같고, 그림자 같고, 이슬과 같고 또 번개와 같으니 마땅히 이렇게 볼지니라 라는 의미이다(김용옥 366).

이렇게 본다면 인생 역시 꿈이나 환각에 지나지 않는다. 이는 현상 세계뿐만 아니라 관념적인 초월자와 열반까지도 헛되다는 의미를 지닌다.[4] 다시 말하여 모든 것이 공하다는 개념 즉 일체개공(一切皆空) 사상을 의미하며 모든 집착을 버리는 것이 곧 해탈이라는 것을 의미한다. 예이츠가 여기서 제시하는 배우들의 무대에서의 삶은 불교에서 말하는 꿈 속의 삶과 크게 다르지 않다. 왜냐하면 배우들의 삶은 공연이 진행되는 동안에만 존재하고, 공연이 끝나면 배우로서의 삶은 없어지기 때문이다. 배우로서의 삶은 실체가 없는 것이다. 배우들이 현상계의 삶을 영위하면서 배우로서의 삶에 집착하지 않기 때문에 막이 내린다고 해도 슬퍼하거나 하지 않는다.

비극의 절정에 달하여 천국이 머리 속으로 타들어 오는 것은 비극을 비극으로만 보는 것이 아니라 비극 가운데서 환희를 느끼는 것을 보여준다. 모든 무대에 막이 내린다 할지라도, 나아가 모든 배우들이 자신의 역할을 제대로 수행하지 못한다 하더라도 비극은 조금도 늘거나 줄지 않는다. 다시 말하여 비극은 질적인 문제이지 양적인 문제가 아니다. 그들의 이미지가 완

---

4) 열반에는 부정적인 면이 함축되어 있다. 열반에 함축된 부정은 세 단계로 인지될 수 있다. 첫 번째는 괴로움의 부정 또는 소멸이고, 두 번째는 경험적 현상의 부정 또는 소멸이며, 세 번째는 경험적이거나 초월적인 양자의 모든 사물에 대한 부정이다. 중관 철학에서 열반은 모든 현상의 본질이 존재하지 않는다는 의미이다. 열반이라는 어떤 상태에 도달했다는 인식조차도 의미가 없다. 따라서 열반까지도 헛된 것이다.(김형준 역 284-6 참조)

성되는 순간은 가장 기쁜 순간이다. 왜냐하면 이 순간에 그들은 굴복하며 자신을 실현하고, 무시간의 이미지가 됨으로써 순간적인 존재를 초월하며 불멸의 존재가 되어 죽기 때문이다(*IY* 186).

시간을 초월하여 불멸의 존재가 되는 경지를 예이츠만 탐구한 것은 아니다. 거의 모든 위대한 시인들이 탐구했고, 현대의 영미시인 중에서 예이츠와 쌍벽을 이루는 사람으로 인정되고 있는 엘리엇도 이와 같은 경지를 추구했다. 그렇기 때문에 완전 또는 완전한 충만이 순간적으로만 도달할 수 있고 유지될 수 있다는 개념이 예이츠에게만 국한된 것은 아니다. 예이츠는 이것에 대한 새로운 심상을 발견했을 뿐이다. 그는 이것을 가이어가 구체로 되는 지점이라고 했는데, 이 지점은 엘리엇이 시간과 무시간의 교차점이라고 부르는 지점과 마찬가지의 상태이다(Melchiori 33).[5)]

현실을 초월하여 무시간과 접하는 순간, 불멸의 존재가 되는 순간은 불교적으로 말하면 해탈의 순간이라고 할 수 있다. 불교에서 해탈은 기본적으로 육체를 벗어나는 것을 말하지만, 정신적으로 현실의 구속을 벗어버리는 것을 가리킨다. 그러므로 불교적인 해탈의 순간은 여기의 무시간과 동일하다. 다시 말하여 둘 다 현실을 벗어난 순간이며 동시에 현실 속의 순간이기도 하다. 그렇기 때문에 비극을 통하여 기쁨을 느끼는 순간은 불교적인 해탈의 순간과 동일한 순간이라고 할 수 있다.

제 3연은 모든 예술 작품이 결국은 파괴된다는 사실과 함께, 그렇다 할지라도 예술가는 여전히 새로운 예술 작품을 만들어 낸다는 것을 말한다.

> 그들은 왔다, 그들 자신의 발로 걸어서, 배를 타고,
> 낙타를 타고, 말을 타고, 당나귀를 타고, 노새를 타고,
> 옛 문명들이 칼로 죽임을 당할 때.

---

5) 엘리엇이 『네 사중주』에서, 특히 마지막 작품인 「리틀 기딩」에서 명확하게 설명하고 있듯이 "시간과 무시간의 교차점"은 신 및 신과의 합일의 상태를 상징하며 동시에 인간으로서는 순간적으로만 경험할 수 있는 성육(聖肉)이기도 하다. 그렇기 때문에 이는 기독교적인 사후의 세계를 이야기하는 것이기도 하며, 현재 이 땅에서의 지복의 순간이기도 하다. 이를 불교적으로 해석하면, 해탈의 순간이라고 할 수 있다.

그 후 그들과 그들의 지혜는 파괴되었다.
대리석을 청동처럼 다루었던,
바다 바람이 그 구석을 쓸어갈 때
올라가는 듯이 보이는 휘장을 만들었던,
칼리마커스의 수공품은 하나도 남아있지 않다.
가냘픈 종려나무 줄기 같은 모양의
그의 긴 등갓은 단 하루만 서 있었다.
모든 것이 무너지고 다시 세워진다,
그리고 그것들을 다시 세우는 자들은 명랑하다.

역사가 끊임없이 홍망성쇠를 거듭하는 과정에서 예술가들이 각각의 문명에 기여했으나 결국은 다른 모든 사람들과 마찬가지로 패배하게 된다. 예술가도 현실 속에 몸담고 있는 인간이기 때문에 생노병사의 과정을 겪을 수밖에 없고, 세월에 패배할 수밖에 없다. 그렇지만 예술가들은 자신의 패배를 즐긴다(Unterecker 259).

걷거나 배를 타고 또는 낙타나 말, 아니면 당나귀나 노새를 타고 온 사람들은 중동지방의 수난의 역사를 대변한다. 여러 민족이 중동지방을 차례대로 침략하면서 중동지방의 문명은 계속하여 파괴되고 새로 건설되었다. 시인은 이러한 문명의 홍망성쇠를 "옛 문명들이 칼로 죽임을 당했다"고 말한다. 여기서 홍망성쇠를 겪는 것은 중동지방의 문명에 국한되지 않고 세상의 모든 문명으로 확장된다.

예이츠가 예로 드는 과거의 사라진 문명은 마치 청동을 다루듯이 대리석을 다루어 우아한 조각 작품을 만들었던 칼리마커스의 작품이다. 5세기의 아테네의 조각가였던 칼리마커스는 바닷바람이 불어올 때 바람에 날리는 것처럼 보이는 주름진 담벼락을 대리석으로 만들었다. 또한 가느다란 종려나무 가지처럼 만든 호롱불 씌우개도 대리석으로 만들었다. 그러나 돌로 만든 이러한 훌륭한 예술품이 이제는 하나도 남아 있지 않다. 비록 칼리마커스가 영속적인 작품을 남기고자 하여 변하지 않는 돌로 작품을 만들었지만,

이 작품들도 시간의 흐름과 민족의 이동으로 인하여 영속적인 생명을 갖지 못했다. 이는 현상계의 어떠한 사물도 영속적인 생명을 지니고 있지 않다는 사실을 웅변적으로 보여준다.

영원의 입장에서 볼 때 현상계의 모든 물질은 단지 순간적으로만 존재한다. 그렇지만 현실에 매인 삶을 사는 사람들은 물질이 영원할 것으로 믿고 계속하여 현실에 매달린다. 그렇기 때문에 예술 작품을 포함한 현상계의 모든 것들은 만들어지고, 부서지고, 또 다시 만들어지곤 한다. 이것이 문명의 흥망성쇠이다. 예이츠는 모든 예술 작품이 영속적인 생명을 지니지 못한다는 사실을 알고 있음에도 불구하고 다시 만드는 일을 즐겁게 생각한다. 이것이 예술 작품과 문명을 창조하는 사람이 느끼는 비극적 환희이다. 만물이 다 사라지지만, 만물이 다시 지어진다는 것을 지극히 의식하고 있기 때문에 개인적 패배는 중요하지 않다. 개인적인 패배에도 불구하고 예술이나 문명이라는 커다란 흐름은 계속되기 때문이다.

불교적인 관점에서 볼 때 현재의 삶은 이전의 일련의 무수한 삶들의 결과이다. 무수한 삶을 거치면서 축적된 경험의 총체는 정신적인 형성 또는 경향성이라고 불리는 것으로 귀착된다. 경향성은 정적인 요소뿐만 아니라 동적인 요소도 포함하고 있다. 즉 축적된 경험의 총체는 경험의 양식을 제공해 줄 뿐만 아니라 인간으로 하여금 습관적 성향에 따라 행동하도록 한다 (산티나 150). 인간은 누구나 경향성을 지니고 있으며 그것에 따라 현재의 상태가 결정된다.

여기서 제시되고 있는 예술 작품으로 대변되는 문명의 파괴와 창조는 현상계의 관점에서 보면 생명현상이 반복되는 것으로 일종의 윤회를 암시한다. 그렇지만 예이츠가 불교적인 윤회관을 그대로 수용하고 있는 것은 아니다. 불교에서는 물질의 윤회가 아니라 영혼의 윤회를 말하지만 예이츠는 영혼의 윤회가 아니라 물질의 윤회를 말하기 때문에 그의 윤회관은 불교의 그것과는 다르다. 또한 경향성에 따라 새로운 예술 작품의 상태가 결정되는 것도 아니다. 그러므로 여기에서의 윤회 개념을 예이츠 나름의 독창적인 것이라고 해도 과히 지나치지는 않다.

예이츠 나름대로 파악한 관점에서 예술의 창조와 파괴를 통하여 윤회 개념이 암시된 후 청금석 부조에 새겨져 있는 장면이 묘사된다.

두 중국인이, 그들 뒤엔 또 한 사람이,
청금석에 새겨져 있다,
그들 위로는 장수의 상징인,
다리 긴 새가 날아간다.
세 번 째 사람은, 분명히 하인인데,
악기를 가지고 간다.

시인이 지금까지는 문명과 예술 등의 비극적 환희를 이야기했지만, 여기서부터는 제목으로 사용된 청금석 부조에 새겨진 문양을 보며 거기에서 발견하는 비극적 환희를 노래한다. 청금석 부조에는 세 명의 중국 사람이 새겨져 있고, 그들 뒤에는 장수의 상징인 학이 날아가고 있다. 중국 사람 세 명 중 한 사람은 악기를 들고 있다. 장수의 상징인 학과 인생의 종말에 다다른 노인이 병치되어 삶과 죽음의 의미가 교차되면서 시인의 관점이 삶의 비극적 환희로 자연스럽게 이동한다.

그 중국 사람 세 명은 오얏나무와 버찌나무로 둘러싸인 산 중턱에 있는 집을 향하여 올라가고 있는 듯이 보이고, 청금석 부조에 자연적으로 생긴 금이나 틈은 물줄기나 사태처럼 보인다.

돌의 모든 얼룩이,
우연히 생긴 틈이나 움푹한 곳이,
물줄기나 사태처럼 보인다,
아니면 아직도 눈내리는 높은 비탈처럼 보인다,
비록 분명히 오얏이나 벗나무 가지가
그 중국인들이 올라가고 있는 곳의
중간쯤에 있는 작은 집을 기분 좋게 하지만,

이러한 청금석 부조를 들여다보며 예이츠는 상상의 나래를 펼친다. 청금석 부조에 새겨져 있는 모습은 분명히 정적인 이미지이지만, 예이츠는 이들을 동적인 이미지로 파악한다.

그는 이러한 자연 풍경에 둘러 싸여 있는 사람들이 연출해내는 비극적 장면을 상상한다.

> . . . 그리고 나는
> 즐거이 상상한다, 그들이 거기에 앉아있는 것을,
> 거기에, 산과 하늘 위에,
> 그들이 바라보는 모든 비극적인 경치 위에.
> 한 사람이 구슬픈 곡조를 요청하자,
> 능숙한 손가락들이 연주하기 시작한다.
> 많은 주름 속의 그들의 눈, 그들의 눈,
> 그들의 오랜, 빛나는 눈은, 즐겁다.

세 명의 중국인은 영원히 반복되는 것에서 기쁨을 발견한다. 이 기쁨은 슬픔을 완전히 인식한 상태에서 생기는 기쁨이다(*IY* 186). 산을 올라가다가 중턱에 앉아 하인은 악기를 연주하며 노래하고, 연주자의 노래를 듣는 노인들의 눈에는 비극적 환희가 충만해진다.

예이츠는 청금석 부조에 새겨져 있는 노인들의 모습을 보면서 그들이 산을 계속 올라가 중턱에 있는 암자에 도달하여 하인이 악기를 연주하는 것으로 상상한다. 이는 정적인 조각을 동적인 이미지로 파악한 것으로 예이츠가 비극적 환희를 느끼는 원인이 된다. 예이츠는 문명의 흥망성쇠를 정적인 것으로 파악하지 않고 동적인 것으로 파악하기 때문에 여기에서 비극적 환희를 느낀다.

노인들이 하인에게 연주하도록 요구하는 곡조도 "구슬픈 가락"으로 비극적인 장면을 보면서 듣기에 적합하다. 이러한 적합성 보다 더 중요한 것은 중국인 노인들은 삶의 희로애락(사람이 살아가면서 느끼는 네 가지 감정. 곧 기쁨과 노여움과 슬픔과 즐거움)과 그 결과를 이미 인식하고 있다는 데 있다. 이들은 문명의 흥망성쇠를 보면서 그것이 연기(緣起)[6]의 소산임을 인식하고 있기 때문에 산 아래의 사람들이 현실에 지나치게 집착하는 것을 애처롭게 생각한다.

마지막 부분에서는 앞부분의 어조와는 달리 다소 딱딱해진다. 이는 지금까지 자연스럽게 비극적 환희를 이야기하던 것에 형식미를 첨가하여 권위 있게 하고자 한 때문이라고 여겨진다. 세상의 흥망성쇠를 초월하고 현상계의 모든 것들이 결국은 없어지리라는 것을 알고 있으면서도 다시 무언가를 창조하는 것은 비극적 환희라고 할 수밖에 없다.

예이츠는 인도의 승려 스리 푸로힛을 만나서 행동의 결실을 받는 개인적 자아가 바로 보편적 자아이며 과거와 미래의 창조자라는 사실이 동양에서는 일반적으로 수용되는 믿음이라는 것을 배웠다(*MM* 283). 지극히 높은 각성의 순간에 개인적 자아는 행동으로부터 초탈하여 이 실체를 깨닫는다. 이 깨달음을 방해하는 모든 것을 제거하려는 스리 푸로힛의 모습에서 예이츠는 예술가로서의 자신의 모습을 발견하고 에델 마닌에게 "나는 나 자신을 비개성적인 시에 던져 넣고, 아일랜드에서 내 작품이 내 영혼 속으로 가져왔던 쓰라림, 짜증, 증오를 제거하기를 원하고, 감미롭고 충일한 하나의 영속적인 노래, 일종의 유럽식 기타, 아니 교의가 아니라 노래인 나의 기타를 만들기를 원한다"(*MM* 283)고 편지에 썼다. 이 작품에서 예이츠가 노래한 것이 이러한 자신만의 기타라고 여겨진다.

예이츠는 일견 무관심한 눈으로 모든 사물들을 바라보면서 기쁨을 느낀다. 그 기쁨은 모든 비극적 장면을 무심하게 바라보는 청금석 부조 속의 중국인들이 느끼는 기쁨과 동일하다. 여기서 인간의 일이 영속적이지 않고 결국은 무(無)로 돌아간다는 사실을 인식하고 이를 담담하게 말하는 예이츠의 모습은 현상계가 모두 공하고 공한 것이 현상계(색즉시공 공즉시색)라는 사실을 인식한 듯이 보인다. 그렇기 때문에 그는 문명의 흥망성쇠 조차도 담

---

6) 여기에서 연기는 "인연에 따라 일어난다"는 의미이다. 현상계의 모든 사물들이 인연에 의하여 생겨났다가 없어지므로 현상계의 모든 사물들은 실체가 없는 허상일 뿐이다.

담하게 받아들인다. 작품의 구성에 있어서 전반부에서 서양 문명과 예술의 파괴와 건설을 이야기하고, 후반부에서 청금석 부조에 새겨져 있는 문양을 파악하는 방법을 취하고 있다. 이러한 구성은 예술의 창조와 파괴, 나아가 문명의 창조와 파괴를 바라보는 관점에서는 서양과 동양이 다를 바 없음을 보여준다. 산에서 아래를 내려다보는 노인들의 눈가에 기쁨이 감도는 것은 모든 것을 초월한 상태에서 느끼는 감정일 것이다. 다시 말하여 불교적인 해탈의 경지에서 느끼는 환희하는 마음과 측은히 여기는 마음이 공존하는 감정을 보여준다.

III. 끝내기

「『10개의 중요한 우파니샤드』에 대한 서문」에서 예이츠는 자기 조상들에게 있는 무엇인가를 동양에서 발견해야만 한다고 하며, 그 무엇은 그들이 우리 문명에서 전 인류의 만족을 요하는 종교적 본능을 달래기 전에 빛을 보도록 해야 하는 어떤 것이라고 말한 바 있다(재인용 *IY* 184). 이는 마치 아시아가 인간 영혼의 일부이고, 그러므로 소홀히 되어서는 안된다고 말하는 것과 같다. 가장 오랜 지혜가 아마도 가장 진정한 것이리라는 이 믿음 때문에 예이츠는 만년에 아시아로 반복해서 돌아간 것이라고 생각된다(*IY* 185).

예이츠는 1926년 2월 5일에 스터지 무어에게 보낸 편지에서 다음과 같이 쓰고 있다.

> 금주의 타임지 문예부록에서 외부 세계의 속성에 관한 믿음을 다음과 같이 나누고 있다. 첫째, 소위 환영(幻影)을 포함하여 우리가 인식하는 모든 것은 외부 세계에 존재한다.... 둘째, 마음 속에 경험의 요소로 존재하지 않는 것은 아무 것도 존재할 수 없다.... 셋째, 우리의 마음과 관계없이 존재하는 물질적인 세계가 있는데 우리는 우리 마음의 일부이고 그것과

> 전혀 같지 않은 표상을 통해서만 그것을 인식할 수 있다.... 이 중에서 첫 번째의 것에 나는 항상 매혹되었는데 그 이유는 내가 18세 때 브라만(모히니 채터지)에게서 배웠고, 블레이크가 그것을 내 머리에서 몰아낼 때까지 그것을 믿었기 때문이다. 그것은 초기 불교이고 현재 인도에 남아 있는 믿음이라는 결과를 낳았다. 그 믿음은 다음과 같다. 만물은 인간의 통제를 벗어나 흐르는 물결이다. 한 행동이나 생각은 다른 것으로 이어진다. 우리 자신이 거울에 불과하다는 생각이 그것이다. 해방은 아무것도 비치지 않게 그 거울을 치워버리는데 있다. 이 물결은 계속 흐르지만 우리는 알지 못한다. 두 번째 것은 선불교이다. 신수대사가 혜능에게 "먼지에 더러워지지 않도록 네 거울을 닦아라" 라고 말했을 때 혜능은 "아무것도 존재하지 않는데 어떻게 먼지가 그것을 더럽힐 수 있는가"라고 대답했다. 선의 예술은 만물이 리듬을 통하여 마음의 한 행동이 되는 것을 보는 명상의 결과이다. 러셀과 그의 사도들은 각자가 봉인된 병이라는 믿음에서 벗어날 수 없었다. 자신의 삶을 봄으로써 영혼학을 배운 사람들은 누구나 우리가 정서와 사상과 이미지를 공유한다는 것을 안다.... 두 번째 것이 나에게 가장 단순한 것처럼 보이고 모든 방식의 추상으로부터 우리를 해방시키며 동시에 즐거운 예술적인 삶을 창조하는 듯이 보인다. (재인용 *IY* 217)

예이츠가 분명히 믿었던 한 가지는 만물의 원천이 마음 속에 있다는 것이다. 즉 인간의 마음이 어느 면에서는 그 원천의 일부이고 인간이 바라보는 세상은 어느 면에서는 그것의 반영이거나 방출이라는 것이다. 그는 결과적으로 마음이 현상계로부터 벗어나면 궁극적인 실재와 현상계 자체에 대한 강화된 힘에 더욱 직접적으로 접근할 수 있다고 믿었다(Stock 141).

세상의 모든 일이 허망하고 덧없음을 발견하는 것은 비극적이지만, 또 다시 창조에 나설 수박에 없음은 기쁨이다. 인간의 모든 일들이 허망하고 덧없음을 보여주는 것은 동양적인 사고방식이다. 이러한 비극적 환희가 「청금석 부조」에 명시적으로 그려져 있다.

불교에서는 재생의 순환고리를 끊는 것을 열반으로 보았으나 예이츠는 존재의 통합을 일종의 열반으로 보고 있다. 재생의 순환 고리를 끊는 것이 아니라 다시 새로운 삶으로 태어나는 것으로 보았다는 점에서 불교의 영향을 받았으나, 불교를 자기 나름대로 편리하게 변형시킨 것이라고 할 수 있다. 불교에서는 재생의 고리를 끊기 위해서, 다시 말하여 윤회에서 벗어나기 위해서 현세의 삶을 벗어나야 한다고 가르치고 있으나 예이츠는 현세의 삶을 긍정적으로 바라보고 있다. 불교는 현세의 삶을 혐오하는 염세주의는 아니지만 현세의 삶에서의 쾌락의 추구가 업이 되어 다음 생으로 다시 태어나는 것으로 본다. 불교의 공의 개념을 나름대로 이해하고, 또 열반의 개념을 이해하고 열반의 경지와 유사한 경지를 충분히 인식한 것으로 보인다. 그렇지만 현실을 긍정함으로써 예이츠는 제행무상(諸行無常), 제법무아(諸法無我), 일체개고(一切皆苦)의 경지를 개념적으로 이해하고 있지만, 생사열반상공화(生死涅槃常空化)의 경지는 깨닫지 못한 상태가 아닌가 생각된다.

「벌벤 산 아래」: 정중동의 세계

Ⅰ. 시작하기

예이츠는 자신이 매우 종교적이며 새로운 종교를 만들었다고 한 바 있다(*A* 115). 그는 아일랜드의 민속 신앙을 비롯한 아일랜드의 전통과 접신술, 강신론 등과 같은 신비주의, 그리고 신플라톤주의 및 에마뉴엘 스웨덴보리의 신비 사상, 블라바츠키 여사의 신지학, 그리고 윌리엄 블레이크를 비롯한 낭만주의 시인들을 연구하고 자신의 생각과 감성을 조직화하여 새로운 종교를 만들었다. 그가 만들어낸 종교에는 동서양의 모든 종교와 철학과 아일랜드에 전해져 내려오는 신화와 전설이 포함되어 있다.

예이츠가 동양 사상에 관심이 많았음은 전기적 사실과 많은 학자들의 연구에 의하여 상당히 밝혀져 있다. 『한국예이츠저널』에 수록된 논문을 중심으로 예이츠의 동양 사상을 연구한 국내 학자들을 살펴보면 다음과 같다. 고준석과 조동열은 예이츠가 인도의 우파니샤드에 심취하였고, 우파니샤드의 범아일여 사상에 자신의 존재의 통합의 개념을 접목시키고 있다는 말로 「예이츠와 우파니샤드」를 시작한다. 이 논문은 동양 사상적 관점에서 예이츠를 연구한 학자들을 여러 명 열거한다. 엘리자베스 컬링포드, 리처드 엘만, 살리니 식카, 그래함 하우, 캐슬린 라인, 조지 밀스 하퍼 등의 서양학자와 김태윤, 오한욱, 필자 등의 동양학자의 연구결과를 개괄적으로 설명한다(6-8). 고준석과 조동열은 우파니샤드에 나타난 '옴'의 개념을 설명하고 「마이클 로바티즈의 이중비전」을 중심으로 "존재의 통합"을 고찰한다.

고준석과 조동열이 밝히지 않은 학자들도 여러 명 있다. 유배균은 「예이츠의 "마이클 로바티즈의 이중 환상"에서의 동양과 서양의 결합」에서 이원론이 동양과 서양에 공통된 사상으로 예이츠는 이 개념의 융합을 추구하고 있음을 논증한다. 조용해는 「예이츠의 시에 나타난 동양 철학의 순환체계」에서 예이츠가 동양과 서양의 전통적 사상체계를 면밀히 탐구하여 자신의 사상체계를 확립하려고 노력하였다고 한다. 그는 예이츠가 우파니샤드, 힌두교, 선불교 등과 같은 동양 사상과 일본의 능극의 영향을 받아들여 존재의 통합을 구현하였음을 논증한다.

조동열과 정옥희는 「예이츠의 인도사상 수용」에서 예이츠가 동양 사상 특히 인도사상을 수용하여 사상적 기반을 형성하였다고 다음과 같이 말하고 있다.

> 예이츠가 어떤 다른 외국의 전통과 사상보다 인도의 전통에 적극적인 반응을 보이고 적지 않은 영향을 받게 된 것은 인도의 특성과 예이츠의 사고 체계의 유사성 때문이라고 할 수 있다. 인도의 전통이 모든 것을 수용하고 조화를 이룰 만큼 다양성과 유연성을 지니고 있는 것처럼 예이츠의 사고도 역시 그에 못지 않은 다양성과 유연성을 가지고 있다. 그는 체질적으로 어떤 특정한 지적인 경향이나 종교적 교리를 맹목적으로 추종하거나 그의 사고가 독단론으로 흐르는 것을 경계하는 시인이었다. 또한 그는 어떤 한 사조나 경향에 안주하지 않고 상호 모순되는 잡다한 경향과 이론들을 받아들여 그의 사고와 사상을 체계화하는 유연성과 다양성을 보여 주었다. (6)

예이츠가 모든 것을 포용하는 유연성을 지니고 있었기 때문에 동양 사상을 수용하였음을 조동열과 정옥희는 구체적으로 논증하고 있다.

또한 서혜숙도 「우파니샤드와 선불교의 관점에서 본 예이츠의 반자아」에서 예이츠가 서문을 쓰거나 직접 번역하거나 하는 과정에서 동양 사상의 영향을 받게 된 구체적인 근거를 제시하고 있다(2008 59-61). 서혜숙은 또한 우리나라의 불교사상에 비추어 예이츠의 작품을 고찰하기도 하였다. 그녀는 「예이츠와 의상: 화엄세계에 비춰 본 "학생들 사이에서"」라는 논문에서 우리나라의 불교 사상적 관점에서 존재의 통합을 규명하고 있다.

우리나라의 불교사상을 통하여 예이츠를 고찰한 또 다른 연구자로 유석형이 있다. 그는 「W. B. 예이츠의 시세계에 나타난 상징과 원효사상 비교 연구」에서 원효의 사상을 깊이 있게 분석하고, 이를 예이츠의 『환상록』에 나타난 가이어 이론과 비교하고 있다.

필자도 불교적인 관점에서 예이츠의 작품을 고찰한 바 있다. 「학생들 사이에서」를 불교적 관점에서 살펴보았으며, 「청금석 부조」의 중요한 개념인 "비극적 환희"를 불교적인 입장에서 살펴본 바 있다. 필자의 연구가 국내의 다른 학자들의 연구와 다른 점이라면 대부분의 국내 학자들이 예이츠의 존재의 통합을 동양 사상적인 관점에서 논구하고 있는데 반하여, 필자는 연기설이나 윤회론과 같은 불교의 기본 개념이 작품에 드러나 있음을 논증했다는 점이다.

여기에서는 「벌벤 산 아래」를 불교적인 관점에서 살펴보고자 한다. 인도 고대 사상의 정수를 그대로 수용한 불교사상이 예이츠의 일원론적 사고방식의 형성에 큰 역할을 했음은 이미 많은 연구결과로 확인되었다. 그는 불교의 선사상을 받아들여, 자기 나름대로 변화시켜 수용하였다. 선불교의 관점에서 이 작품을 살펴본다.

II. 전개하기

「벌벤 산 아래」는 1939년 1월 28일 사망한 시인이 죽기 몇 개월 전인 1938년 8월 15일 구상하여 9월 4일 완성한 작품이다. 이 작품은 시인이 사망한 후인 1939년 2월 3일 『아이리쉬 타임즈』, 『아이리쉬 인디펜던트』 그리고 『아이리쉬 프레스』에 처음 발표되었다. 이 작품에서 예이츠는 평생에 걸친 시적 추구를 요약하고 삶에 작별을 고한다. 작가 자신의 명에 의하여 마지막 작품으로 인정되는 이 작품에서 예이츠는 과거를 조망하고 죽음을 조용히 맞이한다. 이 작품은 벌벤 산 아래의 풍경을 제시하며 자신이 이룩한 일이 덧없음을 밝히는 것으로 시작된다.

> 아틀라스의 마녀가 알고 있었고,
> 말했고, 닭들을 울게 했던
> 마레오틱 호수 주변에서
> 성자들이 말한 것을 걸고 맹세하라.
>
> 안색과 모습이 초인임을 증명하는
> 그 말탄 자들, 그 여인들을 걸고 맹세하라,
> 그 창백하고 얼굴 긴 동료
> 불멸의 그 태도를
> 그들의 완전한 정열이 성취했음을.
> 이제 그들은 겨울 새벽에 말을 타고 간다
> 벌벤 산이 경치를 보여주는 곳에서.
>
> 여기에 그들이 뜻하는 바의 요점이 있다. (397-8)

여기서 예이츠는 자기의 믿음의 두 원천, 즉 고대 예언에 뿌리를 두고 있는 신비 전통과 아일랜드 농부들의 대중적인 믿음을 규정한다(Unterecker 294). 마레오틱 호수는 신이며 인간인(반신반인의 존재) 오시리스-호러스의 사원으로 유명한데, 오시리스의 사제인 성자들은 신비적 지혜의 전수자들이라 한다(Malins 105). 아틀라스의 마녀에 대하여 예이츠는 다음과 같이 말하고 있다.

> 마녀가 분명히 그녀 자신의 운명인 동굴로 된 강에서 배를 타고 지나갈 때, 그녀는 나일 강을 따라서 모에리스와 마레오티드 호수 옆을 지나고 인간의 삶이 모두 물 위에 비치는 그림자 속에 그림자져서 결코 지워지지

> 않고 영원히 전율하는 것을 본다. 그리고 나일 강 아래에 있는 많은 지중해의 어두운 길 즉 새로운 동굴에서 그리고 나일 강 강둑을 따라 갈 때도 그러하다. 그리고 그녀가 행복하지 않은 사람들에게 허리를 굽힐 때 그녀는 불행을 인생의 유연한 표면을 휘젓는 투쟁에 비유한다. 그리고 그녀는 사물들의 실상을 볼 수 있기 때문에 그녀는 우리가 안내인 없이 여행하는 넓은 호수의 조용한 깊은 곳에서 여행하는 것으로 묘사된다. (*E&I* 185)

벌벤 산은 슬라이고 북쪽에 있는 산의 이름이고 말 탄 자들과 여인들은 조지 폴렉스펜의 하녀인 메어리 배틀이 예이츠에게 이야기한 산비탈에서 칼을 흔들며 둘씩 셋씩 짝을 지어 말을 타고 달리는 사람들처럼 환상 속의 존재를 의미한다(Jeffares 404). 이는 아일랜드의 전설에 나오는 신화 상의 인물들의 모습이기도 하다.

예이츠는 아일랜드 철학과 고대 인도 사상의 유사성을 간파하고 고대 인도 사상이 전 세계에 만연되어 있었기 때문에 아일랜드 철학이 동양 사상적인 것으로 보인다고 주장한다. 비록 여기서 예이츠가 불교에 대하여 이야기하고 있지는 않지만, 불교 사상의 원류가 고대 인도 사상이라는 것을 생각하면 예이츠는 의식적이든 무의식적이든 아일랜드의 철학 사상과 불교의 사상의 유사성을 파악하고 있었다고 할 수 있다(최희섭 2001 67).

삶을 초월한 시인은 초자연적 존재들의 지혜와 힘을 전수받아 이들과 대등한 지혜와 창조적 힘을 지닌 존재로 스스로를 확립시키면서, 그들이 의미하는 것의 핵심이 여기에 있다고 말한다. 예이츠는 죽음을 변하지 않는 질서로 보았다. 그는 이 세상에 있는 모든 생명체들이 반드시 죽는다는 개념에 환멸을 느끼고 무언가 영원하고 불멸의 것을 발견하고자 하였다. 이 작품에서 예이츠는 합리적인 세상을 떠나 영원한 영적인 세상으로 들어가며, 형이상학적 요소를 시에 부어넣어 이 영적인 세계를 표현한다. 이 작품 전편을 통하여 그는 예술을 천국으로 가는 문으로 이용한다(index1.htm)[1].

---

1) 인터넷 자료는 URL주소 중에서 마지막 부분만 쓰며, 다른 인용출처와 구분하기 위하여 주소 끝부분의 ".htm" 또는 ".html"을 생략하지 않고 그대로 둠.

제 2연에서 시인은 "재생"에 대한 신념을 피력한다.

여러 번 사람은 살고 죽는다
종족의 그것과 영혼의 그것인,
그의 두 영원 사이에서,
옛 아일랜드는 그것을 모두 알고 있었다.
사람이 자기 침대에서 죽든
아니면 장총이 그를 죽게 하든,
사랑하는 사람들과의 짧은 이별은
사람이 두려워해야 하는 최악이다.
비록 무덤 파는 자들의 노고가 오래되고,
그들의 삽이 날카롭고, 그들의 근육이 강하더라도,
그들은 다만 그들이 매장한 사람을
인간의 마음 속으로 다시 되밀어 넣을 뿐이다. (398)

모든 사람들은 재생의 과정에 종속되어 있다(Unterecker 294). 여기서 예이츠는 죽음이 인위적이고 실체가 없는 것으로 본다. 모든 이미지들이 가장 고통스럽고 활기찬 자기 성찰 이후에 용해될 수 있는데, 이 완전의 순간, 완성의 순간, 존재의 통일의 순간이 바로 죽음의 순간이다(Ellmann 212-4). 어떠한 방식으로 죽든, 죽은 자는 사랑하는 사람과의 짧은 이별을 겪는다. 세상의 모든 것들이 실체가 없이 공한 것이므로 죽음도 실체가 없는 것으로 생각되는 것은 당연한 일이다.

예이츠의 실재는 바로 영과 육, 이상과 현실, 그리고 시간과 영원이 조화를 이루는 상태인 존재의 통일이다. 그는 진공 상태의 영원성이 아니라 현실적 영원성 또는 완전성을 추구하고 있다고 볼 수 있다. 그의 완전성과 영원성은 현실의 희생을 통해서가 아니라 현실의 인정을 통하여 얻어질 수 있다. 예이츠의 실재는 현실과 영원의 결합이며 조화이다. 이처럼 그의 내적 자아는 현실을 완전히 수용하고 그 현실에서 완전성을 모색할 만큼 성장하고 강화되었다(조동열 113). 영과 육, 이상과 현실이 조화를 이룬 존재의 통일은 불교적으로 말하면 현실 가운데서 순간적으로 달성되는 해탈(열반)의 세계라 할 수 있다. 예이츠가 궁극적인 해탈(열반)의 세계에 도달함으로써 이상과 현실의 갈등을 해결하지는 못하였지만, 존재의 통일이 순간적으로 가능하다고 결론지음으로써 순간적인 열반 상태를 경험한 것이다.

"사랑하는 사람과의 짧은 이별"은 곧 다시 만날 것을 전제로 하고 있으며, 매장된 사람이 인간의 마음 속으로 다시 들어오는 것은 재생하는 것이다. 물론 마음 속에 살아남는다는 것은 완전한 재생이 아니라 하나의 기억이라고 할 수도 있다. 그렇지만 현상계에서의 삶을 마친 후 살아 있는 사람들의 세계로 돌아오는 것은 재생이라고 할 수 있다. 그러한 의미에서 여기서 죽은 자들이 살아 있는 인간의 마음으로 들어오는 것은 재생이다.

예이츠는 "나에게는 모든 사물이 두 의식 상태의 갈등으로 만들어진다, 서로의 삶을 죽이는 존재나 인간은, 서로의 죽음을 산다. 이것은 삶과 죽음 자체의 진실이다"라고 말한 바 있다(Unterecker 293). 모든 사물은 무한히 반복되는 삶과 죽음의 상태를 거치면서, 서로의 죽음으로 삶을 만들고 서로의 삶으로 죽음을 만드는 윤회에 묶여 있다는 것이다.

불교에서는 재생의 순환 고리를 끊는 것을 열반으로 보고 있지만 예이츠는 존재의 통합을 일종의 열반으로 보고 있다. 그는 재생의 순환 고리, 즉 윤회를 인정하여 새로운 삶으로 다시 태어나는 것을 인정한다는 점에서 불교의 영향을 받았다고 할 수 있다. 불교에서는 재생의 순환 고리를 끊기 위해서 현세의 삶을 벗어나야 한다고 가르치고 있으나 예이츠는 현세의 삶을 긍정적으로 바라보기 때문에 윤회를 긍정적으로 보고 있다.

불교가 현세의 삶을 혐오하는 염세주의는 아니지만 현세의 삶에서의 모든 활동은 업이 되어 다음 생으로 다시 태어나는 데 중요한 역할을 하는 것으로 본다. 불교는 윤회를 부정적으로 보고 있으나 예이츠는 현세의 삶으로 다시 태어나는 것을 축복으로 여기기 때문에 윤회를 통하여 재생하는 것을 긍정적으로 보고 있다. 여기에서 예이츠는 인간의 정신이 영혼이고 인간이 죽더라도 영혼은 계속 살아간다는 것을 암시한다(analysis2.htm).

재생을 선언함으로써 죽음을 극복한 시인은 인간이 이러한 비전을 성취할 수 있는 하나의 길을 미첼의 경우를 통해 보여준다. 제 3연은 희귀한 통찰의 순간인 초자연적인 실재의 증거를 제시한다.

> "우리 시대에 전쟁을 보내주소서, 오 주여!"라는
> 미첼의 기도를 들은 당신은
> 모든 말들이 말해지고,
> 한 사람이 미쳐서 싸울 때,
> 무언가가 오랫동안 멀었던 눈에서 떨어지는 것을 안다,
> 그는 자신의 편파적인 마음을 극복하고,
> 잠시 편안히 쉬면서,
> 큰 소리로 웃는다, 그의 마음은 평온하다.
> 가장 현명한 사람조차도
> 어떤 종류의 격렬함으로 긴장한다
> 그가 운명을 완수하거나
> 자신의 일을 알거나, 짝을 고를 수 있기 전에는. (398-9)

"우리 시대에 전쟁을 보내주소서, 오 주여!"라는 구절은 미첼의 『교도소 일지』에 나오는 "우리 시대에 전쟁을 주소서, 오 주여!"라는 구절을 인용한 것이다(Jeffares 405). 예이츠는 전쟁의 이미지를 사용하여 혼돈을 통한 질서의 개념을 파악한다. 그는 제 1차 세계대전과 아일랜드의 독립 전쟁, 아일랜드 혁명 투쟁에 환멸을 느꼈다(analysis3.htm).

불교적인 관점에서 볼 때 현재의 삶은 이전의 무수한 삶들의 결과이다. 무수한 삶들을 거치면서 축적된 경험의 총체는 정신적인 형성 또는 경향성이라고 불리는 것으로 귀착된다. 경향성은 정적인 요소뿐만 아니라 동적인 요소도 포함하고 있다. 즉 축적된 경험의 총체는 경험의 양식을 제공해 줄 뿐만 아니라 인간으로 하여금 습관적 성향에 따라 행동하도록 한다(산티나 150). 인간은 누구나 경향성을 지니고 있으며 그것에 따라 현재의 상태가

결정된다(최희섭 2004 127). 존재의 통합의 비전적 성격은 특히 예술가의 창조적 힘과 지혜에 의해서 성취된다(이경수 116). 초자연적인 통찰력을 지닌 사람은 갑작스런 인식의 순간에 자신의 일을 알 수 있기 때문에 운명을 완수할 수 있다(Unterecker 294). 갑작스런 인식의 순간은 해탈, 열반의 순간이라고 할 수 있다. 이러한 순간에 도달하는 것이 인간의 운명이라고 시인은 말한다.

제 4연과 제 5연은 조각가, 화가, 시인에게로 향한다. 여기서 조각가, 화가, 시인과 같은 예술가는 자신의 작품이 영원한 생명을 갖지 못한다는 것을 알면서도 창조 작업을 계속한다. 이러한 창조 작업에서 화자가 느끼는 기쁨이 비극적 환희이다. 예이츠는 모든 예술 작품이 영속적인 생명을 지니지 못한다는 것을 알고 있음에도 불구하고 다시 만드는 일을 즐겁게 생각한다. 이것이 예술 작품과 문명을 창조하는 사람이 느끼는 비극적 환희이다. 비록 영원한 생명을 갖는 예술 작품은 없지만, 그래도 예술가는 인간의 정신과 영혼을 고양시키기 위하여 창조 활동을 계속한다.

영원의 입장에서 볼 때 현상계의 모든 물질은 단지 순간적으로만 존재한다. 그렇지만 현실에 매인 삶을 사는 사람들은 물질이 영원할 것으로 믿고 현실에 매달린다. 그렇기 때문에 예술 작품을 포함한 현상계의 모든 것들은 만들어지고, 부서지고, 또 다시 만들어지곤 한다. 이것이 문명의 흥망성쇠이다. 만물이 다 사라지지만, 만물이 다시 지어진다는 것을 의식하고 있기 때문에 개인적 패배는 중요하지 않다. 개인적인 패배에도 불구하고 예술이나 문명이라는 커다란 흐름은 계속되기 때문이다(최희섭 2004 126-7).

여기에서의 예술가들도 창조활동을 계속한다.

> 시인과 조각가는, 일을 한다,
> 시류를 따르는 화가로 하여금
> 그의 위대한 선조들이 한 것을 피하도록 하지도 않는다,
> 사람의 영혼을 신에게로 가져가고,
> 그로 하여금 요람을 옳게 채우도록 한다.

. . . .

가이어들은 계속 회전한다,

보다 위대한 그 꿈이 사라졌을 때

칼버트와 윌슨, 블레이크와 클로드는,

신의 국민들을 위한 휴식을 준비했다,

팔머의 말로, 그러나 그 후

우리 생각에 혼돈이 일어났다. (399-400)

예술가의 신성한 임무는 사람의 영혼을 신에게로 데려가 요람을 바르게 채우도록 하는 것이다. 시인은 신의 주관적 정의는 최고의 상태에 이른 개인의 영혼이라고 1930년대의 한 일기에 써 놓고 있다(Marcus 192). 영혼의 최고의 상태는 인간이 자신을 바르게 깨닫고 자아의 완성을 이룬 상태라고 할 수 있는데, 이를 불교적인 관점에서 보면 열반에 이른 상태라고 할 수 있다. 예술가가 예술 작품을 생산하는 일은 인간의 영혼을 고양시켜 신성의 상태를 표현하는 것과 다르지 않다. 예이츠는 인간의 영혼이 완전하다는 사실을 항상 믿었기 때문에, 현세의 예술가에게 가벼운 유행을 쫓지 말고 위대한 선조들이 이룩한 일을 따르라고 권고한다(이경수 116).

예이츠는 시각 예술의 역사가 고대 이집트에서 시작되어 그리스를 거쳐 15세기 이탈리아 르네상스 예술로 이어진다고 본다. 로젠탈은 예이츠의 이와 같은 선택적인 예술의 역사를 일반적인 보수주의나 잃어버린 과거에 대한 향수와 상응하는 것으로 보고 있다(345). 5세기 아테네의 가장 위대한 조각가로 파르테논과 올림푸스의 제우스 동상을 장식한 피디어스와 시스틴 성당 천정을 그린 미켈란젤로는 측정과 질서, 숙련된 솜씨를 통해 예술의 완성을 이룬 대가들이다. 시인은 이들처럼 은밀히 작용하는 마음인 창조적 힘을 동원하여 인류의 세속적 완성을 성취하고, 이를 통해 인간의 영웅적 이미지 즉 신의 상태로 고양된 인간 영혼의 이미지를 제시하며 궁극적으로 천국을 열어줄 것을 당대의 시인과 조각가들에게 당부한다. 이것이 예술을 통해 예이츠가 이루고자 하는 인간의 영웅적 목표이며 시인의 위대한 꿈이다(이경수 117-8).

가이어는 계속 회전하여, 위대한 예술의 선조들이 먼 과거로 사라지고 이들을 계승하여 비전 속에 나타난 광경을 그린 19세기 영국의 화가들 에드워드 캘버트와 리처드 윌슨, 사뮤엘 팔머와 윌리엄 블레이크, 그리고 17세기 프랑스 풍경화가인 클로드 로레인 등이 신의 국민들을 위한 휴식을 준비한다(Jeffares 406). 그러나 가이어는 계속 회전하고 있으므로 이들의 예술도 타락하게 되고, 우리의 생각에 혼돈이 일어날지 모른다. 개별적인 인간의 삶만 윤회하는 것이 아니라 문명 자체가 윤회하는 것이라고 볼 수 있다. 가이어가 계속 회전한다는 것은 윤회를 암시한다.

제 5연에서 시인은 아일랜드의 시인들에게 혼돈을 경계하도록 권고한다.

아일랜드 시인들이여, 당신네의 일을 배우시오,
잘 만들어진 것은 무엇이든 노래하시오,
머리 끝에서 발 끝까지 형체가 어그러진 모든 것
지금 자라고 있는 종류의 것을 경멸하시오,
그들의 기억 않는 가슴과 머리는
미천한 침대에서 미천하게 난 산물이오.
농부를 노래하시오, 그리고 그 다음엔
어렵게 말 타는 시골 신사를,
수도승들의 성스러움을, 그리고 그 후엔
흑맥주 술꾼들의 요란한 웃음을 노래하시오,
일곱 영웅적인 세기 동안
땅 속에 매장된
명랑한 귀족과 귀부인들을 노래하시오,
당신의 마음을 지난날에 던지시오
우리가 다가오는 시대에도 여전히
불굴의 아일랜드인이 되도록. (400)

시인은 당대의 아일랜드 중산층의 타락한 문화가 낳은 것, 다시 말하여 발끝에서 머리 끝까지 형체가 어그러진 모든 것과 미천한 침대에서 미천하게 태어난 것을 경멸하고, 과거로 돌아가 고대 아일랜드의 영웅적 7세기를 거치면서 축적된 농부와 시골 귀족의 옛 봉건적 질서와 가치의 세계를 회복하여 그 속에서 모범적인 이상을 찾으라고 아일랜드 시인들에게 당부한다. 왜냐하면 이렇게 함으로써 아일랜드의 영웅적 미래를 만들 수 있기 때문이다. 로젠탈이 지적하듯이, 예이츠는 미래의 아일랜드 시인들이 이러한 예술적 사회적 가치를 나름대로의 방식으로 되살려내어 자기 자신을 삶에로 되돌려주기를 희망하는 것이다(346).

제 4연의 조각가와 화가가 비극적 환희를 느끼며 인간의 영혼을 고양시키기 위하여 창조 활동을 하듯이 여기 제 5연에서는 시인들이 창조 활동을 하도록 한다. 시인들이 타락한 문화를 노래하는 것이 아니라 모든 인간의 내면에 자리잡고 있는 본성을 노래하도록 권고한다. 과거에 대하여 노래함으로써 과거를 되살리는 것은 과거의 삶을 현재에 다시 되살리는 것이므로 달리 표현하면 재생시키는 것이다. 예이츠는 여기에서 재생을 통하여 불굴의 아일랜드인을 노래하라고 권고하고 있다.

예이츠는 이제 영웅적인 아일랜드인의 한 사람으로서 미래의 아일랜드 속에 자신이 살아 있음을 확신하며 제 6연에서 자신의 묘비명을 말한다.

> 헐벗은 벌벤 산 정상 아래
> 드럼클리프 묘지에 예이츠가 누워 있다.
> 조상 한 분은 오래 전에
> 그곳의 목사였다, 교회가 가까이에 서 있다,
> 길 옆에 오래된 십자가 하나.
> 대리석도, 전통적인 구절도 없다,
> 가까운 곳에서 채석된 석회암에
> 그의 명에 따라 다음과 같은 말이 새겨져 있다,
> 　　*차가운 눈길을 던져라*

삶에, 죽음에.
말탄 자여, 지나가거라! (400-1)

예이츠는 슬라이고 북쪽 벌벤 산 기슭에 자리잡고 있는 드럼클리프에 자신의 무덤을 쓰라고 한다. 그곳은 증조부인 존 예이츠가 교구목사로 있었던 교회가 있는 곳이다. 예이츠는 조상이 있었던 곳에 영면한다.

찰스 암스트롱은 동서양을 막론하고 산이 고양된 장소와 인간적인 계시를 연결시키는 보편적인 고리라고 주장한다(armstrong15.htm). 예이츠 자신이 "우리도 역시 단테에게서 우리의 에덴동산, 지상낙원이 산 위에 있으며 회개의 고리들이 비탈을 감고 있는 것으로 상상하도록 배웠다"(*E&I* 455)고 말한 바 있다. 여기에서 벌벤 산은 동양과 서양에서 공통적으로 이야기하는 성스러운 산이라고 할 수 있다. 이 성스러운 산은 기독교적으로 이야기하면 에덴 동산이고 불교적으로 이야기하면 극락이라고 할 수 있는 고양된 장소이며, 인간적인 계시가 있는 장소인 것이다.

마지막 3행은 예이츠의 묘비명에 새겨져 있는 글이다. 영혼은 삶과 죽음이라는 육체의 한계를 벗어나 있다. 마치 동전의 양면과 같이 삶과 죽음은 영혼의 각각 다른 면을 말하는 것이다. 예이츠는 삶과 죽음 모두에 무관심하라는 명령으로 사후의 삶에 대한 자신의 믿음을 보여준다(Alldritt 355). 예이츠는 삶과 죽음에 대하여 걱정하기 보다는 아일랜드 국민을 위하여 자신이 남겨줄 유산에 대하여 더 걱정했다. 이 세상이 곧 끝날 것임을 알고 있으며 사후의 삶에 대한 세속적인 관심을 더 이상 지니지 않을 것이기 때문에 그는 삶과 죽음에 차가운 눈길을 보낼 수 있었다. 그가 관심을 갖는 것은 예술적 전통과 유산뿐이다(analysis6.htm). 예이츠의 시선은 삶을 향해 있고, 시간을 영원의 구체화라고 생각한다. 육체로 반복하여 돌아오는 것은 인도 철학에서처럼 징벌이 아니라 영혼의 사려깊은 선택이다(Stock 145). 이것은 인도 철학에서 차용한 개념이지만, 예이츠는 고대 아일랜드가 그것을 알았다고 함으로써 인도의 것이 아니라 아일랜드의 것으로 만든다.

Ⅲ. 끝내기

예이츠는 노년에 자신의 문학과 삶이 동양을 향하고 있음을 보고 그레고리 여사에게 새로운 시대의 신은 붓다나 스핑크스와 같은 아시아적 상징일 것이라고 말한 바 있다(Ellmann 187). 예이츠는 완전이나 완전한 충만이 순간적으로만 도달할 수 있고 유지될 수 있다는 개념에 대한 새로운 심상을 발견했다. 예이츠는 일시적인 존재가 끊임없이 갈등을 일으키지만, 그러한 존재를 초월하는 것, 시간과 공간의 차원을 초월하는 것, 그 순간을 펼치는 것을 궁극적 목적으로 삼고 이를 성취하였다. 이러한 초월의 느낌은 고립된 순간에 인식되고 예술 작품을 창조하거나 즐기는 가운데 갑작스런 계시나 비전으로 주어진다(Melchiori 33-4).

예술가와 신비가와 관능주의자는 시간과 공간의 경계를 넘어 예이츠가 존재의 통합이라고 부르는 상태에 도달하는 삶과 성취의 동일한 충만감을 공유한다. 예이츠의 삶은 이 존재의 통합을 추구하는 삶이었는데 존재의 통합은 단지 순간적으로만 달성될 수 있음을 인식했다. 예이츠가 통합의 개념에 깊은 관심을 갖게 된 것은 자신의 성격이 초자연적인 것에 대한 거의 본능적인 믿음과 그것을 시험해보고 싶은 마음 둘로 나누어져 있다고 인식했기 때문인 것으로 보인다(Shin 62). 이러한 양 극단을 동시에 수용하는 방법은 중도의 길밖에 없다. 어느 한 쪽으로 치우치면, 다른 한 쪽은 버려야 하기 때문에 어느 한 쪽을 버릴 수 없고 양자를 모두 간직하기 위해서는 중도의 길을 취할 수밖에 없다. 예이츠가 때로는 영혼에, 때로는 육체에 무게를 더 주고 있지만, 그것은 극단으로 치우치는 것이기 때문에 스스로도 만족할 수 없었으리라고 생각된다. 극단에 치우치지 않기 위하여 예이츠는 중도의 길을 선택했다고 여겨진다.

「벌벤 산 아래」: 영면의 장소로 정한 이유

Ⅰ. 시작하기

예이츠는 말년에 약 5년 정도 활기차게 시를 쓰고 젊은 여인들과 활발하게 교제하였다. 이 때 그는 낭만적인 사건을 많이 겪었는데, 그 중에는 시인이며 배우인 마곳 러덕, 소설가이자 저널리스트인 에델 마닌도 포함되어 있다. 예이츠의 성적인 모험은 창조력으로 이어졌고, 노년의 나이와 좋지 않은 건강에도 불구하고 많은 작품을 썼다. 1935년 6월 17일 도로씨 웰슬리에게 보낸 편지에서 그는 "나는 현재의 나의 연약함이 그 수술로 인하여 생긴 이상한 두 번째 사춘기 때문에 더욱 악화되고 있다는 것을 알게 되었다. 그것은 내 상상력에 영향을 준 효소와 마찬가지였다. 내가 시를 쓴다면 그 시는 지금까지 쓴 어느 것과도 같지 않을 것이다"라고 쓴 바 있다(재인용 Ellmann *The New York Review of Books*). 1936년에 그는 『옥스퍼드 현대시: 1892-1835』의 편집에 착수하였다.

예이츠는 1939년 1월 28일 프랑스 남부 캡 마틴에서 73세의 나이로 사망했다. 1939년 1월 30일자 『뉴욕 타임즈』의 사망기사란에 아이디얼 세주르 호텔에서 사망한 것으로 적혀 있다. 그는 로끄브륀에 일시적으로 매장되었다가 사후 일 년 정도 지나서 신문에서 관심을 보이지 않을 때인 1940년에 고향인 슬라이고에 매장되기를 원했다. 그렇지만 때마침 발발한 제2차 세계대전 때문에 유해의 송환이 늦어졌고, 프랑스가 전쟁에 참여하는 바람에 여러 가지 우여곡절을 거쳐 예이츠의 유해는 1948년 9월 17일에야 비로소 아일랜드로 돌아와 매장되었다. 유해는 아일랜드 해군 함정에 실려 돌아왔는데, 이 행사를 주관한 아일랜드 정부의 책임자는 모드 곤 맥브라이드의 아들로 당시 외무부 장관인 세안 맥브라이드였다.

프랑스 대사인 스태니슬라스 오스트로록도 유해의 송환에 관여하였다. 파리에 있는 외무부 유럽 국장에게 보낸 편지에 다음과 같은 내용이 있다.

> 예이츠의 아들 마이클이 시인의 유해를 찾는데 공식적인 도움을 요청했다고 오스트로록이 말한다. 마이클 예이츠도 이 의식을 주관한 아일랜드 외무부 장관인 세안 맥브라이드도 유해가 어떻게 모아졌는지 구체적인 내용을 알려고 하지 않았다고 오스트로록이 적어두었다. 그는 주의하고 신중하라고 반복해서 촉구하며 파리에 있는 아일랜드 대사에게 알리지 말아야 한다고 말한다. (PhillipsSp04.html)

이러한 일이 발생한 이유는 로끄브륀에 매장된 예이츠의 유해가 1946년에 발굴되어 납골당으로 옮겨져 다른 사람들의 유골과 섞여 있었기 때문이었다. 프랑스의 외무부는 오스트로록에게 예이츠의 유해를 본국으로 송환하는데 필요한 자금을 그의 비자금으로 은밀히 처리하도록 권한을 위임하였다. 프랑스 행정당국은 세계인의 많은 사랑을 받는 시인의 유해가 공동묘지에 내던져져 있었다는 사실을 걱정하였고 예이츠의 유해를 이렇게 방치한 것은 아일랜드와 프랑스 모두에게 당황스러운 일이었다. 오스트로록은 상사에게 보낸 편지에 로끄브륀에 있는 법의학 의사인 레부이라 씨가 사망한 사람들의 모든 특징을 제시하여 해골을 재구성할 수 있을 것이라고 밝혔다(『아이리쉬 타임즈』).

이 신문기사에 따르면 예이츠의 유해는 로끄브륀에 있는 공동묘지에 1939년에 매장되었다가 1946년에 발굴되어 납골당에 다른 사람들의 유골과 뒤섞여 있는 해골 가운데서 1948년에 예이츠의 유골을 골라서 법의학 의사가 확인한 예이츠의 유해를 아일랜드 해군 함정에 실어 아일랜드로 가져왔다. 매장되어 있던 예이츠의 유해를 그대로 발굴하여 아일랜드로 가져오지 않고 이와 같은 복잡한 과정이 있었기 때문에 술에 취한 아일랜드 선원들이 유해를 담은 관을 실수로 바다에 빠트렸다가 관을 건져내어 돌을 넣어서 매장하였다는 소문도 있다. 그러나 예이츠가 평생 사랑한 모드 곤의 손자가 유해 송환의 책임자였던 것을 감안하면 소문은 소문일 뿐 사실일 가능성은 매우 낮다.

예이츠는 왜 아일랜드로 돌아와 매장되기를 원했을까? 아일랜드의 국회의원을 지낸 애국자였으므로 아일랜드에 매장되기를 원했을까? 아니면 다른 특별한 이유가 있었을까? 그 자신이 장소를 지정하지 않았다면 전직 국회의원이었으므로 예우차원에서 접근성이 보다 용이한 장소에 매장되었을 수도 있었을 것이다. 그는 이러한 영광을 거부하고 벌벤 산 아래의 드럼클리프 교회 묘지를 자신의 영면 장소로 선택했다.

예이츠 자신의 명에 의하여 그의 마지막 작품으로 된 「벌벤 산 아래」의 마지막 연에 묘사되어 있듯이 이곳이 그의 옛 조상 한 분이 목사를 지냈던 장소이기 때문에 이곳을 자신의 안식처로 선택했다는 것은 설득력이 다소 부족해 보인다. 왜냐하면 이 작품은 아일랜드의 신화와 전설, 아일랜드의 과거와 현재, 영혼과 육체의 윤회 및 영혼과 육체의 갈등 내지는 조화, 그리고 조상들과의 연계성 등 다양한 요소를 포괄하고 있기 때문이다. 이 작품은 예이츠의 시적 활동을 종합적으로 보여주고 있다. 그러한 작품의 말미에 자신의 영면 장소를 벌벤 산 아래로 지정한 것은 보다 깊은 의미를 지니는 것으로 보인다. 예이츠가 드럼클리프를 영면의 장소로 정하고, 묘비명을 지정한 이유를 자세히 살펴본다.

II. 전개하기

예이츠 자신의 명에 의하여 그의 시집 마지막에 수록된 이 작품에서 시인은 아일랜드 신화의 세계를 비롯한 자신의 시적 추구를 요약한다(최희섭 2010 149). 이 작품은 벌벤 산 아래의 풍경의 제시로 시작된다.

아틀라스의 마녀가 알고 있었고,
말했고, 닭들을 울게 했던
마레오틱 호수 주변에서
성자들이 말한 것을 걸고 맹세하라.

안색과 모습이 초인임을 증명하는
그 말탄 자들, 그 여인들을 걸고 맹세하라,
그 창백하고 얼굴 긴 동료
불멸의 그 태도를
그들의 완전한 정열이 성취했음을.
이제 그들은 겨울 새벽에 말을 타고 간다
벌벤 산이 경치를 보여주는 곳에서.

여기에 그들이 뜻하는 바의 요점이 있다. (397)

예이츠 자신의 통합종교의 신비주의는 고대의 밀교에서부터 아일랜드의 민간신앙에 이르기까지의 여러 가지의 믿음에 토대를 두고 있다(이세순 2008 325). 여기에는 아일랜드 신화와 전설에 대한 많은 암시가 있다.

우선 마레오틱 호수는 알렉산드리아 남쪽에 있는 호수로 이집트의 수도원이 번창했던 지역 중의 하나인 마레오틱 바다를 연상시킨다(Jeffares 200). 마레오틱 바다 주변은 황폐한 지역으로 4세기에 기독교의 수도원이 있었던 곳이다. 말린스와 퍼킨스는 함께 편집한 『예이츠 서문』에서 마레오틱 호수는 반인반신의 존재 즉 신이며 인간인 오시리스-호러스의 사원이 위치한 곳인데 오시리스의 사제인 성자들은 신비적 지혜의 전수자라고 한다(Malins 105). 여기에서 예이츠는 아일랜드의 신화와 기독교를 동일하게 보고 있다. 기독교의 유일신의 개념은 사라지고, 기독교가 아일랜드 민간 전설의 일부로 통합된다.

아틀라스의 마녀는 셸리의 시에서 지혜로운 미녀를 상징하는 인물이다.

구체적으로 말하면 그리스 신화에 나오는 아름다운 소녀의 모습을 한 물의 요정인 나이아스이다. 그녀는 아틀란티스 제도에서 태어나 회색 바위 방에 누워 있다가 태양이 비치면 구름으로 변한다(*E&I* 184).

벌벤 산은 슬라이고 북쪽에 있는 산의 이름이다. 말 탄 자들과 여인들은 노먼 제파레스가 말하듯이 조지 폴렉스펜의 하녀인 메어리 배틀이 예이츠에게 말한 환상속의 존재를 의미한다(404). 이는 아일랜드의 전설에 나오는 신화상의 인물들이다. 초인이 분명한 말 탄 자들은 불멸의 존재로서 정열적인 지상의 삶을 완수하고 새벽에 말을 타고 나타난다(analysis1.htm).

그들이 나타나는 장소는 벌벤 산이다. 이 작품을 신화 상의 산의 관점에서 연구한 찰스 암스트롱은 벌벤 산이 오래 전부터 아일랜드의 서쪽 해안 지방인 슬라이고 지역의 주민들에게는 보호와 계시를 연상시키는 역할을 해왔다고 말한다(armstrong15.htm). 그 증거로 그는 "벌벤 산과 녹나리아가 없었더라면 많은 불쌍한 선원들이 난파당했으리라"(89)는 예이츠의 『신화집』의 구절을 인용한다.

예이츠는 초기 작품인 『켈트의 여명』에서 지역의 풍습과 믿음을 초자연적인 것과 연결시켜 왔으며, 이 작품집에 수록된 많은 다른 작품에서 벌벤 산을 요정들이 나타나는 것을 암시하는 신화적으로 중요한 장소로 묘사하였다. 노먼 제파레스는 슬라이고 북쪽에 있는 이 산이 아일랜드 전설에 나오는 오시안의 아버지인 핀 왕에게 봉사하는 기수인 피안나 단원들을 연상시킨다고 말하고 있다(404).

예이츠가 이 작품에서 벌벤 산을 택한 데에는 벌벤 산이 이와 같이 아일랜드의 신화 및 전설과 깊이 연관되어 있기 때문이라고 여겨진다. 이러한 신화적인 장소에서 시인이 "여기 그들이 뜻하는 바의 요점이 있다"고 하는데, 여기는 물론 벌벤 산을 가리키지만, "그들"이 누구인가는 뚜렷하게 밝혀져 있지 않다. "아틀라스의 마녀"에서부터 "성자", "말 탄 자들", "여인들" 모두가 "그들"일 수 있지만, 가장 직접적으로는 "말 탄 자들" 즉 기수들을 지칭하는 것으로 보는 것이 타당하다. 왜냐하면 "그들이 겨울 새벽에 말 타고" 가는 것으로 보아 그들은 벌벤 산에 거주하는 전설이나 신화에 나오는 인물로 볼 수밖에 없기 때문이다.

신화와 전설상의 인물들에 대한 설명이 끝나고 한 행을 비운 후에 "여기 그들이 뜻하는 바의 요점이 있다"는 말이 나오는 것으로 보아 제 2연 이하를 요점이라고 할 수 있다.

> 여러 번 사람은 살고 죽는다
> 종족의 그것과 영혼의 그것인,
> 그의 두 영원 사이에서,
> 옛 아일랜드는 그것을 모두 알고 있었다.
> 사람이 자기 침대에서 죽든
> 아니면 장총이 그를 죽게 하든,
> 사랑하는 사람들과의 짧은 이별은
> 사람이 두려워해야 하는 최악이다.
> 비록 무덤 파는 자들의 노고가 오래되고,
> 그들의 삽이 날카롭고, 그들의 근육이 강하더라도,
> 그들은 다만 그들이 매장한 사람을
> 인간의 마음 속으로 다시 되밀어 넣을 뿐이다. (398)

세상의 모든 사물들은 실체가 없이 공한 것이므로 죽음도 실체가 없는 것으로 생각되는 것은 당연한 일이다. 시인은 여기에서 인생이란 생과 사를 영원히 반복하며 환생의 과정을 거치는 것이어서, 사람은 죽어서 없어지는 것이 아니라 대기억 속에 저장되어 그 민족의 신화나 전설로 영원히 살아남는다는 굳은 믿음을 보여준다(이세순 2008 325).

현실에서의 개인의 삶은 삶과 죽음을 반복적으로 경험하지만, 종족의 삶과 영혼의 삶은 영원하다. 예이츠는 1938년 6월 22일 도로씨 웰슬리에게 보낸 편지에서 이와 동일한 개념을 "이것이 내가 글을 쓰는 주장이다. 인간이 자신의 가족이라는 영원과 자신의 영혼이라는 영원, 두 영원 사이에 서 있다는 압도적인 증거가 지금 있다"(*L* 910)라고 쓰고 있다. 비록 현실적인 육체의 죽음은 피할 수 없지만 영혼의 영원한 삶은 계속되는 것이며 이는 아일랜드가 알고 있는 사실이라는 것이다. 현실적인 육체의 죽음은 짧은 이별일 뿐이고 아일랜드인의 정신은 영원히 살아남는다. 예이츠는 자신의 육체적 죽음이 임박했음을 인식하고 이를 피할 수 없는 현실로 받아들이지만, 아일랜드의 정신은 영원히 살아남는다는 것을 깊이 인식하고 있었기 때문에, 어떠한 죽음을 경험하든 그것은 사랑하는 사람과의 짧은 이별이라고 말한다. 이 말은 인간이 죽더라도 영혼은 계속하여 살아 있으며 인간의 정신이 영혼이라는 것을 암시한다.

육체적인 죽음을 극복하고 영원한 아일랜드의 삶을 사는 시인은 초자연적인 실재의 증거를 제시한다.

> "우리 시대에 전쟁을 보내주소서, 오 주여!"라는
> 미첼의 기도를 들은 당신은
> 모든 말들이 말해지고,
> 한 사람이 미쳐서 싸울 때,
> 무언가가 오랫동안 멀었던 눈에서 떨어지는 것을 안다,
> 그는 자신의 편파적인 마음을 응시하고,
> 잠시 편안히 서서,
> 큰 소리로 웃는다, 그의 마음은 평온하다.
> 가장 현명한 사람조차도 긴장한다
> 어떤 종류의 격렬함으로
> 그가 운명을 완수하거나
> 자신의 일을 알거나, 짝을 고를 수 있기 전에는. (*CP* 398-399)

미첼의 『교도소 일지』에 있는 구절을 풀이하여 제시한 구절을 통하여 예이츠는 어떤 종류의 격렬함으로 우리가 긴장할 때 우리는 운명을 완수할 수 있다고 밝힌다. 초자연적인 통찰력을 지닌 사람은 그 갑작스런 인식의 순간에 자신의 일을 알 수 있기 때문에 운명을 완수할 수 있다(Unterecker 294).

갑작스런 인식의 순간은 자신이 아일랜드의 일부임을 인식하는 것과 다르지 않다. 이러한 인식에 도달하면 세상을 보는 눈이 달라진다.

아일랜드의 워싱턴 앤 이 대학교의 아일랜드 문학 연구 홈페이지는 이 연을 다음과 같이 설명하고 있다.

> 성숙 즉 성인이 되는 주제는 많은 예이츠 시에 반복되는 개념이다. 인간은 종종 자신이 진정으로 성인이 될 수 있기 전에 먼저 광기를 경험한다. 예이츠는 이 질서의 개념을 여기에서 전쟁의 이미지를 사용하여 혼돈으로부터 파악한다. 예이츠는 제1차 세계대전에, 그리고 아일랜드 혁명과 아일랜드 독립전쟁에서 아일랜드를 괴롭힌 싸움에 환멸을 느꼈다. "우리 시대에 전쟁을 보내소서"라고 하는 전쟁에 대한 언급과 "미쳐 싸우는" 병사의 이미저리는 강렬한 혐오감, 반감 및 증오감을 불러온다. 이러한 강렬한 정서는 사람을 광기로 몰아넣는다. 이와 같은 광기의 상태에서는 "오랫동안 멀었던 눈에서 무언가가 떨어지는데", 바로 그것이 예이츠가 혼란에서 이해로 변화하는 것을 보여준다. 예이츠는 "평화로운 마음"으로 "편안히 서 있을" 때 순수함을 상실하는 경험을 했다. 예이츠가 "일종의 폭력"에 굴복했을 때 그는 "운명을 완수할 수 있었고" 궁극적으로 성인이 되었다. 예이츠는 자신의 "운명"이 영적인 수준에 있음을 암시한다. 이 연의 말미에서 그는 삶을 영적인 수준에서 받아들임으로써 성인이 된다. 작품의 나머지 부분 전체에서 예이츠는 예술을 천국으로 가는 통로로 사용함으로써 이 영적인 의미를 표현한다. (analysis3.htm)

예이츠는 아일랜드의 독립전쟁 및 제1차 세계대전에 환멸을 느끼고 미첼의 『교도소 일지』에 나오는 "우리 시대에 전쟁을 주소서, 오 주여!"라는 구절을 인용하여 전쟁을 희구하기까지 한다(Jeffares 405). 아일랜드의 독립을 위해 싸우든, 부활절봉기에 함께 동참하든, 제1차 세계대전에 참여하여 목숨을 바치든 모두 아일랜드의 영혼을 위한 싸움이기에 개인의 죽음은 아일랜드의 존속을 위한 작은 희생이다.

제 4연은 조각가와 화가 등 예술가의 창조활동이 개인적인 활동이면서 동시에 예전부터 계속되어온 아일랜드, 나아가 인류의 영혼을 보존하는 일임을 강조한다.

시인과 조각가는, 일을 한다,
시류를 따르는 화가로 하여금
그의 위대한 선조들이 한 것을 피하도록 하지도 않는다,
사람의 영혼을 신에게로 가져가고,
그로 하여금 요람을 옳게 채우도록 한다.
도량법이 우리의 힘을 시작했다,
힘찬 이집트인이 생각한 형체들을,
보다 점잖은 피디어스가 만든 형체들을,
미켈란젤로는 시스틴 성당 지붕에
증거를 남겼다,
거기선 단지 반쯤 잠깬 아담이
지구에 거니는 마담을 혼란케 할 수 있다
그녀의 내장이 열받을 때까지,
은밀히 작용하는 마음 앞에 놓인
목적이 있다는 증거이다.
인류의 세속적 완성이다.

십오세기는 신이나 성자의 배경으로
영혼이 편안히 쉬고 있는 정원을
그림으로 그렸다,
거기선 눈에 보이는 모든 것이,
꽃과 풀과 구름없는 하늘이,
잠꾸러기들이 깨었으나 여전히 꿈꿀 때,
그리고 단지 침대와 침대틀만 거기 남아 있고,

그것이 사라졌으나
천국이 열렸다고 여전히 선언할 때,
존재하거나 보이는 형체들을 닮았다.
　　　　　　　　가이어들은 계속 회전한다,
보다 위대한 그 꿈이 사라졌을 때
칼버트와 윌슨, 블레이크와 클로드는,
신의 국민들을 위한 휴식을 준비했다,
팔머의 말로, 그러나 그 후
우리 생각에 혼돈이 일어났다. (399-400)

예술가가 하는 일은 바로 자기들의 위대한 선조들이 한 일과 다르지 않다. 여기에서 말하는 예술가들의 "위대한 선조들"은 제 2연에서 나왔던 종족의 영원과 영혼의 영원을 모두 알고 있던 "옛 아일랜드"와 다름없다. 예술가의 신성한 임무는 삶과 죽음을 경험하는 사람들의 영혼을 신에게로 데려가서 영원 속에 거주하도록 하는 것이다. 이는 아일랜드의 정신, 아일랜드의 신화와 전설 속에 편입되도록 하는 일과 다르지 않다.

일반적인 도량법으로는 현재의 사물을 현재의 외면으로만 판단하도록 한다. 그렇지만 여기에서 예이츠가 생각하는 도량법은 보다 근본적인 내면을 측정하도록 한다. 제파레스의 의견에 따르면 여기에서의 도량법은 피타고라스가 제안한 완성을 뜻한다(412). 개별적인 예술 작품이 오늘날 지상에 남아 있거나 남아 있지 않거나 하는 것은 문제가 되지 않는다. 그것이 한 민족 내지는 인류의 공통된 유산으로 그 정신에 포함되었는가 포함되지 않았는가가 중요하다. 여기에서 예이츠가 예로 드는 이집트인들이 생각한 형체나 피디어스가 만든 형체, 미켈란젤로가 그린 천지창조의 그림은 개인의 성취가 아니라 민족의 성취로 영원의 일부가 되고, 민족 정신의 일부가 되었음을 보여준다.

중세 미학의 토대를 구축했던 3세기경의 신플라톤주의 철학자 플로티누스와 보다 점잖은 피디어스의 예술을 보수주의나 과거에 대한 향수로 보는 것은 다소 편협한 견해라고 할 수 있다. 플로티누스는 예술이 그 자체가 모방물인 자연을 모방하여 창조하기 때문에 사물을 재생하는 것이 아니라고 보았다.[2] 그리하여 그는 자연 자체가 나온 개념으로 되돌아가야 한다고 주장하고 제우스 신을 형상화하면서 감각적인 사물을 모델로 삼지 않고 제우스가 시각적으로 나타난다면 어떤 형체를 취할 것인가를 이해하고 형상화하였다(Jeffares 405). 또한 피디어스도 아테네에 있는 파르테논 신전에 대리석 조각상을 만들었을 뿐만 아니라 아테네의 아크로폴리스에 있는 아테나 프로마코스 청동상을 만들었다(Jeffares 405). 시스틴 성당 천정에 천지창조의 그림을 그린 미켈란젤로도 예술의 완성을 이룬 위대한 예술가이다.

이집트와 그리스 그리고 15세기 르네상스시대의 위대한 예술가들은 미켈란젤로가 그린 천지창조의 그림과 같이 인류의 세속적 완성을 추구하였다. 이와 같이 인간의 역사는 반복되는 것이다. 예이츠는 자신이 창안한 개념인 가이어는 인류의 문명이 2000년을 주기로 흥망성쇠를 반복한다는 이론으로 여러 작품에 등장한다. 희랍문명이 2000년 만에 쇠퇴하고 기독교 문명이 발생하였듯이 기독교 문명도 2000년을 주기로 쇠퇴하고 새로운 문명이 탄생한다는 이론이다. 예이츠는 과거의 위대한 예술가들을 열거하여 그들이 인류의 발전에 기여한 공로를 기린 다음에 가이어가 계속 회전한다고 말한다.

아일랜드 민족의 정신, 전통의 유지에서 한 걸음 더 나아가 인류의 정신에 예술이 어떻게 기여하는 가를 이야기한 후에 가이어가 계속된다고 하며 16

---

2) 플로티누스는 가시적 세계의 배후에 그 궁극적 원천으로서 일자(一者, the One)가 있다고 상정한다. 이것은 일체의 관념과 지식을 넘어서 있는 궁극적 실재로서 선이자 무한이다. 일자는 마치 광원(光源)과도 같아서 만물은 일자의 빛이 흘러 넘침으로써 즉 유출(流出)함으로써 존재하게 된다. 이처럼 일자의 흘러 넘침을 통해 세계가 형성된다고 보는 플로티누스의 세계관을 흔히 유출설이라고 한다. 일자로부터 정신이 흘러나오고, 다음에는 영혼이 흘러나오며, 마지막으로 질료가 흘러나온다. 이때 정신이란 것은 사유 혹은 보편적인 지성으로서 이 세계의 토대를 이루는 이성 능력이다. 영혼은 정신의 형상을 본떠 자연을 만들어 내는 능력이다. 즉 영혼은 자연 속에서 식물, 동물, 혹은 인간이 된다. 마지막으로 질료는 광원인 일자로부터 가장 먼 위치에 존재하는 것으로 근본적으로 정신화를 거부하는 성향을 가지고 있다.

세기에서부터 19세기에 이르는 많은 예술가들을 열거한다. 여기의 칼버트가 볼로냐 학파를 창시한 플랑드르 출신의 데니스 칼버트(1540- 1619)를 가리키는지 아니면 19세기 영국의 공상적인 화가인 에드워드 칼버트(1799-1883)를 가리키는지는 확실하지 않지만, 레이먼드 리스터에 따르면 에드워드 칼버트를 지칭하는 것으로 보인다(Jeffares 406). 리처드 윌슨은 영국의 풍경화가이고, 윌리엄 블레이크는 공상적인 화가 겸 시인으로 영국 낭만주의 시의 선구자이다. 클로드 로레인(1600-82)은 프랑스의 풍경화가이고 사뮤엘 팔머(1805-81)는 블레이크의 제자로 고대인이라 자칭하였다(Jeffares 406).

이들이 민족정신을 계승하고 인류의 영원을 위해 예술을 창조하고 있지만 가이어는 계속 회전하고 있으므로 결국 예술은 타락하게 된다. 예이츠는 여기에서 새로운 예술가들이 문화에 영향을 끼치는 방법에 대하여 관심을 기울이고 있는 것으로 보인다. 그는 예술가들이 자기들의 과거와 전통을 잊지 않기를 원하며 자기가 죽으면 위대한 예술의 시대가 종언을 고할지 모른다고 걱정하고 있다(analysis4.htm).

제 5연에서 시인은 아일랜드의 시인들에게 아일랜드의 민족혼을 일깨우고 전통을 보존하라고 권고한다.

아일랜드 시인들이여, 당신네의 일을 배우시오,
잘 만들어진 것은 무엇이든 노래하시오,
머리 끝에서 발 끝까지 형체가 어그러진 모든 것
지금 자라고 있는 종류의 것을 경멸하시오,
그들의 기억않는 가슴과 머리는
미천한 침대에서 미천하게 난 산물이오.
농부를 노래하시오, 그리고 그 다음엔
어렵게 말 타는 시골 신사를,
수도승들의 성스러움을, 그리고 그 후엔
흑맥주 술꾼들의 요란한 웃음을 노래하시오,
일곱 영웅적인 세기 동안

땅 속에 매장된
명랑한 귀족과 귀부인들을 노래하시오,
당신의 마음을 지난날에 던지시오
우리가 다가오는 시대에도 여전히
불굴의 아일랜드인이 되도록. (400)

예이츠는 아일랜드의 시인들에게 자신들이 정말로 해야 할 일을 하라고 권고한다. 그들이 해야 하는 일은 진정한 아일랜드의 것을 노래하는 일이다. 아일랜드의 농부, 아일랜드의 시골 신사, 아일랜드의 수도승 그리고 아일랜드의 시끌벅적한 술집에서 요란하게 이야기하는 평범한 시민들 그리고 예전에 죽어 매장된 아일랜드의 귀족과 귀부인들을 노래하라고 권고한다. 현상적인 것, 즉 당대의 아일랜드 중산층의 타락한 문화가 낳은 발끝에서 머리까지 형체가 어그러진 모든 것과 미천한 침대에서 비천하게 태어난 것을 경멸하라고 한다.

전통적인 아일랜드, 아일랜드의 본질은 과거에 있으므로 고대 아일랜드의 영웅적 7세기[3)]를 거치면서 축적된 농부와 시골 귀족의 옛 봉건적 질서와 가치의 세계를 회복하여 그 속에서 모범적인 이상을 찾으라는 것이다. 다시 말하여 아일랜드의 전통과 질서, 아일랜드의 정신을 회복하라고 한다. 아일랜드의 영웅적 미래는 무엇인가 새로운 것을 만들어 물질적인 발전을 이룩하는 데 있는 것이 아니라 아일랜드의 정신을 회복하는 것에 있다. 여

3) 여기에서 아일랜드의 영웅적 7세기를 말하는 이유는 분명하지 않다. 아일랜드가 영국의 지배를 받은 기간은 7세기를 훨씬 넘으며 그 이전의 역사도 불확실하다. 아일랜드가 영국의 지배를 받은 사실을 간략하게 살펴보면 다음과 같다. 아일랜드는 1169년 잉글랜드의 왕 헨리 2세가 정복하였으나 직접적인 통치가 제대로 이루어지지 않았다. 1607년 아일랜드 북부의 얼스터 지방을 중심으로 일어난 반란이 종결된 후 스코틀랜드와 잉글랜드로부터 대규모 이민이 시작되었다. 1801년에 그레이트 브리튼과 아일랜드 연합 왕국이 탄생했고, 1916년 아일랜드 독립 운동이 진압된 후 아일랜드 공화국군이 결성되어 독립 전쟁을 하였다. 1921년에는 북부 얼스터 지방의 6개 주는 영국의 구성원으로 남고, 나머지 3개 주와 남부 아일랜드가 독립해 아일랜드 자유국이 되었으며, 1939년에 아일랜드 공화국이 되었다.

기에서 예이츠는 아일랜드가 영국의 지배를 받았던 사실을 암시하고 있지만, 아일랜드의 정신, 전통과 과거를 간직하고 보존하는 한 아일랜드 사람들은 외부의 압력에 결코 굴복하지 않고 독자성, 민족성을 유지할 수 있음을 강조한다.

지금까지 아일랜드의 역사와 전통적인 문화를 일별하며 아일랜드의 정체성을 유지하기 위하여 예술가들이 나아가야할 바를 밝힌 예이츠는 이제 자신이 아일랜드인의 한 사람으로서 미래의 아일랜드 속에 살아있을 것임을 확신한다.

> 헐벗은 벌벤 산 정상 아래
> 드럼클리프 묘지에 예이츠가 누워 있다.
> 조상 한 분은 오래 전에
> 그곳의 목사였다, 교회가 가까이에 서 있다,
> 길 옆에 오래된 십자가 하나.
> 대리석도, 전통적인 구절도 없다,
> 가까운 곳에서 채석된 석회암에
> 그의 명에 따라 다음과 같은 말이 새겨져 있다,
> *차가운 눈길을 던져라*
> *삶에, 죽음에.*
> *말탄 자여, 지나가거라!* (400-1)

이 작품은 예이츠의 생전에 집필한 것이지만 이 연의 내용은 사후의 모습이다. 드럼클리프는 벌벤 산 기슭의 슬라이고 북쪽에 있는 마을 이름이다. 예이츠의 조상인 존 예이츠(1774-1848)는 드럼클리프 교회의 교구목사였다. 이 산은 아일랜드의 역사와 정신, 나아가 아일랜드 자체를 상징한다고 할 수 있다. 예이츠는 이곳에 자신의 무덤을 설치하도록 함으로써 자신이 아일랜드의 일부가 되고자 했음을 보여준다.

Ⅲ. 끝내기

사후 10년 만에 실현된 예이츠의 이장을 지켜본 프랭크 오코너는 다음과 같이 말하고 있다.

> 오늘 우리는 그의 귀환을 다만 오래 계획된 작품의 완성이요. 위대한 예술 작품과 같이 고귀하게 착상되고 고귀하게 실행되어 이제 승리의 결말에 이른 삶의 제관이라고 생각할 수 있겠습니다. . . . 그가 생각했던 대로, 슬라이고의 풍경과 사람들에게서 영감을 얻었던 그가 마침내 그들에게 돌아오는 것이야말로 예술 작품의 일부였기 때문입니다. (재인용 이세순 2008 331)

오코너의 말처럼 예이츠는 자신의 고향으로 돌아와 묻힘으로써 자신의 죽음을 완성했을 뿐만 아니라 자신의 예술을 완성한 것이다. 묘비명을 통하여 자신이 신화 속의 한 등장인물이 되었다.

예이츠는 이 작품 「벌벤 산 아래」에서 아일랜드의 민족정신, 신화와 전설을 개괄적으로 보여주고, 아일랜드의 예술가들은 아일랜드 고유의 것을 찾아 보존하고, 그것을 민족정신 나아가 아일랜드의 일부로 만들어야 한다고 주장하였다. 작품의 말미에서 비록 자신이 외국에서 죽었지만, 유해라도 고국으로 돌아와 묻힘으로써 자신이 아일랜드의 일부가 되고자 하였으며 실제로 일부가 되었음을 몸소 보여주었다.

묘비명에 새겨진 "말 탄 자"의 정체

Ⅰ. 시작하기

예이츠는 어머니의 고향인 슬라이고에서 어린 시절을 보냈기 때문에 슬라이고를 자신의 영적인 고향으로 생각하였다. 그곳의 풍경이 문학적으로 또 상징적으로 그 자신의 "마음의 고향"(*CP* vii)으로 그려지고 있음은 주지의 사실이다. 잘 알려져 있다시피 그는 자신의 영면의 장소로 그곳을 지명하였고, 현재 그의 묘지가 그곳에 있다. 1839년에 사망하여 십 년 만에 마음의 고향으로 돌아와 매장된 드럼클리프 묘지에는 근방의 채석장에서 가져온 석회암 묘비가 아무런 장식도 없이 세워져 있다. 묘비에는 시인의 이름 및 출생과 사망일자가 적혀 있고 그 위에 "차가운 눈길을 던져라 / 삶에, 죽음에 / 말 탄 자여, 지나가거라"라는 묘비명이 새겨져 있다.

이 "말 탄 자"에 주목하고자 한다. 묘비명을 읽어볼 사람을 예이츠는 왜 "말 탄 자"라고 불렀을까? 예이츠는 자신의 묘지를 보러 오는 사람이 단 한 사람일 것이라고 생각했을까? 때로는 여러 사람이 동시에 자신의 묘지를 방문하리라고 생각하는 것이 자연스러웠을 터인데 말이다. 그런데도 불구하고 예이츠는 자신이 영면한 장소를 찾아오는 사람을 복수형으로 쓰지 않고 단수형인 "말 탄 자"라고 썼다.

그 앞의 구절도 의심스럽다. 왜 차가운 눈길을 던지라고 했을까? 물론 예이츠 자신을 차가운 시선으로 바라보라는 말은 아니다. 삶과 죽음을 냉철한 눈으로, 아니면 싸늘한 눈초리로 바라보라는 말이다. 예이츠 자신이 삶을 차가운 시선으로 보았기 때문일까? 예이츠의 시 중에서 많은 작품에서 예이츠가 삶을 바라보는 시선이 차갑지 않고 따스하게 느껴지는데, 굳이 삶을 차가운 시선으로 바라보라고 한 이유가 무엇일까? 더욱이 삶만 싸늘한 눈초리로 보는 것이 아니라 죽음까지도 그러한 시선으로 보라고 한 이유는 무엇일까?

예이츠가 후기에 영혼의 영원한 삶을 갈구했다는 것은 주지의 사실이다. "비잔티움 시편"에서 영혼의 영원한 삶을 추구한다. 예이츠는 삶과 죽음의 세계를 윤회하는 지상의 자연물과는 다른 존재로의 회귀와 같이 본다. 그의 작품 중에서 이원론적인 경향을 보이는 작품이 많이 있기는 하지만 그는 일원론적인 경향을 더욱 많이 보인다는 사실은 널리 알려져 있다. 그럼에도 불구하고 후세의 독자들에게 영원히 기억하라고 하는 말에서 삶과 죽음을 이원론적으로 분리하는 것은 무슨 이유일까? 예이츠는 자신의 묘지를 방문하는 사람들에게 많은 생각을 할 수밖에 없는 말을 툭 던져놓고, "말 탄 자여, 지나가거라"라고 명령한다.

무엇을 보고, 무엇을 생각하고, 무엇을 느끼고 가라는 것인지 알 수 없다. 삶이든 죽음이든 냉소적으로 바라보고 가라는 것으로만 이해할 수 있다. 여기서 예이츠가 자신의 묘지를 방문하는 사람이 단 한 사람일 것이라고 생각했다고는 볼 수 없다. 그럼에도 불구하고 예이츠는 한 사람을 지칭하여 부르고 있다.

전 세계적으로 자동차 산업이 발달하기 시작한 것은 20세기 초이다. 1914년부터 1918년까지 계속된 제 1차 세계대전 때에는 20세기 초에 발명된 비행기까지 대중화되었다. 자동차의 대량 생산이 이루어져 획기적으로 보급된 것도 20세기 초의 일이다. 그러므로 예이츠가 임종할 때인 1939년에는 자동차가 대중화된 시기였다. 그런데 예이츠는 왜 차를 타고 오는 사람이 아니라 "말 탄 자"에게 말하는지 궁금하다. 이 당시에 말을 타고 다니는 사람들도 있었지만 오히려 자동차를 타고 다니는 사람들이 보다 더 많았는데 말이다.

이 묘비명이 들어 있는 예이츠의 마지막 작품 「벨벤 산 아래」는 아일랜드의 신화와 전설, 과거와 현재의 아일랜드의 모습, 영혼과 육체의 윤회, 영혼과 육체의 갈등, 문학과 역사에 관한 시인의 견해 등 여러 가지를 담고 있다. 그는 자신이 영면을 취할 장소를 이 작품에서 지명했다. 그러므로 "말 탄 자"는 말을 타고 지나가는 여행자 이상의 무엇을 의미하는 것이 분명하다. "말 탄 자"가 누구를 의미하는지 자세히 살펴보도록 한다.

II. 전개하기

「벌벤 산 아래」라는 작품 이전에도 예이츠의 시에는 "벌벤 산" 뿐만 아니라 "말 탄 자"도 여러 번 등장한다. 여기에서 "말 탄 자"라고 번역한 "horseman"은 작품에 따라 "기사"나 "기수" 또는 "기마수"라고 번역하는 것이 적절한 경우도 많다. "벌벤 산"은 『마이클 로바티즈와 무용수』에 수록되어 있는 「동 틀 녘」과 「어느 정치범에 대하여」라는 두 편의 시에 두 번, 그리고 『3월의 보름달』에 수록되어 있는 「『큰 시계탑의 왕』에서 참수된 목을 위한 선택적인 노래」라는 시에도 한 번 나오는데, 이들 작품에서 이 산은 상징적인 장소로 사용된다.

「동 틀 녘」은 연인들의 유사한 꿈에 관한 작품으로 그들의 꿈이 두 연인 사이의 초자연적인 소통의 열쇠이다. 이 작품의 전문은 다음과 같다.

내 옆에 누운 여인이 꾼 꿈은
내가 꾼 꿈의 복사판인가?
아니면 차가운 첫 아침 빛에
하나의 꿈을 우리가 나눈 것인가?

나는 생각했다. "내가 어린 시절 소중히 여긴
벌벤 산 측면에
폭포가 있다,
내가 멀리 널리 여행하더라도

그리 소중한 것은 찾을 수 없었다."
내 기억은 어린 시절의 기쁨을
여러 배로 확대시켰다.

그 폭포를 어린아이처럼 만졌을 텐데
그러나 내 손가락은 그저 차가운 돌과 물만
만질 수 있었을 뿐이란 걸 알았다. 이것조차
하늘이 법으로 정했기에
하늘을 원망하며 흥분했다.
우리가 너무 많이 사랑하는 것은
우리가 절대 만질 수 없다고.

통 틀 녘에 꿈을 꾸었다,
차가운 물기가 콧구멍으로 들어왔다.
그러나 내 옆에 누운 여인은
더 모진 꿈 속에서 보았다네
아서 왕의 멋진 숫사슴이,
고귀한 하얀 숫사슴이, 가파른 산을
이리저리 뛰어다니는 것을.' (208)

연인들의 꿈은 초자연적인 소통으로 나아가는 문이 된다. 이 시에서 물은 여성의 상징으로 사용되고 영국의 신화에 나오는 아서왕의 숫사슴은 "남성의 상징"(Unterecker 163)으로 사용된다. 비록 벌벤 산이 슬라이고 근방의 실제 장소이지만, 이 작품에서는 연인들의 꿈의 상징적인 장소로 사용된다. 예이츠는 이런 종류의 경험을 『환상록』에서 "내가 경험한 바에 따르면 초자연적인 관계를 맺은 두 사람이 동일한 주제에 대하여 골똘히 생각하면 그들이 아무리 멀리 떨어져 있어도 서로 보완하는 이미지들, 즉 서로를 완성하는 이미지들이 그들의 마음의 눈 앞에 지나가는 것을 틀림없이 보게 될 것이다”(재인용 Jeffares 198)라고 묘사한다.

「어느 정치범에 대하여」에서 시인은 모드 곤이 말을 타고 벌벤 산 아래를 달려가는 것을 본 경험을 다음과 같이 묘사한다.

어릴 때부터 잘 참지 못했던 그녀는
이제 아주 잘 참는다.
회색 갈매기가 두려움을 잊고
그녀의 독방으로 날아와 앉아,
그녀의 손길을 잘 견디며
손에서 먹이를 받아먹었다.

그녀는 그 외로운 날개를 만지며
지난 세월을 회상했을까?
자기 마음이 모질어지기 전, 추상적으로 되기 전의,
자기 생각이 대중의 미움을 사기 전의,
눈이 멀어 눈먼 자들의 지도자가
그들이 누워 있는 그 더러운 도랑물을 마시던 때를.

오래전 말 타고 벌벤 산 아래로
사냥터로 달려가는 모습을 보았을 때,
그녀가 사는 시골 지방의 아름다움이
청춘의 고독한 야성미로 온통 가득했다.
그녀는 순수하고 상냥하게 자란 듯했다
바다에서 태어나 바위에서 자란 새처럼.

둥지에서 처음 날아 올라
어떤 높은 바위 위에서
구름 낀 높은 하늘 위에서

바다에서 태어나 공중에서 균형 잡은 새처럼,
폭풍우가 휩쓸고 간 그 가슴 아래서
텅 빈 바다에 절규하던 새처럼. (206)

이 작품에서 예이츠는 아일랜드의 부활절 봉기에서 드러난 영웅들의 희생과 그 봉기로 인한 무질서를 묘사하고 있다. 이 작품은 모드 곤이 실제로 경험한 내용을 시화하고 있지만 시인은 모드 곤의 감옥에 들어온 바다 갈매기를 "그녀 자신의 과거의 이미지로 변화시키고 그녀가 떨어져 나온 위대함의 상징으로 창조한다"(Unterecker 162).

「『큰 시계탑의 왕』에서 참수된 목을 위한 선택적인 노래」 전문은 다음과 같다.

나는 들었다, 벌벤 산과 녹나리아 산에서
안장을 얹고 달려 나오며, 한 사나이가 말하는 것을,
큰 시계탑의 시계는 뭐라고 말하는가?
저 모든 비극의 등장인물들이 말 타고 달리지만,
로씨즈의 굼실거리는 조수에 말머리를 돌린다.
회합장소는 산 중턱에 있다.
한 가닥 느리고 낮은 선율과 종소리.

무엇 때문에 그들은 집에서 그렇게 먼 곳까지 왔나,
밤새도록 물거품과 싸운 쿠훌린은?
큰 시계탑의 시계는 뭐라고 말하는가?
물거품 위로 말달리던 니아브는 그리 조용히 앉아서
장기 두던 젊은 남자와 여자는?
영웅적인 분방함 이외에 무엇일까?
한 가닥 느리고 낮은 선율과 종소리.

알릴과 그의 백작부인. 다만
젊은 호색한 같았던 한라한.
큰 시계탑의 시계는 뭐라고 말하는가?
그리고 홀로 말 타고 그곳으로 온다,
머리카락 대신 깃털이 있었기에
백성들이 눈을 동그랗게 뜨게 했던 왕은.
한 가닥 느리고 낮은 선율과 종소리. (324-5)

예이츠의 희곡 『큰 시계탑의 왕』에서 돼지를 기르는 미천한 신분의 남자가 왕비에게 사랑을 호소하다가 참수형을 당해 죽는다. 목이 잘린 머리는 사랑 노래를 부르고, 왕비는 춤을 추다가 그 머리에 키스를 한다.

3연으로 이루어진 이 시는 셋째 행과 마지막 행이 계속 반복되어 주문과도 같이 독자를 신화의 세계로 이끈다. 첫 연에 나오는 녹나리아 산은 고대 아일랜드 메이브 여왕의 돌무덤이 있는 곳으로 벌벤 산과 마찬가지로 슬라이고에 있다. 이 두 산 주변에는 아일랜드 전설에 나오는 비극적인 인물들이 살아서 말을 타고 당당하게 돌아다니고 있다고 주민들은 믿고 있다. 로씨즈는 슬라이고에 있는 해변의 이름으로 산에서 말을 타고 달려 나온 전설 속의 인물들이 여기에서는 말머리를 돌릴 수밖에 없다.

아일랜드 사람들은 나라가 위기에 처하면 메이브 여왕에게 속아 자기 아들을 죽이고 슬픔에 빠져 바다의 파도와 싸우다 죽은 전설 상의 인물인 쿠훌린이 달려와 구해준다고 믿고 있다. 니아브는 엥거스와 아이딘 사이에서 태어난 요정으로 고대 이교 시대의 무사이며 시인인 어쉰을 요정의 나라로 데려간 신화 상의 인물이다. 장기를 두던 젊은 남자와 여자는 니세와 데어드라를 가리킨다. 데어드라는 얼스터의 대왕 코나하의 약혼녀였는데 결혼식을 얼마 남겨놓지 않고 우쉬나의 아들 니세와 도망쳐 7년 동안 방랑 생활을 한다. 그들은 죄를 모두 용서해준다는 왕의 말에 속아 귀국한 후 죽임을 당한다. 죽임을 당하기 전날 밤 그들은 장기를 두면서 시시각각 다가오는 죽음의 공포를 극복한다.

셋째 연의 알릴은 아일랜드 신화에 나오는 인물로 예이츠의 희곡『캐슬린 백작 부인』에서 캐슬린 백작 부인을 짝사랑하는 시인으로 등장한다. 그는 가난한 아일랜드 사람들을 구하기 위해 자기 영혼을 파는 캐슬린 백작 부인을 이상 세계로 이끌려고 한다. 한라한은 호색한으로 예이츠가 창조한 가상의 인물이다. 머리카락 대신 깃털이 난 왕은『비밀의 장미』에 수록된「왕의 지혜」에 등장하는 신화 상의 인물이다. 그가 어릴 때 쉬이가 잿빛 독수리로 변신하여 날아와 그의 입술에 피를 한 방울 떨어뜨렸기 때문에 그의 몸에는 독수리의 피가 흘러 머리카락 대신에 독수리의 깃털이 자랐다고 한다. 이 작품에 등장하는 인물들이 아일랜드 신화와 전설에 나오는 인물들이기 때문에 벌벤 산과 녹나리아 산을 아일랜드의 신화를 배경이 되는 한 장소로 생각해야 한다.

이와 마찬가지로『벌벤 산 아래』에 나오는 벌벤 산도 실제의 산 보다 상징적인 의미가 더 강하다. 왜냐하면 이 시는 마레오틱 호수의 고대 성자들과 아틀라스의 마녀를 초대하는 것으로 시작되어 독자들을 아일랜드 신화의 세계로 직접 이끌기 때문이다. 이 시의 배경은 아일랜드 전설 상의 세계인 벌벤 산이다. 간략하게 살펴보았듯이 네 편에 나오는 벌벤 산은 실제적인 장소보다는 상징적인 장소의 의미를 많이 담고 있다.

"말 탄 자"와 복수형인 "말 탄 자들"이 등장하는 시는「벌벤 산 아래」이외에 일곱 편이 있다. 구체적으로 살펴보면「거칠고 사악한 노인」에 단수형으로 한 번,「로버트 그레고리 소령을 추모하여」에 단수형으로 세 번 사용되었다.「검은 돼지의 골짜기」와「골웨이 경마대회에서」그리고「크롬웰의 저주」에 복수형으로 각각 한 번씩 사용되었다.『어쉰의 방랑』에는 복수형으로 두 번,「후렴 하나에 세 개의 노래」에는 후렴구에 복수형으로 아홉 번 사용되었다.

제파레스에 따르면「거칠고 사악한 노인」은 예이츠가 엘리자베스 펠함 여사와 함께 인도로 가고 싶어했을 때 썼다(390). 7연으로 구성된 이 시의 첫 연은 다음과 같다.

"나는 여자들에 미쳤기 때문에
언덕에 미쳤다."
신이 인도하는 곳으로 떠도는
그 거칠고 사악한 노인이 말했다.
"집에서 짚더미 위에서 죽지 않기 위해.
이 두 눈을 감길 그 손들,
여보게, 하늘에 있는 노인에게
요구하는 건 이것뿐이네."
동 틀 녘과 꺼져가는 촛불 (356)

방랑하는 늙은 음유시인인 거칠고 사악한 노인이 예이츠 자신은 아니지만 신이 인도하는 곳으로 방랑하면서, 다시 말하여 정처 없이 떠돌면서 살아가고 싶어한다. 그는 집에서 짚더미에 누워 초라한 죽음을 죽고 싶어하지 않는 사람의 정서를 충분히 이해하고 있는 것으로 보인다.(Unterecker 270).

이 작품의 6연에 말 탄 자가 나온다.

"사람들은 모두 고통 받으며 산다,
나는 거의 모두 모르는 것을 안다,
그들이 윗 길을 가든
아니면 낮은 길에 만족하든,
노 젓는 이가 자기 배에 웅크리고 있던
말 탄 자가 말 산등 위에 꼿꼿이 있던
아니면 아이가 자궁 속에 숨겨져 있던."
동 틀 녘과 꺼져가는 촛불 (358)

예이츠는 여기서 "사람들은 모두 고통 받으며 산다"(358)고 말하며 그러한 사람들의 예로 노 젓는 사람, 베 짜는 사람 그리고 말 탄 사람을 든다. 이

시에 나오는 말 탄 사람은 노 젓는 사람이나 베 짜는 사람과 마찬가지로 실제로 살아 있는 현실 속의 사람을 가리킨다. 사람들이 살아가는 행태는 천차만별이다. 고상한 삶을 살아가는 사람도 있고, 미천한 삶을 살아가는 사람도 있다. 그러나 모두 고통을 받으며 살아간다는 사실은 변함이 없다. 남을 위해 봉사하는 삶을 살아도, 남을 지배하는 삶을 살아도, 늙어도, 젊어도, 아직 태어나지 않은 아이도 모두 고통 속에서 살아간다.

이 작품은 예이츠가 말년에 병석에 누워 있을 때 쓴 것이다. 후렴구로 반복되는 "동 틀 녘과 꺼져가는 촛불"은 삶의 시작과 종말을 암시한다. 엘만은 예이츠가 "한 때 불교 신자가 되었다가 금욕주의자가 되었다가 심령주의자가 되었기 때문에 변화하는 두 눈으로 다른 이미지들뿐만 아니라 죽음도 볼 수 있었다"(232)고 한다. 예이츠의 죽음에 대한 견해는 때때로 다르게 묘사되고 있다.

「로버트 그레고리 소령을 추모하여」는 일종의 애가로 그레고리 여사의 아들 로버트 그레고리를 추모하는 작품이다. 그레고리 소령은 제 1차 세계대전에 참전하여 이탈리아 전선에서 전투 중 1918년 1월 23일 사망했다. 이 시의 주제는 그레고리 소령의 죽음에 한정되지 않고 젊은 영웅의 죽음으로 확장되었다(Unterecker 133). 다시 말하여 이 시의 주제는 죽을 수밖에 없는 인간이지만 예이츠는 그레고리 가문에 초점을 맞추었다(Unterecker 132). 이 작품을 읽을 때 독자들은 로버트 그레고리뿐만 아니라 젊어서 죽은 모든 젊은이들을 추모한다. "그레고리 소령 자신이 전쟁의 무한한 패배 가능성 즉 학살당한 젊은이의 상징이 된다"(Unterecker 133).

12연으로 구성된 이 작품은 예이츠가 자신의 젊은 시절의 동료들이 생각난다는 이야기로 시작하여 셋째 연에서 그 친구들 중의 한 명인 라이오넬 존슨을 회상한다.

> 라이오넬 존슨이 제일 먼저 생각난다,
> 아주 나쁜 사람에게도 정중했으나,
> 학문을 인간보다 더 좋아했다. 많이 타락했으나

고결함을 깊이 생각하여
마침내 그의 그리스와 라틴 학문이 모두
그가 꿈꾸는 무한한 성취를
그의 사상에 조금 더 가까이 가져오는
오랫동안 불어대는 나팔소리인 듯했다. (148-9)

라이오넬 존슨은 아일랜드 출신의 시인 겸 비평가로 아일랜드의 문예부흥과 켈트 전설에 관심이 많았으며 1890년대에 예이츠와 함께 런던에서 시인 동호회 회원으로 활동했다. 존슨은 윈체스터 대학교와 옥스퍼드 대학교에서 고전 교육을 받았기 때문에 그리스와 로마의 고전 학문에 조예가 깊었다. 그러나 정신적 불안과 불면증에 시달리다가 알코올 중독자가 되어 35세의 젊은 나이에 요절하였다. 그는 신분의 높고 낮음이나 성격의 좋고 나쁨을 가리지 않고 모든 사람에게 정중한 사람이었으나 그러한 인간적 관계 보다 학문을 더욱 사랑하였다고 한다. 고전에 능통하여 학문적 업적이 뛰어났지만 불행하게도 요절하였다.

시인은 제 4연에서 존 밀링턴 씽을 떠올린다.

다음에는 탐구심 많은 존 씽이 떠오른다,
죽어가면서도 산 세상을 교재로 택했던 그는
무덤 속에서도 결코 쉴 수 없었을 것이다
오랜 여행 중 해질 녘에
아주 황량한 돌투성이 장소에
떨어져 있는 어떤 이들을 만나지 않았더라면,
해질 녘에 자기 마음처럼
열정적이고 소박한 사람들을 만나지 않았더라면. (149)

예이츠는 로버트 그레고리를 존 밀링턴 씽과 비교한다. 씽도 라이오넬 존슨과 마찬가지로 예이츠와 교제를 했던 시인 겸 극작가이다. 그는 예이츠의 충고에 따라 애란 군도로 가서 그 지역의 평범하고 소박한 사람들과 함께 생활하면서 그들의 삶을 표현하는 희곡 작품을 썼다. 황량한 돌 투성이 장소는 애란 군도를 가리키고 열정적이며 소박한 사람들은 그곳의 주민들을 가리킨다. 예이츠는 씽이 그런 사람들을 만나서 그들의 열정적이면서 소박한 삶을 희곡으로 썼기 때문에 무덤 속에서 편히 쉴 수 있다고 말한다. 그의 대표작 『서쪽 나라에서 온 바람둥이』가 1907년 애비 극장에서 공연될 때 씽이 아일랜드를 사랑하는 애국자가 아니고 신성을 모독하는 사람이라는 비난을 받는 것을 본 예이츠는 그 충격으로 연극 활동에서 손을 떼었다.

예이츠는 외삼촌인 조지 폴렉스펜을 떠올린다.

> 다음에는 조지 폴렉스펜을 생각한다.
> 강건한 젊은 시절에 사냥터나 경마장에서
> 메이요 인들에게 기마술로 유명했던 그는,
> 순종 혈통의 말과 튼튼한 기마수들이 어떻게,
> 모든 열정에도 불구하고, 궤도를 벗어난 별들처럼
> 정반대로, 직각으로 그리고 비스듬히 기울면서
> 살아가는 지를 보여줄 수 있었을 것이다,
> 그러나 나태해져서 명상적으로 되었다. (149)

로버트 그레고리는 "젊은 시절 사냥터나 경마장에서 기마술로 메이요 인들에게 잘 알려진" 조지 폴렉스펜과 같은 훌륭한 기마수였다. 말을 얼마나 잘 다루었으면 거꾸로 타고 옆으로 타고 비스듬히 타고 달렸다고 묘사한다. 말을 타고 달리는 모습이 마치 별들이 제 궤도에서 벗어나 제멋대로 하늘을 가르는 듯하다고 하여 지상에서의 모습을 천상에서의 모습으로 승화시키고 있다.

이어서 6연에서는 로버트 그레고리를 직접 부르며 필립 시드니 경과 같은 훌륭한 군인이었다고 말한다.

그들은 여러 해동안 내 친한 친구들,
말하자면 내 마음과 삶의 일부였고,
지금은 숨결이 끊어진 얼굴들이
어떤 낡은 사진첩에서 내다보는 듯하다.
나는 그들의 숨이 멎음에 익숙하지만
내 소중한 친구의 그 소중한 아들,
우리의 시드니, 우리의 완전한 사람이,
그 무례한 죽음에 들어감에는 그렇지 않다. (149-50)

라이오넬 존슨, 존 싱, 필립 폴렉스펜은 예이츠의 오랜 옛 친구로 그의 마음과 삶의 일부를 공유했었다. 그들은 모두 이른 나이에 죽음을 맞이하여 박제된 상태로 예이츠의 기억에 머물고 있다. 그렇기에 시인은 그들의 죽음에 익숙하다고 말한다. 그렇지만 자신의 절대적인 후원자이고, 친구인 그레고리 여사의 소중한 아들인 로버트 그레고리의 죽음에는 익숙해질 수 없다.

예이츠는 로버트 그레고리 소령이 영국 르네상스 시대의 시인이며 학자이고 군인이며 외교관이었던 필립 시드니경과 마찬가지로 다재다능한 사람이었다고 묘사한다. 필립 시드니 경은 스페인 군대에 대항하여 네덜란드인들과 함께 싸우다가 32세의 나이로 전사했다. 예이츠는 필립 시드니 경을 부르며 로버트 그레고리가 시드니 경과 같은 사람이었음을 이야기한다. 특히 여기에서 그가 옛날의 시드니 경과 마찬가지로 다양한 능력을 겸비한 인물이었음을 강조하기 위하여 "우리의 시드니"라고 부른다. 예이츠가 여기에 열거한 아끼고 사랑하던 사람들은 모두 이른 나이에 죽은 사람들이다. 로버트 그레고리도 37세의 이른 나이에 전사하였으나 화가, 학자, 기미수, 군인으로 명성을 떨쳤기에 이러한 문인, 학자, 기마수, 군인에 필적한다.

이어서 두 연에 걸쳐 로버트 그레고리의 살아 있을 때의 모습이 그려진다. 7연에서 그가 아일랜드의 자연을 사랑하는 모습이 그려지고, 8연에서 골웨이 지방에 있는 자신의 영지에서 말을 타고 달리던 모습이 그려진다. 사냥터에서 사냥하던 모습이며 경마장에서 말을 달리던 모습이 생생하게 묘사된다.

9연에서는 “그는, 군인이며, 학자였고, 기마수였다”고 직접 말하며 위대한 화가와 마찬가지로 그림을 잘 그려 세상 사람들에게 기쁨을 주었다고 시인은 말한다.

> 위대한 화가가 태어났다고 우리는 상상했다
> 차가운 클레어의 바위와 골웨이의 바위와 가시밭에,
> 응시하는 마음이 그 힘을 배가시키는
> 비전의 우리 학문인
> 그 엄정한 색채와 그 섬세한 선에.
> 그는, 군인이며, 학자였고, 기마수였다.
> 그렇지만 그는 열심이어서
> 모든 것을 발표하여 세상의 기쁨이 되게 했다. (150-1)

클레어는 몬스터 주에 있는 장소의 이름이고 골웨이는 그레고리 여사가 태어난 곳이다. 자연 환경은 황폐하고 삭막하지만 로버트 그레고리의 조상들이 대대로 살아온 지역이므로 그가 아일랜드의 자연을 사랑하고 그것을 그림으로 그려 “비전의 우리 학문”인 아일랜드의 전통을 엄정하게 지키고 있었음을 드러낸다. 여기서 “비전의 우리 학문”은 비밀스럽게 전해져 내려온 학문이라는 의미이므로 아일랜드의 내밀한 전통을 계승하고 있음을 보여준다. 그것을 세상에 드러내어 사람들에게 기쁨을 준 로버트 그레고리는 화가이고, 군인이며, 학자였고, 기마수였다.

로버트 그레고리가 유서 깊은 전통을 지닌 가문의 자손임이 10연에서 묘사된다.

> 다른 누가 우리에게 그리 잘 조언할 수 있었을까,
> 한 가정의 아름다운 온갖 명품들에 대하여
> 금속이나, 나무, 또는 석고나,

조각한 돌로 만든 모든 작품을
실제로 만들고 이해했던 그 사람만큼?
그는, 군인이며, 학자였고, 기마수였다.
그리고 그가 한 것은 모두 완벽하게 되었다
마치 그 한 가지 일만 한 것처럼. (151)

그는 예술적인 안목이 뛰어나 금속이나 나무 또는 석고나 돌과 같은 여러 가지 재료를 이용하여 예술 작품을 만들기도 하고 위대한 작품을 잘 이해하고 있었다. 금속이나 나무로 만든 제품은 청동 조각상이나 나무 조각상에서부터 공예 작품까지 포함하고 석고나 조각한 돌로 만든 제품도 마찬가지이다. 그러한 예술 작품을 그는 실제로 만들기도 했으며 집안에 유물로 전해져 내려오는 예술 작품을 바르게 이해하고 있었다. 예이츠는 앞 연에서 그림으로 로버트 그레고리가 아일랜드 지방의 풍경을 이해하고 전통을 보존하고 있었음을 말하고 여기에서 그림 이외의 다른 예술 작품을 말하고 있다. 그는 여러 가지 예술에 뛰어난 사람이었음을 예이츠는 밝히고 있다. 그렇기 때문에 "그는, 군인이며, 학자였고, 기마수였다"는 말이 지나친 칭찬이 아니다.

이 말이 반복하여 나오는 11연은 다음과 같다.

어떤 이들은 축축한 장작을 태우고, 어떤 이들은
불 탈 수 있는 온 세상을 작은 방에서
마치 마른 짚처럼 태울지 모른다, 돌아서면
텅 빈 굴뚝은 검게 불이 꺼져 있다
그 일이 그 섬광 속에서 끝났기에.
그는, 군인이며, 학자였고, 기마수였다.
모든 삶의 전형이었으니
그가 백발을 빗질하리라 어찌 상상했으랴? (151)

"그는, 군인이며, 학자였고, 기마수였다"는 행이 마치 후렴구처럼 반복된다. 이 행은 그레고리 여사의 아들이 살아 있을 때 지니고 있던 세 가지 덕목을 가리킨다. 그 세 가지 덕목이 과장이 아니라 실제였음을 보여주기 위해 예이츠는 자신의 친구 중에서 세 사람, 라이오넬 존슨, 존 밀링턴 싱, 필립 폴렉스펜을 회상했다. 또한 로버트 그레고리가 영국 르네상스 시대의 필립 시드니 경에 비견할 정도의 훌륭한 학자이고 군인이었기에 "우리의 시드니"라고 그를 부른다. 이 작품에서 로버트 그레고리가 실존인물들과 비교되기 때문에 "기마수"는 상징적인 의미보다 실제적인 인물을 가리키지만, 아일랜드의 전통을 보존하고 이어가고 있다는 점에서 상징적 의미를 지닌다.

「검은 돼지의 골짜기」는 『사보이』에 「농부 공상가들에 관한 두 시편: 검은 돼지의 골짜기」라는 제목으로 처음 발표되었다(Jeffares 59). 제목 아래에 다음과 같은 설명이 있었다고 한다.

> 아일랜드 농부들은 수 세대 동안 자기들의 불행을 '검은 돼지의 골짜기'라는 신비로운 골짜기에서 싸워 마침내 적군을 물리친 위대한 전투의 환상으로 위로했다. 몇 년 전에 슬라이고 지방에 있는 리사델에 있는 남작의 영지에서 한 노인이 이따금 황홀경에 빠져 땅에 넘어진 채 그 전투의 광경을 헛소리로 외쳐대곤 했다. 그리고 그 골짜기에서 살아나온 사람이 거의 없었기 때문에 말의 배대끈이 배에서부터 썩어 들어갈 것이라고 말하는 소리를 나도 직접 들었다. (Jeffares 59)

이 말은 이 작품이 아일랜드 신화의 세계에 바탕을 두고 있음을 명확히 한다. 이 작품은 아일랜드의 옛 전쟁을 다음과 같이 묘사한다.

> 이슬이 천천히 방울져 내리고 꿈이 모인다. 미지의
> 창들이 꿈 깬 내 두 눈 앞에 갑자기 날아가고,
> 말 탄 자들이 떨어지는 쿵 소리와, 미지의

죽어가는 군인들의 비명이 두 귀를 울린다.
해변가 고인돌 옆에서, 산 위 회색 돌무덤 옆에서
여전히 일하는 우리는, 낮이 이슬에 익사해 가라앉을 때,
현세의 제국에 싫증나서, 고요한 별들과 불타는 문의
주인인 당신께 머리 숙여 절한다. (73)

"미지의 창", "꿈 깬 내 두 눈" 및 "미지의 죽어가는 군인" 등과 같은 말은 독자를 전설에 나오는 아일랜드 전쟁의 세계로 이끈다. 이 작품의 화자는 아일랜드의 농부이다. 고인돌과 돌무덤은 이곳이 오랜 역사를 간직하고 있음을 보여주며 창이며 말 탄 자들, 군인들은 전쟁을 암시한다. 전쟁은 죽음과 연결되며 아일랜드인들이 현세의 제국인 영국에 대항하여 수많은 전쟁을 치렀음을 보여준다. 하루가 저물어 밤이 되면 별이 나타나듯이 현세의 삶이 끝나면 죽음의 세계를 밝히는 별이 나타난다. 화자는 별과 불타는 문의 주인인 당신에게 경배한다. 여기의 당신은 기독교의 하나님이 아니라 아일랜드 신화에 있는 아일랜드의 토속 신이라고 할 수 있다.

예이츠가 검은 돼지의 전쟁에 관하여 슬라이고의 시골 여인과 이야기했을 때 시골 여인은 그 전쟁이 아일랜드와 영국 사이의 전쟁이었다고 말했지만 예이츠는 그 전쟁을 아마겟돈으로 생각했다고 제파레스는 밝히고 있다(61). 아마겟돈의 사전적인 의미는 세계 종말에 있을 마지막 전쟁의 장소이다. 그렇지만 여기서 예이츠는 세상의 종말이 올 때인 미래의 전쟁을 이야기하는 것이 아니라 과거 아일랜드에서 있었던 전쟁을 이야기한다. 여기에 나오는 말 탄 자들은 과거 아일랜드 전쟁의 영웅들이다.

「골웨이 경마대회에서」 말 탄 자들은 달리는 말을 탄 기수들로 골웨이 경주 코스를 달린다(108).

경마가 행해지는 거기에서,
모두가 기뻐서 한 마음이 된다,
질주하는 말에 탄 기수들,

뒤에 몰려드는 군중들.
우리 또한 전에 좋은 관객이 있었다,
작품을 듣는 이들과 격려하는 이들이.
그래, 말 탄 자들을 동료로 삼았다,
장사꾼과 점원들이
세상에서 소심한 숨결로 숨쉬기 전에는.
계속해서 노래해라. 새 달이 뜨는 어디에선가
잠은 죽음이 아니라고 알게 되리라,
온 대지가 가락을 바꾸는 소리를 들으며,
그 살이 스스로 태어나고, 경마장에서처럼,
그것이 또 다시 큰 소리로 외칠 때,
그러면 우리는 말 타고 달리는 사람들 가운데서
격려하는 이들을 발견할 것이다. (108)

앞에서 설명했듯이 골웨이는 그레고리 여사의 고향으로 로버트 그레고리가 태어난 지역이기도 하다. 여기에서 경마를 즐기는 사람들은 말을 탄 기수들만이 아니다. 관객들도 모두가 한 마음이 되어 경마를 즐긴다. 이를 보면서 예이츠는 자신의 시를 즐기는 독자들과 자신이 한 마음이 되지 못함을 아쉬워한다. 경마 경주를 하는 기수들은 구경하는 관객들과 혼연일체가 되어 즐기는데 반하여 시의 독자들은 그렇지 못한 현실을 비판한다. 예전에는 시를 읽고 즐기는 사람들이 말 탄 자 및 관객들과 같이 진정으로 시인과 혼연일체가 되어 예술을 즐겼는데, 지금은 현실의 삶에 얽매인 장사꾼들이나 점원들처럼 시를 즐기지 못하고 있다. 그렇지만 아일랜드의 자연을 계속 노래하면 언젠가는 새로운 독자들이 나타나리라고 기대한다. 여기에서 기수나 말 타고 달리는 사람들은 현실 속의 사람들로 상징적인 의미를 지니지 않는다.

엘만에 따르면 "예이츠는 서른다섯 살 무렵이 될 때까지 고어체를 버리려고 노력한 후 약 십오 년 동안 일부의 고어체를 되살렸다. 영어를 학문적 언어로 쓰면서 그는 오래 전에 유행이 지난 어법을 다시 사용했다"(135). 여기서 "말 탄 자들"은 "소박하고 격렬하고 열정적인 사람들을 가리킨다"(Jeffares 96).

「크롬웰의 저주」는 1936년 11월과 1937년 1월 8일 사이에 창작되었다. 예이츠는 1937년 1월 8일 도로시 웰슬리에게 보낸 편지에서 "나는 그 시대의 레닌이었던 올리버 크롬웰에 관해 씀으로써 지식 계급에 대한 나의 분노를 표현하고 있다— 나는 아일랜드에서 방랑하는 어떤 농부 시인의 입을 통하여 말한다"(재인용 Jeffares 383)라고 쓰고 있다. 첫 연은 다음과 같다.

> 당신은 내가 멀리 다니면서 무엇을 찾았는지 묻지요.
> 크롬웰의 집과 크롬웰의 잔인한 군대밖에 없어요.
> 연인들과 무희들은 패배하여 흙 속에 묻혔는데,
> 키 큰 남자들과 군인들과 기마병들, 그들은 어디에 있나요?
> 자존심을 지키며 방랑하는 한 늙은 거지만 있지요—
> 그의 조상들은 예수가 십자가에 못 박히기 전의 조상들을 섬겼지요.
> 　　　　아 그게 어때요, 아 그게 어때서요?
> 　　　　　더 할 말이 남아 있다는 건가요? (350)

화자는 여기에서 자신이 "방랑하는 한 늙은 거지"라고 이야기한다. 많은 사람들이 죽었는데, 그 중에는 크롬웰의 병사들도 있다. 언터레커는 이 시의 적어도 일부는 일반적인 기억에서 나온다고 하면서 예이츠가 이 시에서 주장하는 바는 "육체가 죽은 후에도 영혼은 계속 살아간다, 버려진 집은 여전히 그 부서진 문으로 그 집을 사랑하거나 증오했던 과거의 남녀들을 끌어들인다"(269)라고 말한다. 시인은 키가 큰 멋진 사람들과 전쟁에서 죽은 군인들과 말 타고 전쟁터에서 용감하게 싸우던 병사들이 어디에 있는지를 묻는다. 그들의 육체는 패배하여 땅 속에 묻혔지만 그들이 남겨준 정신은 남아 있기 때문에 시인이 이러한 질문을 하는 것이다. 비록 그들의 육체는 땅 속으로 들어가더라도 그들의 영혼은 계속 살아서 전설로 합병된다.

「후렴 하나에 세 노래」는 제목이 보여주듯이 세 화자가 나와서 각각 다른 세 노래를 하는데 이 노래를 하나로 묶는 것은 후렴구이다. 첫 번째 화자는 땜장이이고 두 번째 화자는 작은 집에서 홀로 살아가는 노인이다. 세 번째 화자는 시인 자신이라고 할 수 있다. 이 세 화자를 하나로 묶어주는 것은 "이 산 저 산으로 사나운 말 탄 자들이 달린다"라는 후렴구이다. 이 후렴구는 아마도 슬라이고에 사는 예이츠의 삼촌인 조지 폴렉스펜의 하녀인 메어리 배틀이 이야기한 말 탄 자의 기억에서 나온 것으로 보인다.

3연으로 이루어진 첫 번째 노래의 화자는 시끄럽게 노래 부르며 돌아다니는 땜장이로 자신의 이름이 매니언이라고 한다. 매니언은 모두 마나난 출신이라고 밝히고 항상 용감하게 바다로 나아갔으며 집 안에 머문 적이 없었다고 화자는 말한다. 그는 자신이 미친 제인과 같이 생명력이 가득하다고 말하여 아일랜드의 억센 생명력을 간직하고 있음을 밝힌다. 예이츠는 "시끄럽게 노래하는 땜장이를 귀족사회의 옹호자"(Unterecker 277-278)로 만든다. 이 노래는 아일랜드의 신화와 예이츠의 개인적인 신화에 토대를 두고 있다.

두 번째 노래도 역시 3연으로 이루어졌는데, 헨리 미들턴이라는 보통 사람이 화자로 나온다. 헨리 미들턴은 시인의 사촌인데 은둔 생활을 했다고 한다. 그는 낡은 대문을 자물쇠로 잠가놓고 아무도 통행하지 못하게 하였으며 오직 편지 배달부와 정원사만 그 문을 드나들 수 있게 하였다고 한다. 화자는 아일랜드의 젊은이들이 패기도 박력도 없으며 예전의 아일랜드 정신을 알지 못하고 있다고 걱정한다. 또한 아일랜드의 젊은이들이 밤낮으로 좋지 않은 일만 배우고 있으며 지혜를 배우지 않는다고 걱정한다. 화자는 자신의 육체가 늙었음에도 불구하고 유행을 따르며 예전의 열정을 기억하고 있다.

시인 자신이 화자로 등장하는 마지막 세 연은 다음과 같다.

배우들이여, 모두 내 주변으로 모여라,
와서 찬양하라 1916년을,

무대 앞 맨바닥 좌석과 최상층 관람석에서
아니면 과장된 무대에서 나와
우체국 안에서나
시청 주변에서 싸운 사람들을,
다시 온 사람들을 모두 찬양하라,
죽은 사람들을 모두 찬양하라.
이 산 저 산으로 사나운 말 탄 자들이 달린다.

그날 누가 맨 처음 총을 맞았지?
배우 코놀리,
시청 옆에서 그는 죽었다.
마차와 목소리를 가졌지.
기량에 어울리는 그 세월이 없었지,
그러나 후에
과장된 무대 앞에서
유명한, 빛나는 인물이 되었을 터인데
이 산 저 산으로 사나운 말 탄 자들이 달린다.

어떤 이들은 승리를 생각하지 않고
죽기 위해 앞으로 나아가
아일랜드의 정신이 더욱 위대해졌고
아일랜드의 용기는 더 높이 올라갔다.
그러나 앞으로 무엇이 올지 누가 알리오?
패트릭 피어스는 말했네
매 세대 마다
아일랜드의 피가 뿌려져야한다고.
이 산 저 산으로 사나운 말 탄 자들이 달린다. (373-4)

여기서 1916년을 찬양하라는 말은 아일랜드의 부활절 봉기를 찬양하라는 말이다. 1916년의 부활절 봉기는 아일랜드인들의 민족정신을 고취하기 위한 투쟁으로 아일랜드 공화주의자들의 주도하에 무력을 통해서 영국으로부터의 독립을 성취하기 위해 일어났다.

이 사건은 아일랜드 독립 운동 역사에서 청년 아일랜드인 협회가 일으킨 1798년의 항쟁 이후 가장 중요한 독립 운동이다. 이 봉기는 아일랜드 공화주의 형제단이 계획하여, 1916년 부활절 주간인 4월 24일부터 4월 30일까지 진행되었다. 교사이며 변호사였던 패트릭 피어스가 이끄는 아일랜드 의용군이 주도하고, 사회주의 사회를 건설하여 진정한 자유를 추구한 사회주의자 제임스 코놀리가 이끄는 아일랜드 시민군이 합류하였다. 이들은 더블린의 주요 거점인 시청과 우체국 등을 기습적으로 점거하고 아일랜드 공화국을 수립하여 영국으로부터 독립을 선포하였다. 패트릭 피어스가 더블린 중앙 우체국에서 부활절 선언을 낭독했다.

부활절 봉기는 영국군과의 6일간의 교전 끝에 진압되고 봉기의 주도자들은 군사재판에 회부되어 처형되었다. 처형된 사람들에는 예이츠의 시와 삶에 큰 영향을 끼친 모드 곤의 남편 존 맥브라이드를 비롯하여 이 작품에도 이름이 밝혀져 있는 패트릭 피어스와 제임스 코놀리 뿐만 아니라 윌리엄 피어스, 마이클 오 핸러핸, 토머스 제임스 클라크, 토머스 맥도나, 조지프 메리 플렁켓, 에드워드 (네드) 댈리, 이먼 시닛, 마이클 멀린, 코넬리어스 콜버트, 션 휴스턴, 션 맥더밋, 토머스 켄트, 로저 케이스먼트 등과 같은 사람들이 포함되어 있다. 이 사건은 무장 투쟁 전통의 공화주의를 아일랜드 정치의 전면으로 부각시키는 데에 결정적인 역할을 했다. 봉기에서 선언된 아일랜드 공화국은 약 3년 후인 1919년 1월에 아일랜드 초대 의회에서 승인되었다.

세 번째 노래는 이와 같은 역사적 사건을 기리고 있어 예이츠의 정치적 관심을 보여준다. 예이츠가 그레고리 여사에게 5월 11일에 보낸 편지에 그의 슬픔이 어느 정도인지 나타나 있다. 편지가 다소 길지만 전문을 소개한다.

친애하는 그레고리 여사님, 더블린의 비극은 커다란 슬픔이며 근심이었습니다. 시립 화랑 계획과 관련하여 제가 몇 달 전에 만나보고, 우리의 최고 후원자라고 생각했던 코스그레이브는 여러 해 감금 판결을 받았습니다. 그리고 동일한 이름을 사용하는 사람이 둘이 아니라면, 문학 운동 활동 전체를 저와 함께 시작한 헨리 딕슨은 어떤 종류의 재판도 받지 않고 막사 뒤편에서 총살당했습니다. 저는 오심(잘못된 판결)이 많았다는 사실을 거의 의심하지 않습니다. 벨기에 전쟁부 장관 부인이 며칠 전 저에게 영국 장교 세 명이 그녀에게 프랑스에 있는 영국군의 지휘는 프랑스 장군들에게 양도되어야 한다고 말했고 프랑스 장군은 영국군의 상급 지휘관이 전반적으로 무능하기 때문에 영국 전선에 대한 독일군의 다가오는 공격의 결과를 그들이 매우 초조하게 기다리고 있다고 말했다고 했습니다. 그렇지만 그들은 헤이그를 믿었습니다. 프랑스 군이 그를 그 직책에 추천했습니다. 그렇기 때문에 저는 정의라는 섬세한 도구가 더블린에서 정확하게 작용할 것이라고 믿지 않을 이유가 전혀 없습니다. 저는 처형당한 사람들에 대한 시를 쓰려고 합니다 - '끔찍한 아름다움이 또 다시 태어났습니다.' 만일 영국 보수당이 아일랜드의 자치법안을 폐지할 의도가 없다고 발표했더라면 봉기가 일어나지 않았을 것입니다. 저는 어떠한 공적인 사건도 저를 그리 깊이 감동시킬 수 없다고 생각합니다. - 그리고 저는 미래를 매우 비관적으로 봅니다. 바로 이 순간에 저는 수년간의 모든 일들이, 계급을 함께 모으려는 모든 시도가, 아일랜드 문학과 비평을 정치에서 독립시키는 일들이 모두 뒤집혔다고 느낍니다. 모드 곤을 생각하면 전쟁이 일어난 처음 며칠 동안 그녀가 오코넬 거리 주변의 부서진 집들과 부상당하고 죽어가는 사람들이 거리 여기저기에 누워 있는 것을 보았다는 사실이 생각납니다. 저는 그 광경과 제가 그것에서 어떤 관점을 만들어 낸 것과 그리고 만일 그것이 진정한 광경이라면 그것은 상징적인 의미만을 지닐 수 있을 것이라고 말한 사실을 똑똑히 기억합니다. 이 편지가 그녀가 봉기에 대해 알게 된 이후 제가 받은 유일한 편지입니다. 저는 그녀에게 신문을 매일 보냈습니다. 그녀가 남편의 죽음에 대해 어떻게 생각하는지 저는 모릅니다. 그녀가 그 소식을 듣기 전에 이 편지를 보냈기 때문입니다. 그녀는 주로 "비극적 위엄이 아일랜드로 돌아왔다"고 생각하는 것처럼 보입니다. 그녀는 아일랜드 당의 두 명에게서 "아일랜드 자치법이 누설되었다"는 말을 들었습니다. 그녀는 이제 희생당함으로써 그것이 안전하게 되었다고 생각하고 있습니다. 여권을 획득할 수 있으면 런던으로 올텐데, 그녀가 여권을 손에 넣을 수 있을 것 같지 않습니다. 그녀가 아직 오지 않았기 때문에 저는 정말 기쁩니다. 그녀가 프랑스 부상병을 간호하며 재판이 끝나기를 기다리는 것이 더 좋을 것 같습니다. 플렁켓 백작 부부와 세 아들이 모두 함께 그물에 걸려 익사했다는 것은 참으로 이상합니다.

봉기가 시작되기 이전에 끝마쳐서 묶은 교정지를 어제 보내드렸습니다. 교정지와 함께 부인께서 해주셨으면 하는 일들에 대해 설명하는 편지도 보내드렸습니다. 저는 최근에는 일을 거의 할 수 없습니다. 게다가 『여왕 배우』를 주로 작업하고 있는데, 가장 잘못된 부분인 2막 전반부에 항상 새롭게 손대야 할 일들이 있습니다.

안녕히 계십시오.

예이츠 올림 (*L* 612-4)

이 편지에 보이듯이 예이츠는 아일랜드의 민중 봉기가 실패한 것에 대해 크게 실망하고 있다.

첫 연에서 시인은 배우들에게 화려한 무대에서 연극을 하지 말고 아일랜드의 독립을 위해 싸운 사람들을 위해 시인 주변에 모여 연주하라고 청한다. 극장의 무대 앞 맨바닥에 앉거나 싸구려 최상층 관람석에서 공연을 보고 듣고 즐기던 관중들이 부활절 봉기 때 거리로 쏟아져 나와 아일랜드의 중요한 지점들인 우체국이나 시청을 점거하고 싸웠으니 이들을 찬양하자고 권고한다. 아일랜드의 독립을 위해 목숨을 바친 사람들 중의 한 사람인 패트릭 피어스는 시인이기도 했으므로 배우들의 찬양을 받아 마땅하다.

둘째 연에서는 배우였던 코놀리를 이야기한다. 그는 부활절 봉기 중 월요

일에 시청 옆에서 총에 맞아 죽었다. 그는 목소리도 좋았고, 마차를 소유하는 등 재능도 있고 재산도 있었다. 그렇지만 갑자기 죽었으므로 자신의 기량을 충분히 펼치기에는 살았던 세월이 너무 짧았다. 그가 오래 살았더라면 많은 사람들에게 숭앙받았을 것이다. 유명한 배우가 되어 화려한 무대에서 많은 사람들을 즐겁게 했을 터인데, 안타깝게도 봉기 중에 사망했기에 시인은 그를 기린다. 여기의 코놀리는 앞에서 말한 부활절 봉기에서 처형당한 코놀리가 아니다. 부활절 봉기에 앞장선 제임스 코놀리는 정규교육은 많이 받지 않았지만 사회주의 운동에 앞장섰다. 제임스 코놀리는 1868년에 태어나 1916년에 처형되었다. 셋째 연에서는 패트릭 피어스의 이름이 직접 밝혀진다. 패트릭 피어스는 아일랜드 부활절 봉기 중 우체국 앞에서 부활절 선언을 낭독했다.

이러한 인물들의 희생을 통하여 아일랜드 사람들의 정신이 더욱 위대해지고, 용기가 배가된다. 이러한 인물들을 모두 하나로 묶어주는 역할을 하는 것이 후렴구이다. 후렴구는 예이츠가 큰 관심을 지니고 있는 세 분야를 통합하는 역할을 한다. 첫째 화자가 노래한 아일랜드 민중이 지니고 있는 억센 힘과 불굴의 투쟁심, 둘째 화자가 노래한 아일랜드 전통의 보존과 부활, 그리고 세 번째 화자가 노래한 아일랜드의 정치적 독립을 이 산 저 산으로 달리는 사나운 말 탄 자들이 하나로 통합하고 있다. 후렴구에 있는 말 탄 자들이 산에서 내려와 현재의 혼돈을 없애고 정반대의 새로운 질서를 가져온다(Unterecker 278).

지금까지 살펴본 몇 편의 시에 나타난 벌벤 산은 실제의 장소 이름이며 동시에 상당한 상징적 의미를 지니고 있다. 말 탄 자와 말 탄 자들도 어떤 작품에서는 상징적인 의미를 지니고 있고 어떤 작품에서는 상징적인 의미 없이 실제의 인물을 가리킨다. 상징적인 의미를 지닐 때에는 아일랜드의 전설과 밀접하게 관련되어 있다.

「벌벤 산 아래」라는 작품은 처음부터 아일랜드 전설의 세계를 보여준다. 이 시는 예이츠의 말년에 창작된 작품으로 사망한 후 일주일 뒤에 처음 공개되었는데, 시인의 시적인 추구를 요약한다. 이 작품에는 아일랜드 전설과 신화가 상당히 포함되어 있다. 이 작품을 쓸 때 예이츠는 자신의 이 세상에서의 삶이 끝나가고 있음을 충분히 인식하고 있었다. 그는 다가오는 죽음에서 도망치려 하지 않고 오히려 "영웅적인 의식의 필요한 부분"(Ellmann 214)으로 받아들였다. 이는 그가 육체의 죽음이 끝이 아니고 영혼은 계속해서 살아간다고 믿었기 때문이다. 그는 1939년 1월 4일 엘리자베스 펠함에게 다음과 같은 편지를 보냈다.

> ...나에게 남은 시간이 길지 않다는 것을 압니다. 나는 치울 수 있는 것은 이미 모두 치웠고, 이제 말해야 하는 것을 다 말할 겁니다. 그리고 나는 표현이 연구의 일부라는 것을 알았습니다. 이 삼 주 후면 나는 나의 가장 근본적인 생각과 내 연구를 완성하리라고 믿는 사상의 배열을 글로 쓰기 시작할 겁니다. 많은 시를 쓴 후에 휴식을 취하기 위하여 지금은 빈둥거리고 있습니다. 나는 행복하고, 에너지가, 내가 절망했던 에너지가 충만하다고 생각합니다. 내가 원하던 것을 발견한 듯이 보입니다. 모든 것을 한 구절로 집어넣으면 "인간은 진리를 구현할 수 있지만 그것을 알 수 없다"라고 말하겠습니다. 나는 내 삶을 완성할 때 그것을 구현해야 합니다. 추상은 삶이 아니고 모든 곳이 그 상반된 사실들을 이끌어냅니다. 헤겔을 논리적으로 반박할 수 있지만 성자나 6펜스의 노래는 반박할 수 없습니다. (재인용 Press 21)

위의 편지 글에서 알 수 있듯이 예이츠가 자신의 죽음을 자신의 삶의 완성으로 생각했다는 점은 확실하다. 그는 자신의 삶을 거의 완성하면서 자신의 사상과 개념을 모두 이 시에 모으려고 했다. 엘만이 말하고 있듯이 "가면과 얼굴의 융합으로, 반 자아와 자아의 융합으로, 욕망과 달성의 융합으로, 선택과 우연의 융합으로 그리고 심상과 개념의 융합으로 그가 다른 곳에서 상징"(Ellmann 214-5)했던 것들이 용해될 순간이 그에게 다가오고 있었다.

이 작품은 벌벤 산 아래의 풍경으로 시작된다. 첫 연은 예이츠의 믿음에 대한 충성심을 보여주고 그 믿음의 두 원천을 신비론의 전통과 아일랜드 농민들의 민간 신앙으로 규정한다. 그의 신비론은 신비주의, 불교 및 아일랜드의 고대 예언에 뿌리를 두고 있다. "마레오틱 호수 주변에서 / 성자들이 말한 것"과 "아틀라스의 마녀가 알고" 있는 것과 같은 시행은 기독교의 수도원 생활뿐만 아니라 아일랜드 사람들의 일반적인 생각을 도입한다(이세순 2008 325). 예이츠는 아일랜드 농부들의 민간 신앙을 조사했으며 초자연적인 말 탄 자들과 그들에 관해 이야기한 여인들을 알고 있었다. 초자연적인 말 탄 자들은 말을 타고 이 산 저 산으로 달려가면서 큰 소리를 울려 벌벤 산 아래의 조용한 기슭을 시끄럽게 했다.

예이츠는 「비극적 세대」라는 글에서 자신이 "황야"라고 말할 때 자신은 어떤 역사적인 사막, 어떤 책에 있는 것과 같은 사막, 테바이드 또는 4 세기에 기독교 수도원으로 유명한 마레오틱 해 주변 지역과 같은 땅을 생각했다고 라이오넬 존슨에게 보내는 편지에 쓴 바 있다(Jeffares 404). 여기에서 우리는 예이츠가 아일랜드 신화와 기독교가 서로 다르지 않다고 생각하고 있음을 알 수 있다. 유일신의 개념은 사라졌고 기독교는 아일랜드 민속 신앙의 일부가 되었다. 말린스와 퍼킨스는 마레오틱 호수가 오시리스 호루스의 사원으로 유명한 장소라고 말한다. 또한 오시리스의 사제들은 신비로운 지혜의 사도들이다(105).

아틀라스의 마녀는 조지 폴렉스펜의 하녀 메어리 배틀이 예이츠에게 이야기한 환상 속의 존재들임을 앞에서 이야기한 바 있다. 「벌벤 산 아래」에서 이야기한 바와 같이 말 탄 자들은 둘씩 셋씩 짝을 지어 말을 타고 칼을 휘두르며 산비탈을 달렸던 사람들이다(*A* 266). 이들처럼 멋지게 균형 잡힌 몸매를 지닌 종족이 지금은 살아 있지 않다. 여인들은 머리카락을 늘어뜨린 채 마치 졸린 듯이 보였다(*A* 266). 이 사람들은 현실 속의 인물들이 아니라 아일랜드 신화에 나오는 인물들이다. 말 탄 자들은 초인이며 불멸의 존재이고 세속적인 삶을 열정적으로 완수하고 새벽녘에 말 타고 나타나는 사람들이다(analysis1.htm). 이들이 나타나는 장소가 벌벤 산이다.

예이츠는 시골 여인들과 나누었던 대화를 다음과 같이 설명한다.

> 늙은 시골 여인이 저녁 때 문간에 서 있고 그녀 자신의 말로 '산을 바라보며 신의 선함을 생각할' 때 신이 아주 가까이 있는 듯했다. 왜냐하면 이교도의 힘이 멀지 않기 때문이고 매로 유명한 벌벤 산이 북쪽에 있고 네모진 하얀 문이 열린 채 흔들거리며 석양빛을 받고 있었고, 기독교화되지 않은 난폭한 말 탄 자들이 들판을 가로질러 앞으로 달려왔기 때문이다. (*M* 90)

여기에 나오는 초자연적인 말 탄 자들은 아일랜드의 요정들이다. 암스트롱은 "그들은 유명한 예이츠의 묘비명과 함께 이 시의 끝에 또 나온다" (armstrong15.htm)고 말하는데 이 말은 일부는 맞고 일부는 맞지 않는다. 왜냐하면 묘비명에 나오는 말 탄 자는 복수가 아니라 단수이기 때문이다. 어찌되었든 예이츠는 자신의 묘비명을 신화에 나오는 벌벤 산 산비탈에서 요정의 나라 문 앞을 지나가는 말 탄 자들의 관점과 연결시킨다(*M* 70). 신화 속의 이러한 관점과 연결시킴으로써 예이츠는 예언적인 비전을 아일랜드 국민들과 통합시키고 자신을 스스로 우상화한다(Maddox 364).

둘째 연에서 예이츠는 인간이 윤회에 종속되어 있음을 밝힌다(Unterecker 294). 비록 엘만이 "예이츠는 자신의 태도와 유사한 순환에 대한 태도를 니체에게서 발견했다"(92)고 말하지만 예이츠는 불교의 윤회 개념을 수용한 것으로 생각된다. "인간이 여러 번 살고 죽는다"는 행은 인간의 윤회를 보여준다. 인간의 육체는 삶과 죽음을 윤회하지만 영혼은 영원히 살아간다는 생각을 보여준다.

예이츠는 죽음을 인간이 만든 것이며 실체가 없는 것으로 본다. 모든 이미지들은 매우 고통스럽고 생생한 자기 반성 이후에 용해되고 죽는데 이 순간은 완성되는 순간이며 통합되는 순간이다(Ellmann 212-4). 예이츠의 실재는 존재의 통합으로 이는 영혼과 육체, 이상과 현실, 시간과 영원이 조화되는 순간이다. 그는 진공과 같이 아무 것도 없는 영원을 추구하는 것이 아니라 현실적인 영원과 완성을 추구하고 이는 현실을 희생하여 이루어지는 것이 아니라 현실을 인식함으로써 이루어질 수 있다. 예이츠의 실재는 현실과 영원의 결합이며 조화이다. 그의 내적 자아는 현실을 있는 그대로 수용할 수 있을 정도로 강화되고 그는 현실 속에서 완성을 추구한다(조동열 113).

현상계의 모든 사물은 공허하고 실체가 없으므로 죽음이 실체가 없는 것으로 여겨지는 것은 당연하다. 인간은 탄생과 죽음을 반복하며 윤회를 겪으면서 죽음으로써 대기억으로 들어가 신화와 전설이 되어 사람들의 뇌리에 계속 살아남는다. 예이츠는 이러한 믿음을 무덤을 파는 사람이 하는 일이 매장된 사람들을 세계영으로 다시 말하여 인간의 마음으로 다시 되돌리는 일이라고 말한다. 개인은 삶과 죽음을 반복적으로 경험하고 육체의 죽음을 겪지만 사람들의 삶과 영혼의 삶은 영원하다.

제 4연에 나오는 화가나 조각가들의 경우에도 마찬가지이다. 그들은 피타고라스와 그의 숫자 이론으로 시작되는 큰 길에 남아 있어야 한다. 이 길은 언터레커가 말하고 있듯이 이집트와 그리스 조각까지 직접 거슬러 올라갈 수 있다고 예이츠가 생각한 길이다(194). 제 4연에서 예이츠는 미켈란젤로, 칼버트, 윌슨, 블레이크, 클로드 등의 예술가들을 열거하며 이들이 위대한 전통을 이루고 있다고 말한다. 예이츠는 현대의 예술가들이 위대한 시 전통을 상실하거나 잃어버렸다고 한다. 아일랜드 시인들은 아일랜드 사람들의 영혼을 영원히 유지할 수 있도록 하는 시를 써야 하며 아일랜드의 농부와 귀족을 주제로 삼고 과거를 탐구해야 한다고 예이츠는 말하고 있다(Unterecker 295).

아일랜드의 위대한 조상들은 종족과 영혼의 영원을 알고 있었다. 예이츠는 조상들을 농부와 귀족으로 부르며 과거의 조상들이 했던 일을 예술가가 해야 한다고 말한다. 예술가들은 인간의 영혼을 신에게로 가져와서 아일랜드의 영혼과 신화 및 전설 속으로 들어가게 해야 한다. 여기서 예이츠는 신을 기독교의 신이라든지 아니면 어떤 다른 종교의 신을 말하는 것이 아니라 최고의 상태에서 달성되는 개인의 영혼으로 보고 있다(Marcus 192). 영혼의 최고의 상태는 자신의 상태를 바르게 인식하고 스스로 완성에 이르는 상태라고 할 수 있는데 이것이 바로 아일랜드의 영혼에 나타난다. 예이츠는 인간의 영혼이 완전하다는 것을 믿기 때문에 현대의 예술가들에게 유행을 따르지 말고 예전의 위대한 선배들이 이룩한 길을 따르라고 권고한다(이경수 116).

개개의 예술 작품이 현재까지 남아 있느냐 마느냐 하는 문제는 중요하지 않다. 중요한 것은 그 예술 작품이 민족의 영혼이나 인간의 영혼에 포함되어 있는가 하는 문제이다. 예이츠가 여기에서 예로 드는 예술 작품은 한 민족의 업적이 됨으로써 영원의 일부로 된 것들이다. 로젠탈은 "예술가는 잃어버린 과거의 일반적인 보존과 향수에 상응한다"(345)고 말하고 있다. 로젠탈의 견해는 다소 편협하다고 할 수 있는데, 예이츠가 여기에서 말하는 예술가는 인간 영혼의 일부가 된 위대한 예술가들이기 때문이다. 이 예술가들은 한 민족의 영혼뿐만 아니라 인간의 영혼을 일깨웠다. 바로 이것이 예이츠가 말하는 영웅적인 목적이며 시인의 위대한 꿈이다(이경수 117-8). 예이츠는 새로운 예술가들이 문화에 영향을 끼치는 방법에 관심이 많다. 그는 예술가들이 자신의 과거와 전통을 잊지 않기를 원한다(analysis4.htm).

예이츠는 제 5연에서 아일랜드의 시인들에게 아일랜드의 영혼을 일깨우고 전통을 지키라고 권고한다. 그들이 해야 할 일을 하라고 권고하며 그들이 할 일은 진정한 아일랜드의 것, 즉 아일랜드의 농부, 아일랜드의 시골 신사, 은둔하고 있는 수도자, 술집에 있는 보통 사람들 및 오래 전에 아일랜드에서 죽은 귀족과 귀부인들을 노래하는 것이라고 밝힌다. 전통적인 아일랜드의 핵심은 바로 과거에 있으므로 시인들은 아일랜드의 농부와 시골 귀족들이 지켜온 오래된 질서와 가치를 회복함으로써 모범적인 이상을 발견하려고 해야 한다고 권고한다. 바로 이렇게 함으로써 아일랜드의 영혼과 아일랜드의 전통과 질서를 회복할 수 있다. 로젠탈이 지적하고 있듯이 예이츠는 미래의 아일랜드 시인들이 전통적인 아일랜드 방식으로 예술적 사회적 가치를 소생시키고 아일랜드 민족의 정수를 영원히 지키기를 바라고 있다(346).

마지막 연에서 예이츠는 자신이 아일랜드인들의 영혼 가운데 영원히 살아있을 것이라고 강조한다. 예이츠는 벌벤 산의 꼭대기에서 우리를 내려다보며 산이 지닌 일반적인 신비적인 권위에 주의를 집중시킨다. 암스트롱이 이야기하듯이 "그러한 고양된 장소와 인간의 계시는 일반적으로 연결되는데 이는 동양에 뿐만 아니라 서양에서도 특징적"(armstrong15.htm)인 것이다. "우리는 단테에게서 에덴 동산 즉 지상낙원을 산 위에 있는 것으로, 참회하는 원형의 장소들이 비탈 위에 있는 것으로 상상하도록 배웠다"(*E&I* 455)고 예이츠 스스로 밝히고 있다. 여기의 벌벤 산은 상징적 의미를 갖지 않을 수 없다. 벌벤 산은 예이츠의 개인적인 고향을 상징할 뿐만 아니라 아일랜드의 역사와 영혼 그리고 아일랜드 자체를 상징한다.

자신의 무덤을 여기 벌벤 산 아래에 두라고 명령함으로써 예이츠는 자신이 아일랜드의 일부가 되고자 했음을 밝힌다. 언터레커는 예이츠가 독자를 헐벗은 벌벤 산 꼭대기에서 그곳의 석회암 돌조각으로 이끌었다고 하면서 묘비에 새겨진 묘비명을 "미래의 고상한 말 탄 자"(259)에게 하는 말로 해석한다. 케이쓰 올드릿은 말 탄 자를 살아 있는 여행자나 독자로 생각하고 묘비명을 "살아 있는 사람들에게 하는 명령"(355)으로 본다.

존 스톨워씨는 이 작품의 다양한 원고들을 살펴본 후에 말의 중요성에 주의를 기울이면서 말은 영혼을 지닌 용감한 고상함의 상징이라고 말한다(162). 이들의 의견을 종합해보면 말 탄 자는 아일랜드의 영혼과 관련되어 있다. 휴 케너는 "많은 비평적 창의력이 그 말 탄 자에게 사용되었다"고 말하면서 말 탄 자는 그저 "지명된 묘비명의 독자"(21)라고 결론짓는다. 반면에 블랙머는 "창조된 자아의 냉정함이 그의 작품에 나오는 어떠한 인물도 개인으로 창조되지 않았다는 사실에서 가장 잘 드러난다. 인물들은 마치 그들이 개인인 것처럼 극화된 유형이다. 그들은 전형적인 모든 인물들이 분리된 공간에서 움직여야 하는 듯이 움직인다"(75)고 말하고 있다. 말 탄 자는 개인이 아니라 유형, 다시 말하여 신화적인 인물의 유형이라는 것이다. 프리차드는 말 탄 자를 독자라고 다음과 같이 말하고 있다.

> 우리의 말 탄 자가 어떻게 독자로 변화했는지를 보여주기 위하여 다양한 어조의 목소리로 자기 자신과 다른 가상의 인물들에게 다양한 정도의 휴

> 지와 억양으로 시행을 시도한다. 그는 예이츠의 독자들이 특히 저항할 수 없는 활동이라고 알고 있는 것에 참여한다. 즉 말하는 목소리로 상상하고 그 목소리에 어떤 목적과 가치가 있는 인간으로 구현하려는 시도에 참여한다. 말 탄 자는 예이츠의 시행이 요구하는 자세의 힘으로 활기차게 된 극적 약속에 포함되게 되었다. (50)

위의 인용문에서 알 수 있듯이 프리차드는 말 탄 자를 극적인 인물로 생각한다. 우리가 앞에서 살펴보았듯이 어떤 비평가들은 말 탄 자를 방문객이나 관광객으로 생각하고 어떤 비평가들은 좀 더 상징적인 의미를 지닌 것으로 본다. 언터레커가 말하듯이 예이츠는 우리가 다른 작품에서 살펴본 전설 속의 말 탄 자들을 결코 잊은 적이 없지만 예이츠가 점차 나이를 먹어감에 따라서 말 탄 자들은 그의 마음 속에서 마지막 궁극적인 파괴력과 관련되게 되었다(277). 「벌벤 산 아래」의 첫 연에 등장하는 말 탄 자들은 말을 타고 산에서 달려 나온 전설 속의 인물들임에 틀림없다.

묘비명에서는 말 탄 자가 복수형으로 되어 있지 않고 단수형으로 되어 있다. 이는 복수형보다 더 상징적인 의미를 지닌다고 생각된다. 여기에서는 단수형으로 말 탄 자를 부름으로써 예이츠는 자기 자신을 말 탄 자라고 부르고 있는 듯하다. 예이츠가 1936년에 에델 마닌에게 보낸 편지에서 "나는 언젠가 산에서 내려올 그 무리들의 선구자입니다"(재인용 Unterecker 277)라고 쓴 바 있다. 그는 아일랜드 영혼의 입장에서 삶과 죽음을 냉정한 시선으로 바라보라고 자기 자신에게 명령한다. 왜냐하면 예이츠가 믿는 윤회의 관점에서 볼 때 삶과 죽음은 서로 분리되어 있지 않기 때문이다.

III. 끝내기

예이츠의 묘비명에 새겨져 있는 마지막 3행은 살아 있는 사람에게 하는 명령이며 동시에 아일랜드 전설에 나오는 기사들에게 하는 말이다. 또한 살아 있는 아일랜드 사람들에게 남겨주는 유물이기도 하다. 사후에 세속적인 것에 더 이상 미련을 두지 않는 모습에서 우리는 예이츠가 삶과 죽음에 대하여 크게 관심을 갖고 있지 않음을 알 수 있다. 그는 예술적 전통과 유산에 더욱 관심을 기울이고 있으며, 이 작품을 미래의 예술가들에게 자신의 희망과 걱정을 말하기 위하여 쓰고 있다(analysis6.htm). 삶과 죽음에 차가운 눈길을 던지라고 하는 것은 삶과 죽음 모두에 무관심하라는 명령으로 예술가로서의 역할에 대한 자신의 견해를 규정하기에 앞서 사후의 삶에 대한 자신의 믿음을 보여준다(Alldritt 355).

여기에서 "말 탄 자"는 말을 타고 와서 예이츠의 무덤을 참배하는 참배객을 가리키기도 하지만 그보다는 아일랜드의 신화와 전설에 나오는 말 탄 자 즉 기사를 가리킨다. 이 작품이 창작될 당시인 1939년에는 자동차가 상당히 많이 보급되어 있었기 때문에 관광객들은 말보다는 자동차를 타고 올 가능성이 더 많았다. 그럼에도 불구하고 "말 탄 자"를 부른 것은 아일랜드 신화에 나오는 기사들을 말하는 것으로 보는 것이 타당하다. 예이츠는 일반 관광객 또는 참배객을 부르는 듯이 말하며 자신을 전설 속의 인물로 만든 것이다.

이 작품의 다양한 초안을 읽고 존 스톨워씨는 예이츠의 작품에서 말이 중요하다는 점에 주목하고 "예이츠에게 있어서 말은 영혼이 깃든 용감한 고귀함의 상징이었다. 그는 자신의 작품에서 반복해서, 예를 들어 로버트 그레고리, 콘 마키에비치 그리고 조지 폴렉스펜 같은 자신이 숭배하는 사람들의 승마술을 반복해서 언급했다"고 말한 바 있다(162). 예이츠의 이러한 개인적인 취향을 고려해볼 때, 삶과 죽음에 차가운 눈길을 던지고 지나가는 "말 탄 자"는 정열적인 지성의 삶을 완수하고 새벽에 말을 타고 벤벨 산을 내려오거나 올라가는 신화 속의 기사를 암시하는 것이 분명하다.

「인디언이 애인에게」: 블라바츠키의 신지학적 영향

I. 시작하기

앞에서도 이야기한 바 있듯이 예이츠의 새로운 종교는 여러 가지 사상과 철학을 종합한 것으로 아일랜드 민중의 믿음, 신지학, 신플라톤주의, 신비주의, 낭만주의 및 신비론 등을 바탕으로 하고 있다. 신비주의에 대한 관심은 어린 시절 슬라이고에 살 때 시작되었다. 이 때 그는 아일랜드 전설로 전해져 내려오는 옛 이야기에 귀를 기울였는데, 이 이야기는 그의 신비주의에 큰 영향을 끼쳤다. 홍성숙은 「예이츠 신화 기법의 자아 반영성」이라는 논문에서 예이츠가 켈트 신화를 극시와 설화시의 소재로 사용하여 순수하고 낭만적인 아일랜드를 창조하였으며 켈트족의 민족주의를 고무시켰다고 말하고 있다(129).

아일랜드의 이야기를 모은 『켈트의 여명』을 1902년에 발표하면서 신비주의와 신비론에 관해 더욱 깊이 연구하고자 하는 예이츠의 욕망은 신지학이라는 새로운 분야의 탐색으로 이어졌다. 예이츠가 신지학에 더욱 깊이 빠져들면서 신비론은 그의 작품의 필수적인 요소가 되었다. 밀교의 한 분파로 여겨지는 신지학은 숨겨진 지식이나 지혜가 깨달음과 구원으로 가는 길을 열 수 있다고 주장한다. 그러므로 신지학은 신비론, 신비주의 및 밀교와 분리될 수 없다. 윌리엄 저지는 신지학이라는 용어를 다음과 같이 설명하고 있다.

신지학은 (개인적이고 의인화된 신이라는 의미에서가 아니라 신성하고

> 신적인 지혜라는 의미에서) 신의 지식이나 신에 관한 지식을 의미한다. 신지학은 절대에 관한 지식을 의미한다. 그리고 절대는 시작이 없고 영원하기 때문에 이 지혜는 항상 존재해왔다. 그렇기 때문에 신지학은 때때로 지혜의 종교라고도 한다. 왜냐하면 태고적부터 신지학은 영적인 것, 도덕적인 것 및 물질적인 것을 지배하는 모든 법칙의 지식을 간직해오고 있기 때문이다.(th-wqjep.htm)

윌리엄 저지가 말하듯이 신지학은 역사와 종교, 문학과 같은 학문의 연구에 필수불가결한 요소이다. 신지학은 철학적, 과학적, 윤리적 교의를 설명해준다. 지혜의 종교라고 알려진 이 교리는 오랜 세월 동안 이를 간직해온 숙련가들이 후진을 계속 양성함으로써 지금까지 전해지고 있다.

신지학은 인간과 자연의 직접적인 지식과 신비를 추구한다. 신지학의 목표 중의 하나는 신성, 인간성 및 세계의 기원을 이해하는 것이다. 신지학자들은 우주의 신비와 우주와 인간과 신의 관계를 이해하고자 한다. 신지학협회의 모토는 "진리보다 더 높은 종교는 없다"(th-wqjep.htm)는 것이다. 신지학은 또한 밀교의 한 부류로 여겨지기도 한다. 신지학은 개인의 깨달음과 구원을 가져오는 숨겨진 지식이나 지혜를 뜻하는 신비한 연구의 한 종류이다. 신지학자들은 절대적이고 신성한 지혜와 보편적인 진리를 알고자 노력한다.

헬레나 페트로브나 블라바츠키는 신지학을 가르치고 실행하는 신지학협회를 설립한 설립자 중의 한 사람이다. 그녀는 "신지학은 그 빛을 지구에 비추는 보편적인 진리와 사랑 그리고 지혜의 가없는 대양"(Blavatsky 2006 33)이라고 말한다. 그러므로 신지학은 인간과 우주의 보편적인 지식을 추구할 뿐만 아니라 일종의 종교라고 할 수 있다.

예이츠는 감수성이 민감한 시기에 블라바츠키를 알게 되었다. 그가 신지학 협회에 가입하고 적극적으로 활동하면서 신지학 철학의 영향을 많이 받았음에 틀림없다. 블라바츠키의 영향에 대하여 예이츠 자신이 말한 바는 없지만 그의 시 중의 많은 작품이 그 영향을 보여준다. 여기에서는 예이츠와 블라바츠키의 관계를 살펴보고 그녀가 작품에 끼친 신지학적 영향을 살펴본다.

II. 예이츠와 블라바츠키의 관계

신지학 협회는 블라바츠키 여사와 헨리 올코트가 중심이 되어 1875년 뉴욕에서 설립되었다. 점차 발전하여 세계적인 협회로 되었다. 여기에 참여하는 회원들은 생명의 불변성을 보다 잘 이해하고 이 원리를 실제 실행함으로써 인류를 고양하고자 하는 일에 헌신하였다. 더블린에서의 신지학 운동은 1885년 초에 에드워드 도우덴의 집에서 시작되었다. 그 때 누군가가 예이츠에게 『심원한 불교』라는 책을 이야기했는데, 예이츠는 폴렉스펜 발리가 1884년에 보내준 책을 한 권 소유하고 있었고 찰스 존스턴에게 그 책을 읽으라고 권했다. 존스턴은 그 책을 읽고 저자인 알프레드 퍼시 시넷의 생각에 빠져들었다.

그 때부터 찰스 존스턴과 예이츠 및 몇 명의 친구들이 규칙적인 모임을 갖고 신지학의 다양한 문제들을 논의했다. 『더블린 대학 평론』에는 새로운 학회가 더블린에 설립되어 동양의 종교와 신지학을 연구한다고 보도되었다. 이 학회는 신비학 협회라는 이름으로 알려졌다. 그해에 예이츠는 런던을 방문하여 시넷을 만나서 신비학 협회에 가입하였다. 후에 예이츠는 신비학 협회 더블린 지부를 클로드 라이트와 함께 설립하였다.

예이츠는 논문과 작품을 『아일랜드의 신지론자』라는 잡지에 존스턴 및 라이트와 함께 발표하였다. 이 잡지는 『국제주의자』로 이름이 바뀌었다가 『국제 신지론자』로 바뀌었다. 이 잡지를 통하여 이들의 작품이 현대 앵글로 아이리쉬 문학 협회에 정착하게 되었다. 보이드는 자신의 책인 『아일랜드 문예 부흥』에서 신지학 운동이 일종의 문학적, 예술적, 지적인 중심이 되어 많은 사람들에게 영향을 끼쳤다고 밝히고 있다. 존 오리어리와 조지 시거슨 및 예이츠와 조지 러셀 등 당대에 현존하는 지성인들이 이러한 배경에서 힘을 모았다(Boyd 213-5).

에그린턴이 "아마도 어떤 나라에서든지 문학의 황금기는 종교에 대한 깊은 관심을 앞서거나 뒤따른다"(11)고 말하고 있듯이 더블린에서 진행된 신지학 운동은 아일랜드인들의 사상에 큰 영향을 남겼다. 왜냐하면 이 당시에는 다른 종교적인 운동이 없었기 때문이다. 예이츠와 러셀은 아일랜드의 문예 부흥 운동을 이끌었는데 이들은 신지학과 밀접한 관련이 있었다. 신지학 운동은 정반대의 성격을 지닌 인물들을 화해하도록 이끌었고 문학인들의 관심 범위를 넓혔다.

몬테이쓰는 진정한 신지학자를 인류를 돕는 사람이라고 규정한다.

> 어떠한 신지학자도 게으르거나 경박한 삶을 사는데 만족해서 자기 자신과 남에게 진정으로 좋은 일을 하지 않아서는 안된다. 신지학자는 설령 자신이 인류를 위해 힘써 일할 수 없다 하더라도 도움을 필요로 하는 몇 사람의 이익을 위해 일해야만 하며 그렇게 함으로써 신지학의 대의명분을 달성해야만 한다. (147)

비록 예이츠가 신지학의 대의명분을 위해 일하지는 않았지만 아일랜드의 대의명분을 향상시키기 위하여 일했기 때문에 그의 삶이 위에서 몬테이쓰가 이야기한 신지학자의 삶과 크게 다르지 않다.

신지학이 인류의 향상과 계몽을 가져온다고 믿었기 때문에 예이츠는 신지학에 관심이 매우 많았다. 신지학 운동에 참여함으로써 예이츠는 정치에 관여하게 되었고 영향력을 확대할 수 있는 토대가 마련되었다. 블라바츠키 여사는 심원한 전통이 이 세상의 진정한 역사이고 신지학은 그 구성원들에게 심원한 전통을 수행할 수 있는 공통된 느낌을 준다고 주장한다(Monteith 4-5). 그녀는 『베일 벗은 아이시스』와 『은밀한 교의』에서 신지학이 "개인이 발전하여 우주에 좀 더 가까이 접근할 수 있도록 자신을 통제하는 방법을 배울 수 있는 것과 마찬가지로 개인의 내면세계를 포함하여 보이지 않는 세계를 통제할 수 있다"(Monteith 6)고 주장한다. 적절한 지도를 받으면 모든 사회는 발전하여 계몽될 수 있다. 예이츠는 이러한 신지학의 원리를 수용하면서 더블린 신지학 협회의 핵심 구성원이 되었다.

예이츠는 신지학자인 모히니 채터지[1]를 존경하여 그를 "전형적인 그리스도의 얼굴을 한 멋진 젊은이"(*A* 113)이라고 묘사하였다. 블라바츠키 여사도 그를 "사슴같은 두 눈의 육두구처럼 항상 푸른 힌두교도"(재인용 Bachchan 20)라고 칭찬하였다. 채터지는 예이츠에게 깊은 인상을 주었기 때문에 몬테이쓰는 "예이츠가 신지학 협회를 떠난 후 40년 동안 채터지가 블라바츠키 여사보다 더욱 안전한 신지학자라고 알았을 것"(21-2)이라고 말한다.

블라바츠키 여사는 인도에서 여러 해 살았고 티벳을 여러 번 방문하였다. 그녀는 동양의 종교와 사상을 배우고 고대의 신화적 종교적 가르침을 재창조하였다. 그녀는 인간의 가능성 및 예감과 예지력에 대하여 지금까지 탐구되지 않고 기록이 없는 영역에 대한 비범한 통찰력을 지니고 있었다. 그녀는 눈에 보이는 세계의 이면에 보이지 않는 세계가 있다는 전통적인 개념을 물려받았다. 이 점에 있어서 그녀는 노스트라다무스, 세인트 저메인 또는 바바 방가[2] 같은 저명한 예언자와 동일한 수준에 도달했다고 할 수 있다. 그녀는 믿을 수 없을 정도로 강력한 영적인 신비한 힘을 지니고 있었고 이를 조절할 수 있었다.

블라바츠키 여사는 뉴욕에 도착한 후 얼마 되지 않아 헨리 스틸 올코트 대령을 만났는데 그는 블라바츠키 여사의 조력자 겸 진정한 친구가 되었다.

---

1) 벵갈 출신 브라만인 모히니 채터지에게 1935년 1월 29일에 보낸 편지에서 예이츠는 "이렇게 많은 세월이 흐른 후에도 내 기억에는 당신이 생생하게 살아 있다고 말하기 위해서 이 편지를 씁니다. 당신이 더블린에 계실 때 일주일 동안 한 이야기로 인하여 내 지성이 많이 향상되었으며 나는 처음으로 삶을 철학적으로 설명하게 되었습니다. 내가 당신을 알았을 때 당신은 아주 멋진 젊은이였습니다. 내 기억에 당신은 스물일곱 살이었고 우리는 모두 학식이 있었고 소박했는데, 당신의 변증법적 능력 때문에 깜짝 놀랐습니다. 집사람은 내가 당신을 자주 인용한다고 말합니다"(재인용 Guha 34). 채터지는 1885년에 더블린에 와서 연금술협회의 회원들과 교류했는데 예이츠는 이 협회의 회원이었다.

2) 노스트라다무스는 프랑스의 약제사로 저명한 예언자였고, 세인트 저메인은 신지학의 가르침에 있어서 고대의 지혜를 깨우친 전설적인 영적인 스승이었으며, 바바 방가는 불가리아의 신비가였다.

그녀는 또한 아일랜드 출신의 젊은 변호사인 윌리엄 저지도 만났다. 이들 세 사람이 주동이 되어 신지학의 고대 가르침을 증진시키기 위한 목적으로 1875년 9월 7일에 신지학 협회라는 단체를 설립하였다. 올코트는 이 협회가 "우주를 지배하는 법칙에 관한 지식"을 모으고 전파할 것이라고 선언하며 다음과 같은 세 가지 임무를 발표하였다.

1) 인종이나 신념, 성이나 계급 또는 피부색의 차이에 관계 없이 모든 인류가 보편적인 형제애로 뭉친다.
2) 종교, 철학 및 과학의 비교 연구를 활성화한다.
3) 인류에게 내재한 힘과 자연의 설명되지 않은 법칙을 연구한다. (publications/1642)

블라바츠키 여사는 각기 다른 국가, 종교적 개념, 고대의 의식, 상징주의 및 마법을 몸소 연구했다. 그녀는 인도와 티벳 및 이집트를 여행하며 이 지식을 추구하였다. 그녀의 추종자는 많았지만 추종자보다 적이 더욱 많았다. 특히 그녀를 반대하는 사람들은 기독교도와 무신론자들이 많았는데, 기독교도들은 대체로 성서를 잘못 해석하고 있다는 그녀의 비난 때문에 그녀를 반대했다. 무신론자들은 대체로 신비주의를 받아들일 수 없기 때문에 그녀를 사기꾼이라고 비난하였다.

인도에 머무는 동안 블라바츠키 여사는 신지학의 보급을 위하여 적극적으로 노력하다가 인도의 습한 날씨 때문에 건강이 좋지 않아져서 1884년에 유럽으로 이주해야만 했다. 그녀가 인도에서 떠나 있는 동안 불행하게도 "쿨롱브 사건"[3]이 발생했는데, 이 사건을 해결하기 위하여 인도로 돌아왔지만 건강이 악화되어 곧 런던으로 떠날 수밖에 없었다. 이 사건이 발생한 후 블라바츠키 여사는 찰스 존스턴의 여동생인 조지 존스턴에게 다음과 같은 편지를 썼다.

---

3) 쿨롱브 사건이란 프랑스인 쿨롱브와 그의 부인이 블라바츠키의 평판을 망치고 신지학 협회를 파괴하기 위하여 꾸민 추문이다.

> 아일랜드인 추종자 중에서 그러한 지식을 진정으로 열심히 갈망하는 사람들이 있다는 것을 알게 되어 기쁘기 그지 없습니다. 아일랜드인들은 예전에도 지금도 신지학 협회의 최고 회원들이고 내가 가장 사랑하고 믿는 친구들입이다. 인도에서 영국계 인도인들 모두가 나에게 반대하고 몇몇 영국인 친구들이 1884년에 나를 저버렸을 때에도 배넌 대위, 오그래디 대위 및 대 여섯 명의 친구들이 나를 굳건히 지지했고 만난을 무릅쓰고 나를 옹호해주었습니다. 조니 오브라이언이 그리스에서 내 생명을 구해주고 자신이 거의 죽을 뻔 했을 때인 1851년 이후 나는 아일랜드인들을 믿고 영원히 사랑합니다. (재인용 Monteith 1)

블라바츠키 여사는 예이츠의 친구인 찰스 존스턴을 자신의 아일랜드인 추종자로 칭찬하고 있다. 그녀는 이 협회에 속하는 아일랜드인들을 가장 사랑하는 최고의 회원이라고 밝히고 있다. 비록 그녀가 이 편지에서 예이츠의 이름을 말하지는 않았지만 그녀는 예이츠도 이들과 같이 생각했을 것으로 짐작된다. 왜냐하면 예이츠는 그녀의 런던 집회소의 회원이었기 때문이다.

예이츠는 블라바츠키 여사가 런던의 메이콧에 살 때 그녀를 처음 만난 이후 여러 번 그녀를 방문하고 그녀의 집회소에 가입했다. 그는 1888년에 설립된 신지학 협회의 심원한 분과에 가입한 첫 회원들 중의 한 명이었다. 윌리엄 틴달은 블라바츠키가 "동양과 서양의 중재자인 훌륭한 여인으로, 예이츠를 계몽시켰다"(15)고 말한다. 틴달이 다음과 같이 말하듯이 이 당시에 예이츠는 그녀가 제공할 수 있는 것을 받아들일 준비가 되어 있었다.

> 그가 1880년대 초에 불평했듯이 다윈과 헉슬리는 신에 대한 젊은 시절의 믿음을 앗아가고 아무 것도 보상으로 제공하지 않았다. 그들의 교리와 자신의 지성으로 인하여 그는 물질주의를 받아들이지 않을 수 없었다. 그로 인해 괴로움을 겪었고 예이츠는 자신의 영혼이 지니고 있는 이성적이지 않은 피할 수 없는 갈망을 해소할 수 있는 무엇인가를 온 힘을 다하여 추구하였다. (18)

기독교에 대한 흥미를 어린 시절에 상실한 후 예이츠는 신지학이 자신의 지성을 욕되게 하지 않으면서 영적인 자양분을 줄 수 있음을 알게 되었다. 틴달은 "문학 교육을 받은 사람에게는 엘리엇의 황무지 주변에서 헤매든 아니면 매튜 아놀드의 두 세계 사이에서 헤매든 신지학이 인기 있는 피난처가 되었다"(17)고 말한다. 예이츠가 블라바츠키 여사에게 진정으로 관심을 갖고 있었다는 사실이 존 오리어리에게 보낸 다음 편지에 밝혀져 있다.

> 런던에 있을 때 그녀를 방문하세요. 그녀는 매우 인간적인 분이요. 커다란 의자에 앉아 펜을 손에 들고 있는 그녀는 대의명분에 평생 헌신한 늙은 시골 아낙네처럼 보입니다. 여러 해 동안 그녀는 매일 열 두 시간씩 글을 썼어요. (재인용 Monteith 26)

예이츠는 블라바츠키 여사가 헌신적으로 일하는 것을 존경했다. 예이츠는 그녀를 매우 존경했기 때문에 오리어리에게 그녀를 방문하라고 권고한다. 비록 그는 그녀를 신뢰했지만 추상적인 교리를 실험하지 않고 가르치는 것에는 의견이 달랐다. 그는 추상적인 교리만을 배우면 교조주의에 빠질 수 있다고 생각했다. 예이츠는 신비한 실험에 관심이 많았지만 그녀는 실험을 하지 못하도록 금지했다. 비록 그녀가 사기꾼이라고 비난받고 신지학 협회 내에서도 추문에 시달렸지만 그녀의 사상은 예이츠의 시에 큰 영향을 끼쳤다.

예이츠는 신지학 협회의 심원한 분과에 대한 실망감을 『신비한 일기』에 써놓았다. 이 분과는 실험을 하지 않았는데 예이츠는 블라바츠키 여사가 실험을 실시하는 데 동의해야 한다고 주장했다. 그녀가 이러한 연구는 위험하다고 생각한다는 것을 예이츠는 알고 있었지만 실험을 할 것을 계속 주장하였다. 마침내 그녀의 허락을 받고 실험하였지만 결과는 그다지 만족스럽지 못했다.

> 시블리의 『점성술』에서 만일 꽃을 태워 재로 만든 다음 그 재를 유리로 만든 종 밑에 넣어서 달빛에 놓아두면 꽃의 유령이 눈앞에 나타날 것이

라는 글을 읽은 후 나는 나보다 더 외롭게 사는 이 분과의 회원들을 설득하여 방해받지 않고 쉬지 않고 많은 꽃을 태우는 실험을 할 수 있었다. (*Memoirs* 23-24)

이러한 실험은 자연을 남용하게 되었는데 다른 회원들은 이를 걱정하였다. 예이츠는 이 실험에 대단한 열정을 지니고 있었기 때문에 다른 회원들이 예이츠에게 신지학 협회에서 조용히 탈퇴하도록 종용하였다. 그는 1889년에 공식적으로 이 협회에서 탈퇴하였지만 신지학에 대한 관심은 계속 간직하고 있었다. 그러므로 신지학의 가르침은 그의 신비주의의 바탕에 계속 남아 있다고 할 수 있다.

예이츠는 신비론에서 배운 것의 도움을 받아 그 자신의 개인적인 상징주의를 발전시켰다. 그는 "나는 탑과 나선형 계단을 함께 증거로 제시하여 내 시가 스스로의 존재와 힘을 얻었다는 사실을 보여준다. 나는 이러한 변화가 믿을 수 없는 경험 덕분이라고 생각한다"(『환상록』 8)고 말하고 있다. 이는 그가 자신의 상징체계를 수립했음을 의미한다. 믿을 수 없는 경험이 그의 시의 배경을 이루고 있음을 긍정하고 있다. 『환상록』에서 그는 자신의 시적인 힘뿐만 아니라 신비주의 지식도 보여준다. 그는 인간의 의식과 역사의 힘이 움직이는 모습을 보여주었다. 그는 인간의 의식의 힘과 역사를 결합함으로써 모든 것을 포함하는 상징인 큰 수레바퀴를 고안해내었다. 예이츠는 큰 수레바퀴를 개인의 삶을 설명하는 데뿐만 아니라 역사의 순환적인 움직임을 설명하는 데에도 사용했다.

III. 「인디언이 애인에게」에 포함된 신지학적 요소

예이츠가 블라바츠키 여사와 밀접한 관계를 맺은 시간이 상당히 길기 때문에 그녀가 예이츠에게 많은 영향을 끼쳤으리라는 짐작이 충분히 가능하다. 또한 그 영향이 그의 작품에 표출되었으리라는 짐작도 가능하다. 배인

영은 예이츠가 신지학 협회와 황금여명회에서 마술원리를 배웠다고 말한다(433). 예이츠의 초기 시 중의 한 편인 「인디언이 애인에게」는 신지학의 이상향에 대한 열정, 말로 표현할 수 없는 일상적인 것의 표면에 있는 무엇인가에 대한 파악, 현실 너머로 더욱 가까이 가려는 의도 및 인식 능력의 고양이라는 네 가지 신지학적 요소를 보여준다.

이 작품은 연인이 애인과 함께 배를 타고 떠나려는 계획을 세우는 섬의 자연 풍경을 묘사함으로써 시작된다.

> 섬은 새벽 꿈에 잠겨 있고
> 커다란 가지는 고요를 떨군다,
> 공작은 평탄한 잔디밭에서 춤추고,
> 앵무새는 나무 위에서 그네 타며,
> 잔잔한 바다에 비친 자기 모습에 화를 낸다. (15)

이 시에는 처음부터 끝까지 자연의 이미지가 가득하다. 새벽이 옛 꿈을 꾸는 섬을 덮고, 커다란 나뭇가지에서 내리는 고요한 상태가 섬에 가득하다. 공작새는 자기 본능이 이끄는 대로 드넓은 초원에서 자유롭게 춤을 추고 나뭇가지 위에 앉아 있는 앵무새는 바람이 흔드는 대로 흔들리며 마치 유약을 바른 듯이 매끈하고 고요한 바다에 비친 자기 모습을 바라보며 화를 낸다. 공작은 춤을 추지 않는다는 일부 비평가들의 비판에 대하여 예이츠는 공작이 인디언 시 처음부터 끝까지 춤을 춘다고 응수한 바 있다(Jeffares 8). 첫 연은 이와 같이 고요하고 평화로운 섬을 묘사하고 있지만 단순한 묘사 이상의 의미를 지니고 있다.

둘째 연에서 인디언 연인은 애인과 함께 시끄러운 세상을 떠나 이 섬으로 항해해 오려 한다.

> 여기에 우리 외딴 배를 정박하고
> 두 손을 꼭 잡고,

입술에서 입술로 부드럽게 속삭이며,
풀밭으로 모래밭으로 거닐며,
시끄러운 육지가 얼마나 멀리 있는지 말하리. (15)

이 섬은 고통 받으며 쉬지 못하는 사람들이 살고 있는 시끄러운 세상에서 멀리 떨어져 있다. 여기에 인디언 연인과 애인이 그들의 배를 매어둔다. 주변에는 다른 사람들이 아무도 없고 다른 배가 하나도 없기 때문에 그들의 배가 외딴 배이다. 그들은 아무 방해를 받지 않고 자유롭게 풀밭으로, 해변의 모래밭으로 돌아다닌다. 이 때 그들을 서로 손을 꼭 잡고 있는데, 손을 만지거나 악수하거나 아니면 그냥 움켜쥐는 것이 아니다. 예이츠는 "woven"이라고 썼는데 단어는 마치 옷감을 짜듯이 서로 꼭 짜여진 상태를 의미한다. 옷감의 날실 씨실이 서로 짜여져 있을 때 옷감으로서의 구실을 할 수 있듯이 이들의 두 손도 역시 서로 꼭 잡고 있을 때 제 구실을 할 수 있음을 암시한다. 그러므로 이들의 손이 서로 풀어져 따로 존재할 수 없는 상태가 되어 있음을 보여준다. 이들이 거니는 풀밭이며 모래밭은 앞 연에서 공작이 춤추고 앵무새가 노래하던 곳이다. 이 장소와 이들의 모습은 에덴동산을 연상시킨다.

인디언 연인과 애인은 자연이라는 불멸의 세계에 발을 들여놓은 유일한 인간이다.

어찌 유일한 인간 우리만이
조용한 나뭇가지 아래 따로 숨어 있나,
우리 사랑이 기르는 동안, 인디언 별을,
불타는 가슴의 유성을,
빛나는 물결로 한 유성을, 빛나며 움직이는 날개를. (15)

이 섬에 있는 유일한 인간은 인디언 연인과 애인뿐이다. 예이츠가 어린 시절에 기독교를 버리고 자기만의 종교를 창조했지만 이들은 아담과 이브처럼 보인다. 한태호가 말하듯이 예이츠는 신비주의의 지식과 밀교의 지식을 모두 자신의 시로 통합하였다(141). 그러므로 예이츠는 일종의 신비주의자 다시 말하여 초자연주의자라고 할 수 있다. 예이츠의 종교는 신지학, 초자연주의, 신비주의에 토대를 두고 있다.

여기서 인디언과 그의 애인은 육체를 지니고 있고 천상의 환경에서 평화와 고요를 즐기고 있다. 이 섬은 적어도 그들에게는 낙원이라고 할 수 있다. 그들의 사랑은 해처럼 하늘로 솟구쳐 오르고 마침내 이 세상을 밝히는 별이 된다. 그들의 사랑은 유성이 되고 바다의 물결과 새의 날개로 묘사된 이 세상을 하나로 결합시킨다. 별과 유성뿐만 아니라 물결과 날개도 기쁨으로 빛나고 밝아진다. 이렇게 됨으로써 그들의 사랑은 불멸의 사랑이 되고 연인들은 영원한 존재로 변화한다.

그들이 죽을 때 자연을 상징하는 나뭇가지도 슬픔을 보인다.

> 무거운 나뭇가지, 반질반질한 비둘기
> 백일 동안 신음하며 한숨짓는다.
> 우리가 죽을 때 우리 그림자가 어찌 헤맬지,
> 저녁이 증기 같은 신발창으로 물의 졸리는 불길로
> 깃 모양의 길을 조용하게 할 때. (16)

첫 연에서 나온 커다란 나뭇가지가 여기에서는 그들이 세상을 떠난 슬픔을 머금어 무겁게 늘어져 있다. 인디언 애인과 그 연인은 인간이기에 이 세상에 영원히 살 수 없다. 그들이 현재의 육체를 잃을지라도 그들의 사랑은 별로, 유성으로, 물결로, 날개로 계속 살아갈 것이다. 자연이 그들에게 사인물의 형체를 취할 수 있도록 허용함으로써 그들의 사랑을 불멸의 사랑으로 만든다.

비록 그들이 육체의 죽음을 겪지만 영혼은 영원한 안식처에서 영원히 머물며 휴식을 취한다. 저녁이 천천히 물질적인 세계를 덮고 영광스러운 길이 영원의 세계에 침잠하도록 할 때 그들의 영혼은 반사되는 별과 유성의 빛이 만든 바다의 불길에 인도되어 하늘로 올라간다. 별과 유성은 그들의 궁극적인 안식처를 상징할 뿐만 아니라 그들의 사랑의 정수를 상징하고 영혼을 영원한 삶으로 이끄는 안내자의 역할을 한다.

이 작품은 시끄러운 이 세상에서 벗어나 저 세상으로 좀 더 가까이 가고자 하는 예이츠의 욕망을 보여준다. 시인은 여기에서 인디언 애인이 자기 연인을 데려오고자 하는 섬이라는 자연 세계를 묘사한다. 자연물은 일상적인 사물이지만 표면적인 의미 이상의 깊은 의미를 지니고 있다. 시인은 그들의 영혼을 저 세상으로 데려가는데 여기에서 인식을 고양시킨다. 이것은 신지학적 이상을 향한 그의 열정을 보여준다.

예이츠는 신비론에 평생 관심을 지니고 있었으며 특정한 의식을 행하기도 하였다. 그는 신지학이 "나의 막연한 추측을 확신하도록 하는 철학이며 논리적이고 한계가 없는 듯하다"(*A* 91-2)고 쓴 바 있다. 예이츠 자신이 말하고 있듯이 신지학은 삶과 역사에 관한 철학이다. 신지학을 통하여 예이츠는 자신이 막연히 짐작하고 있던 것을 굳게 믿을 수 있었다. 예이츠가 60세 때인 1925년에 처음 출판한 『환상록』은 이러한 확신을 표현한 것으로 볼 수 있다.

신지학은 경계가 없기 때문에 우리의 생각을 끝없이 확장시킨다. 예이츠의 확장된 사고는 『환상록』에 집대성되어 있다. 이 작품은 부인과 자동 기술을 실험하는 동안 집필된 것으로 알려져 있다. 부인인 조지 하이드 리즈가 영매로 자동 기술을 행하는 것은 일종의 심원한 의식을 실행함으로써 고대인들의 영혼과 접촉하는 것이라고 할 수 있다. 이 책은 상상력, 역사 및 신비론 사이의 관계에 대한 명상을 기록한 것이라고 해도 과언이 아니다.

IV. 끝내기

예이츠는 자서전이나 다른 글에서 블라바츠키 여사가 자신의 작품에 영향을 끼쳤다고 밝힌 적이 없다. 그러한 예이츠가 매기와 사적으로 대화하면서 신지학 협회가 "지난 3세기 동안 트리니티 대학이 행한 것보다 아일랜드 문학에 더욱 많은 일을 했다"(Hone 102)고 밝힌 사실은 매우 흥미롭다. 이 말은 자신의 작품이 블라바츠키 여사와 신지학 협회의 영향에서 벗어날 수 없음을 인정한 것으로 볼 수 있기 때문이다.

리처드 엘만에 따르면 예이츠가 말한 적은 없지만 신지학자들이 믿는 것 중의 많은 부분을 말없이 받아들였다(70). 비록 예이츠가 블라바츠키 여사를 언급하지 않았지만 뵘이나 스웨덴보리[4]와 같은 다른 권위 있는 신비주의 철학자들에 관하여 많이 말했기 때문이다.

예이츠는 신비론뿐만 아니라 신지학과 관련된 종교 전통이 합리적이고 깊이 있는 사상을 포함하고 있다고 믿는 것으로 여겨진다. 그는 자신의 지식과 사상을 다른 위대한 시인과 신비가들의 직관과 결합시켜 체계적인 질서를 수립하려고 했다. 그는 "실험을 하고 심원한 세계가 존재한다는 사실을 보여주고 그 세계를 블라바츠키 여사가 행한 것보다 더욱 정확하고 멋지게 묘사하고자"(Ellmann 72) 했다.

엘만은 예이츠가 신비학과 신지학 지식을 갖추었다고 다음과 같이 말한다.

> 예이츠는 물질주의를 공격할 무기를 확보했다. 신지학은 그에게 방패와 칼을 제공해주었고 그는 다소 주저하기는 했지만 현대의 삶이라는 풍차를 창으로 찌르기 위해 돈키호테처럼 앞으로 나아갔다. (Ellmann 72)

예이츠는 신지학과 신비론 및 밀교를 계속 연구하여 『환상록』을 완성하였다. 블라바츠키 여사가 신지학적 토대에서 철학적 사고를 할 수 있도록 큰 영향을 끼친 것은 분명해 보인다. 그럼에도 불구하고 그는 그녀의 교리 중 일부에 실망하고 너무 사색적이라고 비난하였다.

---

4) 제이콥 뵘은 독일의 신비주의 철학자로 자신의 신비주의 이론과 황도대 상징을 창안하였다. 엠마뉴엘 스웨덴보리는 스웨덴의 철학자, 과학자, 기술자, 신학자로 계시, 과학적 이상, 재림 및 영혼의 개념 등에 관한 글을 썼다.

스티븐스
(1879-1955)

예이츠와 엘리엇이 사망한 이후 금세기 전반부에 이들을 뒤이을 만한 제3의 위대한 상상력을 지닌 사람이 스티븐스(Wallace Stevens)라는 사실이 분명해졌다. 다른 시인들과 비교해 볼 때, 스티븐스가 두드러지게 활동적인 것은 아니었다. 그는 낮시간 동안에는 하트포드 사고 배상회사의 지배인으로 활동했으며, 사업상 친구나 교제 관계를 갖게 된 사람들에게 자신을 문학가라고 소개한 적이 없었다. 그는 다른 작가들과 교제도 별로 하지 않았으며, 편지를 살펴보아도 친밀한 관계를 맺은 사람이 거의 없다. 그러나 시는 놀라울 정도로 자극적이며 뜻밖의 것들이다.

스티븐스는 1879년 10월 2일에 펜실바니아 주의 레딩에서 태어났다. 그는 레딩에서 고등학교를 졸업한 후 하버드에 특별 학생으로 입학하여 1897년부터 1900년까지 3년간 수학했다. 그동안 그는 불어와 독일어를 공부하고 철학자 시인인 조지 산타야나와 친밀한 관계를 발전시켰다. 그는 후에 산타야나를 기려 『로마에 있는 원로 철학가에게』라는 글을 썼다. 스티븐스는 『하버드 대변자』의 회장이 되어 엘리엇처럼 자신의 초기시를 거기에 발표했다.

대학을 졸업한 후 그는 여러 직장을 거쳐 1908년에 보험회사에 입사하고 5년 전 레딩에서 만난 여자인 엘시 몰과 결혼했다. 그는 1916년에 하트포드 사고 배상회사 뉴욕 사무소에 입사하여 몇 달 후에 하트포드로 이사했고, 1934년에 부사장이 되었다.

그는 1914년에 『시』에 자신의 숙련된 시를 발표하기 시작했다. 그는

1923년이 되어서야 비로소 『하모니엄』이라는 제목으로 첫 시집을 내었다. 그러나 그것은 바로 전 해인 1922년에 발표된 엘리엇의 『황무지』의 그늘에 가려서 별로 인정받지 못했다. 1924년에 외아들 홀리가 태어났고, 큰 사건 없는 평온한 삶을 살다가 1955년 8월 2일에 사망했다.

그는 15세 때 이미 후기시의 태도와 유사한 태도로 글을 쓰고 있었음을 편지를 보면 알 수 있다. 그는 1895년 8월 4일에 어머니에게 보낸 편지에서 형이 여자 친구를 사귀고 있으며 젊은이의 "만화경 같은 감정이 예민하고 철벅거리는, 땡땡땡땡땡 소리, 즉 그의 쟁글거리는 만돌린의 능숙한 줄에서 깡총깡총 뛰어내리는 소리를 고무시켰다"고 말하고 있다. 또한 그는 "예외적으로 화창한 날, 바이올렛과 주홍색, 노란색과 흰색 — 그리고 비단의 모든 색을 위한 날"이라고 쓰고 있다. 스티븐스는 로버트 프로스트와 거의 동시대인으로 프로스트의 워즈워드적 명백함과 대조적으로 키츠적인 색채를 현대시에 들여왔다. 프로스트는 사적으로 스티븐스를 골동품 시인이라고 불렀으나 스티븐스는 프로스트의 시를 사실상 모른다고 고백하면서 "그의 작품은 인류애로 충만해 있다"고 말했다.

스티븐스는 후에 「일요일 아침」에서 표현한, 시인은 지구를 재발견해야 한다는 개념을 매우 일찍 형성했던 것처럼 보인다. 그는 만년에 쓴 논문 「가치로서의 상상력」에서 천국과 지옥의 위대한 시는 이미 쓰여졌으나 지구에 관한 위대한 시는 아직까지 쓰여지지 않았다고 말한 바 있다. 그는 1904년 4월 18일에 한 잡지에 쓴 글에서 이와 같은 결론을 향해 나아가고 있음을 보여주고 있다.

> 한 마디만 더 말한다. 나는 열차를 타고 가며 우리가 지구를 우리의 생각으로부터 배제한다는 의미에서 우리가 지구를 얼마나 완전히 져버렸나를 생각했다. 지구의 물질적 거대함, 그것의 거친 막대함을 생각하는 사람이 거의 없다. 그것은 고독황폐황무(荒無)가 충만한 공통점이 없는 괴물이다. 그것은 여전히 축소시키고, 두렵게 하고 짓뭉갠다. 강물들은 여전히 포효(砲哮)하고, 산들은 여전히 붕괴하고, 바람은 여전히 박살낸다.

> 인간은 도시들의 일이다. 그의 정원과수원들판은 단순한 부스러기이다. 그렇지만 어쩐 일인지 그는 거인의 얼굴을 그의 창문에서 그럭저럭 보이지 않도록 닫아버렸다. 그럼에도 불구하고 거인은 거기에 있다. . . . 전갱이의 밑바닥같은 얼굴의 소녀가 열차에 타고 있었다. 그녀의 이야기는 춤과 사내에 관해서였다. 그녀에게는 사하라 사막에는 모래가 없었고, 브라질에는 진흙탕이 없었다. (밑줄 친 어휘는 스티븐스 자신이 붙여 쓴 것임)

세상이 어떤가를 꼬집어 말하기가 항상 쉬운 것은 아니다. 그는 부인에게 "이 지구가 진흙덩이처럼 보이도록 할 세계를 나는 모래 한 양동이와 등불 하나를 가지고 눈 깜박할 사이에 창조할 수 있다고 믿소"라고 자랑했다. 그러면서도 그는 곧 "상상력은 아무 것도 창조하지 않는다. 우리는 푸른 언치새를 낭만화하여 발가락을 15개로 만들 수 있지만, 만일 새같은 것이 없다면 우리는 그것을 창조할 수 없다. . . . 꿈은 재탕이다"라고 주장했다. 그는 자신이 스스로 벌이는 논쟁의 또 다른 단계에 도달하여 다음과 같이 말하고 있다.

> 우리가 푸른 하늘을 처음 볼 때, 그 경우에 우리 모두에게 닥쳐오는 것을 인식하는 사람이 거의 없다는 것을 생각하기는 쉽다. 다시 말하여 단지 그것을 보는 것이 아니라 그것을 바라보고 경험하고, 또 우리가 물질적인 시의 중심, 즉 거기에 존재하는 지리적이지 않은 것이 없다면 참을 수 없을 지리의 중심에 산다는 느낌을 갖는 사람이 거의 없다는 것을 상상하기는 쉽다. 사람들이 자기 자신의 생각의 세계, 자기 자신의 느낌의 세계를 바라보고 있다는 것을 인식하는 경우는 거의 없다.

상상력의 영역이 정확히 무엇이고 세상의 영역이 정확히 무엇인가 하는 것이 스티븐스가 즐겨 묻고 대답하는 문제였다. 이러한 특성에 있어서 그는 말라르메와 예이츠에 비교될 만 하다. 그들에게 있어서 사실과 이미지의 변화하는 관계는 멈추어져야 할 것이 아니라 탐구되어야 하는 것이었다.

스티븐스는 종교가 인간을 더 이상 만족시킬 수 없을 때에는 시가 그것을 대신해야 한다고 생각했다. 그는 시가 어떤 만족을 제공해줄 것인가를 곰곰히 생각하여 필요한 가설을 전개시켰다. 그 가설 중에는 다음과 같은 것들이 있다. 시는 "최고의 허구"이다. 시가 제공하는 것은 "삶의 청량제"이다. "시인을 강력한 인물로 만드는 것은 그가 우리는 그것을 결코 알 수 없는 장소로 돌아가는 세상을 창조하고, 삶에 그것이 없으면 우리가 생각할 수 없는 최고의 허구를 준다는 것"이다. 그는 1954년에 짤막한 자전적 수필을 썼는데 거기에서 그는 "작가의 일은 사람들이 그 안에서 자기 자신에게 완성을 제안할 수 있도록, 허구로 인식된, 최고의 허구의 가능성을 제안하는 것이다. 그러한 어떤 허구를 창조하는 데 있어서 시가 대단히 중요하다. 현실(실재)과 상상력 사이의 상호 작용에 관한 많은 시가 있는데, 이것들은 이 중심 주제의 한계에 가까운 것으로 여겨져야 한다"고 말한다.

그의 생각은 언제나 이 문제로 돌아가는데, 이 문제는 그의 초기 작품의 근저에도 보다 간접적으로 표현되어 있다. 그는 "사람들이 신을 더 이상 믿지 않는다면, 단지 불신하는 것만으로는 충분하지 않다. 다른 무언가를 믿는 것이 필요하게 된다. 논리상으로 나는 본질적 상상력을 믿어야 하겠지만, 그것은 그 나름대로의 어려움이 있다. 상상력에 의해 창조된 무언가를 믿는 것이 보다 쉽다. 최근의 나의 많은 시는 그것의 실체와 관련되어 있다"고 말한다. 그러나 그는 소위 그 자신이 말하는 상상력의 낭만적 견해에는 반대했다. 상상력은 "마음의 자유이다. . . . 그것은 대담하고 열렬하며 그 성취의 극단은 추상화에 있으며 추상화에는 실재가 가미되어야 한다"고 말한다. 다시 말하여 추상화는 세상을 뒤에 남겨놓지 않고, 현실(실재)과의 합의를 표현해야 한다.

시의 기능은 스티븐스의 몇몇 최상의 시의 주제가 되어 있다. 「시는 파괴적인 힘」이라는 작품에서 그는 "시가 인간을 죽일 수 있다"고 경고하지만 보다 일반적으로 자신이 찬양하는 것은 인간을 살게 하는 시의 힘이라고 했다. 그는 가치를 수립하고, 단순히 혼돈스러운 개인적 세계로부터 벗어나는 수단으로 시인의 "본능적 통합"을 지지한다. 이것이 또한 그의 작품 「키웨스트에서의 질서의 개념」이 지니고 있는 의무이기도 하다.

스티븐스의 시와 시론에서는 실재와 상상의 문제가 유달리 강조된다. 그의 관심사는 실재가 시인의 상상의 세계와 어떻게 결합하느냐 하는 문제였다. 그가 자신의 시에서 말하는 진정한 실재는 상상과 결합된 실재이다. 상상과 결합되지 않은 실재는 단순한 사실에 불과하고, 실재가 없는 상상은 단순한 공상에 불과하다. 그는 사실로서의 실재와 상상과 결합된 실재를 구분한다. 상상이 객관적 현실에 집착하지 않을 때에는 그 생명력을 상실하고, 외부의 세계는 내부의 세계가 없으면 황량하다. 그 두 세계가 결합함으로써 인간과 외계는 상호 간에 생명이 부여된다.

인간이 사실로서의 실재에 항상 의존하는 것은 그 외부의 실재가 궁극적 실재이기 때문이 아니라 새로운 상상의 발화점을 얻기 위해서이다. 그 외부의 실재에서 유발된 상상은 예술이라는 하나의 묘사 속에서 객관적 현실의 원천인 장소와 상상의 원천인 인간이 결합하기 때문에 시인의 세계는 통합되고 생명을 갖는다. 그러므로 시란 사실로서의 실재에 상상이 최대한 가해진 것이다. 즉 상상에 의한 세계의 재구성이다. 단순한 현상이 아니라 현상에 경험과 지식, 기대, 욕망 등 시인의 자아가 가미된 인간과 장소의 통합을 극화하는 것이다. 그러므로 시는 객관적 현실이 아니라 그것의 변형이다. 이러한 변형 작용을 형이상학, 인식론 그리고 미학의 영역에서 규명한 것이 스티븐스의 시와 시론이다.

그의 변형의 중요한 면은 시인의 감정이 객관적 현실에 가하는 작용이다. 시인이 사물에 대하여 느끼는 감성 작용은 시인에 따라 다르고, 동일한 시인의 경우에도 시간과 장소에 따라 다르다. 동일한 장미를 본다 할지라도 보는 사람에 따라 그 향기와 색채가 다르고, 시간과 장소에 따라서도 달라진다. 그러므로 감성은 은유를 초월한다. 왜냐하면 은유는 한 사물을 일정한 개념 속에 고정시켜 변화를 용납하지 않지만 감성은 유동적이어서 항시 객관적 현실 속에 살아 있기 때문이다.

이와 같이 스티븐스는 감성과 상상을 중시했는데, 그의 상상은 낭만주의 시인인 새뮤얼 테일러 코울리지나 다른 현대 시인들의 상상과는 달리 철학적인 관점에서 해석하는 것이 옳다. 다시 말하여 그의 상상은 하이데거, 베르그송, 말라르메, 니체와 같은 철학가와 관련지어 생각해야 한다. 그의 상상력은 세계를 만드는 구조적 상상력으로서 눈에 보이지 않는다. 즉 그의 상상력은 세계를 만드는 원리로서의 상상력을 말하는 것으로 허구라고 할 수 없는 허구이다. 그것이 허구로 밝혀지면 상상력이 아니다. 그러므로 "최고의 허구"는 창조적인 상상력으로 구조적이기 때문에 노출되지 않는다. 그의 "최고의 허구"라는 것도 일종의 상상력이라고 할 수 있다. 이러한 개념은 니체의 생각과 유사하다.

스티븐스의 시가 활발하게 연구되지 않은 이유는 여러 가지가 있겠으나 크게 두 가지로 볼 수 있다. 첫째, 그가 위대하기는 하지만 시가 난해하고 엘리엇이나 예이츠의 시처럼 일정한 해석이 불가능하여 좋은 주해서가 없기 때문이고, 또 하나는 그의 평가가 확실하게 내려지지 않았기 때문이라고 생각된다. 그의 수법, 관심사, 시가 이야기하는 바 등이 명확하게 규정되지 않았다. 즉, 그의 시를 이해하는 데 있어서 폭넓은 기준과 비판이 공존하고 있다.

스티븐스도 엘리엇, 예이츠, 파운드 등과 같이 시대적인 고민을 다루었으나 단지 표현 방법이 달랐을 뿐이다. 그는 혼란된 사회에서 시가 무엇을 할 것인가에 관하여 엘리엇이나 파운드보다 오히려 더 끝까지 밀고 나갔다. 그는 엘리엇이나 프로스트를 다소 낮게 평가했는데, 이는 그들이 보다 근본적인 문제를 다루지 않았다고 생각했기 때문이다. 비유적으로 이들 시인들을 말하자면 엘리엇은 하늘의 시가 없는 데서 새로운 하늘의 시를 찾았다고 할 수 있다. 즉 하나의 허구가 무너질 때 종교 귀의라는 또 다른 허구를 찾았다. 파운드는 하늘의 시가 없는 데서 좀 더 넓은 범위, 즉 동양을 살펴봄으로써 거기서 새로운 비전을 찾았다고 할 수 있다. 반면에 스티븐스는 종교가 무너진 사회 자체를 문제 삼고, 허구가 근본적으로 무엇인가를 생각하고, 우리에게 알맞은 허구가 무엇인가를 찾으려 하였다고 할 수 있다. 즉, 그는 상상력의 근본적인 차원에서 자연과 인간의 융화를 발판으로 한 상상력의 연구에 치중했다.

「항아리의 일화」: 순수한 예술

Ⅰ. 시작하기

이 작품은 예술과 자연과의 긴장 내지는 조화를 다루고 있다. 작품의 배경이 되는 테네시 지역은 자연을 나타내고, 항아리는 일종의 예술을 상징한다. 예술은 상상력의 소산이므로 이 작품의 주제는 상징적으로 예술의 창조까지도 포함한다고 할 수 있다. 스티븐스의 많은 다른 작품들과 마찬가지로 이 작품도 일본의 "하이꾸"와 유사하다.

"하이꾸"라는 시 형식은 영시의 사상파 시인들의 시와 마찬가지로 언어를 극도로 절약하고 선명한 이미지를 제시함으로써 독자의 감흥을 불러일으키는 시 형식이다. 하이꾸와 사상파 시인들의 시와의 차이점 한 가지는 시각적 이미지의 제시 여부이다. 사상파 시인들의 시는 시각적으로 뚜렷한 이미지의 제시에 치중한다면 일본의 하이꾸에는 그러한 구속을 전혀 받지 않는다.

Ⅱ. 전개하기

3연으로 이루어진 이 작품의 첫 연에서 화자가 테네시에 항아리를 놓은 일과 그로 인하여 황야와 항아리가 대치되는 상황이 묘사된다.

> 나는 항아리를 테네시에 놓았다,
> 그러자 그것은 동그랗다, 언덕 위에.

그것은 지저분한 황야가
그 언덕을 둘러싸게 했다.

화자는 테네시에 항아리를 아무렇게나 놓지 않고 조심스럽게 위치를 선정하여 놓는다. 그러자 그것은 언덕 위의 한 장소가 되었고 항아리는 주변의 황야에 의해 둥그렇게 둘러싸이게 된다. 항아리가 지저분한 황야에 둘러싸이는 것은 상상력이 현실에 자극을 주는 것을 의미한다. 상상력은 무질서한 현실에 질서를 부여한다.

둘째 연은 예술이 자연을 지배하는 것을 말하고 있다.

황야가 그 곳까지 솟아 올라,
주변에 퍼지자, 더 이상 황량하지 않았다.
항아리는 땅 위에 둥글고
키 크고 위풍이 당당했다.

첫 연에서 상상력의 소산인 항아리가 현실에 자극을 주고 어떤 질서를 부여하는 것으로 암시되었다면, 여기서는 항아리라는 예술품이 테네시라는 자연, 현실을 지배, 통치하는 것이 암시되고 있다. 황야가 항아리까지 솟아 오른 후 비옥한 땅으로 변화하고 항아리가 당당하게 서 있게 된다.

첫 연에서는 주변에 황야가 펼쳐져 있고 항아리만 언덕 위에 놓여 있었다. 즉, 현실세계는 상상의 세계 주변에 있기는 하지만 차원이 다른 것으로 묘사되었다. 여기서는 현실 세계, 자연 세계가 상상의 세계와 같은 수준으로 향상된다. 그리하여 항아리 주변에 황야가 같은 높이로 펼쳐진다. 이는 현실의 자연 세계와 예술 세계가 질서와 조화를 이루는 것이다. 이처럼 자연과 예술, 현실 세계와 상상의 세계가 조화를 이루자 황야는 더 이상 불모한 황야가 아니라 이상적인 세계로 변한다. 그 과정에도 항아리는 변함없이 땅바닥 위에 동그랗게 놓여 있다. 이는 예술의 세계가 현실을 바탕으로 하고 있음을 나타낸다. 예술 세계의 밑바닥에는 현실의 세계가 놓여 있지만,

그 현실 세계는 예술 세계에 의하여 지배되기 때문에 삭막한 현실이 아니라 창조적이고 결실을 맺을 수 있는 현실로 변한다.

셋째 연은 항아리가 현실 세계의 모든 곳을 지배한다고 말한다.

그것은 모든 곳을 지배했다.
항아리는 회색이고 꾸밈 없었다.
그것은 새도 숲도 주지 않았다,
테네시에 있는 다른 것들과는 달리.

항아리는 속이 비어 있고, 겉에는 아무 장식이 없는 종류의 것이다. 테네시에서 만들어진 다른 항아리들의 겉에는 새나 숲과 같은 문양이 그려져 있지만, 이 항아리에는 아무 문양도 그려져 있지 않다. 이는 테네시에서 다른 예술가들은 새나 숲과 같은 자연을 노래하고 있으나 이 항아리라는 예술품은 그와 같은 꾸밈이 없이 예술의 본질적인 요소만 갖고 있음을 뜻한다. 다시 말하여 새나 숲과 같은 자연물을 묘사한 것이라 할지라도 자연 그 자체는 아니기 때문에 현실로부터 유리된 예술인 반면에 이 항아리는 현실 그 자체인 예술인 것이다. 이 소박한 항아리는 무질서하고 황폐한 현실 세계를 개조하여 질서 있고 비옥한 세계가 되도록 한다. 이는 상상의 세계가 현실 세계를 변화시킬 수 있음을 말한다.

III. 끝내기

시인의 감정을 직접적으로 표현하지 않고 객관적인 사물을 제시하여 독자로 하여금 시인의 감정을 느낄 수 있게 하는 점에서 엘리엇이 이야기하는 객관적 상관물 이론을 떠올리게 한다. 화려한 문양으로 장식된 예술이 진정한 예술이 아니라 아무 채색도 하지 않고 있는 그대로의 모습, 순수한 모습을 보여주는 것이 진정한 예술이라는 시인의 생각을 여실히 표현하고 있다.

「아이스크림 황제」: 존재와 외양

Ⅰ. 시작하기

1933년에 스티븐스는 윌리엄 로즈 베넷에게 보낸 글에서 "내 시 중에서 내가 가장 좋아하는 시를 고르라 하면 나는 「아이스크림 황제」를 고르겠다. 이것은 고의적으로 평범한 복장을 입고 있지만 나에게는 시의 본질적인 화려함 같은 어떤 것을 포함하고 있는 듯이 보인다. 그렇기 때문에 나는 이 작품을 좋아한다"고 말했다. 또한 베넷에게 나중에 보낸 편지에서 다음과 같이 계속 써놓았다.

> 이것이 그로부터 이 작품이 나온 마음의 상태를 의미하지 않는다면 이 시가 쓰여진 상황을 기억하지 못한다. 나는 지나치게 꼼꼼한 것을 싫어하고 나 자신을 방임해 버리기를 좋아한다. 이 시는 나 자신을 방임해버리는 한 예이다. . . . 이것은 그 당시에 내 마음에 있던 것을 가능한 한 최소한도로 조작하면서 표현했다. (*L* 263)

스티븐스 자신의 말에서 알 수 있듯이 이 작품은 그 자신도 좋아한 것으로, 자신의 정서를 최소한으로 개입시키면서 물질적인 세계를 묘사한 시이다. 많은 구체적인 이미지가 등장하여 결국은 하나의 전체를 이루게 된다. 이 작품에서 시인은 객관적인 물질 세계를 그리고 있지만 그 자체는 무의미하고 공허한 것이므로 그 자신의 상상을 가미한다. 이 작품이 단순한 사실 묘사인 것 같으면서도 그 안에 어떤 심오한 의미가 있는 것은 바로 이러한 이유 때문이다. 시인 자신이 객관적 사실에 주관을 가미하여 그 사실을 극화하고 재구성함으로써 변용시킨다. 따라서 여기에 제시된 이미지들은 스티븐스의 상상 세계에서 구성된 것들이다.

이 작품의 주제는 일상적인 평범한 현상이 절대적이라는 것으로, 한 여인의 죽음을 두고 그녀의 장례식을 준비하는 여러 가지 일들이 내용을 이루고 있다. 죽음이라는 절대적인 명제에 매달려 일상 생활에 변화가 오는 것이 아니라 죽음조차도 일상 생활의 일부인 듯이 묘사되고 있다.

II. 전개하기

여기에 묘사되어 있는 일상 생활의 단편들을 차례로 살펴보면 다음과 같다.

> 큰 담배를 만드는 사람을 불러라
> 근육이 건강한 자로, 그로 하여금
> 부엌의 컵에서 매력적인 우유를 젓게 하라.
> 계집들은 그들이 늘 입었던 옷을 입고
> 빈둥거리게 하라, 아이들은 꽃을
> 지난 달 신문에 싸서 가져오게 하라.
> 존재를 외양의 종말이게 하라.
> 유일한 황제는 아이스크림 황제이다.

우선 큰 담배를 만드는 사람이 등장한다. 그는 근육이 강건하여 부엌에서 우유를 휘저어 거품을 일게 하도록 하는 일에 적합하다. 동양인 우리나라에서는 부엌에서 남자가 일하는 것이 다소 어색하게 여겨지지만 장례식과 같은 큰 일을 한 때에는 남자들이 부엌에서 힘든 일을 거들기도 한다. 더욱이 이 작품의 배경인 서양에서는 이것이 어색한 이미지는 아니다.

이어서 하녀들이 평상복을 입고 빈둥거리는 모습이 나온다. 하녀들은 어떤 일을 주체적으로 하기 보다는 지시에 따라 움직이는 경향이 있다. 그런데 지금 장례식 준비에 바쁜 나머지 아무도 하녀들에게 어떤 일을 하도록 지시하지 않으므로 그들은 평상시와 마찬가지로 빈둥거리는 것이다. 특히 그녀들이 평상복을 입고 있다는 사실에서 주인의 죽음을 일상적인 생활의 일부로 받아들인다는 의미가 강하게 드러난다. 하녀들이 상복을 입고 애도하거나 할 이유가 없다. 단지 아는 사람이 한 사람 죽었다고 해서 생활에 큰 변화가 오는 것은 아니라는 사실을 그녀들은 행동으로 보여주고 있다.

이어서 소년들이 꽃을 가져온다. 그런데 꽃을 싼 포장지가 지난 달 신문지이니 꽃을 가져오는 일에 어떤 특별한 의미가 주어지지 않는다. 평상복 차림의 하녀와 지난 달 신문지로 포장한 꽃은 죽음이 평범한 일상적인 일이라는 의미를 강조한다. 시인은 죽음까지도 단순한 일상사의 하나로 보고 평범한 일을 여기에 나열한 것이다.

평범한 일상사를 나열한 후에 스티븐스는 "존재를 외양의 종말로 삼아라" 하고 우리에게 말한다. 품사를 전용하여 동사가 명사로 사용된 이 구절은 존재가 외관의 종말임을 말한다. "존재"는 있는 일, 즉 사실상의 현실 세계를 말하고 "외양"은 있는 것 같은 일, 즉 시인의 상상으로 창조된 허구의 세계이다.

스티븐스는 현실 세계를 상상 세계의 궁극적인 상태라고 말한다. 그는 한 편지에서 이 구절의 의미를 "존재로 하여금 있는 듯이 보이는 것의 결론이나 종국이 되도록 하는 것"이라고 말한다. 다시 말하여 "아이스크림이 하나의 절대적인 선(善)"이라고 한다. 그는 "이 시편은 분명히 아이스크림에 관한 것이 아니고 있는 듯이 보이는 것과 구별되는 것으로서의 존재에 관한 것"이라고 덧붙이고 있다.

둘째 연에서도 일상사의 일부가 제시된다.

유리 손잡이가 세 개 빠진,
전나무 옷장에서 그녀가 전에

공작비둘기를 수놓은 그 시트를 꺼내,
펼쳐서 그녀의 얼굴을 덮어라.
뼈가 앙상한 다리가 삐져나오면, 그건
그녀가 얼마나 춥고, 말없는 가를 보여주기 위함이다.
등불이 그 빛을 고정하게 하라.
유일한 황제는 아이스크림 황제이다.

보통의 흔한 장롱처럼 유리 손잡이가 달려 있고, 지금은 다소 낡은, 그래서 손잡이가 몇 개는 없어진, 우리의 주변에서 흔히 볼 수 있는 장롱은 우리의 일상 생활의 일부를 나타낸다. 그녀가 예전에 공작 비둘기를 수놓아 아끼던 보자기도 보통의 여인들이 소중하게 간직하는 보통의 보자기이다. 그러한 보자기가 여기에서 시체를 덮는 시이트로 쓰이고 있으니 그 시체도 지금까지 나온 평범한 사물들과 아무런 차이가 없는 하나의 흔해 빠진 것이 되어 버린다.

보자기로 시체를 덮는 것은 특별한 의미가 있는 의식이 아니라 단지 보기 싫은 어떤 물건을 덮개로 덮어버리는 것과 같은 가벼운 행동이다. 보자기로 그녀의 시체를 대강 덮다가 만일 발이라도 삐져나오면 그것은 어떤 심각한 일이나 죽음에의 공포를 불러일으키는 것이 아니라 오히려 웃음을 불러일으킬 것이다. 이는 그녀가 죽어서 누워 있어도 그녀 이외의 모든 일상적인 일은 별다른 영향을 받는 일 없이 자연스럽게 진행되고 있음을 보여준다.

우리의 기성 관념으로 보면 시체는 보다 엄숙하고 존엄하게 다루어지는 것이 일반적이다. 그런데 여기서는 시체가 관념과 정신을 초월하는 흔해빠진 일상적인 현상의 일부로 다루어지고 있다. 그녀가 싸늘하게 식어 말없이 누워 있는 시체가 되어 있는데, 스티븐스는 램프로 하여금 그녀에게 빛을 비추게 하라고 말한다. 이는 여인의 죽음이 명백하다는 사실을 밝혀준다. 이 작품에 나타난 여러 가지 일상적인 일들은 얼핏 생각해보면 도저히 있을 수 없는 일같이 여겨지지만 램프 불에 비치는 여인의 시체에서 죽음이 뚜렷하게 드러나듯이 실제 세계의 일들이다.

III. 끝내기

첫 연과 둘째 연 모두에서 끝 행은 "유일한 황제는 아이스크림 황제이다"라는 말인데, 이는 평범한 일상적인 현상이 절대적이라는 뜻을 지니고 있다. 아이스크림은 순간적으로만 존재한다. 아이스크림이 순간적으로 녹아 없어지는 성질을 지니고 있기 때문에 아이스크림은 존재 가치가 있다. 이와 마찬가지로 순간적이고 유동적인 우리의 일상 생활 과정에서 흔히 마주치게 되는 일만이 확실하고 주목할 만한 가치가 있다.

황제는 절대권력자이다. 그러므로 아이스크림 황제가 유일한 황제라는 것은 아이스크림과 같이 순간적으로만 존재하는 현상들만이 유일한 절대적인 존재라는 것이다. 이러한 일상생활 주변의 순간적인 현상 이외의 모든 정신적이거나 이상적인 것은 환상에 불과하고 가치가 없다는 의미를 이 구절은 지니고 있다.

「검은 새를 보는 열세 가지 방법」: 현실과 상상

Ⅰ. 시작하기

스티븐스는 시는 사실에 상상이 최대한 가해진 것이라고 생각한다. 다시 말하여 그는 상상에 의한 세계의 재구성 내지는 변형 작용을 시라고 생각한다. 시인이 감성을 통하여 객관 세계를 파악할 때, 그 객관 세계는 시인에 따라 또 동일한 시인이라도 시간과 장소에 따라 달라질 수밖에 없다. 그러므로 단일 사물이라도 보는 사람에게 그것이 주는 인상은 여러 가지로 다를 수 있다. 이 작품은 이 사실을 잘 보여준다. 이 작품은 한 마리의 검은 새에 대해 상상력이 빚어낸 13개의 인상화를 모아 놓은 것이라고 할 수 있다. 이 13가지의 인상화는 검은 새 한 마리를 보는 마음의 13가지 태도를 반영한다.

이 작품은 사상파 시인들의 시나 일본의 "하이꾸"와 유사하다. 사상파 시인들의 시는 선명하고 간결한 시각적 이미지의 제시에 중점을 둔다. 일본의 "하이꾸"도 역시 간명한 이미지의 제시에 중점을 두고 관념적 서술이 없는 점이 특징이다. 이 작품은 대체로 각 연이 하나의 독립된 이미지를 제시하는 13개의 연이 모여서 검은 새에 대한 총체적 인상을 전달한다.

Ⅱ. 전개하기

첫 연은 검은 새를 중심으로 한 대조적인 수법으로 아름다운 겨울 산의 풍경을 보여준다.

눈 덮힌 스무 산 속에,
단 하나 움직이는 것은
검은 새의 눈이었다.

흰 눈에 덮인 산들과 검은 새의 흑백의 대조, 움직이지 않는 산을 배경으로 한 움직이는 새의 눈이 보여주는 정지와 움직임의 대조, 20개의 산과 한 마리 검은 새의 수적인 대조 등이 이 장면에 입체적인 아름다움을 부여하는 중요한 요소이다. 흑백의 대조, 정지와 움직임의 대조는 시간과 영원, 생과 사를 상징하는 것으로 해석될 수 있다. 흰 눈에 덮힌 산은 영원을 상징하고, 검은 새는 유한한 삶의 세계, 즉 현실을 상징한다. 검은 새는 한편으로는 아름다운 느낌을 주고 또 한편으로는 불길한 느낌을 준다. 스티븐스는 검은 새를 중심으로 한 아름다운 풍경을 묘사함과 동시에 그 새와 눈 덮인 배경이 시간과 영원, 생과 사의 세계를 상징하도록 했다.

제 2연에서는 화자가 자신의 마음 상태를 고찰한다.

나는 세 마음을 가졌다,
세 마리 검은 새가 있는
나무처럼.

그는 한 인간이지만 마음 속에는 세 가지 생각이 공존하고 있다. 마치 한 그루의 나무에 검은 새 세 마리가 우연히 함께 앉아 있는 것처럼 마음 속에 세 가지 생각이 있다. 나무 한 그루에 검은 새 세 마리가 앉아 있는 모습이나 한 사람 마음 속에 세 가지 생각이 떠오르는 모습이 조화나 회합의 징조는 아니다. 새가 언제라도 제각기 다른 방향으로 날아갈 수 있듯이 분열된 마음도 언제든지 엉뚱한 방향으로 흐를 수 있다.

여기서 스티븐스는 자신의 마음의 분열, 부조화를 검은 새에 비유하고 있다. 이 연은 현실 세계에 대한 고찰이라고 할 수 있다. 현실 세계는 마치 우연히 함께 있게 된 검은 새처럼 겉으로 보기에 통합된 상태를 보여줄 수 있으나 그것은 언제라도 깨어질 수 있는 위태로운 균형을 이루고 있는 상태이다.

제 3연에서는 검은 새가 가을 바람에 날려 선회하는 모습이 묘사된다.

검은 새는 가을 바람에 선회하였다.
그것은 무언극의 일부였다.

검은 새는 가을 바람에 날려 선회하는데, 여기서 '선회'는 고요히 날아가는 것이 아니라 힘차게 역동적으로 날고 있는 모습이다. 그러면서도 마치 중심에 매여 있듯이 일정한 구속으로부터 벗어나지 못하는 상태를 보여준다. 따라서 선회하는 검은 새의 이미지는 풍요와 수확의 안온한 가을 정경을 제시하지 않고, 춥고 황량한 가을 들판과 더불어 처절하면서도 불길한 느낌을 준다.

가을 바람이 부는 세계는 무언극의 일부로서 소리는 없고 의미와 형식만 들어 있는 세계이다. 황량한 가을 바람에 날려 선회하는 검은 새는 그 무언극을 연출한다고 할 수 있다. 세상을 무대로 보고 인간을 그 위에서 연기하는 배우라고 생각하면 인간도 무언가 알 수 없는 어떤 힘에 매여 연극을 연출하는 것이 아닌가 하고 생각할 수 있다.

제 4연에서는 일종의 철학적 진술이 나온다.

남자와 여자는
하나다.
남자와 여자와 검은 새는
하나다.

남자와 여자는 하나이고, 또 여기에 검은 새를 보탠 것까지도 하나이다. 이 말은 상당히 애매한 말이지만 자연의 근원적인 모습에서 파악하면 이해될 수 있다. 남자다, 여자다 하는 구별은 인간의 이지의 산물이다. 원래 자연

상태에서는 구태여 구별이 필요 없고 보다 근원으로 거슬러 올라가면 하나의 자연물에 불과하다. 모든 자연물은 물, 불, 흙, 바람의 4대 원소로 구성되어 있다.

인간의 몸도 이러한 4대 원소로 이루어진 것이니 남녀의 구별은 큰 의미가 없다. 그러므로 스티븐스는 여기서 남자와 여자는 하나라고 한다. 나아가 검은 새도 하나의 자연물이므로 남자와 여자로 구별되는 사람과 마찬가지로 물, 불, 흙, 바람의 4대 원소로 구성되어 있다는 점에서 차이가 없다. 따라서 남자와 여자, 그리고 검은 새 모두가 하나인 것이다.

제 5연은 표현의 문제, 시의 문제를 말하고 있다.

> 나는 어느 쪽을 취할지 모르겠다,
> 음조의 변화의 아름다움인지,
> 또는 암시의 아름다움인지,
> 한참 노래할 때의 검은 새인지
> 또는 막 그쳤을 때의 그 새인지.

화자는 검은 새가 즐거운 목소리로 노래할 때의 그 어조와 음색의 변화가 가져오는 음악적인 아름다움을 선택해야 할지, 아니면 울고 난 직후에 우리의 마음 속에 환기된 상상과 암시의 아름다움을 선택해야 할지 모르겠다고 말한다. 다시 말하여 우리가 시를 읽을 때 그 시에 표현된 명시적인 의미를 취할 것인지 아니면 암시적인 의미를 취할 것인지를 모르겠다는 것이다. 화자는 그것을 검은 새에 비유하여 검은 새가 날카로운 소리로 울 때 그 소리를 취할 것인지 아니면 울고 난 직후의 침묵, 즉 회상과 여운의 아름다움을 취할 것인지를 모르겠다고 말하여 양자가 모두 나름대로의 가치를 지니고 있으며 아름답다는 것을 긍정하고 있다.

제 6연에는 유리창 너머에 있는 상상 세계의 원시성, 신비성이 표현되어 있다.

고드름이 긴 유리창을
야만스런 유리로. 가득 채운다
검은 새의 그림자가
그 창을 이리저리 지났다.
그 기분은
그림자 속에서
풀 수 없는 원인을 읽었다.

긴 창문 밖에는 고드름이 길게 늘어져서 마치 유리창과 같이 투명하게 비치고 있으며 검은 새가 이리저리 날고 있는 그림자가 보인다. 긴 창문이 야만스런 유리로 가득 차는 것은 유리창에 성에가 가득 끼는 것을 말한다. 창 밖에는 검은 새의 그림자가 어른거린다.

스티븐스는 여기서 검은 새를 현실적인 실체를 지닌 새로 보는 것이 아니라 실체가 없는 상상적인 그림자로 보고 있다. 그에게는 이 새가 상상의 세계에 속해 있든 아니면 현실의 세계에 속해 있든 큰 차이가 없다. 다만 그 세계와 그 자신 사이를 가로막고 있는 유리가 있다는 사실이 중요하다. 그가 이 유리를 "야만스런 유리"라고 말하는 것은 유리 건너편의 상상의 세계의 원시성, 신비성을 뜻한다.

그는 유리창 너머로 검은 새를 보고, 이 아름다운 광경에서 인간의 눈으로 볼 수 있는 세계의 영역 배후에 있는, 오직 인간의 직관으로만 들여다 볼 수 있는 신비로운 세계를 상상한다. 여기에서 하나의 예술 작품이 창조되므로 예술 작품은 검은 새라는 실체를 보고 그 그림자를 상상하는 것과 같은 것이다. 이 그림자 속에서 그는 인간의 지성으로는 해독할 수 없는 원인, 즉 궁극적인 실재를 보는 것이다. 스티븐스는 여기서 미학적인 것과 철학적인 것 등 우리가 잘 알 수 없는 것을 현실과 관련짓고 있다. 예술과 현실, 예술과 궁극적인 실재의 문제가 검은 새를 매개로 다루어져 있다. 검은 새는 현실 세계에 속하지만 여기에 인간의 상상력이 가해져 궁극적인 실재의 세계에 속하는 그림자의 세계가 생기는 것이다.

제 7연에서 화자는 시인이나 예술가 또는 다른 지식인들에게 상상 세계에 존재하는 금빛 새만을 생각할 것이 아니라 눈 앞의 현실인 검은 새도 생각하라고 권고한다.

오 하담의 야윈 사람들이여,
무엇 때문에 황금 새를 상상하는가?
그대들은 검은 새가 주변
여인네들의 발치에서
걷는 것을 보지 못하는가?

하담은 스티븐스의 고향인 하트포드의 동남쪽에 위치한 코네티컷 주의 도시 이름이다. 그곳의 야윈 사람들은 시인이나 예술가 등 정신 활동에 종사하는 사람들을 의미한다. 정신 활동에만 치중하다보니 육체가 쇠약해져 야위게 된 것이다. 화자는 그들이 로맨틱하게 상상 세계의 호화로운 새, 즉 금빛 새만을 꿈꾸고 현실을 무시한다고 말한다. 우리의 현실은 검은 새와 마찬가지로 추악하고 불길하다. 예술가들이 추악한 현실에는 등을 돌리고 오직 아름답고 낭만적인 상상의 세계만 추구하는데 이것은 잘못이다. 예술가는 물론 상상력이 풍부해야 하고 상상의 세계를 알아야 하지만, 항상 현실에 대한 감각을 지니고 현실을 의식하고 있어야 한다. 추악한 현실에서 소재를 구하여 그것을 상상적으로 채색하여 우리들에게 제시하는 것이 예술가가 해야 하는 일이라고 화자는 말하고 있다.

제 8연은 7연에 나온 일반적인 예술가의 문제에서 범위를 좀 더 축소하여 시인의 문제만을 다루고 있다.

나는 안다, 고상한 어조와
명쾌하고 적절한 리듬을.
나는 이것 또한 안다,
내가 아는 세계에 검은 새가

포함되어 있음을.

시인인 화자는 시가 지니고 있는 고상한 어조나 수사적인 아름다움을 알고 있지만, 동시에 그렇게 미화하지 않은 현실 세계도 알고 있다고 말한다. 시인은 고상한 어조나 유창하고 정연한 리듬, 즉 상상의 세계 속에 창조되어 있는 아름답고 신비로운 이상의 세계를 알고 있지만, 그쪽 세계에만 너무 치중하면 현실과 유리되게 된다. 그래서 그는 자신의 세계에는 검은 새가 포함되어 있다고 말한다. 검은 새의 세계는 제 7연에서와 마찬가지로 추악하고 부조리한 현실 세계이다. 화자는 여기서 자신의 시는 이상 세계를 그리고 있으나 뿌리는 항상 현실에 두고 있다고 강조하고 있다.

제 9연은 우리가 현실 세계의 한계 너머에서 인간의 이지의 세계 밖의 어떤 한계에 도달하게 되리라는 것을 말한다.

검은 새가 날아가 보이지 않을 때,
그 지점은 가리켰다
많은 원 중 하나의 가장자리를.

마치 사상파 시인들의 시에서 볼 수 있는 것과 같은 선명한 이미지가 제시되어 인간의 지성이 어느 정도까지는 외부로 뻗어가지만 결국은 넘을 수 없는 어떤 한계에 부딪치게 되리라는 것, 그 너머에는 오직 상상으로서만 접근 가능한 신비의 세계가 있을 것이라고 암시된다.

스티븐스는 이러한 추상적인 사상을 말로 설명하지 않고 검은 새가 날아가서 보이지 않게 되는 지점이 수많은 원의 가장자리라고 구체적으로 말하고 있다. 검은 새는 우리의 시력이 미치지 않는 세계로 날아가는데, 그 세계는 어떤 하나의 점이 아니라 원이므로 그 원의 안에는 또 다른 세계가 존재한다는 것이 명확해진다. 원의 가장자리는 현실의 지평선을 뜻한다.

제 10연에는 검은 새가 푸른 빛 속을 날아가는 장면이 나오는데 이는 얼핏 보면 매우 부자연스럽고 어색해 보인다.

푸른 빛 속을 날고 있는
검은 새의 모습에,
심지어 목청 좋은 갈보들도
날카롭게 소리 지를 것이다.

여기서 푸른 빛은 현실 속의 빛이 아니라 상상의 세계를 뜻한다. 이러한 상상의 세계를 현실 속의 새인 검은 새가 날아다닌다는 것은 조화롭지 않게 느껴진다. 그러나 예술의 세계가 현실과 유리된 상태로 존재하는 것이 아니라 현실의 세계와 결합되어 하나의 세계로 될 때 매우 이상적인 상태가 된다. 이러한 황홀한 광경을 본다면 누구라도 탄성을 발하지 않을 수 없을 것이다.

"목청 좋은 갈보"는 시인을 가리킨다. 그 시인들이 날카롭게 소리 질러 사람들의 주의를 끄는 것은 훌륭한 시로써 세상 사람들의 주목을 받는 것을 뜻한다. 스티븐스는 여기서 훌륭한 시는 고상한 어조나 유창하고 정연한 리듬만으로 이루어지는 것이 아니라 현실에 대한 날카로운 인식이 있어야 된다고 말하는 것이다. 이러한 생각은 제 8연에도 어느 정도 암시되어 있었다.

제 11연에서는 유리마차 안의 세계와 밖의 세계가 대비되고 있다.

그는 유리마차를 타고
코네티컷으로 갔다.
한 번은 두려움이 그를 꿰뚫었다,
그가 자기 마차 그림자를
검은 새로
잘못 보았을 때.

코네티컷은 하담이 위치한 주의 이름이다. "그"는 유리마차의 창 밖으로 보이는 세계를 현실이 아니라 상상의 세계라고 착각하고 있다. 그는 마차 밖으로 보이는 마차의 그림자를 검은 새로 착각하고 두려움을 느낀다. 여기서 검은 새는 현실 속에 존재하는 불길한 징조의 새이기 때문에 마차를 타고 온 "그"는 이를 죽음의 상징으로 인식하고 죽음에 대하여 두려움을 느끼는 것이다.

상상의 세계는 죽음이 없는 세계, 영원히 존재할 수 있는 세계이다. 그는 마차를 타고 그런 세계로 들어갔다고 믿고 있었는데, 자신이 상상의 세계에 있는 것이 아니라 현실 세계에 있다는 것을 갑자기 인식한 것이다. 현실의 세계는 탄생과 죽음이 존재하는 세계이다. 그는 자신이 삶과 죽음의 세계 밖에 존재한다고 생각했었는데, 사실은 바로 그 세계에 머물고 있다는 사실을 인식하고 죽음의 공포에 사로잡힌 것이다.

제 12연에서는 현실 속의 삶이 강물에 비유되고 있다.

> 강은 움직인다.
> 검은 새는 날고 있음에 틀림없다.

강은 언제나 흐르고 있으므로 항상 유동적인 삶 내지는 그 삶이 존재하는 현실 세계를 나타내기에 적합한 상징이다. 스티븐스는 흐르는 강물을 상상하면서 그 위로 검은 새가 날고 있음에 틀림없다고 생각한다. 검은 새는 현실 세계에 존재하는 새이다. 그러므로 검은 새의 등장은 현실 세계를 암시한다. 삶과 죽음이 있는 강물 위로 그 새가 날아간다는 것은 결국 우리가 시의 세계, 상상의 세계를 추구하더라도 언제나 현실에 바탕을 두고 있을 수밖에 없음을 암시한다. 왜냐하면 우리 자신이 살고 있는 세계가 현실 세계이기 때문이다.

마지막 연에서는 다시 흰 눈을 배경으로 검은 새가 앉아 있는 모습이 제시된다.

> 오후 내내 저녁이었다.
> 눈이 오고 있었고
> 그리고 눈이 계속 오려 했었다.

삼나무 가지에
검은 새는 앉아 있었다.

하늘에는 구름이 가득 끼어 있으므로 해가 나오지 않고 어둑어둑하다. 그래서 화자는 "오후 내내 저녁이었다"고 말한다. 구름 낀 하늘에서 눈이 지금까지 계속 내리고 있었으며 앞으로도 계속하여 내릴 것처럼 보인다. 이러한 흰 눈을 배경으로 검은 새가 삼나무 가지에 앉아 있으니 이는 시각적으로 매우 선명한 이미지가 된다. 이 광경은 아름다운 풍경이기는 하지만 낭만적인 환상을 허용하지는 않는다. 이 광경은 냉엄한 현실을 보여주는 것이다.

Ⅲ. 끝내기

시는 바로 이렇게 아름답기는 하지만 냉엄한 현실에서 생기고, 그 현실에 상상을 가하여 현실을 변용시킨다. 스티븐스는 이러한 자신의 시관(詩觀)을 표현하기 위하여 다소 불길한 느낌을 주는 검은 새를 소재로 사용하고 흰 눈이 아름답게 내리는 광경을 배경으로 택했다. 스티븐스는 이 작품에서 사상파 시인들의 시와 마찬가지로 구체적이고 선명한 이미지를 모아 자신의 독특한 시관을 표현했다.

시인들은 현실을 재료로 하여 상상의 세계를 창조한다. 그러면서 때로는 현실을 잊고 오직 상상의 세계만 존재하는 것으로 착각한다. 현실이 항상 변화하고 있으므로 영원 절대를 추구하는 시인들에게는 현실이 무의미 내지는 무가치한 것으로 생각될 수 있으나 이는 잘못이다. 현실이 없으면 상상의 세계도 존재할 수 없다.

「키 웨스트의 질서의 개념」: 예술가의 현실 참여

Ⅰ. 시작하기

우선 이 작품의 제목이 함축하는 바를 알아볼 필요가 있다. 스티븐스 자신이 이 작품에 관하여 다음과 같이 말하고 있다.

> 「키 웨스트의 질서의 개념」에서는 삶이 더 이상 기회의 문제가 되지 못한다. 모든 사람이 자기 자신의 질서를 자기 주변의 삶에 도입할지도 모른다. 또한 일반적인 질서의 개념은 단지 18세기의 영국 철학자 비숍 버클리가 개인적인 질서의 우연한 합류라고 불렀던 것일지도 모른다. 그러나 질서는 여전히 있다. . . . 내가 "삶이란 엉뚱한 일들의 집합체이다"라는 것이 고정된 철학적 명제라고 지금까지 생각한 적이 없었던 것은 지금 내가 모든 사람은 자기 자신의 질서를 일반적인 질서의 일부로 도입한다는 것이 고정된 철학적 명제라고 생각하지 않는 것과 마찬가지이다. 이것들은 시의 목적을 위한 시험적인 개념들이다.

위의 스티븐스 자신의 말에서 알 수 있듯이 이 작품은 현대 세계에서 어떤 질서를 추구하는 작품이며 상상력이 현실을 어떻게 이해하는 가를 말하는 인식론적인 시이다. 또한 정치적, 심리적, 사회적인 질서에 시인이 어떻게 참여해야 하는가를 다루고 있기도 하다. 시인의 기능에 대하여 말하기도 하며 시인의 임무는 자연을 정확히 말해주고 이해할 수 있게 해주는 것이라는 내용도 담고 있다.

Ⅱ. 전개하기

첫 연에서 그녀가 바다의 정신 너머에서 노래하며 바다는 하나의 육체가 되어 몸으로 바다의 소리를 외쳤다는 내용이 이야기되고 있다.

그녀는 바다의 정신 너머에서 노래했다.
물은 정신이나 목소리를 이루지 않았다,
육체, 전적인 육체처럼, 그 텅 빈
소매를 펄럭이며, 그러나 그 흉내내는 동작은
끊임없이 부르짖었고, 끊임없이 부르짖게 했다,
비록 우리가 이해했으나, 우리의 것은 아닌
비인간적인, 진정한 바다의 소리를.

이 작품의 배경이 키 웨스트라는 플로리다 주의 바닷가 마을이므로 바다를 내용으로 하고 있는 것은 당연한 일이다. 첫머리에 나오는 "그녀"가 누구인지는 여기서 알 수 없다. 그러한 바다의 정신 너머에서 노래했다는 내용으로 보아 "시인"이라고 보면 무리가 없으리라 생각된다. 바다 자체는 마치 인간의 육체처럼 실질적인 것이므로 어떤 정신이나 음성을 이루지 않는다. 다시 말하여 현실 자체는 그냥 현실일 뿐 어떤 상상적인 활동의 결과를 보여주지 않는다.

바다는 파도가 일어 갖가지 소리를 내기도 하지만, 그것은 진정한 바다의 소리가 아니다. 바다의 진정한 소리는 말로 표현되는 것이 아니라 행동으로 나타난다. 움직임으로 나타나는 바다의 행동은 바다의 진정한 소리를 낸다. 우리는 그것을 이해한다. 그러나 그 바다의 정신, 바다의 소리는 우리의 정신, 우리의 소리와는 다른 비인간적인 것이다. 바다 그 자체는 무질서하며 두서없이 자신을 드러낸다.

둘째 연은 바다와 그녀가 하나로 합쳐지는 세계를 노래한다.

바다는 가면이 아니었다. 그녀도 더 이상 아니었다.
그 노래와 바다는 혼합된 소리가 아니었다
비록 그녀가 노래한 것이 그녀가 들은 것이라 하더라도,
그녀가 노래한 것이 말로써 말해지기에.
혹시나 그녀의 모든 구절에 갈리는 물과
허덕이는 바람이 섞였을지 모른다,
그러나 우리가 들은 것은 그녀이지 바다가 아니었다.

인간은 세계에 질서를 부여하는데 언어를 통하여 그렇게 한다. 바다가 가면을 쓰고 있지 않은 것처럼 그녀도 가면을 쓰고 있지 않다. 바다와 그녀가 부르는 노래 사이에는 상당한 간격이 있다. 비록 그녀가 바다의 모습을 직접 보고 그 바다의 진정한 소리를 듣고 그것을 노래로 표현하였지만 바다와 노래 사이에는 메울 수 없는 간격이 있다. 왜냐하면 그녀는 말이라는 매개체를 통하여 노래하기 때문이다. 그녀의 말 가운데는 바다와 관련된 모든 것의 소리가 들어 있을 수 있다. 그러므로 우리가 그녀의 노래를 듣는다면 진정한 바다의 소리를 듣는 것이 아니라 그녀의 감수성에 의하여 변형된 바다의 소리를 듣는 것이다.

우리는 바다라는 현실을 직접 인식하지 못하고 상상력에 의하여 변형된 현실을 인식한다. 시인은 현실을 보다 정확하게 묘사하여 우리가 그 현실을 있는 그대로 인식할 수 있도록 해주어야 한다. 그러나 그녀는 자신의 노래(시) 속에 현실의 잡다한 내용을 담고 있기에 우리에게 있는 그대로의 현실을 정확하게 전해주지 못한다.

셋째 연은 그녀가 시인임을 보다 분명하게 밝힌다.

왜냐면 그녀는 자신이 부르는 노래를 짓는 자였기에.
항상 두건을 쓴, 비극적인 모습의 바다는
단지 그녀가 곁에서 노래하며 걷는 곳이었다.
이것이 누구의 정신인가? 우리는 물었다. 왜냐면

우리는 그녀가 노래할 때 이것을 종종 묻는 것이
우리가 추구하고 아는 그 정신임을 알기에.

그녀는 자신이 부르는 노래를 짓는 자이다. 바다 위에는 하늘이 드리워져 있고, 바다는 그녀가 걷는 장소의 일부이다. 그녀는 그러한 노래를 부르게 하는, 그 노래를 만든 질서는 어디에서 오는 것인가 하고 묻는다. 이는 그녀가 그러한 노래를 부르도록 하는 근본정신이 무엇인가 하고 묻는 것이다. 이 물음에 대한 대답을 화자는 스스로 한다. 그 근본정신은 화자가 추구하고 또 알고 있는 정신과 동일한 정신이다. 모든 예술의 근본정신은 동일하다. 단지 그것을 깨닫고 못 깨달음의 차이가 있을 뿐이다. 다시 말하여 현실을 바탕으로 한 상상의 세계가 그 근본정신이다.

그 다음 연은 예술의 세계가 잡다한 현실의 단순한 묘사 이상의 어떤 것임을 말한다.

만일 그것이 많은 파도로 일어나거나 심지어
채색된 바다의 어두운 소리라면,
만일 그것이 물에 잠긴 산호의
하늘과 구름의 바깥 소리라면,
아무리 맑더라도, 그것은 깊은 공기,
공기의 높아지는 소리, 여름에
끝없이 되풀이되는 여름의 소리
소리뿐이었으리라. 그러나 그것은 그 이상이었다,
그녀의 목소리, 물과 바람의
뜻모를 내던짐, 극적인 거리,
높은 수평선에 쌓인 청동 그림자,
하늘과 바다의 드높은 대기 가운데
우리 목소리 이상이었다.

상상력에 의하여 변형된 현실이나 현실과 완전히 유리된 상상의 세계만으로는 예술이 될 수 없다. 예술은 현실에 바탕을 두고 그 현실을 상상적으로 인식하여 극단적으로 밀고 나아가 이루어진다. 현실과 유리되어 있는 공허한 예술이나 현실에 참여하기만 하는 예술은 진정한 예술이 아니다. 또한 그녀 자신도 확실히 인식하지 못하고 노래하는 자연의 묘사나 이상의 세계도 예술이 아니다. 주관에 의하여 변형된 현실의 묘사가 바로 진정한 예술이다.

하늘을 정확하게 묘사하며 하늘의 고독까지도 상상적으로 인식하여 표현하는 것이 시, 나아가 예술의 의미인 것이다.

하늘을 가장 날카롭게 하며
사라지게 한 것은 그녀의 목소리였다.
그녀는 그것의 고독을 시간까지 쟀다.
그녀는 그녀가 노래하는 세계의
유일한 예술가였다. 그녀가 노래할 때, 바다는,
그것이 어떤 자아를 가졌든, 그녀의 노래인
자아가 되었다. 왜냐면 그녀는 창조자였기에. 그 후 우리는,
그녀가 저기에서 홀로 거니는 것을 볼 때,
그녀가 노래하고, 노래하며 만든 것 이외엔
그녀에게 다른 세상이 없다는 것을 알았다.

그녀가 노래하는 현실과 그녀 자신이 일체가 될 때 진정한 예술이 이루어진다. 그녀 자신의 상상력에 의해 질서가 부여된 세계가 예술의 세계인 것이다. 여기서 스티븐스는 상상력을 통하여 현실에 질서를 부여하는 것이 예술가의 임무임을 말하고 있다. 현실세계의 본원적인 근본을 노래해야 진정한 예술이다. 화자는 그녀가 고독하게 홀로 걸으며 노래할 때 그녀 자신이 노래한 세계와 그녀 자신이 노래하며 만든 세계 이외에는 다른 세계가 그녀에게 없다고 말한다. 예술가의 세계는 예술가 자신이 창조한 세계뿐이다.

이러한 말은 예술가가 현실에 질서를 부여하며 세계를 창조한다는 것을 암시한다.

화자는 이제 라몬 페르난데즈에게 질서에 대하여 알려줄 것을 부탁한다.

라몬 페르난데즈여, 안다면 말해주오,
 노래가 끝나고 우리가 마을로 돌아갈 때,
왜 흐릿한 불빛,
그곳에 정박한 낚시배의 불빛이,
어둠이 내렸을 때, 공중에서 기우뚱하며,
밤을 지배하고 바다를 분할했으며,
장식된 지역과 불기둥을 고정시키고,
밤을 정돈하고, 깊게 하고, 매혹했는가를.

스티븐스는 라몬 페르난데즈라는 이름이 단지 보통 쓰이는 스페인 계의 이름이라고 하며 프랑스의 비평가를 생각한 것이 아니라고 밝히고 있다. 프랑스의 비평가 라몬 페르난데즈는 시인이 문명의 붕괴에 대항하여 육체적으로 항거해야 한다고 주장했다. 반면에 스티븐스는 시인은 시를 쓰는 것이 임무라고 생각하여, 시인은 우리가 사는 세계를 좀 더 뚜렷하게 존재하도록 하기 위하여 존재할 뿐 행동을 하기 위해 존재하는 것은 아니라는 견해를 보이고 있다.

스티븐스는 라몬 페르난데즈에게 현실 속의 찬란한 시적인 순간을 표현하는 것이 시인이 해야 할 일이 아닌가 하고 말한다. 우리가 예술의 세계를 떠나 각박한 현실세계로 돌아올 때 상상력의 작용에 의해 인식할 수밖에 없는 아름답고 찬란한 예술과 결합된 현실의 모습이 그렇게 나타나도록 한 이유가 무엇인가 하고 그는 묻는다. 그는 그러한 세계가 존재하게 된 근본 원인을 묻는 것이다.

예술가는 현실이라는 바다에서 말을 끄집어내어 거기에 질서를 부여하려고 노력한다.

> 오! 질서에 대한 축복받은 분노를, 창백한 라몬이여,
> 바다의 말, 흐릿한 별빛 비친, 향기나는 문턱의 말,
> 그리고 더 유령 같은 경계 속의, 보다 날카로운 소리 가운데의,
> 우리 자신과 그리고 우리의 기원의 말,
> 말을 정돈하는 창조자의 분노를 말해주오.

여기서 "향기나는 문턱"은 현실과 예술의 세계 사이의 문턱을 뜻한다. 그러한 문턱에서 우리 자신과 우리 자신의 기원, 즉 근본 원리, 근본 질서를 추구하는 것이 예술가의 임무이다. 예술가는 현실 세계를 추상화하여 보다 명확히 인식할 수 있도록 질서를 부여하는 것이 임무라고 이 시편을 결론짓는다.

III. 끝내기

스티븐스는 이 작품에서 예술(주로 시)의 기능과 시인의 임무에 관한 자신의 견해를 표명하고 있다. 현실이 부조리하고 질서가 없어 보이지만 예술가는 현실을 상상적으로 인식하고 변용시켜 독자로 하여금 현실을 보다 명확히 인식하도록 함으로써 현실에 참여하는 것이 임무이다. 현실의 직접적인 개조나 개혁에 육체적으로 참여하는 것이 아니라 현실이 나아갈 바를 표현하는 것, 즉 이상화된 현실을 제시하여 독자들이 그 세계로 들어오도록 하는 것이 예술가가 현실에 참여하는 방법이다.

『하모니엄』: 불교적 고찰

I. 시작하기

개신교를 신봉하는 견실한 가정에서 태어난 스티븐스는 기독교의 영향을 많이 받으면서 성장했다. 그의 어머니는 매일 저녁 성경 구절을 읽고 일요일 저녁 마다 찬송가를 부르고 연주했다. 어머니의 주장에 따라 그는 레딩에 있는 제일장로교회의 주일 학교에 다니고 성 요한 복음 루터 교회의 문법 학교를 다녔다(biography.html). 또한 그는 레딩에 있는 자신의 집에서 1904년에 만나 여러 해 교제하다가 결혼한 그의 부인 엘시 몰이 전통적인 종교, 즉 기독교를 신봉하는 것에 대하여 만족해했다. 그러나 그 자신은 어렸을 때부터 기독교에 대한 믿음을 갖지 않았다. 그는 기독교를 지적인 이유에서 만큼이나 도덕적, 정서적 이유에서 거부했다(Borroff 4).

스티븐스는 자신의 믿음의 상실에 관하여 다음과 같이 말했다.

> 내 걱정뿐만 아니라 매우 많은 사람들의 걱정은 우리 모두가 믿으며 자라온 종류의 신에 대한 믿음의 상실이다. 인본주의가 자연스러운 대체물이 될 것이지만, 인본주의를 더 많이 살펴보면 볼수록 나는 그것을 점점 덜 좋아하게 된다. . . . 그렇다면 우리는 그것 없이 살아갈 수 있어야만 한다. (*L* 348)

스티븐스는 기독교의 신에 대한 믿음을 상실하고 인본주의를 그 대체물로 생각한다. 전통적인 신앙에 대한 믿음이 상실된 상태에서 우리는 삶을 지탱해줄 어떤 대안을 필요로 하게 된다. 스티븐스는 그 대안으로 인본주의를 상정한다. 그러나 그는 인본주의를 점점 덜 좋아한다고 말하여, 인본주의도 궁극적인 신앙의 대안이 될 수 없음을 밝힌다.

기독교의 신을 신봉하기를 그치고, 믿을 만한 것이 아무 것도 남아있지 않다는 사실을 발견한 스티븐스는 이 공허를 자신이 스스로 고안한 것으로 채울 수밖에 없었다(Donoghue 200). 그는 다음과 같이 말한다.

> 사람들이 신을 더 이상 믿지 않는다면, 단지 불신하는 것만으로는 충분하지 않다. 다른 무언가를 믿는 것이 필요하게 된다. 논리상으로 나는 본질적 상상력을 믿어야 하겠지만, 그것은 그 나름대로의 어려움이 있다. 상상력에 의해 창조된 무언가를 믿는 것이 보다 쉽다. 최근의 상당히 많은 나의 시는 그것의 정체성과 관계 있다. (*L* 370)

스티븐스가 자신의 상상력으로 창조한 것은 시이다. 그는 종교가 없어져서 생긴 빈 자리를 시로 채우고자 했다. 그는 종교가 인간을 더 이상 만족시킬 수 없을 때에는 시가 그것을 대신해야 한다고 생각했다. 그는 시가 어떤 만족을 제공해줄 것인가를 곰곰이 생각하여 필요한 가설을 전개하였다. 그 가설 중에는 다음과 같은 것들이 있다. 시는 최고의 허구이다. "시인을 과거와 현재와 미래의 강력한 인물로 만드는 것은 우리가 끊임없이 회귀하는 세상을 그가 창조하고. . . 최고의 허구를 그가 삶에 준다는 것"(*NA* 31)이다. 작가의 일은 "사람들이 그 안에서 자기 자신에게 완성을 제안할 수 있도록, 허구로 인식된, 최고의 허구의 가능성을 제안하고 있다. 그러한 어떤 허구를 창조하는 데 있어서 시가 대단히 중요하다"(*L* 820). 이 말에 따르면 시인은 최고의 허구인 시를 창조하고 그것은 세상과 다르지 않다. 그가 창조하는 시는 현실에 바탕을 두고 있으나 단순히 현실의 제시에 끝나지 않는다. 그는 새로운 관점에서 현실을 고찰하고 현실에 상상적 변용을 가하여 새로운 모습으로 묘사한다.

Ⅱ. 새로운 종교의 탐색

현대에는 기독교가 제 구실을 하고 있지 못하므로 스티븐스는 기독교를 불신하고 자신의 내면을 탐구하여 신앙의 대상을 찾고자 한다. 스티븐스는 1942년 12월 8일에 헨리 처치에게 보낸 편지에서 다음과 같이 말하고 있다.

> 만일 우리 내면에 믿고자 하는 의지가 본능적으로 있다면, 또는 그것이 본능적이든 아니든 믿고자하는 의지가 있다면, 나에게는 다른 어느 것과 관련하여 우리가 중지할 수 있는 것처럼 일찍이 허구와 관련하여 불신을 중지할 수 있는 것처럼 보인다. . . . 나는 최고의 허구가 취하게 될 형태에 관해서는 전혀 생각할 수 없다. 「최고의 허구에 대한 비망록」은 그것이 어떠한 형태도 취하지 않으리라는 생각 즉 그것이 추상적일 것이라는 생각에서 시작된다. 물론 결국 시는 최고의 허구가 될 것이다. 왜냐하면 시의 정수는 변화이고 변화의 정수는 그것이 기쁨을 준다는 것이다. (*L* 430)

믿음은 우리의 마음 작용이므로 외부의 어떤 존재를 믿더라도 그것은 우리 내면의 움직임이다. 최고의 허구는 현실과 유리되어 있는 보이지 않는 허구가 아니라 우리가 감각할 수 있고, 볼 수 있고, 들을 수 있는 현실에 바탕을 둔 허구이다.

스티븐스가 "신을 '이 세상의 중요한 개념'이라고 말하거나 '신과 상상력이 하나'라고 말할 때, 그에게는 신이 본질적으로 자신의 존재를 포함하지 않는 존재라는 것이 분명한 것"(Borroff 73)처럼 보인다. 전통적인 종교에 대한 모든 믿음을 포기한 사람만이 시와 예술이 종교에 대한 진정한 대안이라고 생각할 수 있다. 규율된 상상력의 행위 속에서 눈에 보이는 것들의 진리가 사람들이 종교에 대해 갖고 있는 눈에 보이지 않는 진리를 대신해야 한다. 그렇게 하기 위해서 우리는 보이는 것 즉 가시적인 것이 보이지 않는 것 즉 불가시적인 것의 등가물이라고 믿어야만 한다.

스티븐스는 자신이 세상의 사물에 규율을 주고 그 사물들이 실재가 되도록 하기 때문에 창조자의 역할을 한다. 최고의 허구라는 시, 즉 종교의 대체물을 창조하는 그는 이 세상 만물을 만들어낸 기독교의 신과 유사한 창조자의 역할을 한다. 즉 그가 "스스로 고안해 내는 가장 위대한 역할은 신이 되는"(Donoghue 201) 것과 다르지 않다.

인간이 신이 되는 것은 서구의 기독교적 관점에서는 도저히 용납될 수 없다. 그렇다면 그는 어떻게 이러한 생각을 하게 되었는가 하는 의문이 생긴다. 그가 어떠한 단서도 없이 스스로 자신이 신이 될 수 있을 것이라고 생각했을 가능성은 많지 않다. 그렇다면 그는 선배 철학자나 종교가로부터 이러한 개념에 대한 암시를 받았을 가능성이 많다.

그는 하버드 대학에 다닐 때, 평범한 미국 생활과 풍경에 반대되는 것으로 여겨지는 상상적 요소를 지닌 동양의 예술과 프랑스 시를 포함한 당시의 문화적 조류에 빠져들었다(biography.htm). 조셉 리델은 스티븐스가 버클리, 라이프니츠, 칸트, 니체, 쇼펜하우어, 화이트헤드, 크로스, 베르그송, 산타야나, 장 월, 어니스트 카시러, 헨리 포실론, 페르난데즈 등의 영향을 받았다고 말한다(37). 그는 이들 이외에도 월트 휘트먼을 통하여 에머슨 등의 초절주의자 및 동양 사상의 영향을 많이 받았다.

스티븐스가 대학에 다닐 때인 1900년 초에는 동양 사상이 미국의 학계에 많이 유포되어 있었다. 그러므로 그는 동양 사상에 깊이 빠져들지는 않았다 하더라도 동양 사상을 자연스럽게 접할 기회가 있었을 것으로 짐작된다. 더구나 그는 철학적인 기질을 지니고 있었으므로, 동양 사상을 종교로서는 아니더라도 적어도 철학적으로 라도 분명히 탐구하였을 것으로 생각된다. 특히 그의 명상적 태도는 동양 사상의 영향이라고 여겨진다. 그가 영향을 많이 받은 철학자, 사상가들 중 라이프니츠, 니체, 쇼펜하우어, 화이트헤드 및 산타야나 등은 동양 사상을 깊이 이해하고 있었고, 그들의 철학 사상에 동양 사상이 많이 포함되어 있었으므로, 스티븐스 이들을 통하여 간접적으로 동양 사상을 습득했을 가능성이 충분하다.

스티븐스는 동양으로 여행한 적이 없다. 그러나 그는 실론(지금의 스리랑

카)에 있는 반 게이젤과 중국에 있는 해리엇 몬로의 누이와 계속하여 편지를 주고받았다. 그들은 그 지방의 특색이 있는 물건들을 스티븐스에게 보내어 그의 상상력을 자극하였다. 스티븐스는 반 게이젤이 크리스마스 선물로 그와 그의 가족에게 보낸 동양의 물건들을 받았을 때 전율을 느꼈다고 한다. 특히 차는 이 세상의 다른 어느 곳에서도 구할 수 없는 오직 실론에서만 구할 수 있는 것이었기에 특히 좋아했다고 한다(*L* 324, 327, 333, 337).

스티븐스가 이렇게 간접적으로 접한 동양 및 동양의 사물들은 그의 상상력을 자극했고, 그 물건들이 생산된 배경인 실론의 진정한 모습을 알기를 원했다. 알렌 필레이스는 스티븐스가 실론 및 그곳 사람들의 생활과 문화를 존중했다고 다음과 같이 말하고 있다.

> 스티븐스는 실론을 "합리적"으로 만들려는 노력에서 실론 사람들과 코네티컷 사람들 사이의 기본적 평등을 강조하고 그리하여 실론의 불교도들의 기질과 같은 근본적으로 새로운 문화적 기질을 직면하는 것을 피하거나 자연이 의지를 전적으로 지배하는 것을 강조하기 위하여 인간의 문화를 전적으로 무시했다. 그리하여 그는 멀리 떨어진 곳을 자연스럽고 묘사할만한 장면으로 인식했다. 에드워드 싸이드는 이것을 "장관으로서의 동양의 비전 즉 활인화"라고 불렀다. (재인용 vangeyzel.html)

스티븐스의 동양에 대한 인식은 철학자나 시인들 또는 편지를 주고받는 사람들을 통한 간접적이며 피상적인 것뿐이었을까? 아니다. 그가 불교 텍스트를 알고 있었는가 아닌가 하는 문제에 대한 답은 반 게이젤과의 교류 관계 및 그들 사이의 편지를 통하여 알 수 있다.

알렌 필레이스는 "스티븐스가 불교도나 과학자 또는 동양학자로부터 의미있는 도움을 받지 않고 자신의 지식을 얻은 것처럼 보인다. 의식의 명상상태 자체가 아마도 그의 스승이었을 것이다"(재인용 vangeyzel.html)라고 말하고 있지만 스티븐스가 적어도 기초적인 불교 서적은 읽었을 것으로 짐작된다. 필레이스의 주장과는 달리 스티븐스는 불교도 및 동양학자로부터 의미

있는 도움을 받아 명상하는 습관을 길렀다. 그가 도움을 받은 정도는 정신적인 문제이기 때문에 쉽게 계량화할 수 없지만, 불교 및 동양 사상의 지식을 상당한 정도로 습득한 것은 틀림없어 보인다. 스티븐스는 동양학자의 글을 읽었을 뿐만 아니라 몸소 수행하는 불교 승려의 글을 적어도 한 번 이상 읽은 것이 분명해 보이는 글이 많이 있다.

1940년에 스티븐스는 실론에 있는 레너드 반 제이젤에게 “내가 젊어서 좌익과 우익 서적을 읽었을 때, 막스 메일러는 그 당시의 저명한 동양학자였다”(bevis-review.html)라고 말하여 자신의 동양학식의 배경을 설명했다. 이 말을 듣고 반 게이젤은 저명한 학자 승려인 니야나틸로카가 라디오로 방송한 내용의 원고인 『붓다의 가르침의 정수』라는 소책자를 스티븐스에게 보냈다. 스티븐스는 이 책을 읽었고, 반 게이젤과의 계속되는 서신왕래를 통해 불교와의 접촉을 끊임없이 유지했다.

니체의 “불교는 기독교보다 수백 배 현실적이다”, “신의 개념은 사라졌다”, “기도는 전혀 불가능하다” 라는 말이 『붓다의 가르침의 정수』라는 소책자의 첫머리에 인용되어 있다. 니야나틸로카는 “붓다의 가르침은 아마도 전통이나 어떤 역사적 사건에 대한 믿음을 요구하지 않는 유일한 종교적 가르침일 것”이라는 니체의 말을 복음으로 받아들인다(vangeyzel. html). 실론의 불교도들은 원래의 불교를 합리적인 유럽 철학과 융합하려고 하는 경향이 있다. 그러므로 스티븐스가 이 소책자에서 본 불교 사상은 호기심 있는 서구인들에게 친숙한 것이었다.

스티븐스는 이 소책자에 표현된 사상을 차용하여 「몽트리셰 정원」을 썼다. 1942년 1월과 2월에 『파티잔 리뷰』에 발표된 「몽트리셰 정원」은 그 소책자의 요소들을 재생산하고, 붓다의 모습을 수련 받은 학자 승려와 결합시키는 듯이 보인다(vangeyzel.html). 이 작품에서 시인은 우리가 살고 있는 세상이 감옥이며, 자신이 깨우치면 그 감옥에서 벗어날 수 있다고 말한다. 감옥에 있는 죄수나 그 감옥에서 벗어나는 영웅은 특별한 사람이 아니다. 우리 모두가 죄수이며 우리 모두가 영웅이다. 시인은 이것을 좀 더 명확하게 말한다.

보이지 않는 말없는 신들이, 아시아에서 와서,
전에 우리를 어떻게 지배했는가를 생각하라
우리가 그들의 의지를 단순히 이해함으로써.
아시아에는 자비와 그들의 책에 몰두한
학자들의 신성한 그림자,
인간의 목소리로 선을 말하는, 선의
수척한 교회지기들의 신성한 연설이 있음에 틀림없다.
모든 사람이 신의 목소리로 그것을 말할 수 있다. (262-63)

우리는 아시아에서 온 보이지 않는 신들의 의지를 이해하고 말없이 명상함으로써 그들을 이해한다. 여기서 복수형이 사용됨으로써 모든 사람이 신적인 존재 내지는 신이 될 수 있음이 암시된다. 특히 마지막 행에서 모든 사람들이 신의 목소리로 말할 수 있다는 것은 모든 사람이 신과 같은 위치에 오른다는 것을 암시한다. 이는 불교에서 말하는 모든 사람이 불성을 지니고 있으며 이를 깨우치면 부처가 된다는 개념을 원용한 것이라고 할 수 있다.[1)]

이 작품은 스티븐스의 동양 사상에 대한 지식이 피상적인 것이 아니고 진지한 것이었으며, 그가 동양 사상을 바르게 이해했음을 보여준다. 스티븐스는 동양 사상의 영향을 받아, 자신의 마음을 집중적으로 탐구하였다. 그는 명상을 통하여 자신의 주제를 끝까지 추구하기를 좋아했다. 그는 "사물들의 복합성, 다면적이고 동요하는 특성을 알고 있었고, 그것들을 명상 속에 고정시키고 숙달할 상반된 필요"(Perkins 286-87)를 느꼈다. 이 명상 실습은 불교의 선의 수행법과 유사하다.

윌리엄 베비스는『겨울의 마음: 월리스 스티븐스, 명상, 그리고 문학』에서 스티븐스의 명상적 의식이 동양 사상의 수행의 역사 전체와 조화롭게 결

1) 서양에서는 일반적으로 종교를 외부의 절대자에 대한 신앙으로 보기 때문에 외부의 절대자를 상정하지 않는 불교를 종교가 아니라 철학으로 보는 견해도 있다. 그러나 동양에서 불교를 종교가 아니라고 말하는 경우는 없다. 비록 고타마 싯달타가 부처로서 숭앙되고 있으나 그도 해탈한 사람임에 틀림없다. 불교에서는 불성이라는 부처가 될 수 있는 요소를 모든 사람과 사물이 지니고 있다고 본다.

합되는 것으로 본다(bevis-review.html). 필레이스는 이 책의 서평에서 베비스의 방법론에 문제가 있음을 비판하고 있지만, 스티븐스가 명상을 하는 습관이 있고, 이것이 동양 사상의 영향이라는 것을 부인하지는 않는다.

스티븐스는 동양적인 이미지들을 작품에서 많이 사용했는데 이는 로드 홀덴의 『실론』의 영향을 많이 받은 것으로 짐작된다. 홀덴의 책은 설명을 붙인 그림이 나열된 일련의 표준화된 장면들로 구성되어 있다. 스티븐스는 폐허와 특히 조각 작품들의 모습이 제시된 이 장면들에서 놀랍도록 많은 영감을 얻었다(vangeyzel.html).

반 게이젤이 이야기하듯이 스티븐스가 동양 사상의 영향을 많이 받았고 그것을 표현하고 있으므로, 그의 상상력도 동양적인 고찰이 가능하다고 생각된다. 그가 상상력으로 창조하는 실재는 현실과 유리되어 있는 이상적인 상태가 아니라 현실과 밀접하게 관련되어 있으면서 구별되는 것으로 현실의 변화된 모습이다.

스티븐스는 『유작』에서 "신의 존재에 대한 믿음의 부재에서 정신은 자신의 창조물에 의존한다"(159)고 말한다. 과거의 기독교 신은 상상력이라는 인간 정신의 산물이다. 상상력이 신을 창조한 것이므로 상상력은 신과 동등하다고 할 수 있다. 따라서 상상력을 지닌 시인은 신 또는 그 이상의 어떤 존재인 셈이다.

한편 다른 글에서 스티븐스는 상상력을 신념의 하위개념으로 보고 있다.

> 불신이 그리도 심오하게 만연해 있는 시대에 또는 불신이 아니라 할지라도, 믿음의 문제에 대하여 무관심한 시대에...인간은 상상력이 신념 다음으로 위대한 힘을 구사하는 사람, 즉 지배하는 왕자라고 느낀다. 결과적으로 상상력과 그것의 일에 대한 그들의 관심은, 만일 자아만 남는다면, 자아 이외에 다른 것은 남아 있지 않은 세상에서, 인본주의의 국면이 아니라 중요한 자기주장으로 여겨질 수 있다. (*NA* 171)

이 인용문에서 중요한 것은 자아의 개념이다. 이 세상의 모든 것이 사라지고 "자아만 남는다면"이라는 말은 자아가 가장 중요하고 자아가 이 세상의 가장 근본적인 요소임을 긍정한다. 스티븐스는 신앙의 대상을 외부의 신이 아니라 자신의 상상력이나 정신으로 보고 있다. 따라서 자아를 매우 중요시한다.

스티븐스는 시와 시론에서 실재와 상상의 문제를 유달리 강조한다. 그의 관심사는 실재가 시인의 상상의 세계와 어떻게 결합하느냐 하는 문제였다. 그가 자신의 시에서 말하는 진정한 실재는 상상과 결합된 실재이다. 상상과 결합되지 않은 현실은 단순한 사실에 불과하고, 실재가 없는 상상은 단순한 공상에 불과하다. 그는 사실로서의 현실과 상상력과 결합된 실재를 구분한다. 상상이 객관적 현실과 관련되어 있지 않을 때에는 생명력을 상실하고, 외부의 세계는 내부의 세계가 없으면 황량하다. 이 두 세계가 결합됨으로써 인간과 외계는 상호 간에 생명을 부여한다. 실재는 초월적인 어떤 세계가 아니라 현실이 변형된 것이며, 그 현실을 변형시키는 것은 상상력이다. 그러므로 상상력은 실재를 존재하게 하는 힘, 즉 동인이다.

인간이 사실로서의 현실에 항상 의존하는 것은 그 외부의 현실이 궁극적 실재이기 때문이 아니라 새로운 상상의 발판이 되기 때문이다. 그 외부의 현실에서 유발된 상상이 예술이라는 하나의 묘사 속에서 객관적 현실의 원천인 장소와 상상의 원천인 인간을 결합시키기 때문에 시인의 세계는 통합되고 생명을 갖는다. 시란 사실로서의 현실에 상상이 최대한 가해진 것이다. 즉 상상에 의한 세계의 재구성이다. 단순한 현상이 아니라 현상에 경험과 지식, 기대, 욕망 등 시인의 자아가 가미된 인간과 장소의 통합의 극화이다. 그러므로 시는 객관적 현실이 아니라 그것의 변형이다.

"신들이 끝나고, 우리가 그들을 지난 시대의 심미적 투사물로 생각하는 불신의 시대에, 인간은 그들 자신의 근본적인 영광에 의존"(*OP* 209)한다고 스티븐스는 말한다. 그러므로 현대인은 자신의 힘으로 살 수 밖에 없다.

> 신이 객관적 존재가 아니라 지나간 시대의 심미적 투사물에 불과한 시대에, 인간은 스스로의 힘에 의존하여 살아가게 된다. 이렇게 믿음이 절대

> 적 권위에 대한 굴복을 통해서가 아니라 "심리적 필요성"에 의해서 발생한다면 신의 권위와 영광은 사람들의 손에 넘겨져 있는 셈이다. 스티븐스는 시가 과거에 신의 개념을 창조했듯이 다시 그것을 우리의 새로운 지성에 맞게 조화시키거나 그것에 대한 대체물을 창조할 수 있다고 여겼다. (양균원 1994 21)

믿음이 절대적 권위를 지닌 신에의 굴복이 아니라 "심리적 필요성"(Sukenick 45)에서 생기는 것이라면, 신의 창조와 말살은 인간의 손에 달려있는 것이다. 따라서 과거의 신이 인간에 의해 창조되었듯이 새로운 신을 창조하는 것도 인간이다. 절대적 권위가 사라진 신을 대신할 새로운 신을 창조하는 시인은 신과 같은 위치에 있다고 할 수 있다. 이는 달리 말하면 시인이 신과 같은 창조자, 즉 초인적인 존재가 되는 것이다.

이는 불교에서 말하는 해탈함으로써 부처가 되는 것과 동일하다. 스티븐스는 "자아"를 이 세상의 가장 근본적인 요소로 보고 있는데, 그 이유는 자아에서 상상력이 나오고, 자아가 이 세상을 창조하는 동인이기 때문이다. 이 자아는 마음과 다르지 않고, 그 마음은 내면에 있는 불성과 다르지 않다. 또한 "최고의 허구"를 창조하는 시인은 부처와 다르지 않다.

이러한 인식은 색불이공(色不異空) 공불이색(空不異色)의 원리의 이해를 바탕으로 가능하다. 여기서 색이란 말은 물질이란 뜻이고 공은 아무 것도 없는 진공(眞空)이란 뜻이다. 색은 외계의 사물과 일체 현상을 존유하는 것으로 믿고 분별하는 객관, 관념이다(박희선 59). 현상계의 모든 사물 자체가 색이고, 이것은 본체, 본성이 없으므로 공이다.

색이 공과 다르지 않고 공이 색과 다르지 않으며 색이 공이며 공이 색(色不異空 空不異色 色卽是空 空卽是色)이라는 반야심경의 구절은 보통 사람들이 현상계를 참된 것으로 믿고, 육체적 자아를 자신이라고 오인하고 있으나 눈에 보이는 모든 것이 허망하며, 허망한 것 자체가 현상계라는 뜻이다. 다시 말하여 모든 것이 우리의 마음의 작용에 의하여 인식되고, 존재한다(불교교재편찬위 342).

현실적으로 존재하는 모든 사물들의 변하지 않는 고정된 실체가 없기 때문에 존재의 실상을 깨우치면 현실이 실재가 된다. 다시 말하여 스티븐스의 실재는 불교에서 말하는 깨달은 자 즉 부처의 눈으로 보는 현실을 말하는 것이다. 스티븐스는 외계의 사물과 일체 현상이 그대로 존재하는 것으로 믿고 분별하는 객관, 관념, 즉 현상계를 상상력으로 재창조하여 실재를 만든다. 그것은 색이 곧 공이라는 인식, 색즉시공의 인식을 바탕으로 가능하다.

불교의 부처는 전지전능한 창조주가 아니라 이 세상의 존재원리이다. 스티븐스는 상상력을 통하여 이 세상의 존재원리를 발견하고 이 세상의 실재를 구현한다. 이는 『대반열반경』에서 붓다가 "각자 자기 자신을 등불로 삼고 자기 자신을 피난처로 삼으라"(Varma 169)고 제자들에게 권고한 수행의 방법의 실행이다. 자기 이외의 어떤 외부의 존재에게 의존하는 것이 아니라 자신의 상상력으로 최고의 허구를 만드는 것은 자신의 마음을 등불과 피난처로 삼아 자아를 탐구하는 불교의 수행 방법과 동일하다.

스티븐스는 마음에 관하여 다음과 같이 말하고 있다.

> 마음이 인간의 천성에 더한 것은 기술이 아니다. 마음은 인간의 천성에 아무 것도 더하지 않았다. 우리를 외부의 폭력으로부터 보호하는 것은 내면으로부터의 폭력이다. 그것은 상상력을 현실의 압력에 거슬러 도로 미는 것이다. 그것은 우리의 자기 보존과 관계가 있는 것처럼 보인다. (*NA* 36)

식이고 상상력이고 현실이고 실재고 하는 모든 분별 작용은 마음에서 나온다. 자기 보존을 위한 노력은 자신의 실체를 찾는 것이다. 자신의 실제는 육체를 말하는 것이 아니라 본원의 마음을 말하는 것이다. 분별하는 객관 현상이 모두 사실은 공한 것이고, 분별심에 의하여 존재한다.

스티븐스가 편지에서 「최고의 허구에 대한 비망록」과 관련하여 "최초의 개념"을 설명하고자 시도했을 때, 그는 자신의 "가장 환원하는 사고에 매우 긍정적인 어조"(Bloom 49)를 주었다. "만일 당신이 어떤 그림에서 세대의 유약과 먼지를 떨어버리면 당신은 그것을 그 최초의 개념 속에서 보게 된다. 만일 당신이 그 유약과 먼지가 없는 세상에 관하여 생각하면, 당신은 최초의 개념의 사상가이다"(*L* 426-7)라고 말한 바 있다.

스티븐스의 최초의 개념은 마음의 본원의 자리라고 할 수 있다. 마음의 외피에 두텁게 쌓여있는 먼지를 떨어내고, 그것을 꾸미고 있는 온갖 치장을 제거한 후에 남는 진정한 자아, 진정한 마음이 최초의 개념이다. 거기에 상상력이 작용하고, 거기에서 최고의 허구가 창조된다.

Ⅲ. 작품분석

최고의 허구에 대한 강조는 "신이 없는 시대에 스스로의 힘에 의존하여 살아가고자 하는 시인의 분투적 자세"(양균원 1994 23)를 대변한다고 할 수 있다. 시인은 "초월적 존재에 도달하는 또 다른 길"(양균원 1994 26)이 있을 수 있음을 인식하고, 그것을 동양 사상의 영향을 받아 완성한 개념인 상상력으로 본다.

스티븐스는 「푸른 기타를 든 사람」의 제 5 편에서

음악을 능가하는

시가 텅 빈 천국과 그 찬가의
자리를 차지해야 한다,

우리 자신이 시에서 자리를 차지해야 한다,
심지어는 네 기타의 재잘댐에서도. (167)

라고 노래한다. 여기서 텅 빈 천국과 그 찬가는 서구의 전통적인 종교인 기독교가 없어졌음을 암시한다. 이러한 자리를 시가 차지하는 것은 시가 종교의 자리를 대신하는 것이다. 시는 "예전에 신과 천국을 창조하고 유지했던 인간의 상상적 능력의 동일한 부분"(Hines 66)이다. 스티븐스는 이 구절을 다음과 같이 풀이한다. "우리는 매우 평범한 세상에 살고 있다. 모든 것들이 당신이 보는 바와 같이 존재한다. 다른 세상은 없다. 시가 유일한 가능한 천국이다. 그것은 필연적으로 우리들의 시가 되어야만 한다. 그 원천은 상상력이다"(*L* 360). 그는 기독교의 천국을 대신할 새로운 종교로 시를 제시하고, 시의 원천이 상상력임을 밝힌다.

스티븐스는 「고음의 늙은 기독교도 여인」에서 예술이 기독교보다 더 중요함을 역설한다.

> 시는 최고의 허구입니다, 부인.
> 도덕법을 취하여 그것으로 본당을 세우세요
> 그리고 본당에서 사람들이 찾는 천국을 세우세요. 그러면,
> 찬가를 열망하는 바람 센 시턴처럼,
> 양심이 종려나무로 변합니다.
> 우리는 원칙에는 동의합니다. 그것은 분명해요. 그러나
> 상반되는 법칙을 취하여 주랑을 만들고,
> 주랑에서 행성들 너머의 가면극을
> 공연하세요. 그러면, 우리의 외설이,
> 묘비명에 의해 정화되지 않고, 마침내 탐닉되어,
> 마찬가지로 종려나무로 변합니다,
> 색스폰처럼 거친 소리를 내면서. (59)

시인은 여기서 기독교 정신에 따라 평생을 살아온 여인에게 세속적 삶의 원리를 제시한다. 금욕적인 삶을 살아온 여인은 자유분방한 삶을 사는 예술가의 생활 방식을 이해할 수도 없고 용납할 수도 없다.

"최고의 허구"는 시인이 창조한 정신세계로서 현실의 세계와 다르지 않은 실재이다. 기독교의 율법이 아니라 인간의 도덕법으로 본당을 세우고 그

곳에 사람들이 찾는 천국을 세우라고 권고하는 것은 상상력의 작용에 의해 현실 세계가 천국으로 변할 수 있음을 말하는 것이다. 그러면 우리의 양심이라는 추상적 원리가 종교의 상징인 종려나무로 변할 것이다. 여인도 이 점에는 동의한다.

시인은 상반된 법칙, 즉 자유분방한 향락적 삶의 요소로 교회의 주랑을 만들어 그곳에서 우주에까지 미치는 가면극을 공연하고, 외설적인 것도 수용하라고 여인에게 권고한다. 왜냐하면 외설과 향락도 또한 궁극적 실재인 종려나무로 변하기 때문이다. 기독교의 엄격한 율법이 아닌 향락에 탐닉하는 것도 또한 상상력에 의해 궁극적 실재를 드러낸다.

세속적이거나 상상적인 욕망은 끊임없이 움직이는 가운데 스티븐스의 신앙의 한 요소가 된다(christian.htm). 이것은 현실주의적인 면을 보여주기도 하지만, 우리가 지상의 삶을 유지하는 한 현실을 완전히 도외시할 수 없으며, 그 현실도 상상적 변용을 통하여 궁극적 실재가 될 수 있음을 의미한다. 그는 현실이 비록 잘못되고 타락되어 있다 하더라도 시인의 상상력은 새로운 실재를 드러낼 수 있다고 믿고 있다. 시인은 현실 속의 사물들을 감각적으로 직접 경험하고 그것을 최고의 허구로 만듦으로써 실재를 보여줄 수 있다고 생각하는 것이다.

힐리스 밀러는 실재에 대하여 다음과 같이 말한다.

> 실재가 그 자체로는 아무 곳에서도 보이지 않지만 모든 사물에 존재하고 보이는 침투력이 있는 힘이다. 그것은 사물들이 사물인 사실을 통해서 공유하는 것이다. 실재는 다른 사물들과 같은 사물이 아니고 사람에게는 단지 '무'로 나타날 뿐이다. 그러나 그것은 모든 사물들이 존재하고자 하면 참여해야만 하는 것이다. (279)

스티븐스가 말하는 상상력으로 창조하는 실재는 없는 것을 새로 만들어 내는 것이 아니라 현실의 모든 사물들이 본래 지니고 있는 속성을 드러내는 것이다. 즉 현상계가 "공"함을 밝히는 것이다. "공"은 "무"와 다르지 않으므로 밀러가 말하는 "무"는 스티븐스의 실재와 다르지 않다.

「눈사람」은 "무"에 대한 시인의 생각을 잘 보여주는 작품이다.

사람은 겨울의 마음을 지녀야 한다
눈 덮힌 소나무 가지와
서리를 바라보기 위해서는;

사람은 오랫동안 추워야 한다
얼음으로 덥수룩한 노간주나무를,
멀리 빛나는 정월 햇빛 속에

거칠어진 전나무를 보기 위해서는;
바람 소리에서, 잎사귀 두세 개의 소리에서
어떤 불행도 생각하지 않기 위해서는,

그것은 같은 헐벗은 곳에서 불고 있는
같은 바람이 가득 찬
땅의 소리이다,

눈 속에서 듣는 청자에게는,
그리고 그 자신은 무를, 거기에
존재하지 않는 무와 존재하는 무를 보는. (9-10)

이 작품의 제목으로 쓰인 눈사람은 데이비드 퍼킨스가 말하듯이 "겨울의 마음"의 은유이고, 더욱 추상적인 무언가의 은유이다. 즉 "무"를 환대하는 마음의 은유이다(542). 이 작품에서 풍경은 변하지 않지만, 그 풍경을 바라보는 관점은 변한다.

풍경에 정서적인 요소가 부여되지 않은 것은 그 풍경을 인간이 아닌 눈사람의 눈으로 보기 때문이다. 우리는 타고난 인간의 마음에서 스티븐스가 창조한 겨울의 마음으로 표류하고 결국 바람 소리로 된다. 원래 정지되어 있는 상태로부터 점점 추상적인 풍경으로 변화한다. 이미저리도 일반화된다. 바람 소리와 잎사귀 소리가 땅의 소리로 넓어졌고, 앞부분에서 생생하게 묘사된 나무들은 동일한 헐벗은 장소로 퇴색한다. 심지어는 눈사람도 그저 청자, 듣는 사람으로 되고, 그 자신이 무가 되고, 그의 유일한 기능은 듣는 것이 된다. 로버트 팩이 말하듯이 "우리는 점차 눈사람과 우리를 구분하는 것을 벗어버린다. 우리는 눈사람이 되고 석탄으로 된 그의 눈을 통해 겨울을 보고, 인간적인 위안이라는 생각 없이 추위를 안다"(재인용 snowman.htm).

현실적으로 존재하는 소나무, 노간주나무, 전나무를 바라보기 위하여 우리는 "겨울의 마음"을 지녀야 한다. 겨울의 마음은 우리의 주관이 가미되지 않은 있는 그대로의 마음의 자리, 즉 상상력의 본원의 자리를 가리킨다. 존재하는 사물은 있는 그대로의 현실이다. 그러나 현실이 실재는 아니다. 시인은 이 작품에서 현실을 올바로 바라보는 방법을 제시한다. 그것은 분별심을 버리고 색을 공으로 인식하는 마음을 지니는 것이다. 스티븐스 자신도 1944년에 한 편지에서 이 작품을 "실재를 이해하고 즐기기 위하여 실재를 자신과 동일시하는 필요의 예"(재인용 snowman.htm)라고 말한다.

이청담 스님의 설명에 따르면 색불이공이라는 말은 물질이나 물체가 아무 것도 없는 "진공"(眞空)하고 다르지 않다(229, 245). 즉 허공과 다르지 않다. 다시 말하여 형체를 갖고 존재하는 모든 물체, 세계의 모든 사물이 사실은 아무 것도 없는 것이고 그렇게 보일 뿐이라는 것이다. 또한 공불이색이라는 말이 성립하는 것은 "진공"이 만법(萬法)의 본체이고, 이 세상의 모든 물질, 물체는 그 본체 가운데 본래 일체의 만법을 갖추고 있기 때문이라고 한다. 스티븐스는 이 작품에서 "진공"이라는 말을 "겨울의 마음"이라고 표현하고 있다. 소나무나 노간주나무나 전나무는 그 나름대로의 존재를 지니고 있다. 그것을 시인은 "색"으로 분별하지 않고 "공"한 것으로 본다. 그러나 눈앞에 현실적으로 존재하는 사물이 없다는 의미는 아니다. 그것의 본체가 "공"함을 아는 것이다.

마지막 행에서 청자는 "거기에 존재하지 않는 무"와 "존재하는 무"를 본다. 달리 말하여 눈사람은 두 현상을 본다. 즉 거기에 존재하지 않는 무와 거기에 존재하는 무이다. "무의 반복은 우리로 하여금 전적으로 황폐한 장면을 해석하도록 이끈다"(snowman.htm). "존재하는 무"를 바라보는 것은 눈으로 뒤덮인 소나무를 보는 것이고, 얼음으로 뒤덮인 노간주나무를 보는 것이며, 거칠어진 전나무를 보는 것이다. 눈사람은 이것들을 볼 때, 겨울의 마음으로 보기 때문에 현실 속의 이 형체는 실재이다. 그는 상상력에 의해 변용된 현실, 즉 "무"를 보는 것이다. 이는 색즉시공의 인식이다.

또한 그는 진공인 "존재하지 않는 무"를 본다. 이 "무"는 "허구의 가장 극소의 것이고 추상적인 것이지만, 그래도 여전히 허구"(Bloom 63)이다. 이는 공즉시색의 인식이다. 청자는 감각 인식이 가능한 것과 감각 인식으로는 불가능하고 상상력으로만 가능한 자연이라는 두 현상을 본다.

「검은 새를 보는 열세 가지 방법」은 눈을 배경으로 실재를 탐구하는 작품이다. 이 시의 주제는 제목에 등장하는 검은 새가 아니다. 이 시는 상상력의 연상의 힘에 관한 것이다. 이 작품은 시가 "상상력에 의해 명백해질 때 변화의 과정"(Hines 78)을 보여주는 시편이다. 검은 새를 중심으로 아름다운 겨울 산의 풍경이라는 전체적인 배경이 제시된 후, 화자는 자신의 마음의 상태를 고찰하여 "나는 세 마음을 가졌다, / 세 마리 검은 새가 있는 / 나무처럼"이라고 밝힌다.

화자의 마음 속에 세 가지 생각이 함께 있는 것이 한 그루의 나무에 검은 새 세 마리가 우연히 함께 앉아 있는 것과 같은 상태이다. 여기서 스티븐스는 자신의 마음이 분열되고 조화롭지 못한 상태를 검은 새 세 마리가 한 그루의 나무에 앉아 있는 모습에 비유하고 있다. 여기서 검은 새는 현실 속에 존재하는 새이면서 동시에 상상력에 의해 창조된 실재로 변한다. 현실 세계는 마치 우연히 함께 있게 된 검은 새처럼 외견상 통합된 상태를 보여줄 수 있으나 상상력이 작용하지 않으면 언제라도 깨어질 수 있는 위태로운 균형을 이루고 있는 상태라는 것이다.

상상의 세계와 현실 세계, 즉 실재와 현실은 분리되어 있는 것이 아니다.

상상력으로 현실을 변용시킨 것이 실재이다. 검은 새가 푸른 빛 속을 날아가는 장면에서 푸른 빛은 현실 속의 빛이 아니라 상상의 세계를 뜻한다. 상상의 세계, 예술의 세계가 현실과 유리된 상태로 존재하는 것이 아니다. 현실의 세계와 결합되어 하나의 세계로 될 때 실재의 세계, 이상적인 상태가 나타난다. 현세의 삶이 끝난 후 그에 대한 보상으로 천국이 주어지는 것 아니라 현실 가운데 천국, 지상낙원이 있다. 현상계가 모두 공함을 깨우치고 현상계를 다시 바라볼 때, 이 현상계 자체가 천국임을 인식하는 것이다. 그러나 현실에만 머물면서 실재를 인식하지 못하는 사람에게 실재의 세계는 가혹하다.

장례식장의 모습을 묘사한 작품인 「아이스크림 황제」는 상상력과 실재와의 관계를 보다 명확하게 보여준다. 큰 담배를 만드는 사람, 평상복을 입고 빈둥거리는 하녀들, 그리고 지난달 달 신문지로 포장한 꽃 등은 죽음이 평범한 일상적인 일이라는 의미를 강조한다. 또한 평범하고 초라한 낡은 장롱, 시체를 덮는 시트로 사용되는 공작 비둘기를 수놓은 보자기, 그리고 시체 자체도 관념과 정신을 초월하는 흔해빠진 일상적인 현실의 일부로 다루어지고 있다.

이러한 일상적인 일들이 나열된 후 "등불이 그 빛을 고정"하게 하라는 구절이 나온다. 여기서 이 구절은 첫 연에 나오는 "존재를 외양의 종말"이게 하라는 말에 상응한다. 등불이 현실이라면 거기에서 나오는 빛은 상상력에 의해 창조된 실재이다. 실재가 현실에 바탕을 두고 있으며 실재와 현실이 떨어질래야 떨어질 수 없는 관계에 있음을 이 구절은 뚜렷하게 밝힌다.

빛은 등불에서 나오는 것으로 어둠을 밝히는 등불의 그림자라고 할 수 있다. 그렇기에 실체가 없다. 또한 등불도 빛을 발하지 않으면 존재의의가 없다. 존재의의가 없으므로 현상계 자체가 "공"인 것이고, 그 "공"에서 빛이라는 "공"이 나온다. 다시 말하여 빛은 그림자의 그림자인 것이다. 불교의 용어를 빌어 말하면 이는 색즉시공의 인식이라고 할 수 있다.

"존재 자체 즉 실재 자체가 가장 정확히 고정된 외양"(Burney 59)이다. 무지한 사람의 눈에는 현실과 실재가 전혀 다른 것으로 보이지만, 깨달은 사람의 눈에는 동일하다. 상상력이 궁극적으로 도달하는 곳은 현실, 즉 현상계임을 이 구절은 강조한다. 불교의 용어를 빌어 말하면 공즉시색의 인식이라고 할 수 있다.

기독교의 신과 같은 과거의 외적 권위가 배제된 현실이 가장 중요하다. 일상생활 주변의 순간적인 현상 이외의 모든 것은 환상에 불과하고 무가치하다. 모든 존재와 외관의 형이상학적 황제는 이 "모든 천박한 외양을 실재의 순간적으로 얼어붙은 흐름의 이미지, 즉 아이스크림의 이미지로 변형"(Burney 58)시킨다. 현실과 유리된 초월적인 상태는 우리의 생활에 아무 의미가 없다. 스티븐스는 이를 아이스크림의 순간적 현존을 통하여 강조한다. 관점을 바꾸면 우리의 일상생활이 행해지는 현실이 바로 실재임을 말하는 것이다. 비록 현상계를 무시하지는 않지만, 색즉시공 공즉시색이라는 불교의 교리를 여기서 보여준다.

Ⅳ. 끝내기

스티븐스는 그의 시와 산문에서 기독교를 거부하거나 기독교에 관해 극단적인 회의를 표현한다. "명백한 부인에도 불구하고 사고와 느낌의 많은 형태가 지속되는 틀의 자취를 보유"(Patke 210)한다. 그렇기 때문에 우리는 그의 종교적인 태도에 대하여 혼란을 느낀다. 그의 작품에 기독교의 개념과 상징이 많이 등장하기는 하지만, 기독교의 여러 개념들이 그의 작품에 있는 것은 마치 새로운 건물을 옛 제도의 폐허 위에 세우는데 있어서 옛날의 계획과 윤곽이 새로운 것 안에 남는 것과 같은 이치라고 볼 수 있다.

전통적인 믿음이 사라진 현실은 혼돈인데 이 혼돈을 다루는 한 가지 방법이 지구와 천국을 만든 강력한 신의 역할을 시인 자신이 스스로 하는 것이었다. 스티븐스는 시를 창조함으로써 모든 역할 중에서 가장 위대한 역할인 신의 역할을 하였다. 그는 자신이 믿을 수 없었던 신 대신에 자신의 믿음이 전부인 신을 수립하였다. 스티븐스는 우선 신을 창조하고 그 다음에 그의 모든 역할을 한다.

「씩씩한 시인으로서의 젊은이의 모습」에서 그는 다음과 같이 말한다.

> 만일 우리가 신의 개념이 단지 시적 개념, 심지어는 최고의 시적 개념이라고 말한다면, 그리고 천국과 지옥이라는 우리의 개념이 단지 시일뿐 그렇게 불리는 것이 아니라고 말한다면, 심지어는 사실상 우리를 구출의 느낌, 해방의 느낌, 감동된 완성의 느낌, 천직의 느낌을 포함하는 시일 뿐이라고 말한다면, 그래서 그 결과 모든 사람들이 진리와 그 진리가 그들을 자유롭게 할 것이라고 안다면—만일 우리가 이러한 것들을 말한다면 그리고 만일 우리가 신을 달성하고 그를 천국에 있는 그의 자리에 그 모든 영광을 지니고 앉도록 만든다면, 그의 목표를 완벽하게 완수한 시의 황홀함에 여전히 휩싸인 시인 자신이, 젊거나 늙었거나, 넝마를 걸치고 있거나 의식의 옷을 입고 있거나 간에, 그가 창조한 것을 필요로 하는, 그의 창조에 뒤따르는 기쁨의 찬가를 노래하는, 사람일 것이다. (*NA* 51)

스티븐스가 창조한 신은 상상력이었다. 또한 그 상상력을 작용시킬 수 있는 사람인 시인이 신이었다. 그는 이 세상에 현실적으로 존재하는 어떤 사물들을 창조하지는 않았다. 그는 혼돈스러운 현실에 질서를 부여하고, 그 현실을 실재로 변화시켰다. 이것은 상상력을 통하여 이루어지는 것으로, 그는 상상력과 그 상상력을 실행하는 시인을 신과 같은 존재로 고양시켰다.

인간이 신이 되는 것은 기독교 전통에서는 용납될 수 없는 일이다. 스티븐스는 불교 사상의 영향을 많이 받았다. 그는 그리스도나 붓다가 옛 시대의 신격화된 인물이기 때문에 현대에는 적합하지 않다고 생각했지만, 불교 사상을 자기 나름대로 수용했다. 그가 시를 최고의 허구라고 한 것은 상상력을 통하여 변화된 현실, 즉 실재를 시를 통하여 표현할 수 있다고 생각했기 때문이다.

불교에서 말하는 색의 세계, 즉 현실은 공허하기 때문에 실재가 아니다.

현상계는 실재가 아니라 "무"이며 이 사실을 깨닫는 것은 해탈이다. 스티븐스는 불교의 선의 수행법과 유사한 명상의 수행을 통하여 적어도 개념적으로는 이 경지에 도달했다. 그는 현실과 실재가 동전의 양면과 마찬가지로 분리할 수 없는 하나임을 깨닫고 그것을 시에서 표현하였다. 그는 반야심경의 한 구절인 색불이공 공불이색 색즉시공 공즉시색을 적어도 개념적으로는 인식한 것이다.

스티븐스는 "천국과 지옥의 위대한 시는 쓰여졌지만 지구의 위대한 시는 아직 써지지 않았다"(*NA* 142)고 말한 바 있다. 그는 지구의 위대한 시를 쓰기 위하여 노력했고, 그 결실은 불교 사상을 원용하여 현실을 긍정함으로써 맺어졌다.

윌리엄스
(1883-1963)

윌리엄스(William Carlos Williams)는 한 때 예이츠나 엘리엇보다 많은 추종자를 배출했다. 그는 특히 미국에서 전후시의 중심에 위치하고 있다. 그의 영향을 받은 많은 젊은이들은 금세기의 다른 중요한 시인들 대부분을 소위 베를렌느가 "문학"이라고 처리해버린 것의 제조자로 여겼다. 그들은 만일 이들 원로 시인들이 해방자로 생각된다면, 윌리엄스는 그들로부터 시를 해방시켜야 한다고 생각했다.

이러한 생각에서 윌리엄스는 그의 추종자들과 같은 입장을 취한다. 그는 대부분의 글들이 잘못된 방향으로 나아가고 있다고 생각했으며, 설령 실수하는 적이 있기는 하더라도 자신의 노력만이 적어도 올바른 방향으로 나아가고 있다고 여겼다. 이러한 겸손과 단언이 혼합된 모습이 「러시아 춤」 같은 시에서도 발견된다. 거울 앞에서 작가가 옷을 벗고 춤추는 모습이 이 작품에 나오는데, 이 모습이 처음에는 그를 가소로운 인물로 보이게 하지만 나중에는 "우리 가정의 행복한 천재"로 보이게 한다. 물론 윌리엄스 자신은 옷을 벗은 상태에 대해 편견을 갖고 있지 않다. 예이츠는 1912년에 쓴 「코트」와 다른 작품에서 자신이 "발가벗고 걸어다닌다"고 말하고 있다. 발가벗었다는 인식을 강력히 포착하려는 것은 윌리엄 블레이크 시대 이후 대부분의 시인들의 주된 노력이었다.

시에 관한 윌리엄스의 많은 금언들이 엘리엇이나 파운드가 한 것과 동일한 요점을 주장하고 있다. 그는 『패터슨』에서 "언어가 낡았다"고 말하는데 파운드는 『시편들』에서, 엘리엇은 『네 사중주』에서 같은 말을 했다. 그가

1913년에 『시』 지의 편집자 해리어트 몬로에게 다음과 같이 말했을 때, 비록 그 자신은 그들과 반대 입장에 있다고 생각했으나, 크게 보아 그들과 같은 편에 속하고 있음을 보여주었다.

> 이제 삶은 예전의 순간에도 그랬듯이 인생을 파괴하는 어떤 순간에도 다른 무엇보다도 항상 새롭고 불규칙하다. 생생하게 되기 위해서 시는 그 속에 동일한 수준의 무엇, 제도 폐지의 어떤 기미, 그 속성이 만져보아서는 알 수 없는 무엇, 절묘한 역전 등을 주입해야만 한다. 나는 현대시에 관하여 말하고 있는 것이다.

파운드는 비록 먼 과거의 많은 것들이 현대화될 수 있다는 자신의 믿음으로 인하여 윌리엄스를 성가시게 하였지만, 똑같은 방식으로 "그것을 새롭게 하기"를 주장했다.

윌리엄스의 직업은 의사로 병원을 개업하고 진료하였다. 그는 아마도 안톤 체홉 이래 의사라는 직업을 유지하면서 문학 활동을 한 가장 중요한 문학가일 것이다. 그는 미국적임을 고집스럽게 주장하지만 그의 배경과 교육은 범세계적이다. 그는 뉴저지주의 러더포드에서 1883년 9월 17일에 태어나 1963년 3월 4일 그곳에서 사망했다. 그의 부친은 영국의 버밍햄에서 이민 온 사람이었으며, 모친은 푸에르토리코 출신이었다. 그는 1897년까지 러더포드에서 학교에 다녔으며, 그 후 2년 동안 스위스의 제네바 근처에 있는 학교와 프랑스 파리에 있는 리쎄 콘도르세에 다녔다. 미국으로 돌아오자 마자 그는 뉴욕시에 있는 호레이스 만 고등학교에 다녔다. 그는 1902년에 펜실바니아 대학 의학부에 특별시험으로 합격하였다. 그곳에서 그는 힐다 두리틀과 에즈라 파운드라는 두 시인을 만났다.

파운드와의 교제는 그에게 매우 큰 영향을 끼쳤기 때문에 그는 자신의 삶을 파운드 이전과 파운드 이후로 나눌 수 있다고 말했을 정도이다. 윌리엄스는 영국의 낭만적 방식으로 시를 썼기 때문에 『자서전』에서 "키츠는 나의 신이었다. 『엔디미온』이 정말로 나의 잠을 깨웠다"고 말하고 있다. 파운드는 특히 스페인과 이탈리아의 로망스 문학을 연구하고 있었으며, 윌리엄스에게도 자기와 똑같이 하라고 계속 권고했다. 윌리엄스는 파운드에게 점점 더 비협조적으로 되었고, 평생토록 친구 관계를 유지하기는 했지만, 서로 일치하지 않는다는 점을 깊이 인식하고 있었다.

윌리엄스는 1906년부터 1909년까지 뉴욕시에서 인턴 생활을 했으며, 환자들 틈에서 시를 썼다. 그는 1909년에 최초의 작품집 『시집』을 발표했다. 그 다음에 그는 1909년에 소아과 질병을 연구하기 위해 독일의 라이프지히로 갔으며, 그 후에는 고향인 러더포드로 돌아와서 병원을 개업하고 평생토록 의사로서의 삶을 살았다.

1913년에 파운드의 주선으로 그의 두 번째 작품집 『기질』이 런던에서 출판되었다. 『그것을 원하는 그에게』라는 대단히 독창적인 책은 1917년에 보스턴에서 출판되었다. 이 때는 윌리엄스가 외국어로 제목을 정하던 때였기 때문에 "Al Que Quiere"라고 제목이 되어 있었으나 후에 윌리엄스 자신이 "To Him Who Wants It"이라는 영어로 번역하였다. 그는 자신의 책 이름을 영어 이외의 외국어로 정하는 습관을 곧 버렸다. 그 다음 몇 년 동안 그는 시뿐만 아니라 단편소설, 장편소설, 에세이, 자서전 등도 썼다. 1946년에 그는 오랫동안 품어 왔던 의도를 실현시키기 시작했다. 즉 그는 『패터슨』 제 1권을 발표함으로써 서사시를 쓰기 시작했다. 『패터슨』은 1948, 1949, 1951, 1958년에 제 2, 3, 4, 5권이 각각 출판되었고, 그가 죽을 때는 제 6권을 집필 중이었다.

윌리엄스는 미국 구어에 토대를 두고 있는 시를 쓰기 시작했다. 그는 파운드와 엘리엇의 해외 이주 및 미국 국적 상실에 대해 반감을 가졌으며, 『황무지』의 출판은 "대단한 파멸"로서 그것은 그 재능에 의하여 지역적인 상태에서의 제 1차적 추진력, 즉 모든 예술의 기초적인 원칙의 재발견을 중단시켰다고 말했다. 그는 자신을 예술가로 소개하기를 거부하면서, 자신이 다른 사람들과 똑같다고 주장하였다. 그는 점잔빼는 일을 피하기 위해 속어를 사용하고, 자신이 섬세한 기술자로 생각되기 보다는 바보로 생각되기를 바랐다. 그는 세상 사람들과 직접 이야기하는 것에 반대했다. 그래서 그는 『봄 및 모든 것』에서 독자와 세상과의 직접적인 접촉에 대한 그의 의식 사이에는 "끊임없는 장벽이 있다"고 말하고 있다.

그가 1920년대에 편집한 『접촉』이라는 잡지에 쓴 선언서에서 그는 다음과 같이 말하고 있다.

> 나는 접촉이라는 것을 다음과 같은 의미로 생각한다. 삼단논법을 사용하지 않는 사람, 패러디를 사용하지 않는 사람, 스피노자의 윤리가 결여된 사람, 사물과 사물의 느낌만 갖고 있는 사람. . . 이 각도에서 볼 때 '접촉'은 '문화'의 대응물이 된다고 말할 수 있을 것이다. 그리고 윌리엄스는 그에 의해 우리의 가장 저명한 네안데르탈인 중의 한 사람이 된다. . . . 예술에 있어서의 개념에 대한 그의 증오는 결과적으로 공언되고, 그 과정에서 매우 정당하게 완전히 공평무사한, 형식상 완전한 공평무사함을 가져온다. . . . 그러나 윌리엄스는 그 원천으로 돌아가야 한다. 그리고 그 과정이 아름답다는 것은 부인할 수 없다.

『패터슨』에서 한 격언을 설명하면서 윌리엄스는 "사물 속에서가 아니라면 아무런 개념이 없다. 시인은 . . . 그가 다루고 있는 것의 문맥에서 발견될 수 있는 것 이상으로 자기 자신이 나아가는 것을 허용해서는 안된다. . . . 시인은 자신의 시를 갖고 생각해야 한다. . ."라고 말하고 있다.

스티븐스는 윌리엄스의 비평에서 그의 작품을 "반시적"(antipoetic)이라고 말했는데, 이 말은 만일 그의 시가 딱딱하고 암시적으로 여겨진다면 적절하다고 할 수 있다. 윌리엄스는 시는 그 자체의 관용어를 가져야 하며, 오관의 직접적인 정밀한 조사 하에 있는, 즉 코 밑에 있는 사물들을 다루어야 한다고 항상 강조한다. 그는 「붉은 손 구루마」에서 위대한 주제를 무시하며 어떠한 사물이든 올바르게 보아지기만 한다면 그 나름대로의 독특한 특성을 과시할 수 있는 방법이 있다는 것을 보여준다. 그는 특별한 사물은 우리를 공간을 통해 회전해 가도록 하는 결말을 제공한다고 생각했다. 각 행은 그것을 완결하기 위해, 그 행이 또 다른 행을 필요로 하도록 하기 위해 미결정인 상태로 있고, 시편 전체는 모든 것이 붉은 손 구루마에 의존하고 있음을 보여준다. 이 시편에서 붉은 손 구루마가 하는 역할은 이 세상에서 소우주가 하는 역할과 같다.

윌리엄스는 블레이크의 활기찬 힘과 같은 열정으로 "우리가 살고 있는 그 영원한 순간을 세련되게 하고, 명확하게 하고, 강화하기 위해서는 한 가지 힘, 즉 상상력만이 있다"고 말한다. 왜냐하면, "문학에서 유일한 리얼리즘은 상상력의 리얼리즘"이기 때문이다. 이 접촉, 이 직접성과 순간적 종국성을 확보하기 위하여 새로운 시형이 고안되어야 한다.

윌리엄스는 월트 휘트먼이 대담하기 때문에 칭찬하고 에드거 알렌 포우는 배경을 깨끗이 하기 때문에 칭찬한다. 그는 「행동의 장으로서의 시」에서 "나는 시적 구조의 처음부터 끝까지 전체적인 변화를 제안한다. 적어도 극적인 시를 위해서 우리가 즉각 인식하는 것으로서의 약강 5보격은 사용하지 말아야 한다. 또 운율을 맞춘 4행연, 보통의 시연인 소네트에서의 소리의 착실한 연쇄는 사용하지 말아야 한다"고 말하고 있다.

다른 작가들의 간섭에서 벗어나면서 윌리엄스는 "빛나는 요점"을 추구했다. 이것들은 그가 생각하는 바 파운드의 최고의 순간이나 마법의 순간과 크게 다르지 않다. 그 순간에 도달하기 위해서는 부분적인 경험이나 모방적 경험 보다는 경험의 전체성이 있어야 한다. 엘리엇이 「슬퍼하는 소녀」를 쓴 것에 대응하여 그는 「귀부인의 초상」을 썼는데 이는 엘리엇의 시가 "배출된 모든 것의 정확히 올바른 양 만큼. . . 확증한다"고 느꼈기 때문이다. 반면에 윌리엄스는 모든 것이 포함되도록 하기를 원한다. 그는 상징주의에 반대했지만, 세부 사항이 상징적인 무게를 갖는 경우가 종종 있다.

비록 윌리엄스가 미국인의 기질을 눈에 띠게 지니고 있으나, 선동가는 결코 아니다. 그는 "나는 모든 예술은 지방적인 것에서 시작한다고 믿고, 그것에서 시작해야 한다고 믿는다. 왜냐하면, 그래야만 오관이 그들의 재료(소재)를 발견할 수 있기 때문이다"라고 말한다. "우리 자신의 언어는 미국시를 독특하게 만들고, 계속 독특하게 만들 것의 시초"라고 그는 말한다.

이와 같은 침착한 정화와 새로운 형태 및 활기차고 지방적인 언어에 대한 탐색은 윌리엄스로 하여금 『패터슨』을 착상하도록 이끌었다. 이 작품에서 패터슨은 풍경 가운데 있는 거인이며 도시이고 사람이다. 이 작품은 특별한 것들을 시에 도입하기는 어렵다는 것에 관한 것으로 특별한 것들을 시에 도입하는 과정에서 현대 도시에서의 감정과 사상의 흐름에 방해가 암시된다. 『다리』에서의 하트 크레인과 마찬가지로 윌리엄스도 황무지로부터 출발한다.

윌리엄스 자신은 이 작품에 관하여 다음과 같이 말하고 있다.

> 내가 이 작품을 어떻게 끝내려 하는가에 관하여 나는 열심히 생각해야 했다. 웅장하면서 유일한 결론을 내리는 것은 충분치 않을 것이다. 왜냐하면 나는 내 주제에서 아무 것도 볼 수 없기 때문이다. 그것은 주제에 속하지 않았다. 바다나 비둘기의 비행이나 사랑의 종말과 인간의 운명의 굽이침에 관하여 아름다운 소네트를 씀으로써 멋지게 끝내는 것이 더 쉬웠을 것이다. 그 대신에 그 어린 소녀가 대도시의 가련한 세련에 궁극적으로 말려들게 된 후에, 그녀 자신 보다 더 패배당하고, 이해할 수 있고, 심지어는 사랑스럽기까지 할 때 우리는 드디어 바다에 오게 된다. 오디세이는 인간이 항상 그래야 하듯이 헤엄을 치고, 익사하지 않는다. 그는 대단히 능력이 있지만 그의 개를 동반하여 (캠덴을 향하여) 내륙으로 치고 들어가 다시 시작한다.

이러한 순환적인 결론은 제임스 조이스의 『피네간의 경야』의 결론과 유사하다. 그러나 이 작품은 여러 면에서 파운드의 『시편들』에 더욱 가깝다. 파운드의 『시편들』에서는 안전한 표현을 위하여 솔직함과 기교의 결합과 더불어 다른 종류의 문제가 도입된다. 파운드는 윌리엄스가 뒤섞여져 있는 훌륭한 재료에 관심을 갖고 있는 반면에 자신은 완성된 생산물에 관심이 있다고 주장했다. 그러나 『시편들』에도 뒤섞여 있는 훌륭한 재료가 많이 있고, 윌리엄스의 작품에도 완성된 생산품이 많이 있다.

윌리엄스는 난해한 실험파 시인으로 『기질』에서는 사상파의 기교를 사용했다. 그는 일상생활을 구어를 사용하여 솔직한 자유시로 읊었다. 그는 시에서 본질적인 것만을 캐려고 했다. 그의 것은 마치 한 토막씩 잘라 놓은 것 같은, 냉철하고 날카로운 시가 되었다. 그는 까다로운 사상파 시인이다. 그의 장편 서사시 『패터슨』의 명칭은 그의 고향에 붙인 이름인데, 윌리엄스는 여기서 미국의 풍부한 일상생활을 미학의 결핍과 정서의 빈곤과 대조시키면서 묘사하고 있다.

「예 법」: 시 창작법

Ⅰ. 시작하기

이 작품은 시를 짓는 방법이 전통적인 방법에서 크게 벗어난 파격적인 방법으로 되어 있으며 여기서 추구하는 개념도 새로운 것이다. 이 작품은 구어체 언어로 쓰였기 때문에 어조가 구어적이다. 작품 내용은 마을 사람들에게 장례지내는 방법을 이야기하는 것으로 매우 단순해 보이지만, 속에 담긴 의미는 이 내용에 국한되지 않고 작시법(시를 창작하는 방법)을 동료 시인들에게 말하는 것과 시를 올바르게 감상하는 방법을 말하는 것이다. 작품 내용 가운데 작시법에 관한 이야기가 표면적으로는 전혀 드러나 있지 않다. 단지 장례식을 치를 때 영구차는 어떻게 준비하고 하고 하객들은 어떻게 행동하고 하는 이야기만 묘사되어 있다.

윌리엄스는 사회적 인습으로 인하여 우리가 사물을 객관적으로 볼 수 없다고 이야기함으로써 우리가 시를 쓸 때 거친 그대로의 자연스러운 형태를 갖지 못하고 지나치게 장식적으로 된다는 것을 암시한다. 그는 인위적인 형식에 반발하여 이 작품의 형식면에서 전통적인 방법과는 다른 방식을 사용하였다. 전통적인 방법에 따르면 시는 각 행의 첫 글자를 대문자로 시작한다. 이 작품은 마치 산문을 행으로 구분하여 놓은 듯이 시행의 첫 글자가 대문자로 되지 않다. 또한 이 작품에는 댓쉬(—)가 많이 사용되어 있다.

Ⅱ. 전개하기

첫 연에서 화자는 마을 사람들에게 장례지내는 방법을 가르쳐주겠다고 이야기하며 단순히 기능만 익히고 있는 장인보다는 필요한 상식을 지니고 있는 일반인들이 낫다고 한다.

읍민 여러분 장례 지내는
법을 가르쳐 드리지요—
한 무리의 예술가들 보다
여러분이 낫기 때문입니다—
세상을 다 뒤지지 않는다면요—
필요한 기본적인 상식은 갖고 있으니까요.

장례를 지내는 일은 이 작품에서 숭고한 의미를 지니고 있으며, 정성을 들여서 행해야 하는 일로 묘사되고 있다. 고인을 마지막 배웅하는 방법이기 때문에 정성을 다하여 장례를 지내는 것이 일반적이다. 장례를 지내는 데에는 무리를 이룬 예술가들보다 평범한 마을 주민들이 더 낫다고 한다. 평범한 보통 사람들이 필요한 기본적인 상식은 지니고 있으므로 예술가들보다 더 적합하다고 한다.

이것을 시를 쓰는 일에 적용시켜보면 시를 쓸 때 단순히 장식에 치중하여 실질이 없는 공허한 시를 짓는 사람보다 진솔하게 시를 쓸 수 있는 일반인들이 낫다는 뜻이 된다. 많은 시인들이 타성에 젖어 운율이나 맞추고 단어들을 형식에 꿰어 맞추면서 마치 자신이 위대한 일이라도 한다는 듯한 착각에 빠지기 일쑤이다. 윌리엄스는 이것을 경계하여 여기에서 그러한 시인들보다는 비록 형식 같은 외적인 요소에는 다소 무지하더라도 진솔한 감정을 지니고 있고 열의가 있는 사람들에게 작시법을 알려주겠다고 말하는 것이다.

제 2연은 고인을 싣고 가는 영구차에 관하여 말한다.

보세요! 영구차가 앞장섭니다.
영구차 의장부터 시작합니다.
제발 검은색은 쓰지 마세요--
흰색도 안돼요--광택도 내지 마세요!
낡은 것으로 하세요--농장 마차처럼--
도금한 바퀴가 있는 것으로 (약간만 들이면
새로 칠할 수 있습니다)
아니면 바퀴를 아예 빼세요.
땅 위로 끌고 갈 수수한 마차면 됩니다.

영구차의 의장은 전통적으로 검은색을 많이 사용하는데 화자는 검은색이나 흰색을 쓰지 말고 수수한 색으로 하라고 권한다. 영구차를 지나치게 장식하는 것이 현대의 일반적인 추세인데, 화자는 화려함을 추구하지 말라고 권고한다. 영구차에 광택을 내지도 말도 새로운 영구차를 준비하지 말고 많이 사용하여 낡은 영구차를 이용하라고 말한다.

"농장 마차처럼" 낡은 것이 검은색이나 흰색으로 호화롭게 치장되고 광택을 낸 것보다 낫다고 말한다. 그러나 바퀴는 꼭 도금한 것으로 하라고 하며 경제적인 관점에서 바퀴에 새로 칠하는 일이 경비가 많이 드는 일은 아니라고 말한다. 도금한 바퀴가 아닐 바에야 바퀴가 아예 없는 것이 낫다고 말하니 바퀴는 반드시 도금하라는 뜻으로 보면 된다. 그저 수수한 짐마차로 싣고 가면 된다고 말하여 마차 자체에는 그다지 큰 의미를 부여하지 않는 것을 알 수 있다. 이를 시에 적용시켜보면 시에 과장된 언어를 쓰지 말고 유행에 따르지 말며 내용에 충실하라는 권고로 볼 수 있다.

그 다음 연에서는 영구차의 유리창과 좌석 덮개 등과 같은 것도 없는 것이 낫다고 말한다.

유리창은 다 빼세요!
제발요— 읍민 여러분! 유리창을

무엇에 씁니까? 고인이
밖을 내다보라고 아니면
그분을 잘 모셨나 꽃이 많이 있나
아니면 부족한가를 들여다보려고 둡니까—
아니면 뭡니까?
그분을 위해 비와 눈을 막으려고 합니까?
그분은 곧 더 큰 비를 맞을 텐데요.
자갈과 흙 같은 것을.
유리창은 꼭 없애버리세요—
좌석 덮개도 없애고, 아이고!
바닥의 조그만 놋쇠 굴림대도 없애고
작은 바퀴도 없애 버리세요—
읍민 여러분 어떻게 생각하세요?

그러면 도금한 바퀴에 덮개가 없는
거칠고 수수한 영구차가 됩니다
이 위에 관을 그대로
올려 놓으세요.

영구차에 유리창이 있다고 하여 고인이 밖을 내다볼 것도 아니고 밖에서 안을 들여다볼 것도 아니다. 단지 쓸모없는 장식일 뿐이다. 화자는 본질적인 것과 관련이 없는 장식에 불과한 것은 없애라고 말하는 것이다. 이제 고인은 곧 땅 속에 묻히어 자갈과 흙 등의 소나기를 맞을 것이다. 유리창이 있어 고인이 비에 젖지 않도록 할 것도 아니다. 또한 유리창 이외에도 좌석 덮개나, 바닥에 놓고 그 위로 관을 굴려 운반하는 구리 굴림대나 조그만 바퀴 등도 필요가 없다고 하여 형식화된 장례식에 반대하고 있다.

본질적인 내용이 중요한 것이지 형식이 중요한 것은 아니므로 화자는 수수한 영구차에 영구를 그대로 올려놓기만 하면 된다고 다시 한 번 강조한다. 이 영구차의 바퀴는 도금해야 하고 뚜껑은 없어도 된다. 여기서 우리는 다른 모든 장식은 없애라고 하면서 바퀴만은 꼭 도금한 바퀴를 써야 한다고 말하는 것에 다소 의문을 갖게 된다. 바퀴는 영구차의 가장 중요한 부분 중의 하나이다. 바퀴가 없으면 시신을 실은 영구차가 제대로 갈 수 없다. 그래서 바퀴를 강조하는 것이고 그것에 도금하라는 것은 가장 본질적인 부분 중의 하나이니 소중히 아끼라는 뜻과 장식을 하라는 뜻 두 가지 뜻을 지니고 있다고 여겨진다.

이를 시를 쓰는 일에 적용시켜보면 보다 명확하게 이해된다. 시는 가장 본질적으로 내용을 전달해야 하며, 그 내용을 전달하는 수단은 언어이다. 일상생활의 언어를 시어로 사용하기는 하지만 일상생활의 모든 언어가 시어가 되는 것은 아니다. 갈고 다듬어야만 시어가 되어 시인이 뜻하는 내용과 의미를 올바르게 전달할 수 있다. 윌리엄스는 여기서 영구차의 바퀴만은 도금하고 나머지 부분은 수수하게 하라고 함으로써 시어는 올바로 선택하여 갈고 닦아야 하지만 기타의 장식적인 어법이나 수사학적 기교 등은 피해야 한다고 말한다.

이어지는 연에서는 영구차를 꽃으로 장식하는 문제에 대하여 이야기한다.

제발

화환은 쓰지 마세요—
특히 온실의 꽃은 쓰지 마세요.
평범한 유품이 더 좋습니다,
고인이 소중히 했거나 그 분을 알게 하는 것
입던 옛날 옷— 책 몇 권—
무엇인가 있겠죠! 이런 것이
꼭 있었으면 하는 게 인정이지요
읍민 여러분—
무언가가 있을 겁니다— 아무 것이라도

고인이 좋아하셨다면 꽃이라도.
영구차에 대해선 이만해요.

꽃에 관하여는 앞의 연에서도 한 번 이야기된 바 있다. 앞 연에서는 영구차에 유리창을 두지 말라고 하면서 밖에서 안을 들여다보면서 꽃이 많이 있는지 아니면 적게 있는지를 확인하는 용도 이외에 무슨 용도가 있느냐고 묻는다. 여기에서는 영구차를 화환으로 장식하지 않는 것이 좋고 특히 온실에서 자란 꽃으로 만든 화환은 절대로 쓰지 말라고 강조한다.

온실에서 자란 꽃은 특히 인공적인 것이기 때문에 싫어하는 것으로 생각된다. 화환과 같이 본질적인 것을 밝히는 데 전혀 도움이 되지 못하는 것은 없는 것이 좋은데, 부득이 이러한 것을 사용할 수밖에 없다면 자연 그대로의 거친 것을 사용하지 인습적이거나 은유적인 장식을 더한 것은 사용하지 말라는 것이다. 오히려 고인의 소소한 유품인 옷이나 책과 같이 진정으로 고인과 관련이 있고 고인을 생각하게 하는 것을 사용하는 것이 보다 바람직하다고 말한다.

시를 쓸 때에는 지나치게 장식적인 것을 피하고 주제와 관련된 본질적인 것만 매개체로 사용하라는 의미로 전체를 해석할 수 있다. 본질적이지 않은 것을 부득이 사용할 때에는 그것이 눈에 두드러지지 않게 하라는 것이다.

다음 연에서는 마부에 대하여 이야기한다.

그래도 제발 마부에 주의하세요!
실크햇을 벗기세요! 사실
거기는 그가 앉을 자리가 아닙니다—
버릇없이 거기 위에 앉아
점잖빼며 우리 친구를 끌고 가다니!
내려오게 하세요—내려오게 하세요!
낮게 눈에 뜨이지 않게! 나라면 그를
마차에 타지 못하게 하겠습니다—제길—

장의사의 말단 직원을!
고삐를 잡고
옆에서 걷게 하세요
눈에 띄지 않도록!

마부는 실크햇을 쓰고 멋지게 장식한 채 고인을 싣고 가는 영구차의 앞에 거만하게 타고 간다. 그는 장의사의 말단 직원에 불과한데 고인보다 더 두드러지게 해서는 안된다. 마부는 남의 눈에 뜨이지 않게 영구차의 말을 옆에서 끌고 가야 한다.

여기서 마부는 시인이라 할 수 있다. 따라서 이 말은 시인이 시를 쓸 때 두드러지게 나타나서는 안된다는 말이다. 시인은 시가 자연스럽게 흘러가도록 하는 역할만을 해야지 시인이 나서서 시를 이끌고 나가는 듯이 보이도록 해서는 안된다는 것이다. 장례식에서 제일 중요한 것이 고인이듯이 시에서 중요한 것은 시 자체, 그 시의 본질적인 의미인 것이다. 그러므로 장례식에서 고인을 싣고 가는 영구차의 마부가 두드러져서는 안되듯이 시를 쓸 때 시인이 두드러지게 나타나서는 안된다고 한다.

마지막 연에서는 장례식에 참석한 조문객들이 지켜야할 태도를 말한다.

그럼 여러분에 대해 한 마디.
뒤에서 걸어가세요— 프랑스에서 처럼,
7등 칸으로요. 타고 가는 경우에는
제발 커튼을 걷으세요! 불편한 티를 내며
가세요. 드러내놓고 앉아서—
슬픔에 드러내듯이 날씨에도 드러내놓고.
슬픔을 감출 수 있다고 생각하세요?
우리로부터요! 우리가 무슨
손해를 봅니까? 나눕시다
나눕시다— 당신 주머니 속의

돈이 될 겁니다.
이제 가세요
준비가 다 됐다고 생각됩니다.

조문객들은 장례 행렬의 뒤에서 조용히 걸어가야 한다고 말한다. 혹시 차를 타고 가더라도 제일 좋지 않은 칸에 타고 가며, 불편한 모습으로 가라고 한다. 마치 슬픔에 잠겨 있는 모습을 보여주듯이 외부의 환경에 그대로 노출된 상태로 불편을 감수하라고 한다. 그리하여 모두가 장례식의 슬픔을 나누어야 한다고 말하고 이제 준비가 되었으니 가라고 결론짓는다.

이 말을 시에 적용시켜보면 독자들은 부단히 노력하여 그 의미를 파악하려고 노력해야 한다는 뜻이 된다. 조문객들이 이처럼 슬픈 모습을 보이듯이 독자들은 시를 충분히 감상하며 느끼는 감정을 숨기지 말고 그대로 드러내라고 권고하는 것이다. 이러한 마음을 가져야 시를 제대로 감상할 수 있는 능력이 갖추어진 것이니 이제 준비가 끝났다고 한다.

Ⅲ. 끝내기

윌리엄스는 우리에게 시를 쓸 때에는 장례식과 같은 특별한 사건이라도 그것을 미화하거나 하지 말고 있는 그대로 사실적으로 시를 쓰라고 한다. 시의 본질이 중요한 것이지 겉보기 장식이 중요한 것이 아니라는 말이다. 자신이 잘 알고 있는 것, 시의 주제와 연관된 사소한 것들을 시에 담고 현실에서 유리되지 말라고 한다. 이러한 방식으로 시를 쓴다면 진정한 시인이 될 수 있다고 시인은 말하고 있다.

시인은 또한 독자들이 시를 감상할 때 솔직하게 자신의 마음에 견주어 시를 감상하고 그 감상을 숨기려 하지 말고 나누어 가지라고 권고한다. 이러한 준비가 되어야 참다운 독자가 될 수 있다고 한다. 참다운 독자는 마을의 주민인 읍민이 평상심을 지닐 때 된다.

「붉은 손 구루마」 : 존재에 대한 사유

Ⅰ. 시작하기

1923년에 발표된 이 작품은 일본의 하이꾸와 유사한 형식의 간결한 시편으로, 시인이 감정을 전혀 개입시키지 않고, 객관적인 사물만을 객관적으로 묘사하고 있다. 작품의 내용도 지극히 단순하다. 마당 한 쪽에 바퀴가 하나인 손 구루마가 놓여 있고 비가 내리는 가운데 그 손 구루마 옆에서 하얀 병아리들이 놀고 있다. 하얀 병아리들 옆에 있는 비에 젖은 붉은 손 구루마는 시각적인 선명한 이미지를 제시한다. 이 작품은 고즈넉한 시골 마당의 한 광경을 묘사한 사상파 시이다. 그 손 구루마에 "너무 많이" 달려 있다.

이 작품의 요체는 "너무 많이"가 무엇을 지칭하는 가인데 일차적인 의미로는 손 구루마에 많은 짐이 실려 있는 것으로 볼 수 있다. 그러나 이 작품의 의미가 그렇게 단순하지 않다. 손 구루마는 인간이 작업을 하기 위하여 사용하는 도구이므로 여기서 시인은 그 손 구루마에 의존하는 인간의 노역까지 생각하여 "너무 많이"라고 말한 것으로 보아야 한다. 또한 손 구루마는 보통 바퀴가 하나 있고 손잡이가 두 개 있는 형태인 것을 생각해보면, 지금은 세워져 있지만 사용할 때에는 균형을 유지하기가 쉽지 않다는 생각이 든다. 그러한 것에 "너무 많이" 의존하고 있다는 것은 인간의 삶의 위태로움과 균형유지가 필요함을 강조하기도 한다.

II. 전개하기

작품 전문은 다음과 같다.

너무 많이 달려
있다

하얀 병아리들
옆의

빗물로
번득이는

붉은
손 구루마에

여기서는 첫 행에 나오는 동사 "달려 있다"의 주어를 "너무 많이"로 보았는데 다른 한편으로는 주어가 없는 것으로 볼 수 있다. 주어가 없는 것으로 보든 또는 여기에서 해석한 것처럼 "너무 많이"를 주어로 보든 그것이 추상적인 무엇을 가리킨다는 점에서 의미상 큰 차이는 없다. 인간의 노역과 그 옆에 아무 걱정도 근심도 없는 병아리의 모습이 명확히 대조되는데 공통점은 그들이 모두 빗물에 젖어 있다는 점이다. 병아리가 하얀 색인 것은 그 병아리에 세속의 때가 전혀 묻지 않았음을 암시하기도 한다.

III. 끝내기

이 작품의 형식상의 특이한 점은 각 행의 첫 글자가 대문자로 되어 있지 않기 때문에 산문을 행으로 구분해 놓은 듯하다는 점과 앞에서 설명했듯이 "달려 있다"의 주어가 불확실하다는 점이다. 윌리엄스 자신은 이 작품에 대하여 "단지 단편이지만 리듬은 어떤 막을 수 없는 고양된 감정을 나타낸다"고 말하여 비에 젖은 손 구루마가 제시해주는 선명한 이미지에서 어떤 고양된 감정을 느끼고 그것을 표현했다고 밝힌다. 우리는 그 감정을 짐작할 수만 있는데, 비에 젖은 붉은 색 손 구루마와 그 옆에 있는 하얀 병아리들의 색깔의 대조, 또 인간의 일과 자연의 모습의 대조 등에서 존재의 근원에 대하여 생각하는 것으로 보인다. 선명한 이미지를 제시하여 보다 근원적인 존재에 대한 사유를 하는 시라고 할 수 있다.

「요트」: 특권계급과 보통사람

Ⅰ. 시작하기

윌리엄스는 시의 형식면에서 많은 실험을 한 시인이다. 이 작품은 그의 그러한 실험 정신을 보여준다. 우선 작품의 제목이 주어로 쓰이고 있으며, 그 주어를 받는 동사가 첫 행의 첫 단어로 되어 있다. 또한 전통적인 작시법(作詩法)에서는 각 행의 첫 글자는 대문자가 사용된다. 그러나 윌리엄스는 이러한 전통적인 작시법을 무시하고 소문자를 사용하고 있다. 윌리엄스 이전에는 이와 같은 작시법상의 실험을 한 위대한 시인이 거의 없다.

그가 이러한 작시법상의 실험을 한 것은 자신의 시에서 다루고 있는 것이 일반적인 사건이나 내용이고 특수한 감정을 표현하거나 사물을 특별하게 다루고 있는 것은 아니라는 사실을 의식적으로 강조하기 위해서인 것으로 짐작된다. 비록 형식상 3행 씩 연이 구분되어 있기는 하지만 계속되는 한 편의 산문과 다름없다. 윌리엄스는 여기서 객관적인 사물을 조금도 고양되지 않는 감정으로 대한다. 다시 말하여, 산문이 지니는 객관성과 사실성으로 사물에 접근한다.

윌리엄스는 이 작품에서 평범한 일상용어를 사용하여 우리 생활 주변의 사물을 선명하고 세밀하게 묘사한다. 그는 일상생활 주변의 사물에 애착을 갖고, 그것을 세밀하게 관찰하여 평범한 말로 그려낸다. 이러한 일상적인 사물의 묘사에 상징적인 의미가 가미되어 시의 의미를 깊게 하고 우리로 하여금 깊이 생각하도록 한다.

이 작품에서 묘사되고 있는 사건은 바다에서의 요트 경주이다. 단지 바다에서의 요트 경주로만 시의 의미를 한정한다 하더라도 우리는 세밀하고 선명한 묘사의 아름다움을 즐길 수 있다. 여기서는 그러한 요트 경주에 상징적 의미가 부여되어 그 경주가 특권 사회계층의 상징으로 쓰인다. 다시 말하여 단순한 묘사에 그치는 것이 아니라 특정한 어떤 의미가 주어짐으로써 우리로 하여금 인간의 삶에 대하여 다시 한 번 생각하도록 한다.

Ⅱ. 전개하기

첫 연에서는 제목이 주어로 사용되어 요트들이 경주하는 바다의 모습이 묘사된다.

> 는 육지가, 부분적으로 에워싸인
> 억제되지 않는 바다의 너무 큰 타격으로부터는 보호받는
> 바다에서 겨룬다, 마음 내키면 바다는

제목인 "요트"가 첫 문장의 주어로 쓰이고 있고 문장 부호가 사용되지 않고 있기 때문에 의미를 이해하기가 쉽지 않다. 원문에는 첫 연에 문장 부호가 하나도 없지만 독자가 쉽게 이해할 수 있도록 번역에서는 쉼표를 두 개 첨가하였다.

이 요트 경기장은 탁 트인 바다가 아니라 육지가 방파제처럼 뻗어 나와 바깥쪽의 망망대해로부터 보호받고 있는 곳이다. 또한 바깥쪽 바다와 통행할 수 있도록 일부는 연결되어 있다. 바깥쪽의 바다는 "억제되지 않은" 바다로 큰 파도가 일어 횡포한 힘을 행사할 수 있다. 이러한 바다로부터 육지가 요트들을 보호해준다. 요트가 거친 바다로부터 보호받듯이 특권 계급의 사람들은 여러 가지 사회적인 위협과 해로움으로부터 보호받는 사람들이다. 먼 바다의 큰 파도와 그 파도의 타격과 같이 자신에게서 멀리 떨어져 있는 곳에서 발생하는 사건은 이들에게 영향을 끼치지 않기 때문에 큰 관심거

리가 되지 못한다. 단지, 자신과는 별로 상관이 없는 세계에서 일어나고 있는 사건 정도로만 인식된다.

큰 파도와 싸우고 또 싸우다가 패배하기도 하는, 보통 사람들이 제 2연에서 그려지고 있다.

> 제일 큰 배도 괴롭히고 제일 기술 있는
> 사람에 맞서 두들기고 냉혹하게 침몰시킨다.
> 안개 속에서는 나방 같고, 구름 없는 날의

파도는 덩치가 커다란 배들을 괴롭힐 수 있고, 아무리 훌륭한 기술을 지닌 선장이 배를 조종하더라도 바다와 맞서 싸우다가는 결국 패배하게 된다. 바다에서의 패배는 곧 침몰과 죽음으로 이어진다. 특권 계급은 숫자가 적고, 날렵하며 재빠르게 움직이는 반면, 보통 사람들은 수적으로 특권 계급보다 많고, 둔하며 느리게 움직인다. 또한 그들의 삶은 세상의 힘에 많이 좌우된다. 여기서 윌리엄스는 특권 계급은 요트에, 보통 사람은 덩치가 큰 배에 비유하고 있다. 보통 사람 중에는 대단히 훌륭한 사람도 있어서 평상시에 바다가 잠잠할 때나 아니면 작은 파도가 일어날 때와 같이 세상이 조용할 때에는 훌륭하게 살아간다. 그러나 아무리 훌륭한 사람이라도 특권 계급과 같은 보호막을 갖고 있지 못하므로 잘못하면 현실이라는 바다에 침몰하고 많다. 모두들 생존의 파도에 휩쓸려 버리고 마는 것이다.

제 3연에서는 2연 끝부분에서 시작된, 요트들이 바다 위를 미끄러져 가는 광경이 묘사된다.

> 세밀한 광휘 속에서 번쩍이며, 넓게 부푼 돛으로
> 바람 따라 미끄러진다 뾰족한 뱃머리로
> 푸른 물을 튕기며 한편 배 위의 선원들은

맑은 하늘에는 구름 한 점 없이 햇빛이 눈부시게 내려 쪼이고, 넓고 시원한 푸른 바다 위로 넓게 부푼 돛에 햇빛을 가득히 받으며 요트가 바람 따라 미끄러져 가는 광경은 한 폭의 그림 같이 아름답다. 이는 특권 계급의 사람들의 생활을 말하는 것 같다. 특권 계급의 사람들은 각종 특혜를 마치 자기들의 전유물인양 사용한다. 또한 그러한 삶은 외관상 화려하다. 여기서 요트를 즐기는 바다의 한 때는 특권 계급의 찬란한 삶을 적절히 나타낸다.

제 4연에서는 그 요트가 멋진 광경을 연출하도록 뒤에서 갖가지 어려운 일을 하는 승무원들의 모습이 그려진다.

> 개미처럼 기면서, 정성들여 손질하여 풀어 놓고는
> 회전할 때 단단히 고정시키며, 멀리 기울였다가
> 다시 바람 받아 나란히 목표 향해 나아간다.

승무원들이 개미 같다고 한 것은 멀리서 보았기 때문이기도 하고, 요트에 비하여 그들의 존재가 왜소하기 때문이기도 하다. 그들은 개미같이 부지런히 기어다니며 그 배가 좀 더 잘 달릴 수 있도록 여러 가지 일들을 한다. 그들이 일을 하며 "기어다니는" 모습에서 위축된 인간의 삶이 보다 절실하게 느껴진다.

제 5연에서는 그 요트를 둘러싸고 뒤따르는 작은 선박들이 "아첨하는" 인간들처럼 묘사된다.

> 아첨꾼처럼 둔중하게 또는 날쌔게 그들을 뒤따르는
> 크고 작은 배에 둘러싸인 잘 보호된 트인 바다의
> 경기장에서, 요트들은 젊어 보이고, 행복한

인간 세상에서 권력자의 주변에는 그 힘을 이용하여 이익을 얻으려고 노력하는 아첨꾼들이 우글거린다. 여기서 특권 계급의 상징인 요트 주변에는 "아첨하는" 크고 작은 배들이 많이 있다. 요트는 탁 트인 경기장에서 육지의 보호를 받기도 하고 크고 작은 배들의 경호를 받기도 하여 젊음을 구가

하는 듯이 보인다.

제 6연에서도 계속하여 요트의 아름다운 모습이 묘사되어 있다.

눈빛처럼 진기하고, 우리 마음에
흠 없고, 자유롭고, 자연히 소망되는 모든 것의 은총으로
활기차 보인다. 지금 그들을 안고 있는 바다는

요트는 외관상 화려하기 때문에, 구경꾼은 그 화려함을 유지하기 위하여 어떠한 희생이 있었는가에 대한 의식이 전혀 없이, 화려함 그 자체를 자유롭고 바람직한 것으로 인식한다. 요트의 활기찬 모습이 소망의 은총을 받아 이루어진 것으로 인식된다.

제 7연에서도 요트의 매끈한 외관이 묘사된다.

침울하다, 그들의 매끈한 측면을 휘감고, 마치
사소한 결함이라도 찾으려다 완전히 실패하는 듯하다.
오늘은 경주가 없다. 그런데 바람이 다시 인다. 요트들은

너무나 완벽하게 아름답기 때문에 변덕스러운 바다가 그 요트의 옆구리를 스치면 실망하고 만다. 바다는 어떤 해로움을 끼치기 위해 또는 어떤 잘못을 찾아내기 위해 요트 주변을 샅샅이 훑어보지만 결함을 전혀 찾을 수 없기 때문에 침울하다. 특권 계급의 사람들은 치열하게 생존 경쟁을 하지도 않고, 두려운 대상도 아닌 듯이 보인다. 이들에게는 현실 생활의 각박함이 끼어들 여지가 없기 때문에 현실의 어려움을 인식하지 못하고 있다.

제 8연에서도 요트의 완벽함이 계속하여 묘사되고 있다.

움직인다, 출발하려고 움직이다, 신호가 떨어지자
앞으로 나아간다. 이제 파도가 그들을 치지만 그들은 워낙
잘 만들어졌기에 비록 돛은 펴지 않았으나 빠져나간다.

바람이 일자 요트는 다시 출발 준비를 하고 앞으로 나아간다. 파도가 아무리 힘차게 요트의 옆구리를 두드려도 요트는 "워낙 잘 만들어졌기에" 끄떡없다. 이 요트들은 돛을 말은 상태로 나아가지만 그래도 바다가 붙잡는 힘을 뿌리치기에는 충분하다.

제 9연에서부터는 특권 계급과 보통 사람 내지는 노동 계급과의 대비가 보다 뚜렷해진다.

> 붙잡는 손이 달린 팔들이 뱃머리를 잡으려 한다.
> 앞길에 무모하게 던져진 몸뚱이들은 잘라져 제껴진다.
> 그들 주변은 고뇌하고, 절망하는 얼굴들의 바다다

여기에서부터는 바다와 인간이 동일시된다. 지금까지도 바다가 생명을 지닌 인간이나 어떤 절대적인 존재인 것으로 묘사되면서 바다가 요트의 옆면에 어떠한 결함이나 흠이 있는지 찾으려고 했다. 이제부터는 바다의 파도가 인간의 육체와 동일시되어 요트가 이들의 삶을 무참하게 짓밟고 있음을 보여준다. "꽉 잡는 손과 팔이 뱃머리를 쥐려 한다"는 말은 요트의 뱃머리에 부딪쳐 튀어 올라오는 파도의 모습이지만, 이것은 생존의 파도에 휩쓸려 안간힘을 쓰며 살아남으려 하는 보통 사람들의 처절한 삶의 투쟁을 암시한다.

이들은 요트의 진행을 막고 자신들의 존재를 알리고자 하지만 요트는 이들의 무모한 몸뚱이를 옆으로 베어버리고 냉혹하게 나아간다. 특권 계급의 존재가 보통 사람의 희생을 바탕으로 한 것임이 여기에서 명확히 암시된다. 또한 특권 계급이 보통 사람들의 삶에 대하여 무관심하고 심지어는 잔인하기까지 하다는 것을 이 구절은 말해주고 있다. 고민과 절망에 싸인 보통 사람들의 얼굴이 바다를 뒤덮는다. 이 얼굴들은 특권 계급의 횡포에 시달린 보통 사람들의 얼굴들인데 요트 주변에 깔려 있는, 요트에 짓눌리는 바다의 모습으로 나타나 있다.

제 10연에서는 요트 경주가 지금까지의 아름답고 찬란한 모습으로 인식되는 것이 아니라 잔인하고 두려운 공포의 대상으로 인식된다.

드디어 경주의 공포가 마음 속에 비틀거리며 떠오른다,
바다 전체가 그들이 잡을 수 없는 것을 지닌 세상에
잃어진 물 몸뚱이들의 뒤엉킴이 된다. 부서지고,

멀리서 요트의 겉모습을 바라보기만 할 때에는 아름답고 찬란하게 보였으나, 가까이에서 그것이 존재하는 방식을 자세하게 살펴보면 많은 희생을 댓가로 치르며 존재한다는 사실이 드러난다. 바다는 자신들이 억제할 수 없는 거대한 힘인 요트를 안고 있는, 정신없는 시체 더미가 된다. 보통 사람들의 삶이 자신의 운명을 스스로 다스리지 못하고 특권 계급의 안일을 위한 희생물이 되는 것이다.

마지막 연에서는 특권 계급의 압박에 시달려 죽어가는 보통 사람들의 마지막 절규가 묘사되고 있다.

얻어맞고, 처참하게, 들려져야할 사자로부터 뻗어나가며
그들은 외친다, 졌다, 졌어! 라고, 재주 좋은 요트들이
지나갈 때 그들의 울부짖음은 파도 속에서 여전히 일어난다.

여기서는 바다가 민중의 집합체로 묘사된다. 보통 사람들은 생존 경쟁에서 특권 계급에 의하여 짓눌리고 깨어지고 결국은 죽음에 이르게 된다. 이들이 “졌다, 졌어!”라고 마지막 절규를 외칠 때 이들의 삶을 짓밟고 생존하는 특권 계급은 그들에게 전혀 아랑곳하지 않고 자신의 길을 간다. 보통 사람들의 울부짖음이 들리는 파도가 일렁이는 바다 위를 요트들이 능숙하게 지나간다.

III. 끝내기

1935년에 출판된 『초기 순교자』에 실린 이 작품은 윌리엄스의 사회에 대한 의식을 보여준다. 여기에서 그가 특권 계층과 보통 사람들의 대립을 다루었다고 하여 그를 사회주의자라고 말할 수는 없다. 그렇지만 그 당시에 전세계에 풍미했던 사회주의의 영향을 다소 보여준다고 말할 수 있다. 특권 계급의 호화로운 삶이 보통 사람들의 희생을 담보로 하여 이루어지고 있음이 요트의 항해에 비유되고 있다.

『봄 및 모든 것』: 재생

Ⅰ. 시작하기

윌리엄스는 "20세기의 가장 중요한 시인들 중의 한 사람으로 점차 인식되었다. 그는 에즈라 파운드, 토머스 스턴즈 엘리엇, 로버트 프로스트 및 월리스 스티븐스 옆의 자리를 차지할만하다"(1)고 힐리스 밀러가 말하듯이 현대의 가장 중요한 미국 시인들 중의 한 사람이다. 우리나라에서는 현대 영미시인 중에서 엘리엇과 윌리엄 버틀러 예이츠가 유독 많이 연구되고 있지만, 윌리엄스도 많은 독자들에게 읽혀지고 있으며 큰 감동을 주고 있다.[1] 그에 대한 평가가 예이츠나 엘리엇처럼 높지 않은 이유는 당대의 비평가들이 그에게 호감을 갖고 논평한 경우가 그다지 많지 않기 때문이라고 할 수 있다.

랜달 자렐은 "대부분의 훌륭한 시 비평가들은 그에 관하여 글을 쓰지 않았다. 그리고 최상의 비평가 한 두 명이 글을 썼을 때조차도, 그들은 마치 파리가 그들 위에 기어다니고 있었던 것처럼 갑자기 움직였을 뿐이다"(xviii)라고 신랄하게 평하고 있다. 자렐이 지적하고 있듯이 윌리엄스는 비평가들

---

1) 윌리엄스의 논문을 발표할 수 있는 지면은 매우 한정적인 반면 한국예이츠학회와 한국T.S.엘리엇학회가 1991년에 창립되어 각각 1991년과 1993년부터 학술지를 발행하고 있고, 1990년대 초반까지는 외국서적의 주요 공급원이 복제업자들이었기에 예이츠와 엘리엇의 연구서가 많이 보급된 것도 윌리엄스의 연구가 상대적으로 적은 중요한 원인 중의 하나이다. 『노튼 현대 영미시 선집』의 편자 리차드 엘먼과 로버트 오클레어는 윌리엄 칼로스 윌리엄스가 예이츠나 엘리엇보다 더 많은 추종자를 배출했으며 전후 미국시의 중심에 자리 잡고 있다고 말한다(284).

에게 큰 호평을 받지 못했다. 그가 좋은 평가를 받지 못한 데에는 그의 시가 기존의 전통적인 시와 매우 다른 점이 크게 작용했다고 여겨진다. 그의 시가 기존의 전통적인 시와 다른 점은 크게 두 가지로 볼 수 있다. 하나는 사물을 강조한다는 점이고 다른 하나는 형식이 파격적이라는 점이다.

윌리엄스는 『패터슨』에서 "사상이 아니라 사물에서…… 시인은 그가 다루고 있는 것의 문맥에서 발견되는 사상 이상으로 가도록 허용되지 않는다. …… 시인은 자신의 시로 생각한다"(6)라고 사물성[2)]을 강조하였다. 많은 비평가들이 위의 인용문 중에서 첫 부분 "사상이 아니라 사물에서"라는 구절을 인용하여 윌리엄스가 사물성을 강조했다고 이야기하지만, 시인이 다루는 사물의 맥락에 사상이 있다고 말한 것을 무시하고 있다. 윌리엄스는 사상을 도외시한 것이 아니라 사물을 통하여 사상을 느끼고 시를 통하여 생각하라고 강조하고 있다. 다시 말하여 그는 사물 그 자체와 그 사물의 느낌에의 직접적인 접촉을 강조한 것이다.

이는 그가 『봄 및 모든 것』에서 말하고 있듯이 "독자와 이 세상과의 직접적인 접촉에 대한 독자의 의식 사이에는 끊임없는 장벽이 있다"(*Collected Poems* 177)고 느꼈기 때문이다. 윌리엄스가 시적 경력 전반에 걸쳐 사물다움을 지속적으로 추구했다는 사실은 양균원이 「사물다움에 대한 추구: 스티븐스와 윌리엄스」에서 충분히 논증한 바 있다(2005 31). 우리나라의 많은 연구자들의 윌리엄스의 사물성에 치중하여 연구하는 부작용으로 실제로는 다양한 면모를 지닌 그의 작품 세계가 오히려 정당한 평가를 받지 못하는 결과를 초래하였다(최용미 173). 그의 작품에는 사물뿐만 아니라 관념 또한 존재하는데, 이에 대한 연구가 상대적으로 부진한 점에서 최용미의 주장은 일견 타당한 면이 있다.

또한 윌리엄스는 작시법(시를 창작하는 방법)에 있어서 기존의 형식을 타파하고 새로운 형식을 시도한 현대 시인으로 높이 평가받고 있다. 기존의

---

2) 많은 학자들이 이야기하는 윌리엄스의 사물성, 즉물성, 물질성은 동일한 개념을 다른 용어로 표현한 것이다. 윌리엄스가 사상이나 개념이 아니라 사물 자체를 직접적으로 강조한다는 점을 이와 같은 용어로 표현하고 있다.

형식을 타파하는 데 있어서 가장 두드러지는 것은 대문자와 마침표를 사용하지 않는 것이다. 전통적인 작시법에 따르는 시편들은 각 행의 첫 글자가 항상 대문자로 시작된다. 윌리엄스의 작품에서는 각 행의 첫 글자가 대문자로 시작되는 경우가 거의 없다. 어떤 경우에는 첫 행조차도 대문자로 시작되지 않는다. 예를 들어 『봄 및 모든 것』에 수록되어 있는 스물한 번째 시편인 「붉은 손 구루마」나 스물두 번째 시편인 「정적」 등이 그러하다. 또한 「요트」나 「이것들」은 제목 자체가 첫 문장의 주어로 사용되었기에 첫 행이 대문자로 시작되지 않는다.

또한 각 시편의 마지막 행 끝에 마침표가 없거나 댓쉬(—)로 끝나는 경우도 많다. 예를 들어 『봄 및 모든 것』의 표제시인 첫 번째 시편 「봄 및 모든 것」이나 세 번째 시편인 「농부」, 여섯 번째 시편인 「아무것도 하지 않기」 등은 마침표가 없이 작품이 끝나고 있으며, 다섯 번째 시편인 「검은 바람」, 열 번 째 시편인 「안경」, 열두 번 째 시편인 「구성」 등은 댓쉬로 끝난다.

앞에서 이야기했듯이 사물성을 강조하는 것이 윌리엄스의 작품의 가장 두드러진 특징 중의 한 가지인데 이는 독특한 시 형식을 채택하는 것과 분리될 수 없는 관계를 형성한다. 자연계의 모든 사물과 현상은 개별적인 존재를 유지하고 있음을 강조하는 것이 사물성을 강조하는 것이고, 사물이 지닌 본래의 생명력은 끊이지 않고 계속된다는 사실을 형식 자체를 통하여 표현하는 것이 작시법의 혁명을 가져왔다고 생각된다. 윌리엄스의 이러한 생각은 죽음과 재생의 순환을 의미하는 것으로 확장된다.

끝이 종말이 아니고, 시작이 무(無)에서 유(有)가 창조되는 것이 아니라는 말이다. 이러한 관점에서 보면 작품의 끝에 마침표가 없거나 댓쉬가 쓰인 것은 끝이 전후의 단절을 나타내는 것이 아니라는 것을 암시한다. 또한 대문자로 시작하지 않는 것은 시작이 새로운 창조가 아니라 동일한 생명력이 새로운 모습을 취하여 출현하는 것으로 그 이전의 삶과 연결되어 있음을 암시한다.

윌리엄스의 초기의 작품들 중에는 죽음과 재생의 순환 관계를 다루고 있는 작품이 많이 있다. 본고에서는 『봄 및 모든 것』과 「크리스마스 트리 불태우기」를 중심으로 윌리엄스의 시에 표현되어 있는 자연의 순환 및 삶과 죽음의 윤회에 대한 그의 생각을 고찰해보고자 한다. 제임스 귀몬드도 윌리엄스의 1940년대 초의 몇 작품이 죽음과 재생의 순환을 다루고 있다고 말하며, 「구름」, 「비너스의 탄생」, 「크리스마스 트리 불태우기」, 「파국적 탄생」 등을 예로 든다(239).

우선 물의 이미저리를 통하여 물이 생명의 파괴와 창조에 어떤 역할을 하고 있는가를 살펴보고자 한다. 이어서 불의 이미저리를 중심으로 불이 파괴적인 역할만을 하는 것이 아니라 그 자체가 하나의 생명체로 기능하고 있음을 살펴본다. 삶의 순환과 소멸을 암시 내지는 상징하는 가장 보편적인 이미저리들인 물과 불의 이미저리를 고찰해봄으로써 윌리엄스가 인간과 자연의 순환 및 윤회를 깊이 생각하고 있음이 드러날 것이다.

II. 전개하기

물과 불의 이미저리는 전통적으로 자연의 순환 내지는 생명의 순환을 나타내는 상징으로 사용되어 왔다. 이는 윌리엄스의 경우에도 예외가 아니다. 그의 작품에서는 물이 구름에서 비로, 비에서 물로, 또 물에서 구름으로 계속 순환한다. 하늘에서 구름이 모여 땅으로 내려오면 비가 되고, 땅에 내려온 비가 모여서 물이 된다. 자연의 순환이 여기에서 그치는 것이 아니라 물은 또 다시 태양의 열과 대기의 작용으로 인하여 하늘로 올라간다. 수증기의 상태로 변화하여 하늘로 올라간 물은 보이지 않는 상태로 머물다가 찬 기류와 만나 구름으로 형성된다. 여기에서 주목해야 할 것은 구름의 생성이 무에서 유의 창조가 아니라 보이지 않는 상태에서 보이는 상태로 변화한 것이라는 사실이다.

이 사실을 다른 사물에 적용시키면 우리 주변에 있는 생명체들도 항상 존재하는 생명력이 현재의 한 순간 눈에 보이는 존재로 구현된 것일 뿐 무에서 창조된 것은 아니라고 할 수 있다. 물은 때때로 우리의 눈에 보였다 안보였다 하면서 형태와 이름이 바뀌지만, 그 본질은 변함이 없다. 물은 자신의 의지도 없고 생명도 없지만, 태양의 열이나 바람 등 외부의 힘에 의해 끊임없이 형체를 바꾸어 순환하며 움직인다. 이 과정에서 자연 속에 잠자고 있는 생명력을 자극하여 활동하게 한다.

우선 일명 「봄 및 모든 것」 또는 작품의 첫 행을 따서 「전염병원 가는 길」이라고 하는 작품을 살펴본다. 시집에서 이 작품의 앞에 위치한 산문은 새로운 예술 다시 말하여 새로운 시가 도래했음을 주장한다. 이 산문의 의미에 중점을 두고 그러한 관점에서 고찰하면 이 작품은 지금까지의 자연 및 현실을 반복적으로 묘사한 과거의 시 세계가 종언을 고하고 새로운 시대를 맞이하여 새로운 시가 도래한다는 사실을 선포하는 것으로 볼 수 있다.

새로운 시의 도래, 새로운 시작법의 구사라는 관점에서 보면 이 작품에 등장하는 봄은 새로운 시의 도래를 의미하는 것으로 읽을 수 있으며 현실에 대한 새로운 인식과 시의 혁신을 노래하는 것으로 볼 수 있다. 그렇지만 이 작품을 이런 식으로만 읽을 경우 시는 현실과 유리되며 이 작품은 교조적인 시로서 사상을 고취하는 수단에 불과하게 된다. 필자는 이러한 해석의 가능성이 있음을 인정하면서 다양한 해석의 가능성을 염두에 두고 표면적인 의미에서 자연의 순환 내지는 재생을 묘사하는 작품으로 해석하고자 한다.

윌리엄스의 다른 작품들과 마찬가지로 이 작품도 기존의 전통적인 작시법과는 다른 형식으로 되어 있다. 또한 구두점의 사용에 있어서도 있어야 할 곳에 없는 경우가 많고, 제일 마지막에도 마침표가 없다. 따라서 구문상의 의미론적인 구조 사이의 명확한 경계가 흐려져 있으며, 의미가 다소 애매하게 되기도 한다. 앞의 세 연은 겨울 풍경을 이야기하고 뒤의 네 연은 봄의 도래를 이야기한다. 첫 부분에서는 사물이 세밀하게 관찰되어 단지 묘사되기만 하고, 후반부로 가면서 이에 의미가 주어진다.

이 작품은 다음과 같이 시작된다.

전염병원 가는 길 옆에
북동쪽에서 이끌린

푸르게 얼룩진 구름 물결 아래
찬 바람이 분다. (*CEP* 241)

윌리엄스는 첫 행에서 작품 전체의 내용을 암시한다. 삶과 죽음의 공존 내지는 삶과 죽음이 동일함이 암시되고 있다. 윌리엄스는 삶과 죽음이 공존하는 장소, 즉 창조와 파괴가 동시에 일어나는 장소로 전염병원을 제시한다. 일반적인 의미에서 병원은 신체가 병든 사람을 치료하여 정상인의 육체로 되돌리는 장소이다.

여기에서의 병원은 일반적인 병원과는 다르다. 여기에서의 병원은 환자의 상처를 치료하는 병원이 아니라 "전염병원"이다. 전염병원은 개인이 지니고 있는 질병을 치료하는 목적도 있지만 특정한 질병이 다른 사람에게 전염되는 것을 방지하는 목적도 있다. 전염병균은 환자의 육체를 좀먹는다. 환자의 육체의 일부가 부패하거나 환부가 악화될수록 병균은 더욱 활발하게 활동한다. 또한 병균이 더욱 활발하게 활동하면 다른 사람에게 보다 더 잘 전염된다. 반면에 병균의 활동이 둔화되면 환자의 건강은 호전되고 다른 사람에게 전염도 되지 않는다. 여기에서 하나의 역설이 성립된다. 하나의 창조 활동은 다른 하나의 파괴 활동이라는 역설이 그것이다. 삶과 죽음이 별개의 것으로 제시되는 것이 아니라 동일한 것의 양면 내지는 병존으로 제시되고 있다.

이어서 제시되는 주변 환경은 이 병원의 상태를 설명한다. 병원 안에서 발생하고 있는 상황과 마찬가지로 주변의 자연 환경 역시 창조와 파괴의 힘이 함께 존재하는 상황이다. 숨어 있는 생명력을 각성시킨 희망을 암시하는 "푸르게 얼룩진 구름"과 공허함을 암시하는 "찬 바람"이 병치되어 있다.

이 작품은 첫 행을 제외하고는 모두 자연 풍경을 묘사하고 있다. 다시 말하여 사물의 제시에 그칠 뿐 그것에 대한 작가의 생각을 덧붙이지 않는다. 첫 행은 인간의 활동 영역을 묘사하고 있지만 인간만의 활동 영역이 아니라 다른 자연물, 즉 전염병균의 활동 영역도 포함하고 있다. 인간이 만들어 놓은 병원 내부에도 파괴와 창조의 이미저리가 공존하고, 병원 주변의 자연 환경에도 역시 파괴와 창조의 이미저리가 상호 보완적인 관계를 이루며 존재하고 있다.

이어지는 연에서는 시인의 감정이 배제된 채 사물만이 열거된다.

그 너머엔,
서있거나 넘어진 마른 잡초
뒤덮힌 갈색 들판의 드넓은 황무지,
고인 물 웅덩이들
흩어져 있는 키 큰 나무들

길 따라 주욱 불그죽죽
자줏빛 띤, 갈래지고, 곧추선, 연약한
덤불과 작은 나무들 더미엔
죽은, 갈색 잎사귀들 있고, 그 아래엔
잎이 없는 줄기들— (*CEP* 241)

첫 연에서부터 셋째 연까지는 전염병원 가는 길 옆의 광경이 묘사된다. 하늘에는 구름이 한 점도 없고, 눈이 시리도록 푸르른 하늘이 물결치고 있다. 이러한 희망찬 하늘 아래 화자는 전염병원을 향해 가고 있다. 이 때 북동쪽에서 차가운 바람을 몰고 구름이 몰려온다. 하늘의 광경이 이렇게 묘사된 후 지상의 풍경이 계속 묘사된다. 한 쪽 길 옆에는 마른 잡초가 있는 드넓은 진흙 밭이 갈색으로 펼쳐져 있다.

전염병원 가는 길 옆의 넓은 들판은 죽은 사물들로 온통 덮여 있다. 구자광은 「윌리암 카를로스 윌리암스의 여성성에 대하여」라는 글에서 정신의 세계를 부정하지 않고 윌리엄스 자신이 "지적하고자 하는 것은 세계의 위대한 작품 속에서 종종 정신이 정신을 낳는다는 것이다. 그러나 이것이 결코 문제의 끝은 아니다(*Letter* 8: 재인용 구자광 9)"라고 말한다. 개별적인 사물을 제시하는 방법을 통하여 시인의 정신을 보여준다는 것이다. 또한 윌리엄스는 "우리가 경멸하는 폭정으로 발전하는 형식들로부터 우리 자신을 해방시키기 위해, 우리는 먼저 파괴적이어야 한다(*Letter* 11: 재인용 구자광 12)"고 말한다. 구자광은 여성성과 남성성을 이야기하고 있지만, 여기에서 우리는 파괴를 위한 파괴가 아니라 새로운 것의 탄생을 위해서 과거의 사물을 파괴해야 한다는 의미를 포착할 수 있다.

전염병원으로 가는 길 옆에 제시된 사물들은 모두 죽은 것들뿐이다. 모든 것이 파괴된 상태에 있는 것이다. 이는 달리 말하여 새로운 탄생을 위한 준비가 완료된 상태라고 할 수 있다. 갈색으로 말라버린 잡초, 자줏빛으로 말라죽은 수풀, 앙상한 가지만 삐죽삐죽 솟아 있는 작은 나무들, 잎이 모두 떨어진 앙상한 넝쿨들이 들판을 뒤덮고 있다. 잎이 모두 떨어진 줄기들이 땅바닥에 깔려 있는 모습은 마치 온 힘을 다하여 지구를 거머쥐고 있는 것같다. 이는 생명의 줄을 놓치지 않으려고 안간힘을 쓰며 매달려 있는 모습으로 보인다. 들판에는 이와 같은 죽은 사물들만 있는 것이 아니다. 물이 고여있는 웅덩이가 있다.

물은 주변의 죽은 것들과는 대비되어 생명력을 나타낸다. 이와 같이 죽음과 삶의 이미저리들이 병치되어 있는 것은 곧 새로운 생명이 탄생할 것임을 예고한다. 리처드 맥세이도 " . . . 활기찬 리듬으로 황폐한 풍경과 돋아나는 잡초들을 뚜렷하게 병치함으로써 그(윌리엄스)는 탄생의 격렬함과 흥분을 보여주고 있다"(143)고 말하여 필자와 동일하게 생각하고 있다. 맥세이는 전염병원 주변이 외관상 황폐한 모습이지만 그 안에 생명력이 있으며 곧이어 새로운 생명이 탄생할 것이라고 한다.

둘째 연과 셋째 연에서도 겨울철의 죽어 있는 환경의 묘사가 이어진다. 여기저기에 물웅덩이가 있고, 키가 큰 나무들이 여기저기에 흩어져 있다. 물이 있으므로 생명의 탄생이 임박한 것 같지만 아직은 겨울이고, 새로운 생명이 탄생할 기미는 어느 곳에도 보이지 않는다. 길 옆에는 적갈색 관목이 잎이 아니라 잔가지를 뻗은 채 서 있고, 죽은 갈색 잎이 매달려 있는 나무와 잎이 없는 덩굴이 있다. 이는 새로운 탄생의 가능성이 전혀 보이지 않는 죽음의 세계이다.

첫 연에서부터 계속되어 온 삭막한 겨울 자연 풍경의 묘사를 통하여 우리는 생명이 없고, 모두가 메마르게 죽어 있는 죽음의 세계를 인식한다. 단지, 하나의 희망이 있다면 푸르게 물결치는 하늘인데, 그 하늘도 북동쪽에서 찬 바람을 몰고 오는 얼룩진 구름에 의하여 가려지는 중이다. 지상에서도 고인 채 썩어가는 웅덩이의 물, 잎이 없거나, 있더라도 죽은 잎이 매달려 있는 나무들 등의 모습에서 생명의 기미는 전혀 보이지 않는 죽음의 세계가 강조된다. "전염병원"이 암시하듯이 모든 것이 죽어 있다. 그러나 희망이 전혀 없는 것은 아니다.

이 때 등장하는 봄의 모습은 외관상 생명이 없고 무기력한 모습이다.

> 외관상 생명이 없는, 무기력하고
> 멍한 봄이 천천히 다가온다—
>
> 그들은 새 세상으로 들어온다 벌거벗고
> 춥게, 들어온다는 사실만 제외하고
> 모든 것이 불확실한 상태로. (*CEP* 241)

주변 사물들이 모두 죽어 있는 상태에서 봄이 다가오고 있지만, 여기에서의 봄은 힘찬 모습이 아니라 무기력하고 멍한 모습이다. 어떠한 변화를 가져올지 확실하지 않은 상태로 벌거벗은 채 새로운 세상으로 들어오고 있을 뿐이다. 맥세이도 다음과 같이 말하고 있다.

> [봄이] 이 세상으로 들어오는 것은 벌거벗고 추운 상태이다, 비록 친숙한 바람에 둘러싸여 있기는 하지만 단호한 생명력이 땅을 움켜잡고 휘젓는다, 그리고 봄의 경계선 바로 그곳에서 시인의 감정을 휘젓는다. (143)

비록 봄이 세상으로 들어올 때의 상태는 헐벗고 추운 상태에 있지만, 그 안에 있는 생명력은 단호하게 땅을 움켜쥐고 활동할 준비를 한다. 위에 인용된 시행에는 들어온다는 사실 이외에는 모든 것이 불확실하다고 되어 있다. 그렇지만 봄이 새 세상으로 들어오면서 뿌리를 땅 속으로 밀어 넣는 것이 암시되기 때문에 단호한 생명력이 땅을 움켜잡고 휘젓는다고 할 수 있는 것이다. 죽어 있는 듯이 보이는 잡초나 작은 나무들에게 이와 같이 생명력을 부여하는 것, 즉 봄의 등장은 바로 물의 작용과 다르지 않다.

넷째 연에서부터 희망이 보이기 시작한다. 지금까지의 겨울의 모습에서 봄의 가능성이 보이기 시작하는 것이다. 넷째 연은 "외관상 생명이 없는, 무기력하고 멍한 봄이 천천히 다가온다"는 평범한 진술이다. 지금까지 본 삭막한 겨울의 세계로 보아 활기차게 여겨지지는 않는 봄이지만, 그래도 봄이 다가오고 있는 것이다. 우리는 위의 말에서 형용어구에 주의할 필요가 있다. "무기력한", "천천히", "멍한" 등의 형용어구는 우리가 일상적으로 알고 있는 봄의 모습과 매우 다른 봄의 모습이다. 일반적으로 봄은 "생동하는", "갑자기", "신선하게" 등의 형용어구로 수식된다. 그러나 여기서는 그러한 일반적인 개념이 완전히 뒤엎어져 있다.

화자가 보기에 죽어 있는 듯한 자연물 사이로 봄이 들어오는 것이 느리고 무기력해 보이기도 하겠지만 이것이 "전염병원"으로 가는 길목에서 보게 된 광경이라는 사실을 염두에 두면 그가 이렇게 느끼는 심리를 짐작해 볼 수 있다. 전염병원의 환자들이 기다리는 봄은 자신의 육체의 질병 회복과 더불어 오는 것으로 그들을 매우 초조하게 할 것이다. 그런데 밖의 풍경은 아직도 삭막한 겨울 풍경이니 봄이 오는 것이 맥이 없고, 천천히, 멍한 상태로 오는 것처럼 느껴질 것이다. 따라서 이 구절은 화자의 심리상태가 자연풍경에 반영된 것이라고 할 수 있다.

제 5연에서는 봄이 다가오고 있다는 사실이 명확해진다. 밖에는 아직도 차가운 바람이 불고 있으나 "그들", 즉 주변의 모든 자연물들은 죽음의 세계에서 벗어나 생명의 세계인 봄으로 들어간다. 새로운 세계는 분명히 봄의 세계, 새로운 삶의 세계이다.

물의 작용은 「농부」에 보다 확실하게 묘사되어 있다.

농부는 깊은 생각에 잠겨
비를 맞으며
텅 빈 들판을 거닌다,
양 손을 주머니에 넣고,
머리 속으로는
이미 심어놓은 추수를 생각하며.
찬 바람이 갈색 잡초 사이의
물을 동요시킨다.
온 사방에
세상은 차갑게 흘러간다. (*CEP* 243)

『봄 및 모든 것』의 세 번 째 시편인 이 작품은 생각에 잠겨 있는 농부와 주변 환경을 보여준다. 농부가 서 있는 들판은 "텅 빈 들판"이지만 봄철에 내리는 비를 맞으며 들판을 거니는 농부는 그곳에 재배할 곡식과 가을에 거둘 수확물을 상상한다. 윌리엄스에게 있어서 상상력은 순간에 드러나는 사물의 단단한 세부를 받아들일 뿐 그러한 순간들 사이에서 어떤 전체의 융합을 꾀하지는 않는다(양균원 2005 35). 윌리엄스는 비에 젖은 들판을 바라보면서 이 모습을 관찰할 뿐 이것이 인간의 삶에 어떠한 영향을 끼치는지, 농부의 삶과 어떠한 관련이 있는지 등에 관해 자신의 의견을 밝히지 않는다.

생명력을 일깨우는 비가 내려서 들판이 모두 물에 흠뻑 젖어 있으므로 농부는 헐벗은 들판을 보면서 곡식의 물결이 출렁이는 모습을 상상하고, 충만한 결실을 상상한다. "찬 바람이 갈색 잡초 사이의 물을 동요시킨다"는 말에서 볼 수 있듯이 찬 바람이 잡초 사이의 물을 자극하여 땅 속에 있는 씨앗으로 하여금 생명력을 일깨우도록 한다. 바람결에 흔들리는 잡초와 물결을 보면서 농부는 곡식이 가득히 익어 있는 들판의 출렁거림을 상상한다. 주변 환경은 아직 차가운 바람이 불고 있지만 농부가 곡식의 물결을 생각하는 것은 물이 있음으로 인하여 곡식이 자랄 수 있고, 풍요로운 수확을 기대할 수 있기 때문이다. 비가 생명력을 자극하여 메마른 들판에 곡식이 자라도록 할 것이기 때문에 농부는 헐벗은 들판을 보면서 가을의 풍성한 수확을 상상하는 것이다.

여기에서 윌리엄스가 말하는 봄의 등장은 물이 메마른 대지 속으로 들어가는 것을 말함에 다름없다. 이는 「봄 및 모든 것」의 마지막 연에 잘 묘사되어 있다.

> 지금은 풀, 내일은
> 야생당근의 돌돌 말린 빳빳한 잎사귀
> 사물들이 하나하나 제 모습을 드러낸다—
> 빨라지기 시작한다. 명확해지는 잎사귀의 윤곽
>
> 그러나 지금은 입장하는 황량한
> 위엄— 조용히, 심오한 변화가
> 그들에게 왔다. 뿌리박은 채, 그들은
> 움켜쥐고 내려가며 깨어나기 시작한다 (*CEP* 241-2)

외관상 생명이 없는 듯하고 무기력해 보이는 사물인 잡초와 수풀에 물이 들어가서 생명력을 일깨우자 그것들이 하나하나 기지개를 켜고 살아 움직인다. 야생 당근의 잎사귀가 돌돌 말려 연약해 보이는 상태로 세상에 나오지만 그 속에 강인한 생명력을 담고 있기에 힘차게 뻗어 나오는 것이다. 이와 같이 가냘픈 듯하지만 힘차게 자신의 존재를 뚜렷하게 드러낸다. 잎사귀의 역사적 의의나 이것이 나무와 갖는 관계, 그리고 자연의 순환이라는 거창한 관점이 제시되지는 않는다. 양균원이 이야기하듯이 윌리엄스는 구체적인 순간의 세부 사항에 몰입할 뿐이다(2005 37).

풀과 야생 당근 등 모든 자연물들이 하나하나 생명을 갖고 뚜렷이 나타난다. 다시 말하여 생명이 태동한다. 지금은 실체가 뚜렷하게 드러나지 않아 풀로 보이지만 점차 뚜렷한 형체를 취하여 각각 다른 생명체의 모습을 보인다. 그리하여 죽어 있던 겨울의 세계로부터 생명력이 넘치는 봄의 세계로 들어선다는 사실이 점점 명료해진다.

하나의 사물에 불과한 잎사귀의 윤곽이 하나하나 뚜렷해지고, 물이 각각의 사물에 위엄 있게 들어감으로써 각각의 사물은 땅 속 깊이 뿌리를 내리고 들어가며 생명력을 일깨운다. 비비안 콕은 사물들이 생명을 갖고 태어나는 모습을 "이 선들의 어조를 요약하는 것은 '연민'이 아니라 오히려 탄생 즉 각성의 가장 사소한 사건에조차 필요한 것으로서의 영웅적인 노동의 느낌"(47)이라고 말한다.

죽은 듯이 보이던 사물들이 물의 활동에 의하여 살아 움직이게 된다. 조금씩 그러나 빠르게 자연의 생명계에 심오한 변화가 일어나는 것이다. 이와 동시에 잡초나 나무들은 땅에 박고 있던 뿌리를 아래로 점점 깊이 뻗어 내린다. 땅은 모든 생명이 태어나고 돌아가는 곳, 모든 생명의 모태이며 동시에 무덤이다. 그 자체는 생명이 없는 물조차도 순환하면서 땅에서 떠났다가 다시 땅으로 돌아온다. 외관상 아무 변화가 없는 듯이 보이더라도 땅은 항상 생명력을 각성시킬 준비를 하고 있으며 생명력을 실제로 각성시킨다. 잎이 다 떨어지고 말라버린 넝쿨이 생명의 줄을 놓치지 않으려고 땅을 움켜쥐고 있듯이, 땅에 묻혀 있는 뿌리도 생명력의 자극을 받아 아래로 점점 깊이 내려간다.

이 구절은 봄이 와서 풀과 나무들이 새로운 생명을 구가하기 시작한다는 것을 뜻한다. 한편 전염병원에 수용되어 있는 환자들을 생각해보면 이들이 질병에서 회복됨을 상징하는 것으로 볼 수 있다. 전염병원에 있는 환자들은 심각한 변화를 겪으며 꺼져가는 생명의 불꽃을 꽉 쥐고 다시 태어나고자 애쓰고 있으며, 실제로 회복되고 있다. 마지막에 마침표가 없이 끝나는 것은 이들의 노력이 끝이 없이 계속된다는 사실을 뜻한다.

자연물이 새로운 생명체로 다시 태어나기 위해서는 시련을 겪어야한다. 윌리엄스는 「비너스의 탄생」에서 다음과 같이 말하고 있다.

> 그렇지만 왜 우리는
> 우리의 세상을 지각하기 위하여 그렇게 찢겨짐을

겪어야 하는가? 아니면
    우리가 다시 태어나기 위하여
그렇게 겪어야 한다고 믿는가? (*CLP* 190)

지상에 있던 사물들은 겨울 동안 생명력을 내부에 간직한 채 외관상 죽어 있어야 하는 시련을 거쳤다. 다시 말하여 고통을 겪으며 정죄의 시간을 가졌다. 이러한 시련의 끝에 마지막 시련인 "찬 바람"이 생명력을 각성시키는 비를 가져오며 또 다시 고통을 준다. 시련과 고통의 시간이 지난 후 봄이 되어서야 비로소 자연물은 다시 태어나게 된다.

새로운 생명을 취하여 새로이 탄생하는 자연물들은 겨울 동안 죽어 있었던 것이 아니라 고통 속에서 휴식을 취하고 있었다고 할 수 있다. 이 휴식의 시간은 무의미한 동면의 시간이 아니라 새로운 삶으로 도약하기 위해 힘을 모으는 시간이었다. 그렇기 때문에 봄에 물이 생명력을 자극하면 죽어 있는 듯이 보이던 사물들이 변화를 일으킨다. 이 변화는 본질의 변화가 아니라 외형의 변화이다. 왜냐하면 본질인 생명력은 항상 존재하는 것이고 외형으로 나타나는 생명체의 모습만이 변화하는 것이기 때문이다.

맥세이도 사물들이 결코 잃어지는 것이 아니라 단지 변형되는 것일 뿐이라고 다음과 같이 말하고 있다.

> . . . 그것은 일상적인 친숙한 풍경이며 끊임없이 존재하다가 사라지는데 보는 사람을 놀라게 하는 격렬함을 지니고 있다. 자연스럽고 인간적인 내과의사의 역할에서 윌리엄스는 스스로 새로워지는 이와 같은 탄생과 죽음에 주의를 기울인다. 겨울의 하강을 나타내는 죽은 잡초의 불타는 쓰레기 더미의 궁극적 고통에 민감하게 주의를 기울이는 것만큼 봄을 재촉하는 "입장하는 황량한 위엄"에 똑같이 민감하게 주의를 기울인다. 이러한 끊임없는 변화 가운데 그는 자신의 길을 가면서 초기의 구절이나 몸짓을 더럽혀지지 않은 독창성으로 전달한다. . . . 사물들은 결코 잃어지지 않고 단지 변형될 뿐이다. (134-5)

윗글에서 명확하게 지적되고 있듯이 사물들은 항상 새로운 모습으로 변형되어 나타나는 것일 뿐 결코 무에서 유가 창조되는 것이 아니다. 새로운 형태로의 변형에는 항상 고통이 뒤따른다. 탄생을 위해서는 생명력이 도약할 수 있는 힘을 모을 시간이 필요하고, 그 시간은 옛 생명체의 외관상의 죽음을 가져오기 때문에 시련의 시간이 되는 것이다. 여기에서 우리는 윌리엄스가 겉으로 표현된 것을 통해 "보이지는 않지만 감지할 수 있는" 존재를 인식하고 있음을 알 수 있다(최용미 176).

지금까지 살펴본 바와 같이 물이 생명의 창조에 중요한 역할을 하고 있다. 윌리엄스는 새로운 삶의 탄생을 무에서 유의 창조로 보지 않고 동일한 생명력이 형태를 바꾸어 다른 사물로 변형되는 것으로 생각하고 있음이 드러났다. 윌리엄스에게 재생 또는 부활은 외관상 보이지 않는 상태에 머물던 생명력이 사물의 형태로 보이게 되는 것을 의미한다. 외관상 죽어 있는 사물이 새로운 생명의 형태로 출현하도록 촉구하는 역할을 하는 것이 물이다. 움츠러들었던 생명력이 깨어나 활동할 수 있게 하는 동인(動因)이 물인 것이다.

「크리스마스 트리 불태우기」에서 윌리엄스는 물의 자극에 의해 탄생한 새로운 생명체들이 사라지며 동시에 다른 종류의 생명체로 태어나는 것을 그리고 있다. 로이 하비 피어스도 "이 작품은 부활을 명확히 하도록 의도되었다— 이것이 죽음인 어휘로 구성되어 있기에 더욱 더 놀랍다"(101)고 말하여 이 작품이 불을 통한 재생을 보여주고 있음을 긍정한다.

하나의 생명체가 자연물로서의 생존을 그치고 생명력만 남아서 원초적인 무의 세계로 들어가는 것을 두고 재생을 의미한다고 하는 것은 매우 역설적으로 보이지만, 윌리엄스가 삶과 죽음을 별개의 것이 아니라 동일한 사물의 양면으로 파악하고 있는 것을 볼 때 지나친 말은 아니다. 이 작품은 외관상 죽음을 다루고 있지만, 실제로는 죽음을 통한 삶으로의 탄생, 재생을 말하고 있다.

그들의 과거의 시간은 끌어내려져
균열되고 불속에 내던졌다
— 소리치며 하늘로 올라간다 (*CLP* 16)

하늘 높이 솟아 있던 푸른 나뭇가지들은 과거의 잔해로 겨울을 맞이하여 지상으로 끌려 내려온다. 과거의 잔해인 푸른 나뭇가지들은 여기에서 완전히 끌려 내려오기 전에 눈의 무게에 짓눌려 땅을 향하여 굽혀져 있었다. 다시 말하여 하늘을 향하여 치솟아 오르던 푸르른 생명력이 고갈되어 생명력의 원천인 땅을 향하여 굽혀져 있던 상태, 즉 지상으로 내려올 준비를 갖추고 있던 상태에 있었다.

생명체가 자신의 생명을 잃게 되는 것은 외적인 힘에 의해서이다. 윌리엄스의 작품에서는 이 외적인 힘이 겨울로 대변된다. 겨울이 되면 모든 생명체들이 옛 모습을 버리고 새롭게 변형된 모습으로 다시 탄생하기 위한 준비를 한다. 연약한 생명체들은 겨울의 힘만으로 이러한 준비를 끝내게 되지만, 강인한 힘을 지닌 생명체들은 겨울의 힘만으로는 충분하지 않다. 이 작품에서는 겨울의 전령사인 눈이 나뭇가지들을 땅으로 가까이 접근시키고, 인간이 겨울의 역할을 도와서 이러한 변형을 완성한다. 인간은 스스로의 필요를 충족시키기 위하여 이 나뭇가지들을 잘라오지만, 나무의 입장에서 보면 인간이 나뭇가지를 자르는 것은 다시 새로운 모습의 생명체로 탄생하는 것을 도와주는 일이 된다.

나무는 이러한 시련의 시간을 거친 후에야 비로소 새로운 생명체로 다시 태어나 재생을 이룬다.

모든 인식이 상실되고, 불꽃 속에
깨끗이 깨끗하게 태워졌다, 녹색이
흩어지고, 살아있는 붉은 색,
붉은 불꽃, 피처럼 붉은 색이
재 위에서 깨어난다— (*CLP* 16)

모든 인식, 즉 과거의 모든 잔해가 불꽃 속에서 깨끗이 타버린다. 나뭇가지가 불타는 것은 과거의 잘못을 정화하는 모습과 다르지 않다. 이 때 푸르른 생명력이 "살아 있는 붉은" 생명력으로 태어나기 때문에 흡사 그 속에 피가 흐르는 듯이 느껴진다. 죽음 속에서 새로운 삶이 탄생하는 것이다. 케니쓰 버크도 "「크리스마스 트리 불태우기」는 정화의 고양을 윌리엄스의 작품에서 항상 최상의 징조인 색깔과 함께 엮는다"(54)고 말하여 나무가 자신의 몸을 불로 정화하는 것으로 보고 있다.

크리스마스 트리에서 일어나는 불꽃은 생명력을 고갈시키는 불꽃이 아니라 과거의 모든 인식을 깨끗이 씻어내어 정화하는 불꽃이다. 그러므로 이 불꽃은 새로운 아름다움을 풀어내는 불꽃이기도 하다. 이 불꽃을 통하여 푸른 생명체가 없어지는 것이 아니라 다른 생명체로 다시 태어난다. 「봄 및 모든 것」에서 잡초와 나무 속에 숨겨져 있던 생명력이 물의 자극을 받아 푸른 생명체로 다시 태어났던 것처럼 여기에서는 푸른 나뭇가지 속에 보이지 않게 숨겨져 있던 다른 종류의 생명력이 눈에 보이는 모습으로 다시 태어난다.

들쭉날쭉한 불꽃 속에서 녹색이
붉은 색으로 즉각적으로 살아난다. 녹색!
그 확실한 접합부가. . . . 사라졌다!
마음 속으로 사라졌다

받침쇠의 줄어드는
구멍 속에 빠르게
한 세상이 나타났다! 검은
산맥들, 검고 붉은— 그러나

아직 색깔은 없는— 그리고 하얀 재,
어른거리는 재와 불꽃의 새 풍경

> 그리고 우리는
> 그 순간 상실되어
> 숨막힌 채 목격자가 된다
> 마치 우리가
> 그 불의 빛나는 동물군 가운데
> 스스로 새로워져 서 있었듯이. (*CLP* 18)

죽은 사물에 불과한 푸른 나뭇가지가 붉은 생명으로 즉각 살아 움직인다. 그 결과, 재와 불꽃의 광경이 나타나고 인간은 그 불로 된 빛나는 동물군 가운데서 새로워진다. 물에 의해 다른 사물로 재생되었던 생명체들이 또 다른 사물로 변형되는 과정에서 변형을 불러오는 동인인 불 자체도 상당한 변화를 겪는다. 물은 외관상 죽어 있는 자연 속의 생명력을 각성시켜 푸른 생명체로 탄생시키고 불은 또 다시 이 푸른 생명체의 시체들을 살아 있는 불꽃으로 재생시킴과 동시에 한 세계를 창조한다.

Ⅲ. 끝내기

윌리엄스의 작품 몇 편에 나타난 재생의 모습을 살펴보았다. 요약하면 다음과 같다. 물의 이미지는 구름- 비- 물로 순환하면서 외관상 죽어 있는 자연물 속에 내재한 생명력을 자극하여 새로운 사물로 태어나도록 한다. 여기에서 바람의 역할도 중요하다. 특히 찬 바람은 구름을 시상으로 끌어내림으로써 생명 창조 행위를 간접적으로 돕는다. 바람의 도움을 받아 물은 외관상 황폐한 폐허 위에 새로운 생명을 탄생시킨다. 또한 불은 푸른 생명으로 존재했던 사물을 파괴하는 역할만 하는 것이 아니라 다른 생명체로 태어나도록 하는 역할을 한다.

이를 보면 윌리엄스는 생명체들이 모양은 변할지라도 본질은 변함없이 항상 동일하다고 생각했음을 알 수 있다. 다시 말하여 최용미가 말하고 있듯이 자연의 독립적 존재를 인정하면서 동시에 인간과 자연을 모두 포괄하는 더 큰 통일성을 직감하며, 상상력을 통해 이를 포착할 경우 사물 안에 잠재한 가치를 포착할 수 있다고 본 것이다(184). 윌리엄스가 각각의 사물을 묘사하면서 물을 통한 재생과 불을 통한 재생의 연관 관계를 파악한 것은 자연 사물의 독립성을 인정하면서 그 안에 내재되어 있는 생명력을 포괄하는 더 큰 단일성을 깨달았기 때문이다. 그는 인간과 자연, 그리고 각 부분들 간의 유기적 상응관계를 상정하는 통합적 우주관을 견지한 것으로 보인다.

윌리엄스는『봄 및 모든 것』과 같은 해에 출판된『위대한 미국 소설』에서 배 한 개를 예로 들어 순환이론을 설명한 바 있다. "줄기에 의해 나무에 달려있는 배를 바라보는 것보다 더 놀라운 것은 없다. 대지, 나무 둥치, 큰 가지, 작은 가지 그리고 과일: 배가 땅으로 떨어질 때 하나의 순환이 곧 완성된다."(재인용 Blackmur 324). 즉 땅에서 시작하여 나무 둥치와 줄기, 가지를 거쳐 과일에까지 연결되는 순환은 과일이 땅에 떨어짐으로써 완결된다는 것이다.

윌리엄스는 "만약 어떤 생명이 끝나면 그것은 종말이 아니라 새로운 시작"(*CEP* 249 "The Rose")이고 또한 시작도 단지 발전으로만 생각할 수 없다고 하며 시작과 종말을 자연계 전체로 확장시켜 사용했다. 왜냐하면 하나의 시작은 이미 다른 하나의 종말을 포함하고 있기 때문이다(Ellmann & O'Clair 303). 그는 통합적이고 유기적인 자연관을 견지하고 있었으며, 여기에 도달하는 방법으로 구체적인 사물과의 직접적인 관계에 충실하고자 하였다(최용미 196). 그는 모든 사물의 시작에 종말이 있고, 종말에 이미 시작이 내포되어 있다고 보았으므로 자연계에서는 생명이 단절되지 않고 이어진다고 생각했음을 알 수 있다.

본론에서도 말했지만, 봄철에 잡초나 나무가 새 생명체로 나타나는 것은 무에서 유가 창조되는 것이 아니라 예전부터 존재했던, 그러나 새로운 도약을 위해 휴식을 취하고 있던 생명력이 다시 활동하는 것이다. 물론 새로운 생명체로 태어날 때 형태가 변한다. 또한 불도 옛날의 잔해를 태우면서 새로운 생명체로 창조되는 것이다. 그러므로 새로운 생명체의 창조는 어떤 의미에서는 옛 생명체의 종말이라고 볼 수 있다. 즉 시작과 종말이 동시에 존재하게 된다. 윌리엄스는 현존하는 모든 자연 생명체를 독립된 존재로 보지 않고 과거와 미래와의 관련 속에서 형태는 비록 변하더라도 본질은 변하지 않는, 단지 눈에 보이게 나타난 생명력의 구현으로 보았다고 생각된다. 이는 불교적인 용어로 윤회하는 삶이라고 할 수 있다.

참고문헌

고준석·조동열. 「예이츠와 우파니샤드」, 『한국 예이츠 저널』, Vol. 30 (2008): 5-28.

구자광. 「윌리암 카를로스 윌리암스의 여성성에 대하여」, 『현대영미시연구』 10:2, (2004): 1-22.

김용옥. 『금강경강해』. 서울: 통나무, 1999.

김재봉. 「예이츠의 수태고지 시편과 역사 주기」. 『한국 예이츠 저널』 41 (2013): 251-272.

김철수. 「켈트족의 황혼과 예이츠의 문화민족주의」. 『한국예이츠저널』. 8 (1998): 109-132.

동봉 편. 『용수의 대승사상』. 관음출판사, 1994.

박희선. 『선의 탐구: 증도가의 세계』. 홍법원, 1982.

배인영. 「예이츠의 기억과 신비사상」. 『한국예이츠저널』 53 (2017): 433-52.

불교교재 편찬 위원회. 『불교사상의 이해』. 동국대학교 불교문화대학, 1997.

산티나, 피터 델라, 「중관학파와 서양 근대철학」, 에드워드 콘즈 외 저, 김종욱 편역. 『불교사상과 서양철학』. 서울: 민족사, 1990: 146-70.

서현주. 「Donne과 Yeats의 연시에 나타난 육체와 영혼의 양립성」. 『한국예이츠저널』. 10 (1999): 245-68.

서혜숙. 「Yeats와 의상: 화엄세계에 비춰 본 "Among School Children"」. 『한국예이츠저널』. 9(1998): 11-29.

______. 「우파니샤드와 선불교의 관점에서 본 예이츠의 반자아」, 『한국 예이츠 저널』. 29 (2008): 59-86.

양균원. 「사물다움에 대한 추구: 스티븐스와 윌리엄스」, 『현대영미시연구』 11:1 (2005): 31-60.

______. 『삶의 이론으로서의 시론: Wallace Stevens와 T. S. Eliot』. 고려대학교 대학원 박사학위논문, 1994.

이청담. 『해설 반야심경』. 보성문화사, 1988.
우철환. 「비잔티움 —예이츠의 해명이란?」, 『한국예이츠저널』. 22(2004): 29-42.
유배균. 「The World of the Bible in W. B. Yeats's "Among School Children"」, 『한국예이츠저널』. 8(1998): 133-48.
______. 「Yeats의 후기시에 나타난 Universalism」. 『한국예이츠저널』. 7(1997): 131-56.
______. 「The Marriage of East and West in Yeats's "The Double Vision of Michael Robartes"」, 『한국 예이츠 저널』. 12(1999): 339-48.
유석형. 「시인의 자아와 창조적 상상력: W. B. Yeats의 "Among School Children"을 중심으로」. 『한국예이츠저널』. 11-12(1999): 261-77.
______. 「W. B. 예이츠의 시세계에 나타난 상징과 원효사상 비교연구」, 『한국 예이츠 저널』, 20(2003): 35-56
윤정묵. 「예이츠와 모드 곤」. 『한국예이츠저널』. 11-12(1999): 13-46.
이경수. 「벤 불벤과 검은 탑: 예이츠의 절명시 두 편 연구」, 『한국예이츠저널』. vol. 24. 한국예이츠학회, 24(2005): 109-32.
이세순. 「W. B. Yeats의 초기 낭만시의 특징」. 『한국예이츠저널』. 5(1995): 1-26.
______. 『W. B. 예이츠 시연구 I: 서정시편』. 서울: 중앙대학교 출판부, 2008.
이정원. 「*The Gonne—Yeats Letters* 연구: 새로운 시각에서 본 Maud Gonne」. 『한국예이츠저널』. 11-12(1999): 47-73.
이한묵. 「예이츠의 시에서 계시적 상상: *λογος*와 *λεγω*」. 『한국예이츠저널』. 8(1998): 35-48.
싱, 사야데바. 『용수의 마디아마카 철학』. 김석진 역. 운주사, 1993.
정해성. 「W. B. Yeats: 조화와 통일성의 추구」. 『문학과 종교』. 3(1998): 163-186.
조동열. 「W. B. Yeats의 창조적 정신」. 『한국예이츠저널』. 5(1995) 93-120.
조동열·정옥희. 「예이츠의 인도사상 수용」, 『한국예이츠저널』. 16(2001): 5-32.
조용해. 「예이츠의 시에 나타난 동양 철학의 순환체계」, 『한국 예이츠 저널』.

19 (2003): 113-28.

조정명. 「예이츠 후기 시에 재현된 저항성과 제3의 공간: 1920년대의 저항시와 1930년대의 "동양시편"을 중심으로」. 『한국 예이츠 저널』 40 (2013): 185-207.

중촌원. 『용수의 삶과 사상』. 이재호 역. 불교시대사, 1993.

최용미. 「윌리엄스 작품에 나타난 에머슨 시학 전통」, 『현대영미시연구』. 13:2(2007): 173-200.

최희섭. 「월리스 스티븐스와 불교사상」. 『현대영미시연구』. 5(2000): 191-220.

______. 「"학생들 사이에서"의 불교적 고찰」. 『한국예이츠저널』. 15(2001): 63-87.

______. 「"A Prayer for My Daughter"에 나타난 이상적인 여인상」. 『한국예이츠저널』. 7(1997): 65-79.

______. 「「청금석 부조」의 '비극적 환희'와 불교」, 『한국 예이츠 저널』. 21(2004): 117-35.

______. 「정중동의 세계: 예이츠의 「벌벤 산 아래」에 관한 한 고찰」. 『한국예이츠저널』. 33 (2010): 147-67.

한기웅. 「예이츠와 키이츠의 시간의 극복: "비잔티움으로의 항해" 와 "가을에게"를 중심으로」, 『한국예이츠저널』. 27(2007): 97-114.

한태호. 「예이츠의 낮은 신비주의: 선 시학의 의식으로 전체론적 접근하기」. 『한국예이츠저널』. 49 (2016): 141-58.

허현숙. 「역사적 변화와 폭력: 예이츠의 「레다와 백조」에 대한 이해」. 『한국 예이츠 저널』. 31 (2009): 209-26.

홍성숙. 「예이츠 신화 기법의 자아 반영성」. 『한국예이츠저널』. 53 (2017): 129-139.

Alldritt, Keith. *W. B. Yeats: The Man and the Milieu*. New York: Clarkson Potter Publishers, 1997.

Bachchan, H. Rai. *W. B. Yeats and Occultism: A Study of his Works in Relation to Indian Lore, the Cabbala, Swedenborg, Boehme, and Theosophy*. Delhi: Motilal Banarsidass, 1974.

Blackmur, R. P. "W. B. Yeats: Between Myth and Philosophy", in *Yeats: A Collection of Critical Essays* (Twentieth Century Views), ed by Unterecker, John. Englewood Cliffs, N.J.: Prentice-Hall, Inc., 1963.

Blavatsky. Helena Petrovna. *The Key to Theosophy*. Washington: Theosophy Trust, 2006.

Bloom, Harold. *Yeats*. New York: Oxford UP, 1970.

______. *Wallace Stevens: The Poems of Our Climate*. Ithaca and London: Cornell UP, 1977.

______, ed. *Wallace Stevens*. (Modern Critical Views). New York: Chelsea House Publishers, 1985.

Bornstein, George. *Transformations of Romanticism in Yeats, Eliot, and Stevens.* Chicago and London: The U of Chicago P, 1976.

Borroff, Marie, ed. *Wallace Stevens: A Collection of Critical Essays*. Englewood Cliffs, N.J.: Prentice-Hall, Inc., 1963.

Boyd, Ernest Augustus. *Ireland's Literary Renaissance*. New York: Hard P, 2013.

Bradford, Curtis. "Yeats's Byzantium Poems: A Study of Their Development." *Yeats: A Collection of Critical Essays*. Ed. John Unterecker Englewood Cliffs. N. J.: Prentice Hall, Inc., 1963.

Burke, Kenneth. "William Carlos Williams: Two Judgements" in William Carlos Williams: *A Collection of Critical Essays*, ed. J. Hillis Miller. Englewood Cliffs, N. J.: Prentice-Hall Inc., 1966: 46-60.

Burney, William. *Wallace Stevens*. New Haven, Conn: College & UP, 1968.

Cullingford, Elizabeth. *Yeats: Ireland and Fascism.* London: The MacMillan P Ltd., 1981.

Daiches, David. *Poetry and the Modern World.* Chicago: The U of Chicago P., 1940.

Diggory, Terence. *Yeats and American Poetry*. New Jersey: Princeton UP,

1983.

Donoghue, Denis. *Connoisseurs of Chaos: Ideas of Order in Modern American Poetry*. New York: Columbia UP, 1984.

Dyson, A. E. *Yeats, Eliot and R. S. Thomas: Riding the Echo*. London and Basingstoke: The MacMillan P Ltd., 1981.

Eglinton, John. *A Memoir of AE*. London: Macmillan, 1973.

Eliot, T. S. *Use of Poetry and Use of Criticism*. London: Faber and Faber, 1975.

Ellmann, Richard. *The Identity of Yeats*. London and Boston: Faber and Faber, 1964.(*IY*로 약칭)

______. *Yeats: the Man and the Mask*. New York, London: W.W. Norton & Company, 1979.(*MM*으로 약칭)

______. "Yeats's Second Puberty", *The New York Review of Books*, 9 May 1985

Ellmann, Richard and O'Clair, Robert. *The Norton Anthology of Modern Poetry*. New York: W.W.Norton & Company. Inc., 1973.

Gordon, D. J. and Fletcher, Ian. "Byzantium", in John Unterecker ed. *Yeats: A Collection of Critical Essays*. (Twentieth Century Views) Englewood Cliffs, N. J. : Prentice Hall Inc. 1963: 131-38.

Guha, Naresh. *W. B. Yeats*. Calcutta, 1968.

Guimond, James. *The Art of William Carlos Williams*. Urbana, Chicago, London: U of Illinois P, 1968.

Harrison, John R. "What Rough Beast? Yeats, Nietzsche and Historical Rhetoric in 'The Second Coming.'" Papers on Language and Literature 31:4 (1995): 362-388.

Haughey, Jim. The First World War in Irish Poetry. Pennsylvania: Bucknell UP, 2002.

Hay, Eloise Knapp. *T. S. Eliot's Negative Way*. Cambridge and London: Harvard UP, 1982.

Hines, Thomas J. *The Later Poetry of Wallace Stevens: Phenomenological Parallels with Husserl and Heidegger*. London: Associated UP, 1976.

Hone, Joseph. *W. B. Yeats 1865-1939*. London: Penguin, 1971.

Jarrell, Randall ed. *William Carlos Williams: Selected Poems with an Introduction.* (The New Classics Series), New York: The Vail Ballow Press, 1949.

Jeffares, A. Norman. *A New Commentary on the Poems of W.B.Yeats*. London and Basingstoke: The MacMillan P LTD, 1984.

Kendall, Tim. The Oxford Handbook of British and Irish War Poetry. Oxford: Oxford UP, 2007.

Kenner, Hugh. "The Sacred Book of the Arts." *Yeats: A Collection of Critical Essays* (Twentieth Century Views). Ed. John Unterecker. Englewood Cliffs, N.J.: Prentice-Hall, Inc., 1963. 10-22.

Kermode, Frank. *Romantic Image.* New York: The Macmillan Company, 1957.

Kim, Jooseong. "Rough Beast to Be Born in Accordance with Yeats's View on Cosmic and Historical Cycle." The Yeats Journal of Korea 32 (2009): 219-240.

Koch, Vivienne. *William Carlos Williams*. (New Direction Books), Norfolk, Connecticut: The Vail Ballow P, Inc., 1950.

Lentricchia, Frank. *The Gaiety of Language: An Essay on the Radical Poetics of W. B. Yeats and Wallace Stevens*. Berkeley: U of California P, 1968.

Longenbach, James. Stone Cottage: Pound, Yeats, and Modernism. New York: Oxford UP, 1991.

Macksey, Richard A. "'A Certainty of Music': Williams' Change", in *William Carlos Williams: A Collection of Critical Essays*, ed. J. Hillis Miller. Englewood Cliffs, N. J.: Prentice-Hall Inc., 1966: 131-49.

Maddox, Brenda. *George's Ghosts: A New Life of W. B. Yeats*. London: Picador, 1999.

Malins, Edwards and Perkins, David. Eds., *A Preface to Yeats*. London: Longman, 1994.

Marcus, P. L. *Yeats and Artistic Power*. London: Macmillan, 1992.

Martin, Graham and Furbank, P.N. ed. *Twentieth Century Poetry: Critical Essays and Documents*. Milton keynes: The Open UP. 1975.

McDonald, Peter. "Yeats and Remorse." Chatterton Lecture on Poetry: Proceedings of the British Academy 94 (1996). 173-206.

Melchiori, Giorgio. "The Moment of Moments", in *Yeats: A Collection of Critical Essays* (Twentieth Century Views), ed by Unterecker, John. Englewood Cliffs, N.J.: Prentice-Hall, Inc., 1963.

Miller, J. Hillis. *Poets of Reality: Six Twentieth Century Writers*. Cambridge, Mass: Harvard UP, 1965.

______, ed. "Introduction" in *William Carlos Williams: A Collection of Critical Essays*. Englewood Cliffs, N. J.:Prentice-Hall, Inc., 1966: 1-14.

Monteith, Ken. *Yeats and Theosophy*. New York: Taylor & Francis Group, 2012.

Patke, Rajeev S. *The Long Poems of Wallace Stevens: An interpretative Study*. Cambridge: Cambridge UP, 1985.

Pearce, Roy Harvey. "Williams and the 'New Mode'", in William Carlos Williams: A *Collection of Critical Essays*, ed. J. Hillis Miller. Englewood Cliffs, N. J.: Prentice-Hall Inc., 1966: 96-114.

Perkins, David. *A History of Modern Poetry: From the 1890s to the High Modernist Mode*. Cambridge, Massachusetts, and London, England: the Belknap Press of Harvard UP, 1976.

______. *A History of Modern Poetry: Modernism and After*. Cambridge: The Belknap P of Harvard UP, 1987.

Press, John. *A Map of Modern English Verse*. London: Oxford UP. 1979.

Pritchard, William H. *Lives of the Modern Poets*. London and Boston: Faber and Faber Ltd. 1980.

Ramazini, Jahan. *Yeats and the Poetry of Death: Elegy, Self-Elegy, and the Sublime*. New Haven: Yale UP, 1990.

Rhee, Youngsuck. "W. B. Yeats and Derek Walcott: New Poetry and

Tradition". *The Yeats Journal of Korea.* 10 (May 1999): 81-102.

Riddel, Joseph N. *The Clairvoyant Eye: The Poetry and Poetics of Wallace Stevens.* Baton Rouge: Louisiana State UP, 1965.

Rosenthal, M. L. *Running to Paradise: Yeats's Poetic Art.* New York: Oxford UP, 1994.

______. *Sailing into the Unknown: Yeats, Pound & Eliot.* New York: Oxford UP, 1978.

Seo, Kwang, ed. *The Korean-English Buddhist Dictionary.* Seoul : Bulkwang Publishing Co. 2003.

Shin, Mi-Jeong. *W. B. Yeats and the Concept of Reincarnation.* (Doctorial Dissertation) Athens: Georgia, 1995.

Spender, Stephen. *The Destructive Element.* London: Jonathan Cape Ltd., 1935.

Stallworthy, Jon. Between the *L*ines: Yeats's Poetry in the Making. Oxford: Clarendon, 1963.

______. *Vision and Revision in Yeats' 'Last Poems'.* Oxford: Clarendon Press, 1969,

Stevens, Holly, ed. *Letters of Wallace Stevens.* New York: Alfred A. Knopf, 1966. (*L*로 약칭)

Stevens, Wallace. *The Collected Poems of Wallace Stevens.* New York: Alfred A. Knopf, 1968. (*CP*로 약칭)

______. *Opus Posthumous.* New York: Alfred Knopf, 1966. (*OP*로 약칭)

______. *The Necessary Angel.* New York: Vintage Books, 1965. (*NA*로 약칭)

Stock, A. G. "A Vision", in *Yeats: A Collection of Critical Essays* (Twentieth Century Views), ed by Unterecker, John. Englewood Cliffs, N.J.: Prentice-Hall, Inc., 1963.

Sukenick, Ronald. *Wallace Stevens: Musing the Obscure.* New York: New York UP, 1967.

Tyndall, William Y. *W. B. Yeats: Columbia Essays on Modern Writers.* No. 15. New York& London: Columbia UP, 1966.

Unterecker, John. *A Reader's Guide to W. B. Yeats*. Cornwall: Thames and Hudson, 1982.

___________, ed. Yeats: *A Collection of Critical Essays*. (Twentieth Century views) Englewood Cliffs, N.J.: Prentice-Hall, Inc., 1963.

Varma, Vishwanath Prasad. 김형준 역. 『불교와 인도사상』. 예문서원, 1996.

Wain, John ed. *Interpretations: Essays on Twelve English Poems*. London: Routledge and Kegan Paul, 1955.

Williams, Carlos William. *The Collected Earlier Poems of William Carlos Williams*. Connecticut: The Haddon Craftsmen, Inc., 1951. (*CEP*로 약칭)

______. *The Collected Later Poems of William Carlos Williams*. (New Directions Books), Norfolk, Connecticut: The Haddon Craftsmen Inc., 1950. (*CLP*로 약칭)

______. *The Great American Novel*. (1923), reprinted in *American Short Novels*, ed R. P. Blackmur, New York, 1960.

______. "Letter to an Australian Editor." *William Carlos Williams Review* 17.2 (1991): 8-12.

______. *Paterson*. New York: New Directions, 1963.

Willmann, Richard. *Yeats: the Man and the Mask*. New York, London: W.W. Norton & Company, 1979.

Yeats, W. B. *Autobiographies*. London: The MacMillan P Ltd., 1977. (*A*로 약칭)

______. *Essays and Introductions*. London: The MacMillan P Ltd., 1961. (*E&I*로 약칭)

______. *Memoirs*. Ed. Denis Donoghue. New York: Macmillan, 1973.

______. *The Collected Poems of W. B. Yeats*. London: The MacMillan P Ltd., 1971. (*CP*로 약칭)

______. *A Vision*. London and Basingstoke: Macmillan, 1978.

______. *Mythologies*. London: Macmillan, 1989. (*M*으로 약칭)

Yoo, Baekyun. "W. B. Yeats's 'Byzantium' and Zen Meditation." The

Yeats Journal of Korea 35 (2011): 185-207.

_____. "A Semoitic Approach to Yeats's 'Among School Children'". *The Yeats Journal of Korea*. 8 (May 1998): 133-48.

https://en.wikipedia.org/wiki/Pastoral_elegy

http://www.english.upenn.edu/~afilreis/bevis-review.html

http://longman.awl.com/kennedy/stevens/biography.html

http://www.english.uiuc.edu/maps/poets/s_z/stevens/christian.htm

http://www.english.uiuc.edu/maps/poets/s_z/stevens/snowman.htm

http://www.english.upenn.edu/~afilreis/Stevens/vangeyzel.html

https://ko.wikipedia.org/wiki/%ED%8F%AC%EC%97%90%EB%8B%88_%EC%A0%84%EC%9F%81

http://home.wlu.edu/~connerm/ENG105A01/Group4/index1.htm

http://www.inst.at/trans/15Nr/05_10/armstrong15.htm

Armstrong, Charles I. "Under Ben Bulben". The Mountain of Myth over Yeats' Dead Body.

http://www.inst.at/trans/15Nr/05_10/armstrong15.htm

Brian Phillips. "Everything and Nothing in Yeats"

http://www.hudsonreview.com/PhillipsSp04.html

Under Ben Bulben. A web-based analysis of the Irish Poet William Butler Yeats (1865-1939)

http://ireland.wlu.edu/landscape/Group4/analysis1.htm

http://ireland.wlu.edu/landscape/Group4/analysis2.htm

http://ireland.wlu.edu/landscape/Group4/analysis3.htm

http://ireland.wlu.edu/landscape/Group4/analysis4.htm

http://ireland.wlu.edu/landscape/Group4/analysis5.htm

http://ireland.wlu.edu/landscape/Group4/analysis6.htm

"The Documents". *The Irish Times.* Retrieved 8 November 2017

Abdil, Edward. "The Universal Brotherhood of Humanity"

<https://www.theosophical.org/publications/1642>

Judge, William Q. "An Epitome of Theosophy" on line <http://www.theosophy-nw.org/theosnw/theos/th-wqjep.htm>

최희섭

예산고등학교, 공주사범대학 영어교육과, 고려대학교 대학원 영어영문학과 석 · 박사
한국동서비교문학학회 고문 (전 회장), 한국번역학회 고문 (전 회장), 전주대학교 교수 (현재)

저서
『미국 현대 대표 시인선』, 『번역 첫걸음 내딛기』, 『영국문화 바로알기』, 『미국문화 바로알기』, 『영미시개론』 외 다수

번역서
『아들과 연인』, 『채털리 부인의 연인』, 『동물농장』, 『라우트지리 번역학 백과사전』 외 다수

논문
「예이츠가 영면의 장소로 『벌벤 산 아래』를 택한 이유」, 「칼로스 윌리엄즈의 작품에 나타난 재생」, 「애가 전통에서 『세련된 젊은 부인 앤 킬리그루의 경건한 기억에 부쳐』의 중요성」, 「불교문화유산의 영어 번역 오류」, 「디킨슨의 시에 나타난 죽음의 의미: 다의성을 중심으로」, 「마르크스주의에서의 상부구조, 하부구조 및 경향성의 관계」, 「『채털리 부인의 연인』에 나타난 코니의 생명력」, 「문화재청 홈페이지의 국보 명칭 영문 번역 고찰」, 「『비평론』에서 'Nature'의 의미」, 「『나 자신의 노래』에 나타난 삶과 죽음에 대한 견해」, 「『쿠퍼의 언덕』과 『윈저 숲』에 나타난 정치적 자연풍경」, 「T. S. 엘리엇 시에 있어서의 동서 구원관의 융합」, 「T. S. 엘리엇 시의 종교적 전개」 외 다수

E-mail : choihiesup@hanmail.net

예이츠, 스티븐스, 윌리엄스의 시와 불교

발행일 : 2019년 5월 20일 초판 인쇄
2019년 5월 30일 초판 발행

저　자 : 최 희 섭
발행인 : 정 영 기
발행처 : 한빛문화
서울특별시 성동구 독서당로 51길 14-6
02) 2291-9761

ISBN 979-11-86778-31-9 93840

정 가 : 30,000원